허위정보와
팩트체크 저널리즘

허위정보와
팩트체크 저널리즘

초판 1쇄 발행 2024년 5월 31일

편저자 윤석민·홍종윤·정성욱·정영주·양소은

펴낸곳 서울대학교출판문화원
주소 08826 서울 관악구 관악로 1
도서주문 02-889-4424, 02-880-7995
홈페이지 www.snupress.com
페이스북 @snupress1947
인스타그램 @snupress
이메일 snubook@snu.ac.kr
출판등록 제15-3호

ISBN 978-89-521-3875-0 93300

이 저서는 2021년 대한민국 교육부와 한국연구재단의 지원을 받아
수행된 연구임(NRF-2021S1A5B8096358).

FACTCHECK

허위정보와 팩트체크 저널리즘

JOURNALISM

윤석민·홍종윤·정성욱·정영주·양소은 편저

서울대학교출판문화원

머리말

책에도 난산이 있다면 이 책이 그러할 것이다. 2020년 봄, 한국연구재단의 중점연구소 지원사업에 참여하는 서울대학교 언론정보학과 교수들을 중심으로 '팩트체크 저널리즘'에 대한 언론 현장의 실천 성과와 학계의 연구 성과를 정리하는 연구서를 출판하자는 뜻이 모였다. 서울대학교 언론정보연구소는 2017년 3월부터 산하기구로 국내 최초의 팩트체크 플랫폼인 'SNU팩트체크'를 운영하며 언론사들의 팩트체크 저널리즘을 지원하고 팩트체크에 대한 연구를 선도해왔기에 이러한 기획은 자연스럽고 의미 있는 것이었다.

원래 목표는 2021년 봄 학기에 맞추어 책을 발간하는 것이었다. 다수의 필진이 참여하는 편저 형태의 연구서 발간 작업은 통상적으로 각 필자들이 자신이 관심 있는 주제들을 중심으로 각 장을 서술한 후 그것들을 한데 모아 책으로 묶는 방식으로 진행된다. 이러한 경우 체계성 차원에서 각 장의 서술 방식 및 논의 수준이 들쭉날쭉하고 내용이 겹치는 가운데 정작 필요한 논의는 빠질 수도 있다. 이번 연구서 편집위원회에서도 이러한 우려가 제기되었다. 팩트체크에 대해서는 이미 많은 책들이 시중에 나와 있었다. 기왕 팩트체크 저널리즘에 관한 책을 내려면 시간이 걸리더라도 제대로 된 책을 내자는 의견에 따라 공부모임을 조직해서 발표 및 토론을 진행했다.

하지만 편집위원회 구성원들이 학교 보직 등 이런저런 이유로 빠지게 되고 당장 편집위원회 책임을 맡은 본인 역시 2021년 가을 연구학기를 맞아 언론 현장에서 필드 스터디를 수행하면서 공부모임은 흐지부지되었고 연구서 발간 작업도 기약 없이 연기되었다.

더 이상 이 일을 미룰 수 없다는 결연한 각오로 2022년 봄에 편집위원회를 새롭게 구성했다. 내가 형식적인 편집위원회 책임을 맡긴 했지만 실질적인 연구서 발간 책임자로 언론정보연구소 중점연구소 사업단 선임연구원인 정영주 박사를 영입했다. 아울러 홍종윤 언론정보학과 BK교수, 정성욱 언론정보연구소 중점연구소 사업단 선임연구원, 양소은 서울대학교 언론정보연구소 연구원 등 연부역강한 미디어 연구자들이 편집위원회에 참여했다.

오랜 기간 매듭을 짓지 못하던 이 책이 발간되는 데는 이들의 역할이 결정적이었다. 편집위원들은 수고에 상응하는 보상 없이 수차례 회의를 갖고 책 구성 및 장별 세부 목차를 논의하는 한편, 연구서에 반드시 들어가야 할 핵심적인 장을 서술했다. 동시에 이들은 이 일이 우선순위가 아닌 다른 필자들에게 원고 집필을 독려하고, 그들의 원고를 읽고 마음 상하지 않게 보완 의견을 제시하는 작업을 수행했다. 이런 작업들이 얼마나 힘든지는 해본 사람만 안다. 특히 정영주 박사의 노력은 말 그대로 헌신적이었다.

그 결과로 저널리즘의 사실성, 팩트체크 저널리즘의 이론과 실제, 허위정보와 팩트체크 뉴스의 수용, 팩트체크 저널리즘에 대한 연구 현황과 과제, 팩트체크 저널리즘에 대한 비판적 성찰 등의 주제를 포괄하는 총 12장의 팩트체크 저널리즘 연구서가 완성되었다.

출간 작업이 지연되는 바람에 원래 썼던 장을 다시 고쳐 써야 했던 필자들에게 이 자리를 빌려 미안함이 섞인 감사 인사를 드린다. 난삽한 초고를 꼼꼼하게 검토하고 전문적인 편집 작업을 통해 멋진 연구서로 만들어준 서울대학교출판문화원 관계자분들께도 진심을 담아 감사드린다. 중점연구소 지원사업을 통해 서울대학교 언론정보연구소의 연구활동을 지원해준 한국연구재단에도 감사를 표하고 싶다. 이 소중한 지원사업이 없었다면 이 책의 기획 자체가 애초에 없었을 것이다.

이 책을 마무리하는 단계에서 가짜뉴스로 통칭되는 허위조작정보 문제는 AI 기술과 결합되면서 우리의 삶을 근본적으로 위협하는 정치적·사회적 쟁점으로 떠오르고 있다. 팩트체크 저널리즘의 가능성과 한계 그리고 새로운 발전방향을 모색하는 이 연구서가 이 엄중한 시대사적 난제에 맞서는 작은 디딤돌이 될 수 있다면 더 이상 바랄 나위가 없을 것이다.

2023. 12.
편집위원회를 대표하여
윤석민

차례

2부
팩트체크 저널리즘의 이론과 실제

3부
허위정보와 팩트체크 뉴스의 수용

4부
허위정보와 팩트체크 저널리즘에 대한 연구 현황과 과제

5부
팩트체크 저널리즘에 대한 비판적 성찰

1부

저널리즘 사실성

1 저널리즘 사실성 규범의 정립과 실천

윤석민
(서울대학교 언론정보학과 교수)

최은철
(USC 아넨버그스쿨 박사과정)

1. 들어가며

민주주의 사회의 유지에 있어서 건강한 언론을 통해 이루어지는 건강한 사회적 소통의 중요성은 아무리 강조해도 지나침이 없다. 이 장은 이처럼 건강한 언론과 사회적 소통을 구현하는 토대인 사실성(factuality) 규범이 무엇이고, 현재 한국 사회의 언론은 이 규범과 관련해 어떤 문제들을 드러내고 있는지, 더 나아가 이 규범적 가치를 지켜가기 위한 방안은 무엇인지를 검토하는 데 그 목적이 있다.

최근의 급변하는 미디어 환경에서 저널리즘의 기본 원칙과 가치, 즉 규범성에 충실한 언론을 지켜내는 일은 점차 어려운 일이 되고 있다. 스마트 혁명을 넘어 AI 혁명으로 나아가고 있는 디지털 전환(digital transformation)에 따라 끝을 모르고 확장되는 미디어 환경에서 미래의 뉴스 모습이 어떻게 진화할지 누구도 쉽게 예측할 수 없다. 하지만 최소한 한 가지는 확실하다고 할 것이다. 종래에 양질의 뉴스를 정의해온 규범적 가치들은 지속적으로 약화될 것이다(윤석민, 2020: 687). 이른바 가짜뉴스(fake news) 현상은 특정한 형태의 악성 뉴스 내지 허위정보의 문제이기에 앞서, 이처럼 저널리즘의 규범적 가치들이 약화되는 상황에서 전반적인 뉴스의 품질이 나빠지고 신뢰가 약화되는 현상을 나타낸다고 할 것이다. 이처럼 열화되고 있는 뉴스의 가치 내지 뉴스에 대한 신뢰의 중심에 사실성 규범이 존재한다.

사실성 규범의 의미와 중요성에 대한 본격적인 논의를 전개하지 않더라도, 저널리즘의 사실성이 약화되었을 때 어떤 문제가 초래될지는 쉽게 짐작할 수 있다. 확인되지 않은 주장이나 소문을 사실이라고 주장하며 소셜 미디어를 통해 널리 퍼뜨릴 수 있는 정보 내지 뉴스의 인포데믹(infodemic) 상황은 질병의 팬데믹(pandemic) 상황에 못지않은 혼란과 고통을 초래한다. 허위정보에 지속적으로 노출된 사람들은 사실에 대한 근본적인 회의를 갖게 되며 이는 민주 사회의 뿌리를 흔드는 심대한 위협으로 다가오게 된다(Hameleers & van der Meer, 2020). 그럴수록 사회적 소통의 사실성을 지켜내는 언론의 역할이 막중해진다. 한국언론진흥재단의 조사(2021a; 2021b)에 따르면, 우리 사회의 시민(84.4%) 및 기자(87.5%) 대다수가 언론의 가장 중요한 역할로 '사회 현안에 대한 정확한 정보 제공'을 꼽았다. 탈진실의 시대에 접어들수록 사람들은 사회적 소통의 중심 주체라고 할 수 있는 언론이 사실성에 충실하기를 요구하고 있다(정은령, 2018; 2019). 정보의 사실 여부를 스스로 확인하고 판단할 줄 아는 식견 있는 시민(well-informed citizen)을 길러내기 위해서도 사실 판단의 사회적 기반을 제공하는 언론의 역할은 매우 중요하다(김종수·황수환, 2021; 정성욱, 2021).

하지만 현재 극심한 위기를 겪고 있는 언론에 이러한 역할을 기대하는 것이 과연 타당한가. 언론이 위기를 겪는다는 것은 일차적으로 사실성의 위기를 의미한다. 다른 예를 찾을 것 없이 한국 사회에서 관측되는 언론 위기의 양상들이 이를 잘 보여준다. 언론 규범의 붕괴, 진영화된 언론의 극단적 주창 저널리즘, 괴담의 원천이 된 유튜브, 필터 버블, 어뷰징, '기레기'로 멸칭되는 자질 부족의 기자들, 가짜뉴스, 가짜동영상, 댓글 조작 같은 언론 위기의 양상들은 사실성의 위기에 기인하며, 악순환을 통해 이를 심화시킨다. 이처럼 사실성의 보루는커녕 그 스스로가 가짜뉴스의 온상이라는 비판을 받고 있는 언론에 대해 탈진실의 시대를 극복하고 시민적 역량 향상에 도움을 주어 민주주의에 기여하는 역할을 기대하고 요구하는 것은 역설적이다. 이는 저널리즘 제도의 존립 자체가 의문시되는 상황에서 역사적으로 한 번도 제대로 구현된 바 없는 저널리즘의 이상을 구현해야 한다는 주장처럼 공허하게 다가온다.

하지만 이러한 상황을 타개할 방안은 한마디로 쉽게 정리될 수 있다. 결국 '언론의 규범성'이 문제의 근원이자 해결 수단이다. 언론 위기의 극복과 언론이 수행하는 역할은 동전의 양면처럼 연결되어 있다. 언론의 위기는 외생적 변수, 이를테면 정치권력이나 행정권력의 통제나 명령이 아닌 언론 스스로의 내생적 변화 노력을 통해 극복되어야 한다(윤석민, 2020: 4장). 이러한 변화 노력을 통해 사회적 소통의 허위와 조작을 걸러내고 건강한 사회적 소통을 지켜내는 언론 본연의 역할을 보다 잘 수행할 수 있다. 무엇이 선후랄 것 없이 동시적으로 이루어지는 이 두 가지 노력의 중심에 언론이 추구하는 목표 내지 지향으로서의 규범성(normativity)이 존재한다. 정리하면, 규범성 강화를 통해 언론은 스스로의 위기를 극복하고 이를 통해 건강한 사회적 소통을 지켜내는 본연의 역할을 수행할 수 있다.

언론의 규범성은 민주주의, 자유로운 권력 감시와 비판, 정의, 공정성, 객관성, 투명성 그리고 이 장에서 다루는 사실성 등, 언론의 토대를 이루는 기본 가치 및 그 실천을 위한 관행들을 의미한다. 이러한 규범적 원칙들은 언론 영역을 넘어 사회적인 차원에서 최상위의 가치를 인정받아온 근대 시민 민주주의 사회의 이념들이다. 이러한 규범적 가치들이야말로 언론이 존립하는 이유이자 양질의 언론과 저급한 언론을 구분하는 기준이며, 언론에 권력을 상시적으로 감시하고 비판하는 권능을 부여하는 근원이다(윤석민, 2020: 177-178).

언론이 추구하는 다양한 규범 중 가장 기본적인 가치가 사실성이다. '언론은 주어진 조건에서 최선의 팩트를 전달하기 위해 노력해야 한다' 내지 보다 직설적으로는 '언론은 거짓말을 하면 안 된다'로 요약되는 사실성 규범은 "실제 언론이 '할 수 있고', '하고 있고', '하려 하는' 부분에 집중하는 미덕"(조항제, 2019: 108)이 있다. "사실의 숨김없는 공표만으로도"(조항제, 2019: 108) 언론은 많은 일을 이루어낼 수 있다. 하지만 객관성(objectivity)이나 공정성(impartiality) 같은 일견 단순해 보이는 저널리즘 규범 개념들이 그 속에 많은 쟁점을 숨기고 있는 것처럼(윤석민, 2015), 사실성에도 그에 못지않은 이론적·실천적 난점들이 잠복해 있다. 이 장에서는 사실과 사실성에 대한 이론적 논의를 기반으로 이 같은 쟁점들이 무엇인지 살펴보고, 지금까지 언론이 구현해 온 사실과 사실성을 평가한 후, 최근 들어 전 세계적으로 가장 중요한 저널리즘 장르로 부상한 팩트체크 저널리즘의 의의를 검토해보고자 한다. 그리고 언론이 사실성 규범을 보다 명확히 정립하고 실천할 수 있는 점진적 사실성 모형, 대안적 플랫폼 거버넌스, 사실성 규범을 체화하는 언론인 양성 교육, 그리고 뉴스 수용자의 리터러시 강화 등을 살펴보는 것으로 이 장을 마무리하고자 한다.

2. 사실과 사실성

저널리즘에서의 사실성 규범을 정립하기 위해서는 먼저 사실과 사실성이 무엇을 의미하며 어떠한 쟁점이 있는지 검토할 필요가 있다. 국립국어원 표준국어대사전에 따르면 '사실'은 "실제로 있었던 일이나 현재에 있는 일"을 의미한다. '사실성'은 이처럼 "있었던 일" 혹은 "있는 일"의 확인 가능성 혹은 검증 가능성을 나타낸다(이준웅, 2017). 사실을 표상하는 생각 혹은 말은 사실성을 지닌다(최순욱·윤석민, 2017)고 간주된다. 정리하면 사실은 실제로 존재하는 일, 사실성은 이를 입증할 수 있는 가능성으로 정의된다.

사실은 크게 원초적 사실(brute facts)과 사회적 사실(social facts)로 구분된다(Searle, 1995). 원초적 사실은 인간의 제도와 무관하게 현실에 존재하는 사실이며, 사회적 사실은 현실에 존재하는지를 파악하기 위해 인간의 제도를 필요로 하는 사실이다(오세욱·황구현, 2018; 최순욱·윤석민, 2017). 예를 들어 자연재해가 발생했다고 할 때, 그로 인한 인명 및 재산상의 피해는 '원초적 사실'의 영역에 해당한다면, 이 자연재해를 수습하는 데에 있어 정부와 청와대가 어떤 권한이 있는지를 법령이나 제도 등 기존의 사회적 약속을 근거로 밝히는 것은 '사회적 사실'의 영역에 해당한다. 이때 사회적 사실들의 경우 사람들마다 다른 제도적 정의 내지 해석을 내릴 수 있다. 따라서 사회적 사실은 필연적으로 주관적이고, 더 나아가 정치적이다. 특히 정치적 사안들은 매우 다양한 해석에 열려 있기에 사회적 사실의 영역에 정치적 사실의 자리가 있는지는 그 자체로 논란이 된다. 그 한쪽에는 "정치에서는 사실적 진리도, 의견도 자명한 것은 없다"(조항제, 2019: 255)는 식의 정치적 사실의 존재에 대한 비관론(Uscinski & Butler, 2013; Uscinski, 2015)이 존재한다. 다른 한편에는 정치의 영역에도 사회 구성원 다수가 인정할 수 없는 '거짓'이 있다는, 다른 말로 정치적 사실에 있어서도 사실성의 상대적 정도가 구분된다는 논의가 있다(백영민·김선호, 2017; Amazeen, 2015; 2016; Graves, 2016).

뉴스의 사실성을 둘러싼 논란은 이 논란과 밀접히 관련된다. 뉴스가 다루는 사안들은 상당 부분 사회적 사실이며, 그중에서도 뜨거운 논란을 빚는 정치적 사안에 해당한다. '정치적 사안에 있어서 사실성이 존재할 수 있는가'라는 논쟁은 뉴스의 사실성과 관련해 그대로 재연된다(Uscinski & Butler, 2013). 이러한 논쟁의 연장선에서 사실성과 진실성(truthfulness), 혹은 사실과 실체적 진실이 구분되기도 한다(이민웅, 2002; 조항제, 2014). 전자가 특정한 시점에서 제한된 근거들에 의해 검증된 상대적이고 유한한 사실성을 의미한다면 후자는 시대를 초월해 검증된 절대적이고 궁극적인 사실성의 개념으로 정의된다. 이러한 진실성은 어느 순간 갑작스레 밝혀질 수도 있고, 수년 혹은 수십 년 뒤에 밝혀질 수도 있으며, 심지어 영원히 밝혀지지 않을 수도 있다.

정리하면, 언론이 특정한 사안을 주관적 신념이나 의견, 정치적 해석의 범주를 넘어, 사회적 차원에서 믿을 수 있는 사실로 보도하기 위해서는 사실성의 기준이 엄밀하게 설정되어야 한다. 하지만 사실성과 진실성의 구분처럼, 사실성의 개념이 지나치게 엄밀하게 규정되거나 이상화될 때 사실성은 자칫 도달 불가능한 목표로 무력화될 위험이 있다(윤석민, 2015: 42). 그렇다면 엄밀성과 동시에 실천성을 지닌 언론의 사실성은 어떻게 규정될 수 있는가.

언론의 사실성과 관련해 제기되는 이 핵심적 질문에 대해, 인식론 철학의 진리대응론(correspondence theory of truth), 진리정합론(coherence theory of truth), 실용주의적 진리론(pragmatic theory of truth)이 의미 있는 출발점을 제공한다(염정윤·정세훈, 2018; 오세욱·황구현, 2018; 이준웅, 2013; 2017; 이충환, 2013; Southwell & Thorson, 2015). 첫째, 진리대응론은 실재론적 인식론으로, 어떤 진술이 존재하는 사실과 일치할 때 참이라고 본다. 여기에서의 사실은 "마음과 독립해서 존재하는 현실 중 일부"(이준웅, 2017: 5)로서, 개개의 주관에서 벗어난 세계가 존재하며 그 세계를 우리가 감각적으로 포착할 수 있음을 전제하는 개념이다. 즉 우리의 외부에 사실에 해당하는 독립적인 세계가 존재하고, 우리의 인식이 이를 지각할 수 있는바 어떤 진술이 참인지 여부를 그 진술이 우리가 인식한 사실과 대응하는지를 살펴 판단할 수 있다는 것이다.

하지만 진리대응론에 대해 다음과 같은 비판이 제기된다. 우선, 진리대응론에는 분명한 한계가 존재한다. 대표적으로 이는 우리의 감각 기관이 유일한 사실 인식의 통로라고 생각하는 오류를 범하게 된다. 우리는 환각이나 착각을 일으킬 때가 많고 똑같은 자극이라도 그것을 받아들이는 조건에 따라 다르게 받아들이는 경우가 많기 때문에 감각적 경험에만 의존할 경우 사실과 대응하는 올바른 판단을 내리기 어렵다. 더구나 감각적 경험의 대상이 될 수 없는 수학적 지식이나, 감각적 판단으로 환원 불가능한 논리적 명제들은 그 진리 여부를 파악할 수 없다. 더 나아가 감각에 의한 사실은 남에게 전달하는 것도 쉽지 않다. 실제로 있었던 현장에서, 누군가가 사실을 전달하더라도 그것을 정확하게 전달했는지는 그 사람만 알기 때문이다(오세욱·황구현, 2018: 55). 이와 같은 비판에도 불구하고 대응론은 인식론적 차원에서 저널리즘의 사실성 개념을 일차적으로 뒷받침하는 기반이라고 할 것이다. 저널리즘이 구현하는 재현 행위의 사실성은 실재하는 객관적인 사실과 대응하거나 일치할 때 가장 명확하게 입증되기 때문이다(이충환, 2013: 13).

진리정합론과 실용주의적 진리론은 진리대응론과 달리 관념론적 인식론에 해당한다(이충환, 2013: 13-21). 먼저 진리정합론은 어떤 진술이 다른 명제들의 체계와 논리적으로 조화를 이룰 때 참이라고 판단한다(염정윤·정세훈, 2018; Southwell & Thorson, 2015). 정합론에서는 어떤 판단이 이미 존재하는 기존의 판단 체계에 부합하는지 여부에 의해 사실성 판단을 내리기에 바깥 세계와의 대응을 필요로 하지 않는다. 이 이론은 인간의 신념이나 추상적인 명제, 이론, 수학적 논리 등의 사실성 검증에 적용하기 용이하다. 하지만 이 역시 비판을 벗어나지 못한다. 우선 사실성 검증의 기반이 되는 승인된 논리 내지 지식 체계 자체가 참인지의 여부를 판단하기 어렵다. 또한 둘 이상의 모순되지 않은 체계가 공존할 수 있기에 각기 다른 체계에 속하는 상충되는 진술을 참이라고 판단할 수 있는 문제가 생긴다. 또한 승인된 상위의 지식 체계 밖의 진술에 대해서는 사실 여부를 판단하기 어렵다. 이러한 한계에도 불구하고 정합론은 대응론과 마찬가지로 저널리즘에서의 사실성을 인식론적으로 뒷받침한다. 이때 경험적 인식이나 지각, 객관적으로 존재하는 것에 대한 사실성을 지지하는 대응론과 달리 정합론은 경험적 검증이 불가능하거나 객관적으로 존재하지 않는 사안에 대한 사실성을 검증 가능하게 해준다.

실용주의적 진리론은 이처럼 대응론이나 정합론이 갖고 있는 한계들을 극복하면서 실제로 사실 그 자체보다는 사실의 가치 내지 유용성을 기준으로 진리를 확보하려는 노력이다(이충환, 2013: 17). 이와 같은 철학적 논의는 퍼스(Charles S. Peirce)로부터 시작되었다. 그는 어떤 대상에 대해 갖게 되는 관념의 의미를 그 대상이 가져오는 효과로부터 얻으려고 했다. 예를 들어 어떤 것을 '단단하다'고 할 때 우리는 그것을 유리를 긁을 수 있음, 구부러지지 않음 등을 의미하는 것으로 받아들인다. 실용주의적 진리론에 따르면 사실은 그 자체로 의미를 갖지 못한다. 사실은 실제 생활에서 성공적이거나 만족스러운 결과를 가져오거나 사회적 차원에서 유용한 효과를 창출할 때 진리가 된다. 언론 보도를 예로 들면, 보도 내용이 실현되었을 때 사회에 바람직하고 생산적인 결과를 가져다주는 경우(예를 들어 정당한 권력 비판, 환경 감시, 사회적 약자의 권익 대변 등), 이는 실용주의적 차원에서 진리가 된다. 하지만 이 이론에 대해 효과 내지 유용성이라는 기준은 보편적이지 않고 보는 이 내지 시기나 상황에 따라, 더 나아가 정치적 요인에 따라 달라진다는 비판이 제기된다. 또한 유용성을 평가할 수 없는 사안의 경우 사실성 판단이 유보된다는 한계가 있다.

이상에서 살펴본 세 가지의 원론적인 사실성 이론, 즉 대응론, 정합론, 실용주의적 진리론은 저널리즘의 사실성과 관련해 다차원적이면서 상호 보완적인 인식론적 판단 근거를 제시한다. 먼저 대응론에 따르면 사실적 진술은 바깥 세계에서 실제로 일어난 일과 조응할 때 사실이 될 수 있다. 특히 저널리즘의 맥락에서 대응론은 뉴스룸 바깥에 '가서 보고, 쓰는' 직접적인 형태의 취재 행위를 뒷받침한다. 이러한 사실 판단은 사실의 범주 중 '원초적 사실'과 어울린다. 정합론에 따르면 사실적 진술은 기존에 인정받은 지식 내지 판단의 체계와 모순 없이 조화를 이룰 때 사실이 된다. 이는 바깥 세계와의 조응보다는 통계 지표, 전문가 의견 등 기존의 지식 체계에 의존해 사실 여부를 판단할 수밖에 없는 '사회적 사실'에 관한 취재 행위를 뒷받침한다. 마지막으로 실용주의적 진리론에 따르면 사실적 진술은 현실에 바람직한 영향을 미칠 때 사실로 인정받는다. 이는 다양한 이해와 해석이 상충하는 담론 내지 미래에 대한 전망 등이 지닌 사실성을 평가할 때 유용성을 지닌다. 특히 '정치적 사실'의 사실성을 판단함에 있어서 실용주의 이론이 하나의 기반으로 작용할 수 있다.

종합적으로 대응론, 정합론, 실용주의적 진리론은 취사선택의 대상이 아니라 상호 보완적으로 결합되는 이론들이라고 할 것이다. "진리란 다중적으로 규정되는"(이준웅, 2013: 124) 것이다. 언론 보도가 실제 세계에서 일어난 사태들을 폭넓게 포함하고 그에 잘 대응할 때, 보도에서 제시된 사실들이 종래의 지식 및 판단 체계에 모순과 충돌 없이 부합할 때, 더 나아가 이러한 보도의 내용이 사회적으로 바람직한 영향력을 행사할 때, 그 언론 보도는 종합적으로 사실성을 확보하고 있다고 평가할 수 있다. 이러한 맥락에서 언론이 추구하는 사실성은 단순한 현실의 재현을 넘어 고도화된 논리적 완결성을 추구하며,

이를 통해 사회적으로 바람직한 효과를 만들어내려는 노력까지를 포함하는 규범적 목표라고 정리할 수 있다.

3. 언론의 사실성 구성 방식

"뉴스는 단적으로 말해 사실에 기초한 담론적 실천이다."(조항제, 2019: 108) 이 자명해 보이는 말은 조금만 생각해보면 그 의미가 단순치 않다. 앞서 보았듯이 사실성은 다차원적 의미를 지니고 있다. 또한 사실성의 추구는 현실적인 절충을 필요로 한다. 이상적 상황에 대한 논의를 전개할 수 있는 학술적 담론과는 달리, 현실의 언론은 모든 사실을 직접 경험할 수도(대응론), 현시대의 지식 체계 전체를 파악할 수도(정합론), 자신의 보도행위가 미칠 사회적 파장을 정확히 예측할 수도(실용주의) 없는 현실적인 제약에 묶여 있기 때문이다. 이처럼 이상적인 사실성의 구현과 동떨어진 상태에서 언론은 그 존립 가치를 인정받기 위해 자신의 보도가 사실(들)에 기초하며, 그 자체로 사실이라고 대중을 설득할 필요가 있다(송용회, 2005). 이러한 의미에서 언론의 사실성은 저절로 주어지는 것이 아니라 적극적으로 정당화 내지 방어되는 것이다.

저널리즘 연구자들은 여러 제약이 존재하는 뉴스 생산 과정에서 언론이 어떻게 사실성을 구성하고 대중을 납득시키는지에 대한 전략을 파헤쳐 왔다. 터크먼(Tuchman, 1978)의 고전적인 논의에 따르면 뉴스 생산 과정에는 (1) 공인된 그리고 서열화된 취재원의 인용, (2) 인용 부호의 적절한 사용, (3) 뉴스의 제시 형태, (4) 뉴스의 서술 형식 등의 관행을 통해 사실이 만들어지는 이른바 '사실성의 망(web of facticity)'이 작용한다. 특히 이 '사실성의 망'은 마감시간에 쫓기는 등

철저한 사실확인을 하기에는 현실적인 제약이 있는 상황에서도 기사를 작성해야 할 때 가장 효과적으로 작용한다(이충환, 2013). 저널리즘 연구자 셧슨(Schudson, 2011) 역시 뉴스 생산의 안정성 차원에서 작동하는 관행의 역할에 주목한다. 일상적인 뉴스 생산 과정에서 모두가 깜짝 놀랄 만한 소식은 예외적으로 등장하는 반면, 저널리스트들은 꾸준히 뉴스를 생산해야 하는 환경에 놓여 있다. 그 결과 저널리즘에서 사실로 간주되는 것은 기존 관행에 맞게 취재를 완료했는지의 여부로 대체된다. 저널리즘의 규범적 원칙들에 대한 교과서적 저서를 집필한 코바치와 로젠스틸은 저널리즘의 사실성 원칙과 관련해 아래와 같은 사실확인의 기법들(accuracy checklist)을 제안한다(Kovach & Rosenstiel, 2014: 166: 윤석민, 2020: 689에서 재인용).

- 기사의 리드는 충분히 뒷받침되는가?
- 기사를 이해하는 데 필요한 배경자료는 완벽한가?
- 기사와 관련된 이해관계자는 모두 확인되었고, 각 측면을 대변하는 사람들은 접촉이 되었으며 말할 기회가 주어졌는가?
- 그 기사는 한쪽 편을 들거나 미묘한 차이가 있을 수 있는 문제에 대해 가치판단을 하는가? 어떤 사람은 일반적인 수준 이상으로 이 기사를 좋아할 것인가?
- 모든 정보의 출처를 밝히고, 그 사실이 정확한지를 실증적으로 확인했는가?
- 사용한 사실들은 기사의 전제를 뒷받침하는가? 논쟁이 있는 사실에 대해 복수의 취재원을 사용했는가?
- 인용문이 정확하고 문맥도 바르게 사용되었는지 이중 확인(double-check)했는가?

언론 현장에서 사실성은 통상적으로 터크먼, 셧슨 그리고 코바치와 로젠스틸이 말하는 이 같은 관행적 규율 내지 기법들과 동일시된다. 사실성에 대한 이 같은 언론의 관행적 접근은 사실의 맥락적 의미를 살피는 데 이르지 못하고 기사 텍스트의 정확성만을 중시하는 '형식적 사실주의'의 한계를 드러낸다는 평가를 받아왔다(정은령, 2018: 40-41). 언론사 편집국을 참여 관찰한 연구들은 언론의 편향은 의도적인 왜곡 때문이 아니라 조직의 관행이라는 제약 속에서 발생한다는 사실을 밝혀냈다(Schudson, 2011: 60-61). 사실성의 추구 자체가 왜곡의 근원이라는 점을 드러낸 것이다. 이러한 객관주의 저널리즘의 한계를 극복하려는 시도로서 20세기 후반에 나타난 추세가 바로 저널리즘에 있어서의 해석적 전환(*interpretive turn*)이다(김양순 외, 2019: 237). 이 새로운 저널리즘에서는 '누가', '어디서', '무엇을' 대신에 '왜'가 강조된다. 사건 자체를 기술하기보다는 원인을 파악하는 데 주력하는 것으로, 우리가 흔히 심층기획 보도 내지 탐사 보도로 통칭하는 저널리즘이 이에 해당한다. 하지만 이 같은 시도들은 자칫 사실을 바라보는 관점의 상대성을 강화한다는 점에서 언론의 사실성을 둘러싼 논란을 심화할 가능성이 크다(윤석민, 2020: 692). 특히 언론이 진영화된 상황에서 이러한 위험은 더욱 높아진다.[1] 이 맥락에서 언론 현장에 관행으로 정착된 사실성 추구 전략은 그 자명한 한계점에도 불구하고 대안이 뚜렷하지 않은 관례로 여전히 유지, 존속되는 구시대적 유물처럼 남아 있다고 할 것이다.

반 다이크(van Dijk, 1988a; 1998b; 1990)는 기사 담론 구조 분석을 통해 뉴스 텍스트에서 드러나는 사실성 기제가 실제로 무엇인지 연

1 실제로 MBC의 PD수첩으로 대표되는 PD 저널리즘이 야기한 논란이 이에 해당할 것이다.

구했다. 그에 따르면 기사에서 빈번히 나타나는 사실성의 기제로 (1) 직접 관찰, (2) 인용, (3) 숫자의 빈번한 사용 세 가지가 확인되었다. 반 다이크의 분석을 가져와서 한국 신문의 사회면 언론 보도를 분석한 송용회(2005)의 연구에 따르면, 인용 기제와 숫자 사용 기제는 신문사의 정파성과 상관없이 유사한 정도로 빈번하게 등장한 반면, 직접 관찰은 제한적으로만 사용되고 있었다. 이는 한국의 기자들이 주관적 경험의 진술에 머무를 수 있는 직접 관찰은 최소화하고, 인용과 숫자 사용 등을 통해 사실성을 정립하는 전략을 주로 활용하고 있음을 보여준다. 이러한 결과를 토대로 송용회는 "(언론은) 사실성 입증 기제라든지 담론 구성방식 등에 대한 보편적이고 고정적인 인식을 갖고 있다"(송용회, 2005: 100)라는 결론을 도출한다. 한국의 언론 현장 역시 사실성의 전략적·관행적 기제에 의존하고 있음을 보여주는 연구 결과라고 할 것이다.

국내 언론의 사실성을 평가한 종래의 저널리즘 연구자들(김창숙, 2020; 심석태 등, 2013; 정은령, 2019)은 언론의 사실확인 부족으로 인해 신뢰할 수 없는 기사가 지속적으로 생산되고 있다는 진단을 내렸다. 연구자들은 그 이유를 언론사에 가해진 현실적 제약과 사실 검증의 방법론적 미비에서 찾고 있다. 먼저, 언론사는 사실을 충분히 검증할 유인도, 여유도 없다. 기자 한 명이 지면 기사와 온라인 기사를 합쳐 일주일에 약 20개 이상의 기사를 작성하는 언론 환경은 출입처와 온라인 양측에서 쏟아지는 파편적 사실을 받아 적는 것을 넘어선, 적극적인 사실확인 작업을 점점 어렵게 만들고 있다(김창숙, 2020; 한국언론진흥재단, 2021b). 사실확인을 강화하기 위해서는 인력과 시간을 투입해야 하지만 업무 과중 상황에서 투입할 자원이 부족할 뿐만 아니라, 사실확인을 향한 노력이 다소 부족하다 하더라도 현재 언론사의 비즈니스 모델 자체는 성공적으로 돌아가고 있기에 사실확인 관행이 그대로 유지되거나 오히려 열화되고 있는 상황이다(김창숙·최지향, 2021).

같은 맥락에서, 국내 언론에 있어서 사실성은 저널리즘 규범으로 제대로 명문화되어 있지 못하고, 규범으로 명문화된 경우에도 제대로 실천되고 있지 않다는 비판도 있다(오세욱·황구현, 2018). 국내외의 미디어 전문직 규범을 비교하고 종합한 윤석민(2020)에 따르면 한국 언론사는 미국 언론사보다 '사실확인 및 취재 자료에 대한 확인 절차'를 전문직 규범에 명시하지 않는 경향이 있었으며, 그 내용도 실제 현장에서 도움이 될 만큼 구체성을 띠기보다는 추상적이고 선언적이라는 한계를 지니고 있었다. 김창숙(2020)의 언론인 심층 인터뷰 연구에 따르면 사실확인 기법에 대한 구체적인 가이드라인이 부족해 연차가 낮은 기자들은 사실확인에 관해서 수습기자 교육 자료 정도만 전달받은 수준이며, 구체적인 방법을 배운 적이 없는 상태로 취재를 하고 있는 것으로 나타났다. 이나연(2018a)의 국가별 비교 연구에서는 한국 신문의 기사당 이해당사자 수가 다른 국가에 비해 확연히 낮다는 것이 확인되었다. 또한 김창숙의 연구(2020: 303)에 따르면 한국 언론은 '소송'을 기준으로 사실확인의 수준을 구분해 반론권이 없는 이해당사자는 거의 취재하지 않는 "방어적, 소극적 사실확인"에 안주하고 있는 것으로 나타났다.

4. 팩트체크 저널리즘이 구현하는 사실성

'팩트체크 저널리즘(factcheck journalism)'은 앞서 언급한 저널리즘의 해석적 전환의 일환으로서, 종래의 언론이 충분한 정도로 사실성을 추구하지 못하고 있다는 언론계 외부의 문제제기 및 언론계 내부의 자성에 따라 등장한, 사실성 검증을 보다 강화한 새로운 저널리즘 양식이라고 할 수 있다. 팩트체크는 본래 신문의 최종 출판 전 날짜, 인명, 고유명사 등 기사 내에 담긴 사실 관계를 꼼꼼하게 확인하는 작업을 일컫는 말이었으나, 1990년대부터 미국 언론계에서 정치적 발언의 사실성 검증을 수행하는 기사들이 새롭게 등장함에 따라 이러한 기사를 지칭하는 말로 그 의미가 확장되었다(정성욱, 2021). 기존 논의에서는 전자를 내부적(internal) 팩트체크, 후자를 외부적(external) 팩트체크로 구분해 칭하기도 한다(Graves & Amazeen, 2019). 특히 2010년대 들어 정치인과 공직자의 거짓말과 소셜 미디어를 통해 확산하는 허위정보에 대한 경각심이 높아지면서, 정치인 및 공직자의 발언을 단순 인용 처리하고 진위 여부 판단은 독자의 판단에 맡기는 이른바 객관주의 관행에서 벗어나 언론이 직접 나서서 이러한 발언의 진위 여부를 검증할 필요가 있다는 문제의식이 높아졌다. 그 결과 기사 내에서의 사실 검증과는 별도로, (외부적) 팩트체크 저널리즘이 별개의 저널리즘 장르로서 기존 언론의 주목을 끌면서 전 세계적으로 빠르게 성장하게 되었다(윤석민, 2020: 658-659).

그렇다면 사실성 규범의 추구 차원에서 팩트체크 저널리즘과 종래의 저널리즘은 어떻게 다른 것일까. 한국 사회에서 팩트체크 저널리즘에 관한 이론적 논의와 실천을 이끌어온 정은령(2018)에 따르면 팩트체크 저널리즘의 사실성 검증은 종래 언론의 일상적인 취재를 통한 사실성 추구와는 분리된 형태로, 별도의 기사 영역처럼 이루어진다. 정은령(2018)은 이를 '이중 층위의 사실 경영'이라고 개념화했다. 그녀는 언론사에서 팩트체크 기사를 담당하는 기자들을 심층 인터뷰한 결과 "현재의 팩트체크에서 다루는 팩트와 일반적인 기자들이 다루는 팩트는 다르다"(23)라는 기자들의 인식을 확인했다. 마감 시간, 인력난 등 현실적 제약 때문에 다른 기자들이 파편화된 상태로 쏟아지는 사실을 받아쓰는 종래의 관행을 따르고 있는 반면, 팩트체크 기자들은 팩트체크 기사 생산이라는 분담된 역할을 맡아 심층적인 팩트체크 작업을 수행하고 있다는 것이다. 이중 층위의 사실 경영은 우리 언론사들이 안고 있는 인적·물적 한계 속에서 종래의 기사 생산에 비해 보다 많은 인력과 시간이 투입되는 팩트체크 저널리즘을 기사 생산 전반에 적용하지 못하고 하나의 특화된 기사 영역으로 분리하는 양태를 나타낸다고 할 것이다.

팩트체크 저널리즘은 종래 언론의 사실성 담론 전략(송용회, 2005; van Dijk, 1988a; 1988b; 1991)의 주요 뼈대 중 하나인 '인용'을 비판적으로 계승하는 모습을 보여준다. 기존 저널리즘의 핵심 규범인 객관성은 기자로 하여금 사실(facts)과 의견(values)을 구분하고, 오직 사실만을 보도해야 한다고 보았다(정성욱, 2021; Schudson, 2001). 그 과정에서 '그는 이렇게 말했고, 그녀는 이렇게 말했다(he said, she said)'처럼 인용을 중심으로 한 보도 스타일(Lawrence & Schafer, 2012)이 정착했다. 진리론 차원에서 살펴보면, '그가 말한 것을 기자가 들었다'와 같은 형태의 감각적 경험과 외부 세계의 사건(발화 행위 그 자체)을 중시하는 진리 대응론을 절대적인 기준으로 놓은 것이다. 하지만 이러한 관행은 결과적으로 '받아쓰기 저널리즘'이라는 "말해진 사실은 보도하되 말해진 사실 이면의 사실까지를 검증하지 못하는 사실성 추구의 실패"(정은령, 2018: 40-41)를 낳았다는 비판을 받는다. 이에 비해 팩트체크 저널리즘은 "말해진 사실 이면의 사실까지"(41) 검증하는 것을 목표로 한다.

팩트체크 저널리즘은 '인용'을 포함한 기존 언론의 사실성 담론 전략 내지 관행을 전면적으로 폐기하고 새로운 사실성 검증 방법 내지 전략을 수립했다기보다는, 오히려 전자를 더욱 강화하고 정교화하는 방식으로 계승하고 있다고 보는 것이 타당하다. 예를 들어 팩트체크 저널리즘은 유력 정치인의 발언이 사실인지 거짓인지를 판정하기 위해 통계, 논문 및 보고서, 법원 판례, 관계자 취재, 전문가 판단 등 다수의 참고자료 내지 근거를 동원해(백강희, 2020; 정은령, 2018; 2019) 맥락과 근거를 살피고 최대한 종합적인 진실(whole truth) 내지 이면의 사실에 다가가기 위해 노력한다(김수정·정연구, 2021). 검증 과정에서 개개 기관의 주장보다는 다수 기관으로부터 발표된 통계 보고서와의 일치 여부가, 전문가 한 명의 단편적인 의견보다는 여러 전문가가 합의를 이루어 학계에서 인정을 받은 내용이 더 중요시된다. 다시 말해 기계적인 사실성 구축 전략에 의존하기보다는 가능한 선에서 최대한의 근거를 확보하고, 근거에 위계와 우선순위를 부여해 검증을 정교화하는 것이다. 팩트체크 저널리즘은 검증 대상이 되는 발언을 '듣고 쓰는' 것을 넘어, 다수의 '인용'된 근거들의 정합적인 체계 속에서 검증 대상 발언이 모순을 일으키지 않는지, 해당 발언이 기존의 지식 체계에서 어떤 위치를 차지하는 것이 옳은지를 탐구하는 작업이다. 이런 의미에서 팩트체크 저널리즘은 기사의 목표를 '객관적으로 재현하기'에서 '논리적 분석과 재구성'의 영역으로 옮기려는 시도라고 평가할 수 있다.

팩트체크 저널리즘은 종래의 통상적인 취재 관행보다 사실성 검증을 한층 강화하는 새로운 저널리즘 실천 양식이라는 의의가 있지만 아직까지는 '이중 층위의 사실 경영' 방식이라는 말처럼 주류 취재 관행으로부터 분리된 실험적 시도라는 한계를 지닌다. 뉴스룸의 일반적인 취재 관행에서 벗어나 별도의 팩트체크 기사를 작성하는 기자 혹은 팀을 유지하기 위해서는 시간과 인력 등 더 많은 자원을 투입하고자 하는 경영진의 결단이 요구된다(윤석민, 2020; 정은령, 2018).

한국 언론의 경영 환경이 지속적으로 악화되고 있는 한국 사회 상황에서, 팩트체크 저널리즘이 앞으로도 유지되고 확장될 수 있을지는 미지수다. 팩트체크 기사의 생산이 주로 언론사들에 맡겨져 있는 것 또한 현실적인 한계로 작용한다(이철주 등, 2021). 예를 들어 사실성 검증을 위해서는 복수 언론사의 교차 검증이 필요함에도 불구하고, 타 언론사에 의해 검증된 내용을 재검증하고 비판하는 것을 기피하는 언론사들의 관행이 검증 대상을 선정할 때 작용하기 때문에 현실적으로 동일한 사안에 대한 교차 검증이 드물다(이나연, 2018b; 정은령, 2018; Lim, 2018; Marietta et al., 2015). 이런 상황에서 팩트체크 저널리즘은 "뉴스룸 전반의 사실을 다루는 규율에 영향을 미칠 수 있을 것인지"(정은령, 2018: 44) 혹은 언론계와 사회의 큰 반향을 불러일으키지 못한 채로 저널리즘의 하위 장르로만 머무를지, 심지어 한때의 유행으로 관심을 끌다 흐지부지 사라지게 될지의 갈림길에 서 있다고 할 것이다.

선택적 노출과 동기화된 추론이 지배하는 팩트체크 수용 환경 또한 팩트체크 저널리즘의 한계로 지적될 수 있다. 팩트체크 기사와 오정보는 수용집단의 정파성에 따라 선별적으로 확산되고 노출된다(Guess, Nyhan, & Reifler, 2018; Shin & Thorson, 2018). 동일한 내용의 팩트체크 기사에 노출되더라도 기존 신념이 유발하는 편향적 정보처리(염정윤·정세훈, 2018)로 인해 교정 효과가 달라지기도 한다. 심지어 팩트체크를 통해 오정보를 바로잡아도 뉴스 수용자들의 태도가 변화하지 않고 오히려 팩트체크 기사 자체가 사안 자체에 대한 점화효과(priming effect)를 유발해 잘못된 믿음을 강화하는 부작용이 나타나기도 한다(Thorson, 2016).[2]

가장 심각한 문제로 뉴스 수용자들이 팩트체크를 통해 드러난 검증 결과 자체를 무시하는 것을 들 수 있다. 사실이 중요하지 않고, 사

2 톨슨(Thorson, 2016)은 이처럼 잘못된 정보에 대한 정정에도 불구하고 그 정보의 제시 자체가 초래하는 점화효과로 인해 사람들이 잘못된 믿음을 유지 내지 강화하는 현상을 '신념의 메아리(belief echoes)' 효과라고 명명했다.

실에 동의하지도 않는 탈진실의 시대가 의미하는 바가 이것이다(정성욱, 2021). 이는 사실성 강화를 위한 모든 노력을 무력화하고, 합리성에 기반한 시민 사회와 민주주의의 기반을 허무는 위험 요인으로 작용한다. 이러한 맥락에서 사실성 규범을 지켜내기 위한 노력은 뉴스의 생산뿐 아니라 수용 측면으로까지 확장될 필요가 있다.

5. 사실성 규범, 어떻게 지킬 것인가

이상에서 살펴본 바대로 기존 언론의 취재 관행에 따른 사실성 검증도, 팩트체크 저널리즘을 통한 사실성 검증도 한계를 지니고 있다. 특히 언론의 규범적 토대가 매우 취약하고 형식화된 한국 사회에서 사실성 규범을 정립하고 실천에 옮기는 작업을 개별 언론사의 몫으로만 맡겨놓는다면, 사실성의 시장 실패에 이를 것이 자명하다. 언론에 대한 신뢰가 역사적 최저치로 떨어지고 시장기반도 약화되는 데에 더해 AI 혁명이 몰아치고 있는 현 상황은 언론 입장에서 최악의 위기 상황이라고 말해도 무리가 없을 정도다. 종래의 레거시 미디어들은 정체성의 위기, 경영의 위기 그리고 극심한 신뢰의 위기 속에서 존립의 위기를 겪고 있다. 새롭게 등장하는 미디어들의 미래 역시 치열한 경쟁과 급변하는 기술 환경 속에서 한 치 앞을 알 수 없을 만큼 불투명한 실정이다.

자신이 수행하는 역할에 대한 헌신과 열정, 자부심을 지닌 언론 종사자들은 이제 어디서도 찾아보기 어렵고, 언론 종사자 대다수의 현실은 전문직주의의 이상과 동떨어진 불안정한 저숙련 상태(precarity)의 문제를 드러내고 있다(윤석민, 2020: 858). 이러한 상황에 설상가상 AI 혁명으로 대표되는 언론의 디지털 전환에 따른 불확실성이 겹쳐지고 있다. 디지털 전환은 우리가 지금까지 알아왔던 것과 근본적으로 다른 새로운 개념의 뉴스, 전달 방식, 조직 및 인력 등 언론의 총체적인 혁신을 요구한다. 아날로그 시대의 취재 및 보도관행에 익숙한 언론 종사자들 입장에서 자신의 존재기반을 흔드는 변화가 되고 있다. 명확한 비전과 투자 여력을 갖추지 못한 언론사들 입장에서도 시행착오의 위험이 큰 디지털 전환은 기회라기보다는 위기로 작용한다. 실제로 언론사들은 디지털 전환을 두고 오랜 기간 갈팡질팡하는 모습을 보여왔다(윤석민·배진아, 2022). 이러한 상황에서 사실성 규범의 실천을 처음부터 한계가 자명한 개별 언론사 단위의 사실성 검증 관행에 맡기거나, 팩트체크 저널리즘 같은 하위 장르에 고립시키지 않고, 언론 전반에 걸쳐 실효성 있게 강화할 수 있는 방법은 무엇일까.

이 질문과 관련해, 이준웅(2017)은 디지털 전환시대에 언론이 사실성 규범을 지켜가기 위한 대안으로 '점근적 사실성(asymptotic factuality) 모형'을 제안한다(그림 1-1). 그의 주장에 따르면 매일 아침에 배달되는 신문과 매일 저녁에 방영되는 TV 뉴스의 시대는 이미 끝난 지 오래다. '뉴스 주기' 개념이 해체된 디지털 뉴스는 24시간 내내 '끊임없이 갱신'하기에 사실성 및 정확성 판단 또한 갱신이 어느 정도 잦아들기 시작한 시점까지 유보할 수밖에 없다. 그렇기에 이준웅(2017)은 사실성 평가의 단위를 개별 '기사'로 두기보다는, 일정 기간 동안 연결된 여러 기사의 '흐름'으로 설정할 것을 제안한다. "끊임없이 갱신하는 뉴스 시대에는 개별 기사의 완성도도 중요하지만, 일정 기간 동안 보도한 기사가 전체적으로 보았을 때 사실에 대한 충실성의 관점에서 점근적 개선이 이루어지고 있느냐가 평가가 중요한 판단 기준이 된다"(114-115)라는 것이다. 점근적 사실성의 추구는 관행적인 개별 취재가 사실에 부합하는지 따지기보다는, "중장기적이고 유연한 점근적 사실성의 달성"(115)을 그 최대 목표로 둔다.

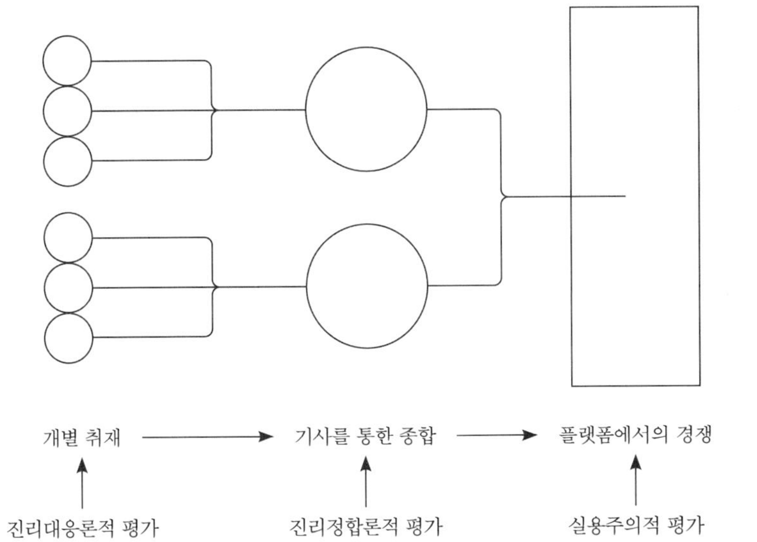

| 그림 1-1 | 점근적 사실성 모형

이 모형에 따르면, 일차적으로 개별 보도의 사실성은 얼마나 일어난 '사실'을 담고 있는지를 따지는 진리대응론적 시각에서 평가될 수 있다. 기자들이 기사를 통해 사실성 담론을 구성하는 전략(송용회, 2005; van Dijk, 1988a; 1988b; 1991)인 직접 관찰, 인용, 숫자 이용 등이 이러한 평가의 대상이다. 기자가 자신이 관찰한 것을 기자 노트 혹은 영상 자료를 통해 증빙할 수 있는 방식으로 남겼는지, 인용한 공직자·정치인·기관·전문가의 말이 실제로 발언한 말과 얼마나 일치하는지, 활용한 숫자가 실제로 공표된 수치에 부합하는지 등에 대한 즉각적이고 기계적인 확인 절차를 통해 진리대응론적 사실성 평가를 수행할 수 있다.

개별 취재 기사들의 내용을 토대로 생산되는 종합적 분석 기사의 사실성은 다수의 근거를 통해 얼마나 정합적인 체계를 구성했는지를 따지는 진리정합론적 시각에서 평가할 수 있다. 이러한 기사는 다수의 근거가 누적된 이후에 작성될 수 있기 때문에 보다 긴 호흡의 사실성 평가 대상에 해당한다. 해설 보도, 심층 보도 기사들이 이러한 평가의 대상이 되며, 한 사안의 사실 여부를 평가하면서 검증의 이유(목적)와 검증에 활용된 통계, 학술정보, 판례 등 검증의 근거를 명시하는 팩트체크 저널리즘 기사들 역시 진리정합론적 사실성 평가의 대상에 해당한다고 할 수 있다.

마지막으로 각 언론사의 기사 흐름과, 언론사들 간의 집합적인 사실 추구 경쟁이 사회에 어떠한 공익을 가져왔는지 실용주의적 시각에서 평가할 수 있다. 하나의 의제에 대해 다수의 언론이 경쟁적으로 기사를 생산했을 때 이러한 집합적인 보도행위에 대한 사실성 판단을 사회 변화, 정책, 제도적 산출물 등으로 평가하는 것이다. 이 평가는 장기적으로 이루어질 수밖에 없으며, 그 특성상 모호하고 불확실하기에 이른바 사회적 논의와 담론 투쟁의 영역에 맡겨지게 된다.

이상에서 살펴본 점근적 사실성 모형은 헤아릴 수 없이 많은 미디어들에 의해 뉴스가 생산되고, 메타 언론에 해당하는 뉴스 플랫폼이 이를 집합적으로 유통하고, 대다수 뉴스 수용자들이 이를 통해 뉴스를 수용하는 현실의 양상과 부합한다. 동시에 이 모형은 언론의 사실성 규범을 지켜가는 과제가 개별 언론사들에 의해 수행되어온 편집국 내 팩트체크 관행 내지 최근 부상한 팩트체크 저널리즘을 넘어 범(汎)언론, 더 나아가 사회적 차원의 프로젝트라는 점을 상기시켜준다. 이 모형을 토대로 현시점의 한국 사회에서 언론의 사실성을 지켜가기 위한 핵심 과제들을 다음과 같이 정리해볼 수 있다.

첫째, 가장 우선적으로 개별 언론사 단위로 이루어지는 사실성 검증의 노력이 더욱 고도화되어야 한다. 이를 위해서는 최근 들어 사실상 형해화되었다고 해도 과언이 아닌 자율규제 수준이던 규범을 제도적으로 복원하고 실천하는 노력이 일차적으로 이루어져야 한다(김창숙, 2020; 김창숙·최지향, 2021). 종래의 뉴스 생산 관행을 넘어 사실성을 강화하기 위한 제도화 방안으로 (내부적) 팩트체크 전담인력의 배치, 팩트체크 부서 신설을 통한 감시 강화, 출입처 중심 취재 관행의 개선, 페이지뷰 중심의 보상 체계 탈피 등이 제시된다.

개별 언론사 단위로 이루어지는 사실성 강화를 위한 제도 개선 및 실천 노력은 그 확산성이 제한적일 수밖에 없다. 이러한 노력이 실효성을 지니기 위해서는 한국 언론의 규범 복원을 위한 범언론 차원의 논의의 장이 구성될 필요가 있다(윤석민, 2020: 369-370). 이러한 장은 원칙적으로 언론의 주도로 구성되고 운영되는 것이 바람직하다. 하지만 극심한 존립의 위기와 동시에 진영 갈등에 휩싸여 있는 한국 사회 언론의 현실을 고려할 때, 언론의 주도로 이러한 논의의 장을 구성하는 것은 첫걸음부터 어려움에 봉착할 가능성이 크다. 따라서 현실적인 차선책으로 학회나 대학 연구기관의 주도하에 허친스 위원회(Hutchins Committee)처럼 독립성과 전문성을 지닌 기구를 구성해 언론 현장의 의견을 수렴하는 방안이 검토될 필요가 있다. 이러한 위원회는 이 글에서 다루는 사실성 규범을 포함해, 언론의 자유와 책임, 공정성, 정의, 객관성, 다양성, 사회적 약자 및 소수자의 보호, 사회통합, 통일지향성 등의 규범적 가치들이 현시대 한국 사회의 맥락에서 그리고 실질적인 언론 현장 상황에서 어떻게 해석되고 실천되어야 하는지를 구체적으로 제시할 수 있어야 한다(최지향 등, 2019: 74).

둘째, 언론 인력의 자질을 강화하기 위한 교육이 강화되어야 한다. 언론의 수준은 그 인력이 내면화한 규범성에 의해 결정된다. 오늘날 한국 사회 언론에서 언론 인력의 규범성이 위기에 처한 양상은 손쉽게 목격된다. 언론 인력의 규범이 무너져 있다는 것은 이들이 단순히 언론 윤리원칙 내지 법규를 준수하지 않는 상태임을 의미하지 않는다. 이는 언론 종사자들이 자신이 수행하는 역할의 근본적 의의 내지 목표를 상실했음을 의미한다. "공영방송 종사자들의 입장에서 무엇이 공영방송 본연의 역할인지 모르는 상태, 남북관계를 담당한 기자가 관련 보도를 하면서 자신이 취재하는 문제를 어떤 맥락에서 접근해야 하는지 모르는 상태, 최저임금·입시정책·부동산 정책 등 갈등을 빚는 국가정책 현안을 다루는 기자들이 어떤 방식으로 기사를 취재·보도해야 공정한 보도가 되는지 인식하지 못하는 상태, 심지어 무엇이 취재·보도할 가치를 지닌 뉴스인지 분간하지 못하는 상태가 그것이다."(윤석민, 2020: 868)

오늘날 우리가 목격하는 한국 사회 언론 위기의 뿌리에 이 같은 인력의 문제가 존재한다. 언론은 더 이상 우수한 인력을 충원하지 못하고 있으며, 최근에는 인력 유출 도미노 현상마저 나타나고 있다. 기존의 인력 충원 방식(전공을 불문한 상식, 영어, 글쓰기 시험 등)은 수명을 다했다고 해도 과언이 아니다. 또한 언론사 단위(편집국 및 취재 현장)의 도제식 현장 교육은 디지털 전환에 따라 언론의 패러다임 자체가 변화하는 상황에서 더 이상 대안이 되지 못하는 실정이다. 디지털 전환 시대를 이끌 인력 충원 대안이 마련되지 못할 때 언론은 회생불능의 내파(內破) 상태에 빠져들 수밖에 없다(윤석민·배진아, 2022).

언론 인력의 자질 약화로 인한 언론의 질적 열화 문제를 해결하기 위해서는 양질의 언론 인력을 배양하고 공급하는 대안이 속히 마련될 필요가 있다. 이와 관련해 흔히 언론인 재교육이 강조된다. 언론인 재교육은 언론사 자체 교육부터 언론진흥재단 같은 공공기관 연수 프로그램까지 다양하게 이루어진다. 전통적인 강의실 중심의 재교육 프로그램을 넘어, 기자들이 "대화를 통해 자신들이 수행하는 일에 대한 의미를 부여"(정은령, 2018: 18)하는 과정이 강조되기도 한다. 그 실례로 한국언론진흥재단의 '저널리즘 카페' 등 언론인들이 서로 대화하며 성찰하는 자리를 마련하는 시도를 들 수 있다.

하지만 언론 인력 양성의 본령은 결국 대학의 제도화된 저널리즘 교육이라 할 것이다. 특히 종래의 언론 인력 충원모형이 사실상 더 이상 작동하지 않는 상황에서, 어설픈 사설교육기관이 아닌 제도화된 최고 교육기관인 대학이 정규 교육 과정을 통해 미래 저널리즘을 이끌 인력 양성을 주도해야 할 당위성은 한층 강화되고 있다. 이를 위해서는 언론이 지향하는 기본적 가치 내지 규범 교육을 사실상 방기하고, 언론 현장이 요청하는 영역 지식이 아닌 언론 자체의 기능·효과·산업 등에 관한 피상적 지식을 전수했으며, 현장과 유리된 강의실 실무 교육을 제공하는 데 머물렀던 종래 언론학 교육의 근본적인 수술이 이루어질 필요가 있다. 언론학 교육은 언론의 효과를 평가하는 학문이 아닌 언론을 이끄는 학문, 정치권력과 시장의 도구적 소통 목적에 기여하는 학문이 아닌 민주주의와 사회정의의 실현을 추구하는 학문으로 거듭나야 할 것이다.

셋째, 언론의 사실성을 개별 기사가 아닌 여러 기사의 흐름을 통해 추구하는 점근적 사실성을 구현하기 위해서는 이러한 집합적 기사 흐름의 토대인 뉴스 플랫폼이 제대로 작동할 필요가 있다. 뉴스 유통을 지배하는 메타 언론으로서의 포털 뉴스 플랫폼을 바로잡는 과제가 이에 해당한다. 현시점에서 언론 생태계의 작동은 포털에서 시작되고 포털에서 끝난다고 해도 과언이 아니다. 이때 문제는 포털의 이해관계는 가치 있는 저널리즘 구현과 일치하지 않고, 그 반대일 가능성도 배제할 수 없다는 것이다. 이처럼 스스로를 언론으로 인식하지도 않고, 언론의 책무를 실천할 의지도 없는 사기업의 손에 막중한 뉴스 유통 플랫폼이 맡겨져 있는 상황이 20여 년 가까이 지속되고 있다(윤석민·배진아, 2022). 포털 뉴스를 둘러싼 논란은 이 지점에서 발생한다.

이러한 문제를 해결하기 위해서는 포털 뉴스 플랫폼의 언론적 책무성을 강화하기 위한 사회적 거버넌스(governance)가 정립될 필요가 있다. 정치권력의 개입을 통해 포털 뉴스 문제를 해결하려는 시도는 권력에 의한 직접적인 언론 통제의 일환으로, 사기업 거버넌스 이상의 위험성을 지닌다. 또한 포털 뉴스를 축소하거나 폐지하려는 시도는 포털 뉴스 플랫폼을 중심으로 구성되어 있는 뉴스 생태계를 교란하고, 포털 뉴스 플랫폼을 통해 다양한 관점의 뉴스를 손쉽게 접하는 국민 대다수의 편익을 훼손하며, 다양한 관점의 뉴스 노출을 촉진해 필터 버블(filter bubble) 효과를 제어하는 포털 뉴스의 기능을 간과한다는 점에서 타당성이 없다.

이러한 점들을 고려할 때, 포털 뉴스 플랫폼을 유지하되 사기업 거버넌스를 사회적 거버넌스로 돌리는 것이 포털 뉴스 플랫폼의 규범성과 책무성을 강화하기 위한 올바른 대안이라고 할 것이다. 정치 및 국가기구의 간섭과 영향력을 배제하고 언론, 전문가 집단, 시민단체 및 사업자 주도로 포털 뉴스 유통과 관련된 현안들을 종합적으로 규율하는 사회적 협치 기구가 그것이다. 이러한 기구는 정치적 독립성, 대표성, 전문성을 확보하고 재원 및 조직 차원에서 안정성을 갖추는 것이 무엇보다 중요하다. 이러한 맥락에서 백지상태에서 새로운 기구를 구성하기보다는 포털 뉴스 서비스 영역에서 이미 상당 기간 운영 경험을 쌓아온 사회적 협치 기구인 뉴스제휴평가위원회(제평위)를 포털의 사회적 책무성을 구현하는 거버넌스 기구로 발전시키는 방안을 검토할 필요가 있다(윤석민, 2020: 530). 제평위는 포털사업자들의 주도로 제안·구성되었고 동 사업자들로부터 재정적·사무적 지원을 받고 있지만, 제도적 독립성을 확보하고 정치 시스템 및 정부로부터도 독립적인 사회적 협치 기구의 모습을 갖추고 있다. 동 기구에는 우리 사회 언론과 관련한 주요 협의체, 연구기관, 학술단체, 시민단체의 대표자가 다양하게 참여하고, 이들 간의 견제와 균형이 이루어지

는 등 비교적 높은 수준의 대표성, 전문성, 운영의 민주성이 확보되고 있다.[3]

언론의 사실성 규범을 지켜가기 위한 마지막 과제는 뉴스 수용자들의 변화를 이끄는 일이다. 언론사의 사실성 규범을 강화하고, 새로운 저널리즘 교육을 통해 우수한 언론 인력을 확충하며, 공정하고 책임 있는 포털 뉴스 플랫폼 정립을 통해 사회적으로 유통되는 집합적인 뉴스의 질을 끌어올린다고 해도, 결국 이 모든 변화가 실질적 성과로 이어질 수 있게 하는 것은 뉴스 이용자의 선택이다. 뉴스 수용자들이 뉴스에 담긴 사실성 자체를 외면한다면 이 모든 노력은 수포로 돌아갈 수밖에 없다. '탈진실(post-truth)의 시대'에 이는 가능성을 넘어 심각한 현실의 문제로 존재한다.

따라서 탈진실을 극복하고 사실성에 우호적인 수용 환경을 조성하기 위해서는 뉴스 수용자들의 미디어 리터러시 제고가 필수적이다. 미디어 리터러시는 메시지를 해석하고 비판적으로 평가할 수 있는 능력으로, 과거에는 미디어가 이용자에 미치는 부정적인 효과를 최소화하는 보호적 관점에서 논의되었지만 현재는 시민의 쌍방향적이고 능동적인 비판능력을 강조하는 개념으로 받아들여진다(김은미·양소은, 2017). 미디어 리터러시는 사실과 거짓을 분간하는 정확한 사실성 판단을 가능하게 해준다(Hameleers, 2020; Kahne & Bowyer, 2017). 더 나아가 미디어 리터러시는 기자와 언론, 플랫폼 등이 사실을 생산하는 과정을 비판적으로 평가하고 이 과정에 직접 개입하는 능동적인 수용

---

3 2021년 제평위는 연합뉴스의 기사형 광고에 대한 제재 건으로 정치적 공격을 받고 2023년 5월 활동이 중단되었다. 사실상의 기구 해체 수순이라고 할 것이다. 이는 명백히 잘못된 일이다. 이와는 반대로 제평위의 위상과 역할을 포털 뉴스의 정치적 독립성과 공정성, 수월성을 이끄는 사회적 거버넌스 기구로 강화하는 것이 포털 뉴스 문제에 대한 온당한 해법이다.

자를 배양하는 데도 기여한다.

6. 나가며

언론의 사실성을 지켜가기 위해 필요한 노력은 앞 절에서 언급한 것처럼 복잡하면서도 전면적이다. 이는 일차적으로 뉴스를 생산하는 언론사들에 대해 고도화된 사실성 규범을 정립하고 종래의 관행을 넘어선 고도의 사실성 검증을 수행할 것을 요구한다. 그리고 디지털 전환 시대를 이끌 양질의 언론 인력을 양성하는 교육체계가 수립되어야 한다. 동시에 집합적인 뉴스를 유통하는 포털 뉴스 플랫폼의 책무성을 강화하는 거버넌스가 정립될 필요가 있다. 무엇보다도 이 모든 변화 노력이 의미를 지니기 위해서는 뉴스 수용자의 리터러시를 강화하는 노력이 수반되어야 한다.

이 과제들 하나하나가 쉽지 않다는 것은 강조할 필요가 없다. 하지만 한국 사회가 성숙한 시민 민주주의 사회로 나아가는 현 단계에서 바람직한 사회적 소통과 여론형성을 이끄는 사회적 가치재로서의 건강한 언론의 중요성을 고려할 때 그리고 한국 언론이 현재 처해 있는 극심한 사실성의 위기 상황을 고려할 때, 이러한 과제들을 실행에 옮기는 노력은 미루어질 수 없다. 위로부터의 제도개혁(top-down)을 통해 언론의 사실성을 강화하기 위한 손쉬운 수단 내지 지름길을 찾으려는 시도는 권력에 의한 시사 프로그램 탄압(윤석민, 2015: 6장)부터 가짜뉴스 교정을 명분으로 한 언론징벌시도(최은철·윤석민, 2022) 등 언론의 사실성 강화가 아니라 언론의 이념적 정파성, 더 나아가 사회 구성원들의 탈진실 성향을 심화하는 부작용으로 이어졌다. 이러한 시행착오가 말해주는 점은 분명하다. 언론의 사실성을 지켜내는 방법은 인위적인 위로부터의 제도개혁이 아닌 벽돌을 쌓듯 아래로부터(bottom-up) 언론의 사실성을 강화하는 노력에서 시작되어야 한다는 것이다. 제도개혁이 아닌 규범의 지배체계(regime of normativity) 정립이 언론의 위기를 해결하기 위한 온당한 접근 방식이다. 이 장에서 다룬 사실성 규범의 정립 및 실천 논의가 지니는 의의를 여기서 찾을 수 있을 것이다.

참고문헌

김수정·정연구 (2021). 한국 팩트체크 저널리즘의 지향성 연구. 〈한국언론정보학보〉 107, 7-42.

김양순·박아란·오대영·오세욱·정은령·정재철 등 (2019). 〈팩트체크 저널리즘〉. 파주: 나남.

김은미·양소은 (2017). 관계망과 인터넷리터러시가 청소년의 온라인 참여행동에 미치는 영향. 〈한국언론학보〉 61(3), 121-154.

김종수·황수환 (2021). 북한 관련 '가짜뉴스'와 남북관계: 진단과 대응방안. 〈한국동북아논총〉 26(2), 95-112.

김창숙 (2020). 한국 신문 사실확인 관행 연구: 주요 일간지 사회부 취재기자를 중심으로. 〈언론정보연구〉 57(3), 286-335.

김창숙·최지향 (2021). 왜 한국 신문의 문제적 사실확인 관행은 고쳐지지 않는가?: 사회부 취재기자와 에디터의 심층 인터뷰를 통해 나타난 구조적 원인 분석. 〈언론과 사회〉 29(2), 5-57.

백강희 (2020). 팩트체크 보도의 가짜뉴스 판단 기준 검토. 〈한국콘텐츠학회논문지〉 20(2), 172-181.

백영민·김선호 (2017). 팩트체크 뉴스 노출, 영향력 인식, 공유 행동에 대한 탐색적 연구. 〈한국언론학보〉 61(6), 117-146.

송용회 (2005). 한국 종합일간지 기사의 사실성 입증 기제에 관한 연구: 조선일보와 한겨레신문 사회면을 중심으로. 〈한국언론학보〉 49(3), 80-104.

심석태·이성주·김기봉·최문호·강형철·윤태진·임대근·정필모·김호성 (2013). 〈방송보도를 통해 본 저널리즘의 7가지 문제〉. 서울: 컬처룩.

염정윤·정세훈 (2018). 가짜뉴스에 대한 인식과 팩트체크 효과 연구. 〈한국언론학보〉 62(2), 41-80.

오세욱·황구현 (2018). '팩트'의 형식적 구성 요건에 대한 탐색적 연구: 'SNU FactCheck' 메타데이터 분석을 통한 제언. 〈언론정보연구〉 55(4), 54-98.

윤석민 (2015). 〈미디어 공정성 연구〉. 파주: 나남.

윤석민 (2020). 〈미디어 거버넌스〉. 파주: 나남.

윤석민·배진아 (2022). 언론 위기의 '실천적' 해법을 찾아서: 현장으로부터의 성찰. 〈한국언론학회 2022 봄철 정기학술대회 자료집〉. 서울: 한국언론학회.

이나연 (2018a). 과학적 객관주의, 형식적 객관주의, 한국형 형식적 객관주의: 신문 기사에 사용된 취재원 사용과 직접 인용 분석을 중심으로. 〈한국언론학보〉 62(2), 112-142.

이나연 (2018b). 한국 언론의 팩트체크: 19대 대통령선거에서의 후보자 검증 기사를 중심으로. 〈언론정보연구〉 55(4), 99-138.

이민웅 (2002). 좋은 뉴스의 으뜸가는 조건으로서 진실 보도: 사실, 사회적 구성, 진실 보도, 재귀성(reflexivity). 〈언론과 사회〉 10(3), 9-51.

이준웅 (2013). 소통은 진리를 위한 것인가?. 〈커뮤니케이션 이론〉 9(4), 100-135.

이준웅 (2017). 디지털 뉴스 시대의 언론 윤리. 〈커뮤니케이션 이론〉 13(3), 86-128.

이철주·이준환·김윤진·최은철·이규호·황윤진 (2021). 코로나 관련 허위정보에 어떻게 대응할 것인가?. 송민 등. 〈소셜헬스와 코로나19 이후의 우리 사회〉 (151-177쪽). 서울: 연세대학교 대학출판문화원.

이충환 (2013). 〈저널리즘에서 사실성〉. 서울: 커뮤니케이션북스.

정성욱 (2021). 팩트체크 뉴스의 영향력 확대를 위한 연구: 팩트체크 뉴스가 수용자에게 미치는 효과를 중심으로. 〈한국방송학보〉 35(1), 235-282.

정은령 (2018). 한국 팩트체크 저널리즘의 특징: 팩트체크 언론인들의 사실 인식과 사실 검증과정 탐색을 중심으로. 〈언론정보연구〉 55(4), 5-53.

정은령 (2019). 팩트체크 뉴스와 한국 방송 저널리즘의 신뢰 회복: 방송 기자들의 팩트체크 뉴스 양식과 뉴스가치에 대한 인식을 중심으로. 〈방송문화연구〉 31(1), 47-101.

조항제 (2014). 〈한국 공영방송의 정체성〉. 서울: 컬처룩.

조항제 (2019). 〈한국 언론의 공정성〉. 서울: 컬처룩.

최순욱·윤석민 (2017). 협업형 사실 검증 서비스의 의의와 과제: 〈SNU팩트체크〉의 사례. 〈사이버커뮤니케이션학보〉 34(2), 173-205.

최은철·윤석민 (2022). 담론네트워크 분석을 통해 살펴본 언론보도에 대한 징벌적 손해배상 정책 논쟁. 〈한국언론학보〉 66(2), 5-69.

최지향·정은령·오해정 (2019). 가치, 교과목, 교수인력의 빈곤 속 한국 저널리즘 교육의 발전방안 모색: 모델 교육과정 수립과 협업시스템 강화를 중심으로. 〈한국언론학보〉 63(5), 38-86.

한국언론진흥재단 (2021a). 〈2021 언론수용자 조사〉. 서울: 한국언론진흥재단.

한국언론진흥재단 (2021b). 〈2021 한국의 언론인: 제15회 언론인 조사〉. 서울: 한국언론진흥재단.

Amazeen, M. A. (2015). Revisiting the epistemology of fact-checking. *Critical Review* 27(1), 1-22.

Amazeen, M. A. (2016). Checking the fact-checkers in 2008: Predicting political ad scrutiny and assessing consistency. *Journal of Political Marketing* 15(4), 433-464.

Graves, L. (2016). *Deciding What's True*. New York: Columbia University Press.

Graves, L. & Amazeen, M. A. (2019). Fact-checking as idea and practice in journalism. *Oxford Research Encyclopedia of Communication.* https://oxfordre.com/communication/display/10.1093/acrefore/9780190228613.001.0001/acrefore-9780190228613-e-808.

Guess, A. M., Nyhan, B., & Reifler, J. (2020). Exposure to untrustworthy websites in the 2016 US election. *Nature Human Behavior* 4, 472-480.

Hameleers, M. (2020). Separating truth from lies: Comparing the effects of news media literacy interventions and fact-checkers in response to political misinformation in the US and Netherlands. *Information, Communication & Society* 25(1), 110-126.

Hameleers, M. & van der Meer, T. G. (2020). Misinformation and polarization in a high-choice media environment: How effective are political fact-checkers? *Communication Research* 47(2), 227-250.

Kahne, J. & Bowyer, B. (2017). Educating for democracy in a partisan age: Confronting the challenges of motivated reasoning and misinformation. *American Educational Research Journal* 54(1), 3-34.

Lawrence, R. G. & Schafer, M. L. (2012). Debunking Sarah Palin: Mainstream news coverage of 'death panels'. *Journalism* 13(6), 766-782.

Lim, C. (2018). Checking how fact-checkers check. *Research & Politics* 5(3), 1-7.

Marietta, M., Barker, D. C., & Bowser, T. (2015). Fact-checking polarized politics: Does the fact-check industry provide consistent guidance on disputed realities? *Forum* 13(4), 577-596.

Schudson, M. (2001). The objectivity norm in American journalism. *Journalism* 2(2), 149-170.

Schudson, M. (2011). *The Sociology of News* (2nd Ed.). New York: W. W. Norton & Company, Inc. 이강형 옮김(2014). 〈뉴스의 사회학〉. 서울: 한국언론진흥재단.

Searle, J. (1995). *The Construction of Social Reality.* New York: The Free Press.

Shin, J. & Thorson, K. (2017). Partisan selective sharing: The biased diffusion of fact-checking messages on social media. *Journal of Communication* 67(2), 233-255.

Southwell, B. G. & Thorson, E. A. (2015). The prevalence, consequence, and remedy of misinformation in mass media systems. *Journal of Communication* 65(4), 589-595.

Thorson, E. (2016). Belief echoes: The persistent effects of corrected misinformation. *Political Communication* 33(3), 460-480.

Tuchman, G. (1978). *Making News: A Study in the Construction of Reality.* New York: The Free Press.

Uscinski, J. E. (2015). The epistemology of fact checking (is still naive): Rejoinder to Amazeen. *Critical Review* 27(2), 243-252.

Uscinski, J. E. & Butler, R. W. (2013). The epistemology of fact checking. *Critical Review* 25(2), 162-180.

Van Dijk, T. A. (1988a). *News Analysis: Case Studies of International and National News in the Press.* Hillsdale, NJ: ERA.

Van Dijk, T. A. (1988b). *News as Discourse*. Hillsdale, NJ: ERA.

Van Dijk, T. A. (1991). The interdisciplinary study of news as discourse. In K. B. Jensen & N. W. Jankowski (Eds.), *A Handbook of Qualitative Methodologies for Mass Communication Research* (pp. 108-120). New York: Routledge.

2 뉴스 사실성 요구의 윤리적 함의*

이준웅
(서울대학교 언론정보학과 교수)

1. 사실 추구라는 언론의 역설

사실을 전한다는 뉴스의 기원을 찾아 역사를 되짚어 올라가면 16세기 필사본 소식지를 만나게 된다(Stephens, 2007/2010). 독일 아우크스부르크에서 은행을 경영하던 푸거(Fugger) 가문은 로마, 베니스, 안트베르펜 등 유럽의 정세를 민첩하고도 정확하게 파악할 필요가 있었기에 필사 주간지를 받아 보고 있었다. 필사 뉴스 제공자는 푸거 가문은 물론 다른 유럽 도시의 사업자나 군주들에게 소식을 전하면서 대리인들이 탐색하고 조사해서 보고한 바가 사실인지 아닌지 검토해서 짧은 논평을 붙이기도 했다. 그러나 아무리 확인하고 재검토해도 진실인지 알 수 없는 내용이 있기 마련이다. 그때 필사본 뉴스의 제

---

* 이 장의 초고는 2017년 3월 24일 한국언론학회 세미나 〈언론보도, 사실확인 어떻게 할 것인가〉에서 발표하기 위해 작성됐다. 제4절에 제시한 사실확인 방법론은 2017년 5월 17일 서울대학교 언론정보연구소 세미나 〈19대 대선기간 언론사 팩트체크의 성과와 과제〉에서 발표했는데, 당시 의견과 제언을 주신 김시연, 김연경, 오대영, 윤석민, 윤영철, 이철민, 홍성철 님께 감사한다. 제2절 1항과 제3절 3항 내용은 〈관훈저널〉 2017년 통권 제143호의 대선보도 특집 섹션에 '가짜뉴스와 사실확인 보도'라는 제목으로 발표한 바 있다.

공자는 현지 대리인들이 제공한 원자료를 뉴스에 첨부해서 푸거에게 전달했다. "아무리 허황되고 추측뿐인 보고문이라고 해도 당대의 성향을 가늠하는 데 유용하다"고 보았기 때문이다(Pettegree, 2014/2022: 184).

거짓 또는 진실이 아닌 어떤 것이 진실을 드러내는 배경으로 작동하는 사정을 아예 모른다는 듯, 우리 사회에 거짓 보고에 대한 경계와 비판이 대단하다. 사실도 아닌데 보도한다는 비난, 진실을 보도하지 않는다는 힐난, 진실 여부를 검증하지 못한다는 염려 등 사실과 진실에 대한 강박에 가까운 요구들이 일고 있다. 심지어 사실을 잘못 짚은 언론을 처벌해야 한다는 제언도 들린다. 정부 당국과 시민 그리고 언론인도 이런 경계와 비판에 가담해서 사실에 대한 진실한 보도를 주장하고 또한 요구한다. 언론이 사실을 진실하게 보도한다면 모든 문제를 해결할 수 있을 것처럼 말하기도 한다.

그러나 기자들은 알고 있다. 사실이란 뉴스의 가장 중요한 재료이지만, 그것만으로 절로 좋은 뉴스를 만들 수 있는 건 아니라는 것을.[1] 예컨대 사실에 대한 진실만을 엮어도 얼마든지 저열하게 보도할 수 있다. 사실을 취사선택한 편향적인 보도, 사소한 사실에 치중하는 졸렬한 보도, 사실을 이용해 의심스런 주장을 뒷받침하는 오도를 얼마든지 할 수 있다. 심지어 사실보도는 윤리적으로 비난받을 만한 행위에 대한 핑계로 활용되기도 한다. 사실에 근거하지만 오도하는 내용을 보도한 뒤, 그 뉴스가 사실을 전할 뿐이라고 변명하기도 하고, 아

---

1 "내가 아는 어떤 언론인도 사실, 사실, 오직 사실에 대해서만 써야 한다고 생각하지 않는다." 셧슨(Schudson, 2020: 42)은 〈언론이 중요한 이유(*Journalism: Why It Matters*)〉에서 언론은 사실을 확인해서 정확한 주장을 제시하기 위해 노력해야 하지만, 어디까지나 독자에 대한 흥미를 유발하는 이야기로 구성해서 제시해야 한다면서 이렇게 말했다.

니면 아예 편파적으로 보도하겠다고 작정하고 사실의 편린만을 취사 선택해 기사를 작성할 수 있다.[2]

사실에 대한 진실한 보도는 물론 중요하다. 뉴스를 구성하는 재료 중에는 대립하는 의견들도 있고, 확인되지 않은 주장도 있고, 의심스런 추론도 있지만 이런 재료를 아무리 버무린다고 해도 사실이 아예 빠졌다면 제대로 된 뉴스가 아니다. 사실을 잘못 짚은 보도는 허위로 밝혀져 비판받고, 사실을 오도하는 보도는 편파성 비판의 이유가 된다. 만약 거짓을 전한 뉴스임에도 불구하고 비판받지 않는다면, 그 까닭은 아마도 그 내용이 무시할 수 있을 정도로 사소하거나, 아니면 애초에 믿지 못할 언론사가 보도했기 때문일 것이다. 비유컨대 사실을 잘못 짚은 언론이란 음표를 놓친 연주자와 같다. 그러나 우리 시민과 언론의 사실보도에 대한 강박에 가까운 집착은 한국 언론의 현황에 대한 어떤 중요한 단서를 제공하는 듯 보인다.

이 장의 목적은 우리 언론에 대한 사실성의 요구를 언론윤리의 관점에서 검토하는 데 있다. 나는 최근 유행한 '가짜뉴스' 논란은 물론 언론이 새삼 강조하고 나선 사실확인 역무(fact-check service) 제공에 대한 다짐이 실로 오래된 언론의 역설과 관련된 것임을 밝히겠다. 이 장에서 주목하는 언론의 역설이란 '사람이 개를 무는 사건' 같은 별난 이야기를 전하고자 하는 언론의 의도와 그런 사건을 진실하게 보도한다고 정당화하려는 관행 간의 충돌에 대한 것이다. 언론은 반복하는 일상사를 다루기보다 비상하고, 특이하고, 중요한 사태에 관심을

2 내가 직접 듣고 자주 인용하는 사례가 있다. 종합일간지 사회부의 박 기자는 같은 출입처에 있는 다른 언론사 기자가 단독으로 쓴 기사가 과도하다고 보았다. 같은 사안을 조사하던 중 알게 된 사실에 비추어 보건대, 그 기사는 복잡한 사태의 한쪽에만 초점을 맞추어 다른 관점을 전혀 고려하지 않은 듯 보였다. 그래서 그 기자에게 비판적인 소감을 밝혔다. 어떻게 그렇게 썼냐고, 다른 면이 분명이 있지 않냐고, 두루 취재해서 쓰지 그랬냐고. 비판을 들은 기자가 답변했다. "그래도 팩트는 챙겼잖아요."

갖고 보도하기 마련인데, 사태가 중요할수록 뉴스의 사실성과 진실성 그리고 보도의 진정성을 보장하려 애쓴다.[3] 문제는 이런 사실성, 진실성 그리고 진정성을 포괄하는 '언론의 진실성(veracity of news reporting)'이란 제도적으로 확립된 규범과 관행에 따라 인정받는 것이기에, 개별 언론의 과도한 사실 보장 및 진실 주장은 개별 기사에 대한 인정과 신뢰를 보장한다기보다 오히려 의심을 낳을 수 있고, 심지어 언론의 규범과 관행에 대한 불신으로 이어질 우려마저 있다는 것이다. 이런 언론의 역설이 발생하는 이유와 그에 따른 윤리적 함의를 검토함으로써 사실확인 역무를 제공하려는 언론이 유의해야 할 실천적 요점을 도출해 보겠다.

2. 팩트의 화용론과 사실확인에 대한 의심

언론이 사실을 다루는 방식을 논의하기 전에 이른바 '팩트', 사실, 사실확인 등 관련 용어들의 활용을 검토할 필요가 있다. 예컨대, 한국 언론은 '사실'이나 '사실확인'이라 말하면 충분한 상황에서도 굳이 팩트나 팩트체크라고 말하는 경향이 있다. 심지어 '팩트(Fact)'라고 알파벳 대문자 에프를 굳이 괄호에 넣어 병기하기도 하고, 말할 때 아랫

3 우리는 뉴스의 사실성(factuality: 뉴스 내용이 전하는 사태가 허황되게 지어낸 것이 아니라는 것), 뉴스의 진실성(truth: 뉴스 내용이 그것이 지시하는 객관적 사실과 어떤 확인가능한 관계를 맺는다는 것) 그리고 보도의 진정성(truthfulness: 언론은 뉴스 내용이 진실이라고 진심으로 믿고 전달한다는 것) 등을 엄밀하게 구분할 수 있다. 그러나 일상에서는 물론 언론 실천영역의 용법에서도 흔히 뉴스의 진실성은 사실성을 함의하며, 보도의 진정성은 뉴스의 사실성과 진실성을 기반으로 삼을 때에만 선한 것이 된다. 나는 이 장에서 이런 함축과 조건을 모두 포괄해 '언론의 진실성'이라 통칭하되, 필요한 경우에 뉴스의 사실성, 내용의 진실성, 보도의 진정성을 구분해서 사용하겠다.

입술을 깨물며 에프 발음을 강조하기도 한다. 나는 과장된 외래어 사용 역시 사실에 집착하는 우리 언론의 한 의미심장한 사정을 폭로한다고 믿는다.

1) 왜 사실을 굳이 팩트라 하는가

한국언론진흥재단의 '빅카인즈(BIGKINDS)' 검색을 이용해 우리 언론이 '팩트'라고 한 용례를 찾아보면, 1990년 1월 18일 〈서울신문〉의 강수웅 기자가 쓴 "90년대 일본 경제성장을 주도할 팩트는"이라는 문장이 나온다. 그런데 문맥으로 보아 이 팩트는 아마도 '요인(factor)'의 오기인 듯하다. 1993년 5월 20일에는 〈동아일보〉가 청와대 관계자를 인용해서 한 국회의원의 거취를 논의하며, 정보원이 "현재 진행되는 팩트(사실)와는 전혀 다르다"고 강조했다는 말을 전했다. 이는 정보원의 용어를 그대로 옮긴 경우로 보인다. 1995년 4월 16일 〈세계일보〉의 이건희 당시 삼성회장의 정부비판 발언에 대한 논평기사에도 용례가 있는데, 발언의 사실성을 인용하는 맥락에서 나온다. 이 기사는 청와대 고위 관계자의 발언을 인용해 "이 회장의 발언은 하나의 팩트(사실, fact)"라고 전했다. 팩트라고 쓰고 마치 오해할까 두렵다는 듯 영문을 병기하는 버릇이 이때부터 시작했는지 모른다.

언론의 실천과 관련해서 등장하는 팩트는 1995년 10월 31일 노태우 기자회견에 대한 외신의 반응을 다룬 〈한국일보〉 해설기사에서 찾아볼 수 있다. 한 일본특파원의 말을 인용해서 "속보를 쓰려 해도 새로운 팩트가 없지 않느냐"고 했다. 이런 식의 용례는 1990년대 중반 이후 지면에 일정한 빈도로 등장하기 시작해서, 2001년이 지나면 10여 건이 넘고, 2012년 이후 100 단위를 넘는 빈도를 보인다.

사실을 팩트라 바꿔 부르는 전문 분야는 우리나라에서 언론계밖에 없다. 따라서 이를 그저 시시한 외래어 선호라고 치부할 일이 아니다. 용어 사용자가 의도하는 화용론적 효과가 무엇인지 추론해 선의로 해석하자면, 우리 언론은 '그냥 사실(mere facts)'이 아니라 '정확한 사실', '검증된 사실' 또는 '누구나 인정하는 사실' 등 사실에 어떤 부가적 의미를 더하기 위해 팩트란 용어를 선호한다고 할 수 있다. 사실을 팩트라 바꾸어 부른다고 해서 저절로 정확함, 검증, 합의적 인정 등의 의미를 부가할 수 있는 것은 아니므로, 실로 이런 용법은 용어 사용자의 어떤 태도나 의지를 드러낼 뿐이다. 요컨대 엄정하게 취재하고, 복수의 취재원으로부터 확인받고, 기록 자료를 남기고, 설명책임을 수행할 준비를 갖추겠다는 등 보도의 진실성을 보장하고자 한다는 다짐을 담아서 사실을 굳이 팩트라고 부른다고 선해할 수 있다.

그러나 왜 이런 다짐이 필요하단 말인가. 이렇게 바꿔 부른다고 해서 보도의 진실성을 보장할 수 있단 말인가. 팩트란 용어의 사용 빈도 추세와 한국 기자들의 취재보도 관행의 변화 간의 관계를 탐구하고, 그 관계를 설명할 연구가 필요할지도 모르겠다. 그런데 만약 실제 취재보도 실천과 규범에 변화가 없음에도 오직 용어 사용만 이렇게 바뀐 것이라면, 이는 한국 기자들이 자신의 취재보도에 대해 갖는 인식에 별도의 사정이 있다는 것을 강력하게 암시할 뿐이다. 요컨대, 팩트라는 외래어에 과도하게 의존하는 현상은 취재의 엄밀함이 떨어지고 편집과 검토가 약해지면서, 사실보도가 오히려 취약해지는 현실에 대한 한국 언론의 전반적인 불안과 염려를 반영할지 모른다. 혹은 새로운 취재보도 기법을 도입하자는 의도나 바람을 모호하게 반영하고 있는 정도일지도 모른다.

언론은 진실성을 확립하기 위해 별도로 '사실성 장치'들을 갖추고 있다. 구체적으로 (1) 당사자나 목격자의 증언 또는 사진이나 동영상 등 현장과 연결된 자료를 확보하거나, (2) 정부 기록물이나 기자회견 등 공개 자료를 참조하거나, 아니면 (3) 2개 이상의 독립적 정보원들의 전언의 일치를 확인하는 방법 등이 여기에 속한다. 혹시 이런 방법들이 여의치 않은 조건에서는 (4) 사실 주장의 내용이 아니라 주장하는 행위가 사실이라는 점을 강조하는 '사실성 재배치(relocating facticity)' 수법을 사용하기도 한다.[4] 이런 장치는 언론이 역사적으로 발전시켜온 서술양식, 즉 (1) 요약적 도입부를 본문 앞에 붙이고, (2) 역피라미드 구성을 따르며, (3) 인용기법을 사용하고, (4) 정서적으로 초연한 문체를 사용한 직술 보고문(straight reports)을 작성하는 양식과 더불어 자리잡은 것이다. 터크먼(Tuchman, 1978)과 갠즈(Gans, 1979) 등과 같은 언론 사회학의 고전들은 일찍이 이런 전통적인 방법과 수법이 갖는 성취와 한계를 지적한 바 있다. 그런데 이와 같이 관찰과 서술 그리고 이야기 수법에 몰두해온 전통적 언론활동에 과학적 방법론을 수용해야 한다는 성찰과 제언이 대두하면서, 뉴스의 사실성과 진실성은 완전히 새로운 의미를 갖게 된다. 정보원이 제공한 사실 주장의 진실성을 별도로 검토하기 위해 필요한 교차검증의 수법, 문헌검토나 표본추출 방법론을 동원한 자료수집 방법론, 통계적 방법론에 따라 가설검증이나 인과추론 원리를 적용한 서술과 설명을 추구하는 관점

---

4 터크먼(Tuchman, 1978)은 〈뉴스 만들기(*Making News*)〉에서 언론 현장에서 이루어지는 사실확인은 전문직역인의 성취에 가까운 것이라 지적하면서, 언론이 '사실성의 망(the web of facticity)'을 짜는 방식으로 사실보도를 하는 방식을 소개했다. 언론은 정보원이 의심스러운 사실 주장을 강변할 때, 그 주장의 진위를 확인할 여건은 아님에도 보도할 만한 가치가 있다고 판단해서 보도하기도 하는데, 이 경우에 그 주장의 사실성을 별도로 검토하기보다는 그저 (1) 언제 어디서 누가 그 주장을 했는지 행위의 사실성을 강조해서 보도하거나, (2) 그 주장에 대해 잘 알 것으로 추정되는 인물과 기관을 취재해서 해당 주장에 대한 반응을 보도하거나, 아니면 (3) 언론인의 주관성이 개입하지 않았다는 것을 강조하기 위해 세심한 인용기법을 사용하는 방식으로 보도한다. 이런 수법들을 독자적으로 사실확인을 할 여건이 안 되는 현장의 기자들이 시간에 쫓겨 사용하는 일종의 책임회피의 방책이라고 비판할 수도 있겠지만, 실은 제한된 조건에서 최소한도의 사실성을 확립하기 위해 언론이 규범으로 발전시켜온 전문적 관행에 속한다고 할 수 있다.

이 등장했던 것이다.

전통적인 서술과 이야기 방식을 떠나서 과학적 방법론을 차용한 보도가 과연 얼마나 많은지는 별도로 확인해야 할 일이지만, 언론이 그렇게 한다고 해서 개별 기사의 사실성과 진실성이 절로 보장되는 것은 아니라는 데 주의해야 한다. 과학적 방법론을 충실하게 따른 한 편의 연구논문을 완성했다고 해서 한 명제의 진실성을 종결적으로 확립할 수 있는 것도 아니기 때문이다. 과학적 방법론의 요체란 사실 명제의 진실성을 확립하기 위해 객관적으로 자료를 수집해서 경험적으로 검증하려는 복수 연구자들의 집합적 교차검증 과정에 있다. 과학이란 가설적 지위를 갖는 명제의 오류와 편향의 가능성을 반복적 연구를 통해서 검토해 나가는 일인 것이다. 따라서 과학적 글쓰기란 모든 진실을 주장하는 명제에 필연적으로 개입하는 오류와 편향의 규모와 방향을 검토하는 일에 가깝다. 따라서 언론이 진정 과학적 방법론을 도입하고자 한다면 언론사 편집국에 전문가심사 제도를 도입해야 한다. 그리고 개별 기자가 이룩한 새로운 발견을 기리거나 실수를 비판하기 위해 해당 기자의 글을 인용해서 기록에 남기는 관행을 확립해야 한다.

개별 언론사나 독립 언론 기구가 제공하는 사실확인의 방법과 절차에 새로운 이름을 붙여 일종의 브랜드를 만들기 위해서라면 '팩트체크'라는 용어를 사용할 수 있겠다. 그냥 이름이 그렇다는 식으로 불러줄 수 있다는 뜻이다. 그러나 언론이 사실확인 과정에서 적용하는 방법과 절차의 도입이 뉴스의 사실성과 진실성에 더하는 새로운 가치가 있다는 듯 사실확인을 외래어로 강조하듯 부르는 일은 허세스럽다. 나는 심지어 언론이 사실과 진실을 강조하면서 정작 언론이 수행해야 할 본원적 임무와 책임을 소홀히 하는 것은 아닌지 의심하게 되는데, 이 의심에 대해서는 아래 3절에서 상론하겠다.

사실을 일단 겸허하게 사실이라 부르기로 하자. 팩트라 부르건 뭐라 하건 뉴스가 다루는 사실은 '언론이 주목한 사건이나 사안에 대한 진실한 명제의 내용'의 준말일 뿐이며, 뉴스가 사실적이라는 것은 언론이 역사적으로 확립해온 관행과 규칙을 따라 정당한 자료로 인정받는 뉴스의 재료가 따로 있다는 뜻일 뿐이다. 이렇게 느슨하게 규정하더라도 언론이 다루는 사실은 절대 단순하지 않고, 사실에 대한 보도의 진실성을 확립하는 일도 절대 간단하지 않다. 언론이 사건과 사안에 접근해서 사태를 파악하고 사실 주장의 진실성을 평가해서 시민에게 전달하기 위한 작업 과정에서 주제의 사실성과 내용의 진실성에 대해 염려해야 할 것들은 얼마든지 있다.

예컨대, 정부의 공식 통계 같은 간단한 제도적 사실이라고 해도 그것을 구성하는 자료의 개수, 범위, 층위 그리고 사실성을 보장하는 방법론적 장치들과 보고 방식 등을 고려해서 무수하게 다른 사실 문장들을 만들어낼 수 있다. 즉 간단한 정부 공식 통계를 인용하는 가운데라도 얼마든지 서로 다른 진실을 주장하는 명제들을 도출할 수 있고, 그 명제를 자료 삼아 얼마든지 서로 다르게 보도할 수 있다. 이런 보도들은 같은 자료를 활용하면서도 각자 다른 방식으로 참이거나 거짓일 수 있으며, 심지어 서로 참이면서도 어울리지 않을 수 있다. 뉴스의 사실성과 진실성을 확립하는 게 언론의 책임이라지만, 실로 개별 뉴스가 과연 진실인지 아닌지 보도하는 순간까지 완벽하게 확인할 수 없다는 게 언론의 숙명이며, 이 숙명을 마주하면서 최선을 다해 자신의 역할에 집중해야 하는 게 언론이 스스로 다짐한 바다. 한국 언론이 '팩트'란 용어 사용에 강박적으로 집착하는 일은 이 숙명과 책임에 대한 어떤 오해에서 비롯한 것일 수 있다.

2) 뉴스 사실성의 제도적 특성

실재론자(realists)에게 사실이란 '객관 세계', '사물 그 자체' 또는 '마음과 독립해서 존재하는 현실'에 속한 것이다(Putnam, 1981). 인간의 생각, 말, 표현물 등이 마음으로부터 독립해서 존재하는 현실이 있다는 생각은 상식적이지만 실로 자명하지는 않다. 그러나 일단 그렇다고 하고, 그 현실의 일부를 생각, 말, 표현물로 지시하거나 표상할 수 있을 때, 실재론자는 그 지시와 표상이 사실적이라고 표현한다.[5]

현대 언론이 채택한 뉴스의 기본 양식인 보도, 즉 보고문(reports)은 사실적이다. 왜냐하면 그 내용이 사실에 '대한 것'이며, 그 양식이 기사의 사실성을 돋보이게 하도록 만들어졌기 때문이다. 따라서 어떤 기자가 자신의 보도가 사실이라고 새삼 강조하면, 그것은 마치 '나는 진심이다'라고 떠벌리는 발화자처럼 보일 뿐이다. 현대 언론에 있어서 사실성이란 보도의 서사적 양식과 취재 관행의 전제처럼 작동하기에, 특정 기사의 정확성이나 완전성의 문제들이 별도로 제기되어 고려될 수 있을 뿐, 일반적으로 보도가 실현해야 할 임무라고 새삼 드러내 말하기 민망한 전제처럼 작동한다.[6] 이렇게 보면, 뉴스의 사실

---

5 인간의 마음에 독립해서 존재하는 현실, 즉 사실이 한 종류가 아니라는 데 주의해야 한다. '엄연한 사실(brute facts)', 즉 설명이나 해명도 필요 없다는 듯 전제된 사실이 있는가 하면, 화폐와 관료제와 같은 '제도적 사실'이 있고, 수학이나 과학적 추론의 근거가 되는 '논리적 사실'도 있다. 역사학자의 해석과 기술에 따라 구성되는 '역사적 사실'이나 도덕적 명제의 진실성의 근거인 '도덕적 사실'이 별도로 있다는 주장도 있지만, 이런 다양한 사실의 양상들이 구별 가능한지 자체가 논쟁의 대상이 된다(Searle, 1995; 2010).

6 이런 의미에서 셧슨(Schudson, 1995: 54)은 "언론매체의 권력은 단지 (심지어 주로) 사실을 선언하는 데만 있는 게 아니라 그런 선언을 담은 형식을 제공하는 데 있다"고 했다. 현대 언론의 전형적 양식이라고 할 수 있는 (1) 요약적 도입과 역피라미드 구성, (2) 국가 수반이 가장 중요한 취재대상이라는 점, (3) 반복한 발생의 패턴이 아닌 개별 사건에 집중하는 경향, (4) 중요 발언과 문건의 강조, (5) 정치적 행위의 배경적 의미의 전달 등과 같은 관행은 20세기 초에 갖추어졌는데, 이 새로운 서

성이란 과거 유럽의 뉴스책(news books)이나 발라드가 소식으로 전하지 못해 안달이었던 성자의 기적, 괴물의 출현, 마법사와 마술, 인과성을 무시한 기이한 사건 등을 현대 언론은 진지하게 다루지 않는다는 정도의 뜻에 머물게 된다.

반실재론자(anti-realists)에게는 인간의 마음과 독립해서 존재하는 현실이란 불가능하다. 반실재론에게는 지각 및 인식의 주체 또는 경험의 주체의 활동을 통해 파악한 현실 중의 일부만 사실적이다. 반실재론자에게 사실이란 경험적 주체의 탐구 방법에 의존적이고, 과정적이고, 구성된 것이다. 반복한 경험, 다수의 관찰, 서로 정합한 전제들의 사용 등 행위를 통해서 주어진 명제를 검토해야 그것이 사실적인지 아닌지 판정할 수 있는데, 사실성을 판단하는 데 필요한 인식의 틀이 없이는 그 판정이 불가능하다는 전제를 갖고 있다.[7]

반실재론을 따르면, 현대 언론의 보도뿐만 아니라 사설, 비평, 만평, 풍자 같은 평가적 기사도 일정한 조건을 갖추면 사실적이 된다. 평가적 표현의 지시성, 평가 관점의 일관성, 평가 결과의 수렴성 등 조건을 갖춘다면 말이다. 이 관점에서 보면 '의견과 사실의 분리(the separation between fact and opinion)'와 같은 현대 언론의 규범마저 절대적인 게 아니다. 의견이나 논평도 반복 관찰, 다수의 합의, 정합한 명제들의 도움을 받아 타당하게 도출된 것이면, 사실에 대한 진술과 마찬가지로 대접받아야 하기 때문이다.[8]

사양식은 정치 현실을 '반영'하는 데 그친 게 아니라 20세기 초의 정치적 현실 그 자체가 됐다는 것이다.

7 그 틀이 무엇이냐에 따라 여러 종류의 반실재론으로 갈린다. 반실재론자들은 실재론을 부정하기에 서로 유사한 이론적 가정과 형이상학적 입장을 공유하기도 하지만, 사실과 진실을 규정하는 방식에 따라 경험주의, 구성주의, 실용주의, 역사주의 등이 서로 다른 갈래로 나뉜다.

8 예를 들어 '〈조선일보〉가 이번 사설에서 정부의 언론정책을 비판한 논조는 이례적이

한국 기자들은 사실과 진실, 의견과 사실의 분리, 객관성 등과 같은 개념에 대해 대체로 실재론자의 자세를 취하는 듯 보인다. 그러나 개별 기자가 실재론자인지 반실재론자인지, 아니면 어떤 다른 종류의 구성주의자인지는 언론의 진실성과 관련해서 별로 중요하지 않다. 실로 언론은 진실을 말하면서 어떤 형이상학이나 인식론도 따로 주장할 필요가 없다. 왜냐하면 그것은 언론 직역이 채택한 취재보도의 실천 양식과 서사적 관행에 전제된 것이며, 따라서 역사적으로 제도화된 언론의 취재보도 규범과 관행의 배경에서 작동하고 있기 때문이다(Broersma, 2010; Schudson, 1995).

예를 들어, 훈련받은 기자는 사건에 대한 보고문 제시, 즉 언론 보도(reporting)의 요체가 사건을 간결하고도 정확하게 서술하는 데 있다는 것을 배워서 알고 있다.[9] 그리고 서술의 정확성이란 현장 관찰,

---

다'라는 〈한겨레〉의 논평이 있다고 해보자. 또한 이 논평의 배경, 맥락, 근거가 되는 명제들이 대체로 참이라고 가정하자. 말하자면 '〈조선일보〉는 보수적 가치를 따른다' 거나, '〈조선일보〉는 현 정부의 정책을 지지한다'거나, '현 정부의 언론정책은 반자유주의적이다' 등과 같은 명제들이 반복 관찰, 다수의 합의, 서로 정합한 개념의 사용 등에 의거해서 참이라고 인정받는다고 해보자. 예시한 〈한겨레〉 논평은 이런 명제들과 일련의 관찰을 전제로 삼아 도출한 것이기에, 비록 논평의 내용 자체는 주관적이며 평가적이기에 의견이라 불러야 마땅하지만 동시에 사실적이라 인정받을 수 있다. 다만 이때 사실적이라 함은 대체로 참인 전제들과 관찰 명제들로부터 타당하게 도출됐다는 뜻이다.

9 이 규범 자체가 특정한 역사적 공간에서 만들어져 전파된 것이다. 마졸프(Marzolf, 1984)에 의하면 19세기 말 유럽의 주요 언론은 당대 미국에서 등장했던 새로운 보도 양식을 따르는 기사들, 즉 사실에 대해 역동적인 문체로 보고문을 작성하고, 제목을 크게 붙이고, 때로는 화보를 곁들인 기사들을 '새로운 언론(new journalism)'이라 불렀는데, 이는 대중친화적이며 상업적인 미국 언론을 못마땅하게 보아 부르는 말이었다. 당대 파리의 최대 일간지였넌 〈르 쁘띠 저널(*Le Petit Journal*)〉의 발행인 가문 출신 언론인 알베르 밀로드는 미국식 보도 양식이 "문예를 죽이고 언론을 죽인다"고 경계했다(531). 당대 파리의 신문기사는 중산계층의 취향비평에 치중하는 문예물에 가까운 것이었으며, 언론인이란 사건을 정확하게 보고하는 보고자라기보다는 사태에 대한 의견을 이끄는 자의 논평가의 역할을 수행했다. 샬라비(Chalaby, 1996)는 "영미가 발명한 언론"이라는 도발적 제목의 논문에서 19세기 말 20세기 초 미국

당사자 증언, 공식 회견 및 통계, 복수의 정보원 등 앞서 말한 사실성의 장치들을 능숙하게 활용해 보고문을 작성하는 데 있지, 어떤 논박할 수 없는 증명이나 궁극적 탐구결과를 제시함으로써 자신의 주장을 입증하는 게 아니라는 것도 알고 있다. 덧붙여 기자 본인의 감정이나 편견을 더하지 않도록 '초연한 문체(disinterested style)'로 문장을 구사해야 하며, 다른 사람의 관찰이나 의견을 활용할 경우에는 주의 깊게 인용기법을 사용해야 한다는 것도 알고 있다. 이 모든 규범을 따라 기사를 작성하더라도, 편집자가 결단을 내리면 자신이 쓴 기사는 뉴스란이 아닌 논설과 의견 또는 특집 섹션에 따로 배치된다는 것도 잘 알고 있다. 요컨대 언론의 진실성이란 여기에서 말한 '알고 있다'를 규율하는 규범과 관행을 따른다. 그리고 언론의 객관성이니 뭐니 하는 언론 이념들은 언론인 집단이 유지하고 있는 규범과 관행을 이상화해서 이름 붙인 결과다(Ward, 2004/2007). 이렇게 보면 뉴스의 사실성에 대한 우리 사회의 강박에 가까운 요구에 대해 다음 몇 가지 대안적 관점을 얻을 수 있다.

첫째, 누구나 개별 기사에 대해 얼마나 정확하게 보도하는지 따져볼 수는 있겠지만, 현대 언론의 보도양식이 전제하는 사실성 기준 자체를 의심하는 것은 덧없는 일이다. 누가 뭐래도 현대 언론은 정기적이고 조직적인 뉴스 제공을 통해 사회적 사실을 구성하는 제도로 자리 잡았기 때문이다. 뉴스는 사실적이어야 한다는 기대가 배경적으로 작동하기에, 아무리 훌륭한 보도에 대해서라도 엄격한 진실의 기준에 미치지 못한다고 언제나 얼마간 성공적으로 비판할 수 있다. 그

언론이 보고문과 인터뷰를 활용한 근대적 언론제도로 발전하는 동안 프랑스 언론은 논평과 의견의 역할에 머물렀던 이유들을 제시하면서, 그중 하나로 프랑스 문인들이 언론계에 참여했던 문화적 전통을 지적했다. 영미 언론인, 특히 미국의 기자들의 선행자는 법원 구치소나 거리에서 발생한 소란을 전달해주던 사람들이었다고 한다.

러나 언론은 그렇게 비판받은 사안에 대해 언제나 다시 접근해서 기사를 바로잡고 해석을 갱신할 수 있기에(Zelizer, 1993), 그런 비판은 언론의 제도적 사실성을 강화하는 방향으로 작용한다.[10]

이렇게 보면 디지털 뉴스 환경에서 이른바 '가짜뉴스(fake news)' 제공자들이 발호해 모든 것을 망치고 있다는 식으로 염려하는 일은 괜한 걱정이지만, 그럼에도 불구하고 어떤 긍정적인 기능을 할 가능성도 있다. 괜한 걱정이라 한 이유는 이른바 가짜뉴스 제공자들이 의도하는 결과는 뉴스의 사실성이란 제도화된 전제를 남용함으로써만 실현될 수 있기 때문이다. 요컨대 가짜뉴스가 성공하기 위해서라도 실은 뉴스의 사실성이란 제도적 전제가 먼저 작동하고 있어야만 한다. 긍정적 기능을 할지도 모른다고 한 이유는 이른바 가짜뉴스의 해악에 염려해 그 작동방식에 대해 검토하면 할수록 언론 제도에 대한 진정한 위협은 국가와 정치적 결사체들의 언론에 대한 정보보조(information subsidy)(Gandy, 1980; Keane, 1991; 2013), 기업과 이익집단의 언론산업 재구획화(Pickard, 2015), 언론 제도에 배경적으로 작동하는 편견에 가까운 가치들(Gans, 1979) 등일지도 모른다는 근원적 문제 제기에 다가설 수 있기 때문이다.

둘째, 개별 기자가 제공하는 보도의 진실성을 확인한다면서 기자의 개인사, 가치체계, 사상적 기초를 검토하고, 심리적 의도를 따져보

10 모든 언론은 편파적이라느니, 모든 뉴스는 조작됐다느니, 모든 언론인은 거짓말쟁이라는 도매급 비난들이 공허한 외침이 되고 말거나 다른 속셈을 드러내고 마는 까닭도 이 주장과 관련이 있다. 이런 비난의 의도가 성립하기 위해서는 뉴스의 사실성과 진실성 그리고 보도의 진정성 같은 이념이 성립해야 마땅하다는 전제를 먼저 수용해야 한다. 애초에 바랄 수도 없는 일을 달성하지 못했다고 비난하는 일은 모순이기 때문이다. 그런데 이런 도매급 비난의 의도가 실현된다면 그것은 미리 전제한 뉴스의 사실성 또는 진실성이 성립하는 현실 자체를 허물어버리는 일이 되고 말기에, 애초에 무엇을 위해 그런 비난을 했는지 알 수 없게 된다.

고, 실천의 이면 동기를 파헤치는 일은 흔히 요점을 벗어난 일이 되고 만다. 왜냐하면 앞서 제시했듯이 뉴스의 사실성이란 언론이란 제도의 고유한 취재보도의 규범과 실천양식을 따랐는지 아닌지에 의해 결정되는 것이지, 어떤 이론이나 사상을 적용해서 새삼스레 파악해서 폭로해야만 하는 심층 과제가 아니기 때문이다. 개별 뉴스는 물론 언론 제도를 비판적 해석이나 과학적 설명의 대상으로 삼는 일은 언제나 가능하다. 그러나 그런 식으로 해석하고 설명한다고 해서 언론이 주요 사건이나 사안에 대한 보도를 통해서 사회적 사실을 공유하는 제도라는 이 역사적 사실이 달라질 일은 별로 없다. 오히려 우려할 만한 일은 뉴스의 사실성을 보장하는 언론 직역의 실천과 규범 그 자체에 대해 더 이상 기대할 것도 없다는 듯 또는 애초에 그런 게 아예 없다는 듯 언론의 규범 자체를 인정하지 않는 자세에 있다. 왜냐하면 거짓 보도, 가짜뉴스, 저질 언론에 대해 염려하는 수준을 넘어서 짐짓 언론 제도 자체가 무규범, 무질서, 무대책이라는 듯 대응하는 일이야말로 바로 그런 사태를 만들어내는 행동이 될 수 있기 때문이다.

3) 뉴스 사실성의 다중적 의미

기자는 물론이고 일반 시민도 뉴스의 사실성을 말하면서 실은 어떤 다른 것을 강조하고 있을 가능성이 크다. 우선 그것은 '뉴스 제공의 윤리성'을 의미하는 경우가 있다. 예컨대, 기자들끼리 "사실을 챙겨라"라고 권유하거나, 인터넷 토론방에서 논쟁하는 시민이 "팩트만 보자"라고 제안하기도 하는데, 이는 단순히 사안의 검증 가능성을 뜻하는 데 머물지 않는다. 이 용법은 오히려 뉴스가 전제하는 특정한 이념이나 가치, 기자가 취한 관점이나 입장 그리고 기사에 담겨 있는 윤색적인 표현 등과 별도로 확인 가능한 사실적 내용이 있으니 그것에 집중해야 한다는 윤리적 권유를 뜻할 뿐이다. 사실에 대한 강조가 허위가 아님, 서술의 정확성, 심층성 등에 대한 요구에 선행하는 일종의 윤리적 설명책임(ethical accountability)에 대한 환기 효과를 낳는다는 것이다. 이 용법은 뉴스가 전달하는 내용 중에 사실적 내용도 있지만 그렇지 않다는 점을 강조함으로써, 뉴스가 다루는 사건과 사안에 대해서 편파적이거나, 불공정하거나, 전략적으로 접근하는 일에 주의해야 한다는 의도를 드러낸다. 이런 용법을 통해 언론인들은 의견과 사실 간의 구분을 강조하고, 인용기법을 동원해서 정보원과 거리두기를 하고, 불편부당성이나 이해관계에 초연함(disinterestedness) 같은 규범을 환기하기도 한다.

언론은 또한 '뉴스 가치의 선별'을 강조하는 맥락에서 사실을 환기하기도 한다. 뉴스가 될 만한 사건이나 사안만을 일컬어 사실이라고 부르는 경우가 있다. 예컨대, "여기에 팩트가 없네" 식의 용례는 '새로운 전개가 없으며, 따라서 보도할 만한 가치를 갖는 사건이 없다'는 뜻이다. 기자가 일상적으로 '중요한 사실'이라거나 '사소한 사실'이란 표현을 사용할 때, 그것은 뉴스 가치의 관점에서 보았을 때 그렇다는 것이지 진정 기자가 관찰하고 취재한 내용의 사실 여부나 진위 여부에 어떤 차별성이 있다는 뜻은 아니다. 이런 활용은 '언론이 다루지 않으면 뉴스가 아니다'라거나 '기자가 쓰고 편집자가 낸 것이 곧 뉴스다'라는 용례가 드러내는 제도적 사실로서의 뉴스 개념을 은연중 드러낸다. 요컨대, 오래된 사실, 사소한 사실, 맥락에서 동떨어진 사실 등을 마치 사실도 아닌 것처럼 취급함으로써 뉴스의 사실성이란 언론인이 뉴스 가치에 따라 주의 깊게 선택한 사실이라는 것을 부지불식간 드러낸다.

다음으로, 사실이라 하면서 '누구나 인정하는 현실', '반박할 수 없는 진실', '최종적인 판단' 등을 의도하는 경우도 있다. 예컨대, "그것은 사실이다"라고 말하면서 '그것에 대해 모두가 동의할 수 있다'거나 '반박할 여지가 없이 확립된 진실이다'는 의도를 전달하기도 한다. 사실이라고 지정한 내용에 대해서 추가적인 확인이나 검증이 필요 없다는 뜻이거나, 진실이라고 말함으로써 해당 내용에 대해 더 이상의 논쟁은 필요 없다는 식으로 사태를 종결하려는 것이다. 이는 일찍이 아렌트(Arendt, 2006)가 경계했던 사실 또는 진실을 정치적으로 활용하는 경우에 해당한다. 아렌트는 정치적 영역에서 진리 주장은 특별한 지위를 가지며 그래서 남용될 수도 있다고 우려했다. 특히 정치적 목적에 따라 진실 주장을 활용해서 사실의 부분을 선택적으로 강조하거나, 사실을 의견일 뿐이라고 사소한 것으로 치부하거나, 아니면 세심하게 준비된 거짓말로 대체하는 일을 경계했다. 이런 우려와 경계는 언론은 물론 언론의 보도를 활용하는 모든 자에게 해당되는 것이다. 사실 또는 진실은 언제나 정치적으로 활용될 여지가 있기에, 사실과 진실을 강조하는 자는 확신이 아니라 의심을 불러일으킬 수 있다.

언론은 결국 사실을 말하면서, 실로 그것에서 벗어난 어떤 의도들, 즉 (1) 뉴스 전달의 윤리성, (2) 뉴스가치의 선별, 또는 (3) 논쟁을 종결하는 진실의 인정 요구 등을 전달한다. 이런 혼란스런 용어사용 때문에 사실 또는 팩트를 환기하는 일은 언론 현장에서 끊임없이 긴장감을 불러일으킨다. 각자 다른 의미로 뉴스의 사실성과 진실성을 주장하면서 서로 다른 전제와 함의를 따져보지 않는다. 한 의미에서 다른 의미로 전환하면서도 그런 변화가 초래한 혼란을 인식하지 못한다. 그런데 지금까지 논의한 사실성의 다중적 의미와 다른 차원의 문제가 별도로 있다. 이 문제는 시민은 물론 언론인도 일상적으로 한국 언론이 제공하는 뉴스의 사실성에 대해서 불만을 제기하고, 사실의 왜곡을 문제를 삼고, 보도의 진실성을 꼬투리를 잡아서 비판하는 어떤 민감성과 관련이 있다.

4) 진실 주장에 대한 민감성

사실 발언은 진실 주장을 함의한다. 사실이라고 발언하는 일은 발언한 내용이 진실이라는 뜻도 함의한다.[11] 예컨대, 누군가 '서울은 한국의 수도다'라고 말하면 그것은 '서울이 한국의 수도란 문장은 참이다'라는 명제를 함축한다. 일반적으로 청자는 이런 발언을 접했을 때, 달리 의심할 만한 증거가 없는 한 굳이 그 진실성을 문제 삼을 필요가 없다고 보기에 진실 주장의 타당성을 별도로 평가하지 않고 일단 넘어가는 식으로 대응한다.

뉴스 수용도 마찬가지다. 만약 한 언론사가 "어제 전직 대통령이 검찰에 출두했다"고 보도했다면, 이 보도는 '어제 전직 대통령이 검찰에 출두했다는 이 뉴스의 내용은 참이다'라는 진실 주장을 함의한다. 뉴스를 듣는 시민은 뉴스에 등장하는 현장 사진, 공식 회견, 공문서 언급 등 뉴스의 사실성 장치를 확인하는 순간 따로 의심할 만한 이유가 없는 한, 뉴스에 담긴 사실 명제의 진실성을 의심하기보다는 일단 그러려니 하고 넘어간다. 언론이란 사실성 장치들을 사용해서 사건과 사안에 대해 보도함으로써 '달리 의심할 사정이 없으면 그러려니 받아들이는' 사회적 사실을 형성하는 제도이기 때문이다(Fishman, 1980).

지금 우리의 문제는 시민들이 한국 언론의 보도를 접하고 일단 그러려니 하고 넘어가지 않는다는 데 있다. 뉴스의 진실 주장에 대해

---

11 문장의 의미와 문장이 지시하는 현실의 조응 정도를 따져서 문장의 진실성을 가릴 수 있다고 믿는 생각이 진실에 대한 하나의 이론인데, 그 이론을 진리대응론(the correspondence theory)이라 부른다(이준웅, 2013). 진리대응론과 경합하는 진실성 이론들로 적어도 다음 두 개가 더 있다. '진리정합론(the coherence theory)'은 내용이 다른 참된 내용과 얼마나 논리적으로 정합한지를 따져서 내용의 진실성을 평가한다. '진리합의론(the consensus theory)'은 진리주장자들 간의 합의를 가능하게 만드는 공통의 이해를 형성하는 의미론적 전제와 진리주장자들 간의 합의를 돕는 전망에 주목한다.

강박에 가까울 정도로 보도 의도를 의심하고, 내용상 허점을 살피고, 실수의 꼬투리를 잡는 방식으로 비판적 담론을 만들고 공유한다. 언론 보도가 언제나 완전한 것은 아니고 언론사 중에는 의도적으로 진실을 왜곡하려는 동기를 갖는 경우도 있으므로, 뉴스의 사실성과 진실성에 대해서 누구라도 어느 정도 의심을 표할 수 있다. 그러나 우리 언론의 문제는 '그러려니 수용의 문턱값'이 과도하게 낮다는 데 있다. 이 현상이 한국 언론의 최대 현안인 언론불신의 다른 면이기도 하다. 즉, 수용의 문턱값이 낮은 사태가 곧 언론불신이 높은 현실이 되는 것이다.

앞서 강조했듯이 언론은 역사적으로 형성한 사실성 장치를 이용해서 뉴스를 전달하는 제도이지 진실 그 자체를 확립하는 제도가 아니다. 뉴스는 학술논문이 아니고, 기자협회는 언론학회가 아니다. 언론은 심지어 제도적 사실을 창출하는 경찰이나 검찰도 아니다. 기자는 수사권을 행사할 수 없다. 앞서 제시했듯이, 언론은 (1) 당사자 증언 등 현장의 관찰 증거를 확보하거나, (2) 정부 기록이나 공신력 있는 기구의 회견 자료를 참조하거나, (3) 두 개 이상의 독립적인 정보원을 확보하거나, 아니면 (4) 사실성을 재배치하는 수법 등과 같은 사실성의 장치들을 활용해서 보도할 뿐이다. 그러나 이 중 어떤 것도 과학적 방법론과 직접적으로 상관이 없다. 언론이 확립하는 진실은 잠정적으로 수용되는 느슨한 종류의 제도적 사실에 기초하며(주로 '〈동아일보〉가 보도했으니 참이다'라는 식으로), 진실한 정보 제공 이외의 다른 기능들, 예컨대 권력 비판, 규범 형성, 오락 제공 같은 기능들을 수행한다. 다시 강조하지만, 언론이란 달리 의심할 사정이 없으면 그러려니 받아들이면 되는 정도의 진실성을 전제로 작동하는 제도인 것이다.

내가 보기에 한국 언론은 과도하게 진실 주장을 드러내어 강조함으로써 뉴스의 사실성이 함의하는 진실 주장에 대한 시민의 민감성을 높이고 있다. 한국 언론은 진실을 주장함으로써 불공정성 시비나 저질 논란을 피할 수 있다고 믿는 듯하다. 그러나 실로 효과는 반대로 작용할 수 있다. 시민은 과도한 진실 주장을 접하고 안 그래도 이미 낮은 '그러려니 수용의 문턱값'을 더욱 쉽게 넘는다. 한국 언론은 진실을 주장함으로써 정파적 이해관계 추구나 당파적 투쟁을 중재할 수 있다고 믿는 듯하다. 그러나 반복해서 사실을 주장하고 보고자는 줄기차게 진정성을 역설하며 이미 한 약속을 반복해서 다짐하는 자처럼 보이기 마련이다.[12]

그래도 밝은 면을 찾아보자면, 한국 언론의 과도한 진실 주장은 역설적으로 언론의 본연의 임무라 할 수 있는 민주적 여론형성을 도울 가능성이 있다. 뉴스를 접한 시민들은 뉴스에 담긴 진실 주장은 물론 진정성 주장 등을 함께 검토하게 된다. 도대체 언론이 어떻게 그렇게 주장할 수 있는지 함께 사태를 주시하고, 진위와 진정함을 검토하고, 의견을 형성한다는 것이다. 요컨대, 시민은 언론과 함께 뉴스에 담긴 사실성 주장의 타당성을 함께 평가하고, 평가결과에 따라 사실 주장에 함의된 진실성은 물론 공정성을 따지고, 다른 시민들과 함께 사실 검증과 공정성 평가에 나설 수 있다. 사실성을 강조하는 언론 덕분에 (그러나 공정성 등 다른 가치에 상대적으로 무심한 언론을 보면서) 시민들이 공적 사안에 비판적으로 의견을 형성할 수 있게 된다는 뜻이다(이준웅, 2005).

---

12 우리 언론이 사실과 진실을 강조하는 까닭으로 진정 한국 기자들이 검증주의나 과학주의를 믿기에 그렇다고 설명할 수 있다면 차라리 마음이 편하겠다. 경험적 연구가 필요하겠지만, 우리 언론이 영미 언론이 발전시킨 언론의 객관주의 또는 그것을 넘어선 어떤 종류의 과학주의를 진심으로 믿고 충실하게 따른다는 관찰 증거조차 찾기 어렵다. 예컨대, 한국 언론에 의견과 사실을 구분하고 불편부당하게 보도하는 기자들이 관점에 따라 사안을 재구성하고 이미 설정한 기사방향에 따라서 취재하는 기자들보다 더 많다고는 말할 수 없다.

3. 언론의 객관성과 언론의 역설

사실과 진실은 언론학의 오래된 탐구 대상이다. 언론학의 가장 유서 깊은 연구서와 교과서들이 사실과 진실 그리고 그것에 대한 언론의 제도적 대응을 다루고 있다. 영미 언론의 지배적 이념이라고 할 수 있는 '언론의 객관성(journalistic objectivity)'을 둘러싼 논의가 대표적이다. 현대 언론은 의견과 사실 간 구분 같은 규범을 채택하고, 취재보도 관행을 정비하고, 기자의 역량과 역할에 대한 교육을 도입하고, 결정적으로 사실과 진실에 대한 형이상학을 넘어 사실보도 자체를 제도화함으로써 발전해왔는데, 언론학은 이 과정을 언론직역의 형성이라는 관점에서(Schudson, 1978/2019), 언론이용자의 계층적 배경에 대한 논의를 통해서(Schiller, 1981), 그리고 기술과 제도의 발전에 따른 뉴스 형식의 성립이라는 관점에서(Mindich, 1998) 검토한 바 있다. 그런데 이런 검토를 살피다 보면, 언론의 실천 규범과 정당화 담론 간의 간극에 놓여 있는 어떤 역설을 발견할 수 있다.

1) 언론학이 파악한 객관성

언론이 사실을 보도하지 못해서 유감이라는 식의 비판은 언론학에도 유구하다. 비판론 가운데 가장 고전적이며 저명한 사례로 리프먼(Lippmann, 1920)의 〈자유와 뉴스(*Liberty and the News*)〉를 들 수 있다. 리프먼의 언론 비판은 결국 사실과 진실에 관해서 언론이 아무리 노력해도 충분하지 않으리라는 비관적 관점으로 나갔는데, 이런 비판과 비관 자체가 사실성에 대한 언론학의 집착을 증거한다. 반대로 미국 언론에 대한 반성에서 출발한 스티븐스(Stephens, 2014)는 〈뉴스를 넘어서(*Beyond News*)〉에서 단순한 사실보도에 집착해서는 소용없다는 제언을 한다. 현대에 필요한 뉴스란 현명한 판단과 사려 깊은 관찰을 동반해야 하는데, 오래된 사실성의 규범을 따르는 일은 제한적이라는 것이다. 요컨대, 언론학의 뉴스 사실성 비판은 정연하지 않으며, 때로 서로 모순이기도 한다.

언론학의 뉴스 사실성 비판은 사실성 이념 자체에 대한 비판으로 이어지기도 했다. 사실성, 정확성, 객관성, 공정성, 불편부당성 같은 이념은 언론 제도의 사회적 역할 수행과 언론 직역의 고유한 정체성을 확립하면서 얻은 이념이라는 논의는 워드(Ward, 2004)의 〈언론 윤리의 발명(*The Invention of Journalism Ethics*)〉과 마라스(Maras, 2013)의 〈언론의 객관성(*Objectivity in Journalism*)〉 등에 잘 담겨 있다. 이런 논의를 통해서 현대 언론의 이념들, 특히 영미 언론의 객관주의와 그에 동반하는 가치들은 20세기 초 이래 언론이란 직역을 만들어내고, 기자, 즉 중요한 사건과 사안에 대한 보고문 작성자란 직업적 정체성을 형성하는 가운데 채택한 일련의 실천적 규범임을 알 수 있다. 그 이념들이 내적으로 정합하지 않더라도, 심지어 서로 모순이어도 왜 그런지 사정을 짐작할 수 있다.

언론인의 교과서로 알려진 코바치와 로젠스틸(Kovach & Rossentiel, 2014)의 〈언론의 기본 원칙(*The Elements of Journalism*)〉은 사실과 진실에 대한 언론인의 모순된 태도를 잘 드러낸다. 이 교과서는 '언론의 첫 번째 의무는 진실에 대한 것'이라는 대담한 주장을 담은 동시에 진실이란 혼란스러운 것이고 실로 사실을 확인하기 어렵다는 고백도 담고 있다. 저자들은 언론이 사실을 수집해서 냉정하게 보고하는 역할에 머무는 것이 아니라는 점도 강조한다. 그래서 언론이 진실과 사실에 대해 염려해야 하는 것은 맞지만, 그것은 결국 공중에 대한 충성심과 공적 사안에 대한 참여를 위한 것이라는 제한 조건을 더한다.

코바치와 로젠스틸이 말하는 진실이란 그러므로 어디까지나 '언론의 진실(journalistic truth)'일 뿐인데, 이는 언론이라는 체계에서 이루어지는 소통의 관점에서 보아야 의미를 확인할 수 있는 어떤 과정적인 것이라고 한다. 그것은 사건을 세부적으로 정확하게 묘사하거나 사건의 인과성을 타당하게 설명하는 일과 무관하지 않지만, 그것 자체는 아니다. 그것은 오히려 정보원, 언론인, 그리고 시민 간의 상호작용을 통해서 복잡한 사태의 '가닥을 잡아 나가는 과정'이라고 할 수 있다(62). 진실에 대한 언론인의 자세는 구도적이라는 것이다. 따라서 이들이 생각하는 진실은 기자가 작성한 기사의 내용만을 겨냥하는 게 아니다. 기사의 유통을 통해서 이루어지는 소통 과정에 참여한 시민들의 인식이 중요하다. 언론이 진실을 추구하는 이유는 공적 사안에 대한 공중의 관여와 참여를 촉진하기 위함이라고 한다. 요컨대, 그것은 어디까지나 도구적인 것이다.

사실확인에 대한 조언을 얻기 위해서라면 코바치와 로젠스틸 교과서의 제4장 '검증의 언론(journalism of verification)'을 참조하면 된다. 이 책은 기자가 현장에서 사용하는 거의 모든 사실확인 수법을 격률로 소개한다. 예컨대 (1) 없는 것을 추가하지 말 것, (2) 속이지 말 것, (3) 방법과 동기를 투명하게 밝힐 것, (4) 독자적으로 취재할 것, (5) 겸허하게 접근할 것 등 규범을 제시하고, 이도 부족하다고 생각해서 정확성 확인을 위한 점검표를 사용할 것과 익명 취재원에 조심할 것 등 세세한 조언을 덧붙였다. 이 모든 것을 종합하면, 앞서 제시한 언론이 채택한 느슨한 사실성의 망을 형성하는 검증주의 전략이라고 할 수 있는데, 이들은 그것이 바로 '투명하고 체계적인 사실 검증의 방법'(174)이라고 주장한다. 그러나 이런 검증주의 전략이 언론 현장에서 실제로 작동하는 실천적 지침인지 아니면 언론인의 정체성 형성을 돕는 일종의 규제적 이념(regulative ideals)인지가 진짜 문제다.[13]

13 이 문제는 경험적 질문이 될 수 있다. 실로 영미 언론, 유럽 언론, 한국과 일본의 언

아마도 둘 다라고 해야 정당하겠지만, 후자의 기능이 전자의 실천을 지배하는 게 본질이라면 어떻게 되겠는가. 이 질문이 우리를 언론의 역설로 이끈다.

2) 언론의 역설

내가 말하는 언론의 역설이란 이것이다. 언론은 기사, 즉 이야기를 생산함에도 불구하고 언론인이 선택한 작업 규범은 이야기의 속성과 기능에 필수적이라 할 수 없는 '사실과 진실의 이념'을 추구한다. 미첼 스티븐스(Stephens, 2007/2010)의 역작 〈뉴스의 역사(*A History of News*)〉에서 이 요점을 쉽게 도출할 수 있다. 〈뉴스의 역사〉를 보면, 언론인의 역사적 선배는 무당이나 점술가 또는 서사시인이나 이야기꾼에 가깝지, 도저히 철학자나 과학자라고 보기 어렵다. 그럼에도 불구하고 현대 언론인은 철학자와 과학자의 이념인 사실성이나 객관성 등을 내세워 자신의 작업을 정당화하곤 한다. 앞서 강조했듯이 이야기꾼으로서 언론은 사실의 폭로와 사실에 대한 의혹제기만으로도 사회적 역할을 훌륭히 수행할 수 있다. 권력자가 숨긴 사실을 폭로해서 알리는 고발자의 역할을 수행하거나 사기꾼의 의심스런 주장에 대해 강력하게 의혹을 제기함으로써 파수꾼의 역할을 수행할 수 있다. 그러나 근대 언론의 역사가 보여주듯, 언론은 사실의 탐구자이자 진실의 추구자라는 역할 모형에 자신을 끼워 맞추고 또한 타인들 앞에서 그런 자신의 이념을 강력하게 옹호하는 경향이 있다. 어째서 이렇게 됐을까.

론 등 각 국가의 언론 체계의 특징은 이 두 간극의 거리, 즉 실천적 지침과 규제적 이념 간의 거리에 따라 결정되는 듯 보인다. 어떤 언론 체계에서는 언론의 객관성이 실천적 규범으로 작동하지만, 다른 언론 체계에서 그것은 주로 언론 직역을 보호하는 구실로 작동한다.

에트마와 글래서(Ettema & Glasser, 1998)는 탐사보도 언론에 대한 연구를 통해서 이 문제를 제기한 적 있다. 이들은 탐사보도 언론이 사실 주장에 대한 진실성을 가리는 일도 물론 수행하지만, 실은 그런 활동 가운데 공적 사안에 대한 도덕적 갈등을 중재한다고 보았다. 셧슨(Schudson, 2003: 177)도 이 요점을 제시한 적 있다. 뉴스란 이야기이지만 실화(true stories), 즉 실제로 발생한 사건을 이야기로 담아 전달하는데, 이 때문에 언론인은 특별한 기능을 수행하게 된다. 언론인은 "사실을 재단해서 뉴스 기사라는 형식과 포맷에 맞추는 일"을 하는 가운데, 공적인 삶과 사안에 대한 어떤 특별한 관점을 지닌 이야기를 전달하게 된다.[14] 뉴스는 공적인 사안과 삶에 논평을 제공하고 그에 대한 의견과 판단에 영향을 미치는 이야기로서 기능한다.

에트마와 글래서는 언론인이 결국 '공적인 양심의 보호자(custodians of public conscience)' 역할을 수행한다고 보았다. 공중이 옳고 그름을 따져볼 수 있는 이야기를 만들어 전한다는 것이다. 문제는 언론이 도덕의 중재자이거나 도덕적 지식의 생산자가 아님에도 불구하고 그런 역할을 수행할 것을 자임한다는 데 있다. 언론은 도덕적 갈등의 중재 권한을 위임받은 적도 없고, 도덕적 지식에 대한 권위를 주장할 지위를 갖추지도 않았다. 냉소적 관점에서 보면, 언론은 오히려 소식을 전달하는 대가로 먹고사는 사업자일 뿐이다. 언론은 도덕적 갈등을 다루고 권력을 감시하면서, 동시에 냉소적이거나 비판적인 시각으로부터 스스로 보호해야 했는데, 이를 위해서 사실과 진실의 이념을

14 터크먼(Tuchman, 1978: 82-83)도 언론이 사실을 뉴스의 재료로 삼기는 하지만, 언론은 그것을 특별한 방식으로 가공해서 뉴스를 만든다고 강조했다. 언론이 주목하는 사실은 "무엇을 알고 있는지와 어떻게 알게 되었는지 간의 관계를 연결하는 방법에 따라 언론인들이 전문적으로 수집한 정보"라는 점에서 특별하다. 따라서 뉴스 생산 과정에서 사실을 확인하는 일은 "정치적이면서도 전문적인 업적"이 된다.

규범화해서 방어적으로 활용하기 시작했다. 그 여정은 언론인이 전문직으로 직업적 정체성을 확립해온 역사적 궤적을 따른다. 여기에 언론의 '우울한 이중적 아이러니(the melancholy irony of irony)'가 작동한다. 첫째, 언론은 사실을 추구하고 진실을 수호한다는 이념을 주창함으로써 자신들이 하는 일에 도덕적 판단이나 주관적 개입이 불가피하다는 비판을 피할 수 있다. 둘째, 사실과 진실의 이념을 주장함으로써 언론인은 자신들이 수행하는 양심의 보호자 역할을 더욱 효과적으로 수행할 수 있다.

3) '가짜뉴스' 시대 언론의 사실성 강조

언론의 역설과 에트마와 글래서의 '우울한 이중적 아이러니'를 고려하면, 이른바 '가짜뉴스' 시대에 언론이 왜 사실을 확인하고 검증하려는 데 더욱 적극적인 자세를 취하는지 짐작할 수 있다. 가짜뉴스 확산에 따라 시민의 뉴스 선택이 혼란스러운 상황을 보면서, 주류 언론은 진짜 뉴스의 이념을 내세움으로써 뭔가 차별화할 수 있다고 생각하는 듯하다. 사실과 진실을 내세워 가짜뉴스를 비판하고 진짜 뉴스의 본령을 제시할 수 있다는 식이다. 그러나 이런 언론의 진실성을 강조하는 행위는 그 자체로 언론의 역설 또는 이중적 아이러니를 강화하고 또한 폭로한다는 게 또 다른 아이러니다. 앞서 논의했듯이 뉴스의 사실성과 진실성을 드러내어 강조하면 할수록 '그러려니 수용의 문턱값'은 오히려 낮아질 수 있기 때문이다.[15]

---

15 유사한 관점에서 브로어스마(Broersma, 2019)는 현대 언론이 가짜뉴스에 대응하기 위해 뉴스 제작의 투명성을 강조할수록 독자는 비판적인 시각을 가질 가능성이 높아지고, 또한 언론이 독자의 문해력을 올리고 비판적 수용을 장려할수록 독자는 주류 언론을 포함한 모든 언론을 불신하는 법을 배우는 역설을 지적했다. 그렇다면 객관성은 물론 투명성 요구에 응답하지 못하는 언론의 운명은 어떻게 될까? 브로어스마(Broersma, 2010)는 일찍이 언론은 차라리 주관적이고 당파적일 수밖에 없는 처

이 시대 이른바 가짜뉴스에 대한 경계가 새삼스런 이유는 뉴스처럼 보이는 '뉴스와 닮았지만 실로 뉴스가 아닌 내용물'을 제공하는 생산자가 갑자기 많아진 듯하기 때문이다. 이제 포털이나 교류매체 역무와 같이 뉴스를 대량으로 유통하는 플랫폼 사업자가 주요 뉴스 제공자로 자리 잡았다. 포털이나 교류매체 서비스가 없었다면, 가짜뉴스 생산자들이 '뉴스와 닮았지만 실로 뉴스가 아닌 내용물'을 만들어 유통함으로써 정치적이거나 상업적인 보상을 얻겠다는 동기를 실현하기 어려웠을 것이다.

가짜뉴스가 초래하는 최악의 사태는 뉴스 이용자의 적극적 선택(Guess et al., 2019; Stroud, 2008)이나 인지적 태만(Pennycook & Rand, 2019)에 의해서 강화된다. 결정적 선거나 재난 시기에 소수의 정치적이거나 이념적으로 동기화한 시민들이 편파적이고 선동적인 내용을 공유하는 방식으로 가짜뉴스를 활용하기도 한다(Vosoughi et al., 2018). 나는 이런 이용자 선택과 공유의 문제를 탐구함으로써 가짜뉴스 유행의 문제를 진단할 수 있다고 믿지만, 일단 여기에서는 주류 언론과 관계성에 주목하도록 하자.

불행하게도 가짜뉴스가 정확하게 무엇을 지칭하는지부터 자명하지 않다. 그것은 냉전시대 반정보(*dezinformatsiya*)를 포함한 선전선동으로부터 궁지에 빠진 정치인의 변명거리에 이르기까지 다양한 맥락에서 다양한 양식으로 등장하기 때문이다(NED, 2017). 용어에 집중해 좁게 해석하자면, 가짜뉴스란 소위 '진퉁(authentic)'이 아닌 '짝퉁' 뉴스를 의미하기에, 뉴스를 닮은 포맷을 이용해서 뉴스처럼 보이게 만들었지만 실은 뉴스가 아닌 내용물이라고 규정하면 될 것만 같다. 그러

지임을 인정하고 그 한계 내에서 정직하고 충실하게 보도할 수 있겠다는 생각을 피력했지만, 나는 이 생각이 지난 세기 언론과 언론학의 성과를 간단히 무시하자는 청산주의가 된다고 보기에 찬성할 수 없다.

나 이런 정의는 뉴스가 무엇인지 먼저 정의하지 않은 채 '뉴스가 아닌 내용물'이라고 규정하는 수법을 사용하기에 만족스럽지 않다.[16] 그래서 대안적으로 가짜뉴스의 형식적 기만성뿐만 아니라 내용과 제작 의도의 특징을 더해서 규정하기도 한다. 예컨대 형식적 비공식성, 내용적 허위성, 의도의 기만성 등을 종합해서 가짜뉴스를 중첩적으로 규정하려는 시도들이 그것이다.

그러나 이런 시도들은 어떻게 해도 만족스럽지 않다. 일단 앞서 강조했듯이 뉴스의 진실 주장은 '달리 의심할 사정이 없으면 그러려니 받아들이는 수용성'에 의해 유지되는 것일 뿐, 그것만으로 뉴스의 공식성(officiality), 진본성(authenticity) 그리고 보도의 진정성(sincerity) 등을 보장할 수 있는 게 아니다. 역사적으로 보면, 진실 제공에 대한 시비로부터 완전히 자유로운 뉴스 제공자를 찾을 수 없다. 결국 내용물의 형식적·내용적·동기적 특징을 규정해 가짜뉴스를 규정하려는 시도 자체가 오히려 뉴스의 본성에 대한 질문을 낳게 되는데, 아래 제시한 '진짜도 가짜도 아닌 듯 보이는 내용'의 사례들을 보면 그 애매한 자성의 사정마저 역사적으로 유구하다. 엄연히 뉴스이지만 뉴

16 애초에 뉴스가 무엇인지 정의하기 쉽지 않기 때문이다. 뉴스를 공급하는 언론사나 뉴스를 제작하는 언론인과의 관련성을 언급하지 않은 채 뉴스 메시지의 내용과 형식의 관점에서 간략히 정의할 수 있으면 좋으련만, 불행히도 이렇게 해서 좋은 정의에 다다를 수 없다(이와 관련한 사고 실험을 셧슨의 〈뉴스권력(*The Power of News*)〉의 서장에서 찾아볼 수 있다). 왜냐하면 역사적 사례들을 보아도 뉴스의 내용과 형식을 일반화해 규정할 방법이 없기 때문이다. 뉴스 기능에서 출발해도 마찬가지다. 뉴스는 모호하게 서로 연결된 다양한 기능들을 수행한다. 예컨대, 뉴스가 오락과 휴식을 제공하기도 한다는 사실을 부정하는 언론학자는 거의 없는데, 이런 오락 기능이 뉴스의 본성에 얼마나 기여하는지 누구도 확언하기 어렵다. 정보제공, 권력비판, 여론형성, 문화전수 등의 기능들도 마찬가지다. 따라서 언론이 제공한 내용물이면 뉴스라거나, 언론인이 뉴스라 규정하면 뉴스가 된다는 식의 수법을 사용하기도 하는데, 이는 언론사나 언론인을 선결적으로 정의하기 위해 다시 뉴스 개념을 사용하면서 순환 오류에 빠진다.

스라 부르기 민망한 종류의 뉴스가 있고, 뉴스가 아닌 게 분명하지만 잘도 언론 기능을 수행했던 내용물이 있다. 또한 가짜뉴스도 아니고 진짜 뉴스도 아닌 회색지대에 속한 것들도 있다.

- 저질 기사: 뉴스인 척하는 가짜뉴스보다 더 가증스러운 존재가 저질의 진짜 뉴스다. 선정적이거나 유치하면 저질이라지만, 근거 없는 주장, 부실한 취재, 편향적인 논조 그리고 노골적인 이해관계 추구 등 저질로 가는 길들은 많다. 정당, 이익집단, 기업 등의 이해 관계자에 따라서 '봐주는 기사', '파는 기사', '협찬 기사' 등 저질 뉴스는 역사도 유구하고 수법도 다양하다. 18세기 런던의 신문기자들은 유명인의 사생활을 취재한 후 기사를 싣지 않는 대가를 받는 '단락매매'를 했다고 한다(Werkmeister, 1967). 이런 뉴스는 모두 주류 언론이 제작해서 유통한 진짜 뉴스임에 틀림없지만 뉴스라고 부르기 민망한 내용물에 속한다.

- 다른 기사를 남용하는 기사: 통신사 전문이나 타 언론의 보도를 사실상 그대로 베낀 후 표현이나 문장구조만 바꾸어 발행한 기사들이 있다. 주로 인터넷 플랫폼을 통해 빠르게 기사를 유통해서 수익을 추구하는 영세 언론사가 이런 수법을 사용하지만, 주류 언론도 이런 수법을 활용한 기사를 내기도 한다. 이는 새로운 정보적 가치를 더하지 않은 채, 다른 기사를 남용하는 방식으로 상업적 이익을 노린다는 점에서 가짜뉴스와 기능적으로 다르지 않다. 이 역시 근대신문의 여명기에 발전한 양식이다. 16세기 유럽의 주요 상업도시를 연결했던 필사본 소식지는 물론, 17세기 인쇄본 연속물 뉴스도 다른 도시의 뉴스를 서로 베껴서 장사했다(Pettegree, 2014/2022).

- 소식지: 이는 집단이나 지인들이 공유하는 비공식 편집물일 수도 있고,

정기적으로 제공하는 유료 서비스의 형태로 운영될 수도 있다. 우리나라에 있는 '증권가 찌라시'가 대표적 사례에 속한다. 이 양식의 유사뉴스 또한 역사적 연원이 유구하다. 근대 뉴스의 포맷과 서술양식의 기원으로 알려진 16세기 베네치아의 아비지(avvisi)는 필사본 뉴스를 구독하는 부유한 구독자들의 연결망이었는데, '누구는 ~라고 한다' 또는 '리옹에서는 그렇다고 한다' 같은 인용기법을 사용해서 소문과 풍문마저 충실하게 중계했다(Pettegree, 2014/2022). 현대의 풍문은 교류매체나 이메일 등을 통해 단기간에 제한된 교류적 연결망을 통해 유통되는 특징을 갖는다. 이런 정보지에 담긴 내용이 진실일 것이라는 기대치는 낮지만, 그래도 정보적 가치가 있다는 듯이 적극적으로 유통되고 또한 공유된다. 요컨대, 누구도 이런 종류의 연결망에서 배제되기를 바라지 않는다.

- 논평 동영상: 케이블 방송이나 팟케스트에 '뉴스의 형식을 띤 논평 동영상' 채널이 유행이다. 일인 방송, 팟캐스트, 토크쇼 등 플랫폼도 다양하고 출연자도 다양하지만, 한 가지가 공통적이다. 주류 방송 언론의 '뉴스와 토론 양식'을 흉내 낸다는 것이다. 내용적으로 강력한 정치성향을 보이는 경우가 대부분이고, 그중에는 선정적인 기법을 사용한 편집을 동원한 경우도 있는데, 문제는 이런 동영상 내용물도 때로 어엿하게 언론 기능을 수행한다는 데 있다. 무례하고, 과도하고, 불쾌한 정치적 논평을 선정적인 방식으로 제시하는 수법은 뉴스책이나 소책자(pamphlets) 이래 뉴스 영역을 떠난 적이 없는 양식이기에 최신 악덕이라고 보기 어렵다(Darnton, 2000). 매체 양식이 무엇이건 간에 불행한 사건, 부정한 사태 그리고 유명인의 추문비방에 대해 쏠리는 시민의 관심을 무시할 수 있는 언론은 없다.

- 풍자물: 현대 언론의 만평과 풍자는 인간적 관심사, 즉 잡보(faits divers)를 전하는 16세기 유럽의 뉴스북과 발라드의 전통을 이어받았다(Stephens, 2007/2010). 최근 인터넷 토론방이나 게시판을 통해서 개인이나 집단이 유통하는 조잡한 풍자물이 문제가 되지만, 주류 언론의 편집과 편성 지침에 따라 세심하게 만들어져 발행되는 풍자물도 인간적 관심사에 민감한 언론의 본성을 따른다. 그중에는 정보적 가치가 없는 그저 웃음거리인 내용도 있지만, 예술적인 가치를 더한 고품질 제작물도 있고, 중요한 정치적 현안이나 시사적 사건에 대한 통찰을 제공하는 심각한 비평도 있다.

뉴스인지 아닌지 모호한 회색지대에 속한 내용물은 현대 언론이 사회적 제도로 자리 잡기 전부터 존재했으며, 향후 새로운 매체가 등장함에 따라 다른 양상으로 계속 등장하리라고 예상할 수 있다. 뉴스라고 하기에 애매한 정보, 전형적인 형식과 포맷에서 벗어난 뉴스, 형식은 전형적이지만 내용이 의심스러운 뉴스 등은 절대 현대 언론매체의 돌연변이가 아니다. 뉴스인 척하는 내용물은 현대 언론이 존재하기 전은 물론 언론이 유력한 사회적 제도로 자리 잡은 이후에도 만들어져 유통되기를 멈춘 적이 없다.

뉴스인지 아닌지 모호한 내용물을 문제 삼는 일 자체가 역사적으로 반복되었다. 언론사 간 '도덕 전쟁(moral wars)'이 그것이다. 차배근의 〈미국신문발달사〉와 셧슨의 〈뉴스의 발견〉을 보면, 언론 역사에 경쟁하는 언론사들 간의 도덕 전쟁이 만연했음을 알 수 있다. 언론사들은 경쟁상대를 도덕적 비판의 대상으로 삼으며 '그것도 뉴스라고 하냐'는 수사법을 동원했다. 예컨대, 1830년대 미국에서 정파적 언론이 상업적 대중신문에 대해 언급할 때 '너희는 언론도 아니다'는 식의 비난을 동원했다. 1890년대 뉴욕에서 상업적 대중신문 간 경쟁이 최고조에 달했을 때, 〈타임스〉, 〈월드〉, 〈저널〉 등은 서로를 '약장수', '협잡꾼', '사기꾼'이라 불렀다. 1920년대 정부홍보와 광고가 언론계를 위협할 때, 언론은 비상업적 동기를 강조하면서 자신의 정체성을 강화했고, 1950년대 이른바 매카시 사태를 거치면서 등장한 해석적 뉴스를 채택한 언론사는 당대의 주류 언론이었던 객관주의 언론을 '정치적 선동에 놀아났다'고 비판했다. 요컨대, 누대에 걸쳐 언론은 경쟁하는 다른 언론을 거짓말쟁이라고 비난하는 방식으로 도덕 전쟁을 수행하면서 자신의 정체성을 확립해왔다.

21세기 초 가짜뉴스 시대에 언론은 새로운 도덕 전쟁의 상대를 만났다. 언론은 이제 다른 언론뿐만 아니라 의도적으로 뉴스처럼 보이는 내용물을 전달하는 제공자 그리고 뉴스를 활용하는 수준을 넘어 남용을 불사하는 정치적 행위자를 상대해야 한다. 이런 조건에서 언론은 상대를 벌거벗고 약 파는 장사꾼이라 매도하면서 만들어낸 이상들 그리고 상대를 파렴치한 정치적 선동자라고 비난하면서 내면화한 이념들을 다시 꺼내어 든다. 현대 언론은 도덕 전쟁의 상대를 가짜뉴스라고 규정하는 사이에 자신의 가장 중요한 임무가 사실과 진실에 대한 것이라고 인정해야 하는 처지에 놓인 것이다. 현대 언론은 이제 공적 사안에 대한 진실한 주장의 타당성 검토를 언론의 임무 중의 하나로 자임하는 수준을 넘어섰다. 사실과 진실을 검토해야 한다는 강박적인 자세는 현대 언론의 역설이나 아이러니에 머물지 않는 어떤 특이한 생존 방식이 되고 말았다. 이 처지가 언론의 역설과 이중적 아이러니를 강화하고 있다. 한국 언론은 '그러려니 수용성의 문턱값'이 낮은 처지이기에 진실의 전달자로 자신을 정당화하는 수준과 방법도 요란하고 현란한데, 그 역설과 아이러니를 가짜뉴스 시대에 한국의 주류 언론이 사실확인 역무를 확대하고 강화하는 현실에서도 확인할 수 있다.

4. 언론의 사실확인 역량

언론의 사실성에 대한 염려가 커지면서, 명제의 사실성을 검토하는 일을 언론의 주된 역무로 강조하는 일이 일종의 숙명처럼 되고 있다. 가짜뉴스 시대에 언론이 '사실확인 역무'를 확대하고 강화하면서 사실확인의 대상이 되는 영역도 커지고, 방법도 확장하고 있다. 보통 한 인물이나 기사의 주장을 떼어내 그 주장의 경험적 근거를 확인하는 전통적인 명제의 타당성 검토 방식을 넘어서, 사실 주장의 배경을 검토하는 역사적 검토로 진행하거나, 사실 주장에 대한 다양한 해석의 제시까지 확장하고 있다. 애초에 사실확인의 대상으로 삼은 주장이 사실에 대한 명제인지 자체를 검토하기도 한다. 또는 타 언론의 사실확인 기사가 타당한지 재검토하는 경우도 있다. 그러나 언론의 사실확인 역무가 확장하고 심화하는 가운데, 과연 그 역무를 제대로 수행할 수 있는 역량을 갖추었는지 알 수 없다는 의문이 제기된다.

1) 사실확인 역무의 다양성

언론사가 일상적 보도와 구별해 특별한 역무로서 개발했던 '사실확인 역무'는 1980년대 말부터 발전한 선거 캠페인 보도에 대한 대응으로 출발했다. 텔레비전을 이용한 매체정치가 규모와 양식에서 극단을 달리던 1980년대 말, 미국 정치캠페인 전문가들은 '명제적 의미는 모호하지만, 정서적 호소력이 강한' 정치광고를 활용해서 강력한 선거 캠페인을 수행했다. 당대에 유행하기 시작한 시각적 설득기법을 사용한 선동적인 캠페인 메시지를 접한 주류 언론은 정치광고의 부정적 효과를 염려하게 됐고, 1992년 미국 대선에서 '정치광고 감시(ad watch)'라는 이름의 정치광고 내용을 검토하는 서비스를 제공하기 시작했다.

정치광고의 시각적 메시지에 대한 검토는 과거부터 언론이 수행해왔던 정치인의 발언과 정당의 공약에 대한 점검과 동시에 이루어졌지만, 통칭 '팩트체크'라고 불렸다. 흥미롭게도 이름과 달리 그 역무는 단순히 정치광고가 제시한 주장의 사실 검증에 제한된 것이 아니었다. '정치광고 감시'에 동원된 수법을 보면, (1) 정치광고의 사실 주장의 진위여부에 대한 검토는 물론, (2) 사실이 아닌 의견이라 해도 검증가능한 근거에 기반한 것인지 검토하고(founded or unfounded claims), 또한 (3) 사실에 기초했더라도 오도하는 주장을 제시하는 것은 아닌지 검토하는(misleading claims) 등 다양한 관점에서 정치광고에 등장하는 메시지의 타당성 검토를 수행했다.

씨엔엔(CNN)의 1992년 '정치광고 감시' 이래로 유사한 역무를 제공하는 언론이 계속 생겨났다. 2004년 미국 대선을 앞두고 언론인 브룩스 잭슨(Brooks Jackson)이 아넨버그 공공정책센터에 개설한 '팩트체크닷오알지(factcheck.org)'가 출현하면서 인터넷의 아카이브 및 검색 기능을 활용한 역무가 본격 제공되기도 했다. 2008년 미국 대선을 앞두고 출범한 사실확인 전문 사이트인 '폴리티팩트닷컴(politifact.com)'은 교류매체 서비스에 등장하는 메시지에 대한 사실확인 역무도 제공하기 시작했다. 2012년 대선을 앞두고 〈워싱턴 포스트〉에서 '더 팩트체커'라는 고정란을 마련하는 등, 이 무렵부터는 유력 언론사마다 사실확인 역무를 제공하지 않는 경우를 찾기 어려울 정도가 되었다. 역무가 다루는 메시지의 범위도 선거 기간 동안 정치인의 발언과 정당의 공약을 넘어서, 주요 공적 사안에 대한 유력자의 견해와 의견을 포괄하는 등 확대됐다.

사실확인 역무를 제공하는 운영 방식도 다양하다(Graves, 2018). 전통적인 방식은 언론사가 직접 기사를 써서 사실확인 역무를 제공하는 경우라 할 수 있지만, 이 방법만 있는 게 아니다. 최근 대학이나 시민사회 단체와 연계한 역무를 운영하는 방식도 유력하게 떠오르고 있다. 인터넷 플랫폼을 통해 확산하는 '가짜뉴스' 논란을 경험하면서, 플랫폼 사업자가 인공지능을 이용해서 가짜뉴스를 분류해 스티커를 붙이거나 경고 메시지를 부가하는 방식을 사용하기도 한다. 또한 사실확인 역무를 제공하는 기관의 국제적 연대가 일어나면서 2015년 미국의 포인터 재단(Poynter Institute)에 국제팩트체킹연맹(IFCN)을 설립하는 성과를 이루기도 했다. 그러나 다양한 주체가 다양한 방식으로 사실확인에 나선 결과, 사실확인 역무의 진정한 동기가 무엇인지 의심스러운 경우도 출현하기 시작했다. 특히 정치적으로 또는 이념적으로 동기화된 주체가 정치활동이나 사회운동의 일환으로 사실확인 방법을 적용하는 사례가 등장하기 시작하면서, 사실확인 역무를 제공한다고 해서 공정성 시비의 면책을 받는 것은 아니라는 지적도 일고 있다(Humprecht, 2020; Robinson, 2017). 의심스러운 사실확인 역무제공자가 등장하기 시작하면서, 사실확인을 거쳤다는 주장에 대해 누가 어떻게 검토해서 확인하느냐의 문제가 제기된다(Moshirnia, 2020).

하나의 사건이나 사안에 대해 다른 기사를 작성할 수 있듯이, 하나의 사실에 대한 명제를 놓고도 다른 방식으로 사실성을 검토하는 기사를 작성할 수 있다. 전형적인 사실확인 방식은 (1) 한 인물의 발언, 한 기사의 핵심 주장, 또는 한 사안의 쟁점을 놓고 그 발언, 주장, 쟁점의 타당성을 검토하는 방법이 있다. (2) 한 인물의 여러 발언들, 언론사의 기사들, 한 사안에 등장하는 여러 명제를 범주화한 후, 몇 가지 기준을 적용해 지수를 산출하는 방식으로 점수를 부여하는 방식도 있다. (3) 크라우드 소싱 방법을 이용해 집합적으로 교정해나가는 수법도 있다. 인터넷 플랫폼에 하나의 사실 주장을 공유하면서, 역사적 맥락과 교차적 참조 자료, 증거와 함의 등을 집합적으로 검증하는 방식이다. 그런가 하면, (4) 뉴스를 포함해 다양한 정보를 유통하는 플랫폼 제공자가 미리 설계한 기계학습 알고리듬을 이용해서 뉴스 제공자의 공신력(credibility)이나 정보원의 진본성(source authenticity)을 판별하는 방법도 사용되고 있다.

2) 사실확인의 논변 양식

한 조각의 사실을 놓고도 다양한 관점과 수준에서 다양한 문체로 기사를 작성할 수 있듯이, 그렇게 작성된 기사들의 사실성을 검토하는 사실확인 기사의 내용도 천차만별일 수 있다. 여기에 다음 세 가지 고려 사항을 더해 검토할 필요가 있다. 첫째, 한 명제의 사실성이란 그것을 확립한 시점에 따라서 달라진다는 것이다. 사건과 사안의 전개에 따라 '어제까지 사실이었던 내용'의 의미는 오늘 그리고 내일도 얼마든지 변할 수 있다. 둘째, 사실확인의 대상이 되는 명제의 사실성이란 실로 복잡한 구성을 갖는다는 것이다. 이 두 번째 요점이 특히 중요한데, 툴민(Toulmin, 1958)이 〈논변의 이용(*The Uses of Argument*)〉에서 제시하고 이후 발전시킨(Toulmin et al., 1984) 논변 모형을 활용해 논의하겠다.

우리는 툴민의 논변구조 모형을 어떤 주장의 타당성을 검토하기 위한 도구적 틀로 활용할 수 있다. 요컨대 어떤 하나의 논변이 타당한지 여부를 그 논변이 포함한 주장(claim)이 자료적 근거(ground)를 갖추었는지, 그리고 그 근거로부터 타당하게 도출되었는지(warrant), 그리고 추론 근거를 뒷받침하는 배경논리(backing)를 갖추었는지 등을 고려해 종합적으로 검토해 볼 수 있다.

현대 언론의 보도는 하나 이상의 사실 주장을 포함하기 마련이므로, 그 사실 주장을 둘러싼 논변양식의 타당성을 툴민의 논변구조 모형을 적용해서 검토할 수 있다. 예컨대, 〈그림 2-1〉에 제시한 바와 같이, 한 기사의 사실 주장(C)은 그 주장이 관찰 가능한 자료적 근거(G: 당사자 증언, 공식 문건, 전문가 인터뷰 등)를 갖추고, 그 자료로부터 논리적

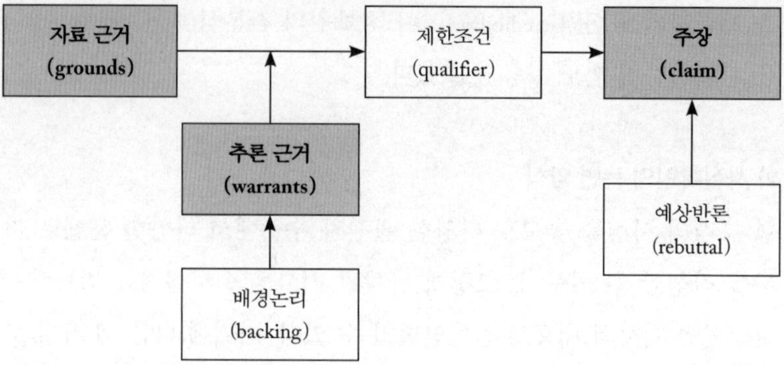

| 그림 2-1 | 툴민의 논변 모형

으로 타당한 방식으로 해당 주장(C)을 도출할 수 있는 추론 근거(W: 언론의 사실성 장치들)를 갖추어야 한다. 이 추론 근거는 다시 법칙, 문화적 관습, 과학적 방법론 등과 같은 배경논리(B: 객관주의 언론규범)의 도움을 받아야 추론의 정당성 자체를 확보할 수 있다. 여기에 더해서, 추론 근거를 거쳐서 주장을 도출하는 데 제한적인 조건(Q: '이다', '라고 확인했다', '라고 주장했다' 또는 '라고 전했다' 등)을 더해서 주장의 범위를 제한할 수도 있다. 그 자료 근거(G)에서 주장(C)을 도출하는 일이 확실하게 그러한지, 대체로 그러한지, 그럴 가능성이 있다는 수준인지 제한함으로써 주장에 대한 타당성 평가를 도울 수 있다는 뜻이다. 또한 검토하는 주장(C)과 경쟁하는 다른 예상반론과 경쟁적 주장들(R: 반대 근거, 경쟁 언론사 보도 등)을 함께 검토함으로써 사실보도의 핵심 주장(C)의 타당성을 더욱 정교하게 제한할 수 있다.

위의 예시는 사실 주장을 포함한 보도의 논변양식을 도식적으로 제시한 것이며, 누구라도 이 모형을 메타적으로 확장해 모든 기사, 특히 사실확인 역무를 수행하는 기사에도 적용할 수 있다. 예컨대 한 언론사가 야당 정치인이 텔레비전 토론에서 "여당 후보는 전과자다"라고 주장한 바에 대해 언론이 사실확인을 해서 보도한다고 생각해보자. 애초의 주장은 단순 사실 주장이다. 인과적 주장(예컨대, "지난 정부의 정책 때문에 환경오염이 심각한 수준에 달했다") 또는 윤리적 주장(예컨대, "여당 후보는 추문에 대한 책임을 지고 사퇴해야 한다")과 비교해보면, 그나마 용이하게 타당성 검토를 수행할 수 있다.

예시한 주장의 타당성을 검토하기 위해서는 일단 자료(G)와 추론 근거(W)를 확인해야 한다. 즉 야당 정치인이 무슨 자료적 근거를 갖고 "여당 후보는 전과자다"라고 주장하는지 따져야 한다. 언론사는 야당 정치인이 제시한 자료적 근거를 검토하는 데 그칠 수도 있지만, 제3자적 관점에서 독자적으로 자료 근거를 확보하려 나설 수도 있다. 독립적 자료 근거(G)의 수는 체계적인 방식을 적용해서 많이 수집할수록 좋기 때문이다. 언론사가 야당 정치인이 제시한 여당 후보의 전과 기록을 확인했더니 과연 폭력 전과가 있기는 한데, 그것이 과거 권위주의 정권하에서의 민주화 운동과 관련한 전과라는 사실을 발견했다고 가정해보자. 이 언론사는 야당 정치인이 제시한 주장의 사실 타당성을 어떻게 판단해야 할까.

추론 근거(W)로 '전과 기록이 있으면 전과자다'라는 명제를 활용한다고 하면, 야당 정치인의 주장은 간단히 사실이 되지만, 아무래도 '전과 기록이 있으면 전과자다'라는 명제 자체가 과도하게 단순하게 들린다. 예컨대, 여당 후보가 과거에 다른 파렴치 사태에 연루되어 기소유예를 받은 전력이 있다면, 전과 기록은 없지만 윤리적으로 문제 삼을 수 있을 것 같다. 반대로 민주화 운동 관련해서 폭력 전과가 있으면 어쩐지 그저 전과자라고 부르기 어려워질 것 같다. 이 경우 배경논리(B)로 '범법자는 당대 공동체의 윤리적 기준을 따라 규정한다'는 사회적 관습 명제를 적용해, 범죄의 정황과 처벌의 종류에 따른 범죄 여부에 대한 당대 사회의 공동체 인식을 종합적으로 고려해야 한다는 정도로 말할 수 있겠다.

상대적으로 용이해 보이는 간단한 사례를 들어보더라도, 사실 주장의 타당성 검토가 간단하지 않다. 논변의 구성요소의 성립에 대해서 먼저 검토해야 하고, 수집한 논변의 구성요소 간 정합성도 확인해야 하기 때문이다. 앞서 제시한 인과적 주장(예컨대, "지난 정부의 정책 때문에 환경오염이 심각한 수준에 달했다")을 검토하기 위해 과학적 방법론에 근거해 수집한 자료 근거(G)와 인과성 입증 조건을 적용한 통계적 추론 근거(W)를 적용하는 경우라면 타당성 검토가 결코 쉽지 않을 것이다. 또는 윤리적 주장(예컨대, "여당 후보는 추문에 대한 책임을 지고 사퇴해야 한다")을 검토하기 위해 다른 언론사의 보도를 자료 근거(G)로 삼고 '신뢰할 만한 언론의 보도에 따라 윤리적 함의를 도출할 수 있다'는 식의 추론 근거(W)를 적용하는 경우라도 그렇다. 결국 가장 간단한 사실 주장조차 '내용의 사실 타당성 검토'의 관점에서 보면 그런 검토를 빈틈없이 수행하기 쉽지 않다는 것을 알 수 있다. 따라서 개별 기사에 대한 한 번의 사실 타당성 검토로 이른바 '사실확인 또는 검증(verification)'이 완벽하게 이루어지리라 기대하기 어렵다. 사실확인을 위해서는 주장의 근거를 검토하고 배경논리를 살피는 것 이상의 역량이 필요하다.

3) 사실확인에 필수적인 역량

사실확인에 필수적인 역량을 제시하기 위해 언론의 사실확인 역무 사례를 검토하려 한다. 툴민의 논변구조 모형은 어떤 주장에 대해서도 적용할 수 있기에, 언론의 사실확인 보도의 타당성 평가도 같은 모형을 적용해 검토할 수 있다. 서울대학교의 팩트체크센터가 2017년 4월 24일 등록한 〈서울방송(SBS)〉의 사실확인 검증 내용은 안철수 후보가 예비군 훈련에 참여하지 않았다고 주장한 자유한국당 홍준표 후보의 발언을 검토한 것이다. 〈서울방송〉은 같은 내용을 4월 19일 '사실은: 안철수 예비군 불참 의혹, 병무청에 물어보니'와 4월 20일 '사실은: 문 가짜단식, 안 예비군 불참 확인해 보니'를 통해 보도했다. 사실확인 검증의 요점은 홍준표 후보가 안철수 후보에 대해서 "예비군 훈련에 한 번도 안 갔다고 한다. 그것도 탈법으로 예비군 훈련에 빠지는 사람이 국가 안보개념이 있었겠느냐"고 말했는데, 이 말의 전단이 거짓이라는 것이다.

홍준표의 주장인 '안철수는 한 번도 훈련에 참석하지 않았다'는 강한 주장이며, 따라서 해당 주장을 확증 또는 반증하기란 어렵지 않을 듯 보인다. 홍준표의 주장이 참이라고 확인하기 위해서는 7년간 한 번도 참석하지 않았다는 명제를 뒷받침하는 자료적 근거를 제시해야 하는데, 애초에 홍준표 측이 그런 자료를 제시하지 않은 채 말을 꺼냈으니, '주장의 자료적 근거가 없다'고 쉽게 판정하고 끝낼 수 있는 사안이었다.

그러나 〈서울방송〉은 홍준표 후보의 주장 자체에 대한 검토가 아닌 반증에 나섰다. 홍준표 주장이 강한 부정적 주장이기에 반증 사례를 쉽게 찾을 수 있다고 판단했을지 모른다. 예컨대, 안철수가 동원 예비군 훈련에 참석했다는 문건이나 증언을 한 건이라도 발굴하면 반증에 성공할 수 있다. 〈서울방송〉은 보존기간이 3년인 문서기록을 찾아 나섰지만, 결국 확보하지 못했고, 대신 다음 몇 가지 새로운 취재결과를 얻었다. (1) '병원진단서 등'의 방법으로는 예비군 동원훈련을 연기하는 것은 가능하지만 면제는 사실상 불가능하다. (2) 동원 예비군 훈련에 2차례 불참하면 고발 사유에 해당하는데, 안철수에게는 관련 수사 기록이 없다. (3) 고발 조치를 당했다 하더라도 처벌을 받고 다시 훈련을 받아야 하는데, 이 역시 기록이 없다. 이 세 관찰 명제를 종합해서, 〈서울방송〉은 문서 기록이 존재하지 않음에도 불구하고 예비군에 한 번도 참석하지 않기란 거의 불가능하다고 판단했다. 따라서 〈서울방송〉은 홍준표의 주장을 최종적으로 '거짓'이라 판정했다. 〈서울방송〉의 사실확인 보도를 정리해 〈표 2-1〉과 같은 논변 모형으로 재구성해볼 수 있다.

| 표 2-1 | 〈서울방송〉 2017년 4월 19일-20일 보도의 논변 구조

논변요소	명제
주장(claim)	안철수 후보가 예비군 훈련에 한 번도 참여하지 않았다는 주장은 거짓이다.
자료 근거(ground 1)	예비군 훈련 연기는 가능해도 면제는 사실상 불가능하다.
자료 근거(ground 2)	예비군 훈련에 2회 불참하면 고발당하는데, 관련 고발 기록이 없다.
자료 근거(ground 3)	처벌받은 이후에라도 다시 훈련을 받아야 하는데, 관련 전과 기록이 없다.
추론 근거(warrant)	예비군 훈련 동원행정과 관련 고발 및 전과 기록은 오류가 없다.
배경논리(backing)	예비군 행정과 관련 문서 근거가 예비군 훈련 참석의 공식 근거가 된다.
제한조건(qualifier)	관련 기록 없이 예비군 훈련에 계속 불참하기란 거의 불가능하다.

위의 논변은 논리적 문제가 한두 가지가 아니다. 애초에 '증거의 부재가 부재의 증거가 되는 것은 아니'기에 관련 기록이 없다는 이유로 주장이 거짓이라는 결론을 도출하는 방식부터가 타당하지 않다. 덧붙여 예비군 훈련 행정과 관련 기록이 완비하다는 추론 근거는 물론, 그에 의존하는 관찰명제들도 과연 얼마나 철저히 검토했는지 알 수 없다.

〈서울방송〉은 또한 4월 26일 '사실은: 안 후보 예비군 훈련 받았다. 목격자에게 물어봤습니다'란 기사에서 해군 정보장교 출신의 인사와 인터뷰 내용을 소개하면서, 그가 1999년 또는 2000년경, 진해의 동원 예비군 훈련 교육장에서 민무늬 전투복을 입은 안철수를 기억한다는 증언을 소개했다. SBS는 4월 27일 또 한 명의 목격자 진술을 소개하면서, 최소한 2인의 예비군 훈련장 목격 진술을 확보했다. 따라서 앞서 제시한 예비군 훈련 기록과 관련한 논변과 별도로 다음 논변을 제시한 셈이 된다.

| 표 2-2 | 〈서울방송〉 2017년 4월 27일 보도의 논변 구조

논변요소	명제
주장(claim)	안철수 후보가 예비군 훈련에 한 번도 참여하지 않았다는 주장은 거짓이다.
자료 근거(ground)	안철수가 훈련에 참석한 기억을 갖고 있는 목격자가 최소 2인 존재한다.
추론 근거(warrant)	예비군 참석자의 기억에 의존한 진술은 예비군 참석의 증거가 된다.
배경논리(backing)	동일한 상황에 처했던 목격자의 진술은 타당한 추론 근거를 제공한다.

이 논변은 복수의 진술을 증거로 활용하는 귀납적 논변을 사용하며, 논변의 타당성은 개별 목격자의 진술이 과연 참이라는 결론을 수용할 경우에만 보장할 수 있다. 그러나 이 추론 근거 자체를 얼마나 신뢰할 수 있을지는 〈서울방송〉 취재 이외에 별도의 조사로 확인할 수 있을 뿐이며, 만약 다른 검토가 없는 한 취재내용을 근거로 결론을 수용해야만 하기에 약한 정당화 근거로 작동할 뿐이다. 일상적 대화의 논변 수준이라면, 목격자의 기억에 의존한 진술이 타당한 추론 근거가 될 수 있겠지만, 대통령 후보의 병역의무 수행에 대한 반론 근거로 삼기에도 충분한지는 알 수 없다.

결국 홍준표 후보의 주장을 뒷받침한 근거가 없었기에 '근거 없음'으로 처리했으면 될 사안에 대해 어렵게 사실 검증을 이어가다가, 훈련에 참여한 2인의 기억에 의존한 진술을 확보한 후, 약한 추론을 적용해서 '강한 거짓 판정'을 내린 결과라고 할 수 있다. 병무청 행정자료나 관련자 목격자료 등 자료적 근거를 확보하기 위해 언론이 최대한 노력했건만, 아무리 취재를 열심히 한다고 해서 언제나 성공적으로 사실 여부를 확인할 수 있는 것은 아니다.

내가 보기에 사실확인 역무를 수행하는 언론에 가장 필요한 덕목은 지금 당장은 사실 여부를 확인할 만한 자료적·추론적 근거가 부족하다고 인정할 수 있는 용기라고 본다. 사실확인을 하겠다고 나서는 일도 용기이지만, 지금은 사실확인을 할 수 없다고 인정하는 일은 더욱 그렇다. 이런 인정은 가용한 자료와 정당화 논리를 동원해서 타당성 평가와 그에 따른 진실판단을 내릴 수 있는 능력을 전제로 하기에, 판단력이란 언론의 역량도 필요하다. 요컨대 언론은 기사의 핵심 주장을 뒷받침하는 자료가 부족해서, 또는 대안적 주장을 배제할 만한 근거를 확보할 수 없어서 참 또는 거짓을 주장할 수 없는 상황에 처하게 된다. 당장 확인할 수 없는 주장에 대해 뭔가 써야만 한다는 압박을 받을 수 있다. 바로 그때 당장 쓸 수 없는 사정을 밝히고, 추가적인 조사를 다짐하고 또한 약속하는 용기와 판단력이 필요하다. 용기라는 덕성과 판단력이라는 역량의 필요성과 함께, 사실확인 역무를 성공적으로 수행하기 위해 언론이 고려해야 할 제안을 몇 가지 덧붙인다.

첫째, 언론의 제도적 조건 때문에 언론의 사실확인은 '국지적 정합성'을 만족하는 수준에 머무를 가능성이 있다. 한두 개의 기사로 복잡한 사태의 모든 사정을 밝힐 수 없듯이, 한두 개의 연속한 사실확인 역무로 한 주장의 진위를 완벽하게 파헤치기 어렵다. 또한 논리적 정합성을 엄격하게 적용하면 적용할수록 논변의 요소들 간의 정합성을 판단하기 어렵다. 예컨대, 한 주장에 따르는 자료가 방대하더라도 추론 근거가 약할 수 있고, 반대로 자료는 충분하지 않지만 강력한 배경적 논리에 따라 추론의 타당성을 보장할 수 있는 경우가 있다. 언론이 해당 주장과 관련한 모든 전제와 근거들을 살펴서 검토하지 않는 한, 언론의 사실확인 기사란 국지적으로 정합하지 않는 요소들을 포함한 여러 논변들을 복합적으로 적용해서 종합적으로 판단한 결과가 될 뿐이다. 사실확인 보도 역시 일반 보도와 마찬가지로 복수의 언론이 사태의 전개에 주목해 사안에 대한 관심을 놓치지 않고 추적해서 보도하는 자세가 필요하다. 가용한 자료를 계속 수집하면서 결론을 업데이트해 가는 과정적이며 보충적인 방식을 적용해야 한다.

둘째, 사실확인 보도 자체가 편파성 논란을 유발할 수 있다는 데 주의해야 한다. 정치인이나 언론인의 주장이 사실이고 진실인지 확인하는 일도 중요하지만, 사실확인을 적용하는 대상과 동기 그리고 맥락 등도 모두 윤리적 함의를 갖는다는 점을 함께 검토해야 한다. 예컨대, 앞서 검토한 〈서울방송〉의 홍준표 주장에 대한 검증 사례의 경우 (1) 주장의 당사자 선정(즉, 누구에 대한 주장이며, 또 누구의 주장을 검증하는가), (2) 거증책임의 부여, (3) 검증의 범위와 강도의 결정, 그리고 (4) 후속 검증을 얼마나 이어가느냐 등이 검증 행위의 맥락을 결정하는데, 모두 불편부당성과 공정성 문제제기가 따를 수 있다. 이 모든 문제들이 사실확인 역무를 수행하겠다고 나서는 언론 주체의 선택에 의해 결정된다. 누구라도 (1)부터 (4)까지 모든 문제에 대해 공정성과 타당성 시비를 제기할 수 있으며, 그럴 경우 언론은 그에 대해 답변해야 할 '설명책임(accountability)'을 지게 된다.

셋째, 동료 언론인은 물론 언론의 잠재적 이용자, 즉 시민과의 상호작용을 추구해야 한다. 한국 언론이 훈장처럼 추구하는 단독과 특종이란 기자가 선언하는 게 아니라 그 기사에 대한 동료 기자와 시민들의 평가로 인정받는 것이 되어야 마땅하다. 이 요점은 이 장의 2절 말미에 제시한 소결론과 관련성을 갖는다. 앞서 '민주주의 사회에서 뉴스를 만들어 유통하는 언론사들과 뉴스를 이용하는 시민은 사실확인을 통해 여론형성에 함께 참여하고 있다'는 요지를 제시했는데, 이는 뉴스를 전달하는 언론과 이를 이용하고 공유하는 시민 간에 이루어지는 사실성을 둘러싼 담론의 형성이 곧 정치적 현실을 만들어가는 과정이란 뜻이다. 어느 한 기사가 정치적 현실을 완결적으로 기술할 수 없고, 어떤 한 언론사가 여론의 담지자가 될 수 없다. 누구도 홀로 지식을 주장할 수 없듯이, 어떤 기자도 공적 사실에 대한 타당성 검증을 홀로 완수할 수 없다.

5. 사실확인의 실천

지금까지의 논의를 정리해보자. 현대 언론이 뉴스의 사실성에 대해 갖는 강박에 가까운 염려는 다음과 같은 언론의 제도적 특성을 배경으로 성립한다. 언론은 뉴스의 사실성을 전제로 성립한 제도이지만, 실제 개별 뉴스가 사실에 대한 진실한 내용만을 전달하는지는 언제나 문제가 될 수 있다. 역사적으로 언론은 권력자를 포함한 외부의 압력으로부터 자신을 보호하기 위해 사실과 진실의 규범을 활용해왔으며, 그 규범을 이념화해서 언론직역의 윤리로 삼았다. 사실확인은 분명 언론의 중요한 임무 중 하나지만, 모든 임무는 아니며, 실로 가장 중요한 임무인지도 알 수 없다. 그럼에도 불구하고 언론은 사실의 확인자 역할을 강조함으로써 오히려 의심과 불신을 초래하는 경향이 있다. 가짜뉴스 시대에 언론의 사실에 대한 염려는 극에 달한다. 언론은 새로운 종류의 도덕 전쟁을 통해서 자신의 정체성을 방어해야 할 처지에 놓이게 된다. 언론이 사실확인 역무를 제공하기 위해 갖추어야 할 덕목이 여럿 있겠지만, (1) 사실확인을 할 수 없다고 인정할 수 있는 용기와 (2) 가용한 자료와 정당화 논리를 동원해서 타당성 평가가 가능한지 알아보는 판단력이 필수적이다.

우리는 언론이 사실확인과 별도로 수행해온 기능들이 많다는 걸

상기해야 한다. 권력자의 비리를 폭로하고 공동체를 배신하는 자를 고발하는 일이 그중 하나다. 이 기능은 18세기 중상비방 언론의 전통, 19세기 선정주의 대중신문의 전통, 20세기 추문폭로(muck-racking)와 탐사보도의 전통을 통해 이어져 내려왔다. 이 전통은 최근 시민을 대신해 권력자의 설명책임 수행을 요구하는 일을 언론이 대행해야 한다는 주장으로 발전하고 있다(Schudson, 2020). 언론이 설명책임 요구를 대행하면서 사실과 진실을 추존하는 기존 언론의 규범과 관행을 무시할 필요는 없다. 그러나 그 규범과 관행을 따르는 일만이 중요하다는 듯 매달려 주장하면서 정작 폭로와 고발 그리고 질문과 의혹제기 같은 임무를 소홀히 한다면, 그건 어떤 병리적 상태에 빠진 결과라고밖에 볼 수 없다. 언론의 다른 중요한 기능들, 예컨대 시민에게 오락을 제공하거나, 시민적 예절과 규범을 교육하거나, 취향과 비판적 안목을 보여주는 일들도 마찬가지다. 뉴스의 사실성을 둘러싼 규범과 관행은 이런 다원적 기능들을 원활하게 수행하기 위한 배경적 전제로 작동한다. 이 점에 주의해 언론의 사실확인 보도에 대한 실천적 함의를 도출하면 다음과 같다.

첫째, 사실확인은 주장에 대한 타당성 논쟁을 종식하기 위한 것이 아닌 더 많은 논쟁을 활성화하기 위한 것이다. 사실 주장을 검증하는 기사들 간의 경쟁이야말로 해당 주장의 사실성 확립에 도움을 준다. 한두 개의 사실 검증 기사로 논란의 대상이 되는 사안에 대해 종결적인 판정을 내릴 수 있다고 간주하는 것 자체가 교만에 가깝다. 사실검증 보도는 그 자체로 보도 내의 주장과 자료, 추론 근거와 배경 논리 등 더 많은 논란거리를 만들어내는 경향이 있으며, 이와 같은 논변의 구성요소에 대한 평가는 각각 다시 증식한다. 따라서 중요한 사안에 대한 하나의 검증 논변이 또 다른 검증요구를 낳는 것을 피할 수 없다. 자료 수집과 추론의 타당성 검토, 전제의 확인과 논변 요소의 최적화를 위해 겸손한 자세로 차근차근 단계를 밟고 후속 기사를 낼 필요가 있다. 사실 검증에 시민 참여의 길을 확대할 방법을 찾아볼 필요가 있고, 크라우드 소싱을 도입해서 사실확인 역무의 짐을 나눌 수도 있다.

둘째, 사실확인을 넘어서 모든 종류의 주장에 대한 타당성 검토로 임무를 확대할 것을 고려해야 한다. 사실 명제만 타당성 검토의 대상이 되는 것은 아니기 때문이다. 예컨대, 선거 캠페인 중에 한 후보가 반대편 후보에 대해 악의적으로 비방 발언을 한 경우 '의견은 면책'이란 이유로 의견의 타당성을 별도로 검토하지 않은 채 그 발언을 했다는 사실만 강조해서 보도하는 방식으로 '사실성을 재배치'하는 데 머물지 않도록 주의해야 한다. 문제의 비방 발언이 사실에 기초한 이유있는 의견(reasonable opinions)인지 얼마든지 검토할 수 있다. 요컨대, 의견에 대해서도 타당성 검토를 할 수 있는데, (1) 부정확한 사실 주장에 근거한 의견도 얼마든지 가능하며, (2) 명시적인 사실 주장이 없더라도 의견이 전제하고 있는 사실적 함의가 명료한 경우도 많기 때문이다. 반대로 (3) 참된 사실에 근거했지만 부당하게 도출된 의견이라는 비판을 제기하는 일도 얼마든지 가능하다. 도덕적이거나 윤리적 주장에 대한 검토도 마찬가지다. 그 주장을 전개하는 데 동원된 관찰 명제의 사실성을 검토할 수도 있고, 숨겨진 전제는 무엇인지 폭로할 수도 있고, 그런 전제나 관찰 명제로부터 해당 주장을 타당하게 추론할 수 있는지 얼마든지 검토할 수 있다.

셋째, 사실확인이나 의견검증을 수행하는 보도 자체에 대한 윤리적 정당화를 별도로 수행해야 한다. 왜냐하면, 특정 언론사가 어떤 후보의 주장을 왜 반복해서 검증하는지 자체가 윤리적 문제로 별도로 제기될 것이기 때문이다. 사실확인 또는 의견검증 보도 자체에 대한 공정성, 불편부당성, 정확성 요구는 언제나 제기될 수 있으며, 그

때마다 언론은 스스로 설명책임을 수행해야 한다. 언론은 정부, 기업 그리고 사회단체 등 권력기구의 설명책임을 묻는 기관이면서 동시에 스스로 그 책임을 수행하는 당사자가 되어야 한다. 앞서 제시했듯이, (1) 주장의 당사자 선정(즉 누구에 대한 주장이며, 또 누구의 주장을 확인하는지의 문제), (2) 거증책임의 부여, (3) 주장확인의 강도, 그리고 (4) 후속적인 확인의 정도 등이 모두 사실확인과 의견검증 주체의 선택에 따른다. 언론은 취재보도 과정에서 자신의 선택을 윤리적으로 정당화하는 작업을 수행해야 한다. 예컨대, 왜 특정 후보의 다른 후보에 대한 이 주장이 중요하며 검증의 가치가 있는지, 그리고 왜 거증책임을 그렇게 설정하고 후속보도를 이어나갈 것을 다짐하는지를 모두 별도로 정당화할 필요가 있다. 언론은 또한 사실확인 역무를 제공하는 일 자체가 정치적으로 동기화된 것은 아닌지 의심받는 현실을 고려해서 스스로 사실확인 역량에 대해 검토해야 한다.

참고문헌

이준웅 (2005). 비판적 담론공중의 등장과 언론에 대한 공정성요구. 〈방송문화연구〉 17(2), 139-135.

이준웅 (2013). 소통은 진리를 위한 것인가. 〈커뮤니케이션 이론〉 9(4), 100-135.

이준웅 (2022). 민주화 이후 한국언론의 과제: 불신과 언론개혁. 송호근 편. 〈시민정치의 시대〉 (313-363쪽). 파주: 나남.

차배근 (2014). 〈미국신문발달사 1690-1960〉. 서울: 서울대학교출판문화원.

Arendt, H. (2006). Truth and politics. In *Between Past and Future: Eight Exercises in Political Thought*. New York: Penguin.

Broersma, M. (2010). The unbearable limitations of journalism: On press critique and journalism's claim to truth. *International Communication Gazette* 72(1), 21-33.

Broersma, M. (2019). The legitimacy paradox. *Journalism* 20(1), 92-94.

Chalaby, J. K. (1996). Journalism as an Anglo-American invention: A comparison of the development of French and Anglo-American journalism, 1830s-1920s. *European Journal of Communication* 11(3), 303-326.

Darnton, R. (2000). An early information society: News and the media in eighteenth-century Paris. *American Historical Review* 105(1), 1-35.

Ettema, J. S. & Glasser, T. L. (1998). *Custodians of Conscience: Investigative Journalism and Public Virtue*. New York: Columbia University Press.

Fishman, M. (1980). *Manufacturing the News*. Austin: University of Texas Press.

Gandy, O. H. (1980). Information in health: Subsidized news? *Media, Culture & Society* 2(2), 101-115.

Gans, H. J. (1979). *Deciding What's News*. New York: Vintage.

Graves, L. (2018). Boundaries not drawn. Mapping the institutional roots of the global fact-checking movement. *Journalism Studies* 19(5), 613-631.

Guess, A., Nagler, J., & Tucker, J. (2019). Less than you think: Prevalence and predictors of fake news dissemination on Facebook. *Science Advances* 5(1), eaau4586.

Humprecht, E. (2020). How do they debunk fake news? *Digital Journalism* 8(3), 310-327.

Keane, J. (1991). *Media and Democracy*. London: Polity.

Keane, J. (2013). *Democracy and Media Decadence*. Cambridge: Cambridge University Press.

Kovach, B. & Rosenstiel, T. (2014). *The Elements of Journalism* (3rd. Ed.). New York:

Crown.
Lippmann, W. (1920). *Liberty and the News*. New York: Harcourt, Brace and Howe.
Maras, S. (2013). *Objectivity in Journalism*. Cambridge, UK: Polity.
Marzolf, M. T. (1984). American 'new journalism' takes root in Europe at end of 19th century. *Journalism Quarterly* 61(3), 529-691.
Mindich, D. T. Z. (1998). *Just the Facts: How Objectivity Came to Define American Journalism*. New York: NYU Press.
Moshirnia, A. (2020). Who will check the checkers? False factcheckers and memetic misinformation. *Utah Law Review* 2020(4), 1029-1073.
National Endowment for Democracy (NED) (2017). Distinguishing disinformation from propaganda, misinformation, and fake news, 17 October 2017, www.ned.org.
Pennycook, G. & Rand, D. G. (2019). Lazy, not biased: Susceptibility to partisan fake news is better explained by lack of reasoning than by motivated reasoning. *Cognition* 188, 39-50.
Pettegree, A. (2014/2022). *The Invention of News*. New Haven: Yale University Press. 박선진 옮김. 〈뉴스의 탄생〉. 파주: 태학사.
Putnam, H. (1981). *Reason, Truth and History*. Cambridge: Cambridge University Press.
Robinson, N. (2017). "Fake news" and the limits of fact-checking. *Current Affairs*, Feb. 20. https://www.currentaffairs.org/2017/02.
Schiller, D. (1981). *Objectivity and the News: The Public and the Rise of Commercial Journalism*. Philadelphia: University of Pennsylvania Press.
Schudson, M. (1978/2019). *Discovering the News: A Social History of American Journalism*. New York: Basic Books. 박경우·여은호 옮김. 〈뉴스의 발견〉. 서울: 커뮤니케이션북스.
Schudson, M. (1995). *The Power of News*. Cambridge: Harvard University of Press.
Schudson, M. (2003). *The Sociology of News*. New York: Norton.
Schudson, M. (2020). *Journalism: Why It Matters*. Cambridge, UK: Polity.
Searle, J. R. (1995). *The Construction of Social Reality*. New York: The Free Press.
Searle, J. R. (2010). *Making the Social World: The Structure of Human Civilization*. Oxford: Oxford University Press.
Stephens, M. (2007/2010). *A History of News* (3rd Ed). *Oxford University Press*. 이광재·이인희 옮김. 〈뉴스의 역사〉. 서울: 커뮤니케이션북스.
Stephens, M. (2014). *Beyond News: The Future of Journalism*. New York: Columbia University Press.

Stroud, N. J. (2008). Media use and political predispositions: Revisiting the concept of selective exposure. *Political Behavior* 30(3), 341-366.

Toulmin, S. (1958). *The Uses of Argument*. Cambridge: Cambridge University Press.

Toulmin, S., Rieke, R. D., & Janik, A. (1984). *An Introduction to Reasoning*. New York: MacMillan.

Tuchman, G. (1978). *Making News: A Study in the Construction of Reality*. New York: Pres Press.

Vosoughi, S., Roy, D., & Aral, S. (2018). The spread of true and false news online. *Science* 359(March), 1146-1151.

Ward, S. J. A. (2004/2007). *The Invention of Journalism Ethics*. Montreal: McGill-Queen's University Press. 이은택 옮김. 〈언론윤리의 재발견〉. 서울: 에피스테메.

Werkmeister, L. (1967). *A Newspaper History of England, 1792-1793*. Lincoln: University of Nebraska Press.

Zelizer, B. (1993). Journalists as Interpretative Communities. *Critical Studies in Mass Communication* 10(3), 219-237.

2부

팩트체크 저널리즘의 이론과 실제

3 팩트체크 저널리즘이란 무엇인가

정은령
(서울대학교 언론정보연구소 SNU팩트체크센터장)

"모든 기자들은 사실확인을 한다. 그렇다면 스스로를 팩트체커라고 부르는 사람들이 별도로 필요한 이유는 무엇인가? 미국과 서유럽에서는 그중 3분의 1이 전통적인 언론사 소속인 상황에서?"(Singer, 2021: 1930)

팩트체크[1]가 전 세계적으로 확산[2]되면서 이 팩트체크가 언론인들이 기존에 해오던 사실 검증과 어떤 차이가 있는 것인지에 대해 언론인들은 물론 언론학자들도 혼란스러워한다. 팩트체커가 독자적인 직종으로 미국 언론계에 등장한 것은 100여 년 전이다. 그러나 이른바 '현대적 팩트체킹(modern day fact-checking)'은 1980년대 말 이후 미국 언론계에서 저널리즘 혁신운동의 성격을 가지고 싹튼 것으로, 과거의 팩트체크와는 차이가 있다. 미국에서 시작된 이 흐름이 전 세계로 확산되면서, 팩트체킹의 수행 주체도 언론인들만이 아니라 사회운동가, 학자 등으로 다변화하고 있다.

---

1 이 장에서는 팩트체크와 팩트체킹을 동일한 의미로 사용한다.

2 매년 6월 전 세계 팩트체크 기관의 수를 집계해 공개하는 듀크 대학교 듀크 리포터스랩에 따르면 2023년 6월 현재 팩트체크 기관은 108개국에 417개가 있다.

1. 팩트체크의 기원과 전개

팩트체킹이란 단어가 언론계에 등장한 것은 1920년대 창간된 〈타임(*Time*)〉, 〈뉴요커(*New Yorker*)〉 등 미국 뉴스 잡지업계에서다. 새롭게 생겨난 〈타임〉에서는 처음에는 '조사원(researcher)'이라는 이름으로 사실 확인을 하는 직원들을 뽑았다. 1930년대에 이르면 언론 관련 업계지에서 '팩트체커' 구함이라는 구인공고를 확인할 수 있다는 점에서 이 시기에 이르면 팩트체킹의 저변이 확대된 것으로 볼 수 있다. 초창기의 팩트체커는 성별 분화된 직종으로, 뉴스룸의 기자들이 남성들로만 채워졌다면 팩트체킹은 대학을 졸업한 여성들만이 맡았다. 남성들도 팩트체커가 될 수 있었던 것은 1971년 〈뉴스위크(*Newsweek*)〉에 근무하던 여성들이 미국 연방고용평등위원회에 직장 내 성차별(sex-segregation)에 관해 제소하고 난 뒤였다.

팩트체커들은 보조적인 업무를 맡는 것 같았으나 상당한 자율권을 가지고 있었다. 편집진의 기사 검토가 다 끝났다 하더라도 팩트체커가 최종적으로 확인하지 않으면 기사가 출고되지 못하기도 했다.[3] 팩트체커들은 때로 기사를 다시 쓰기까지 했다(Fabry, 2019). 여성이 소수자였던 뉴스룸에서 팩트체커들은 독특한 지위를 갖고 있었다. 이들은 기사가 출고된 뒤 최종 인쇄 전에 인쇄소로 가서 기자들이 써서 넘긴 원고에 오류가 없는지를 검토했다. 이들이 기사 안에 있는 오류를 찾아내기 위해 이용했던 근거에는 뉴욕 공립 도서관의 책, 인명록, 사전, 심지어 성경도 포함되었다(Fabry, 2017).

---

3 시사주간지 〈타임〉의 팩트체커들은 자신들이 점검한 기사의 사실이 책 등 권위 있는 자료를 통해 확인되었을 때는 붉은색 점, 타 신문기사가 근거일 때는 검은색 점, 사실 확인이 되지 않은 경우에는 초록색 점을 찍어 사실확인의 정도를 표시했다(Fabry, 2017).

팩트체커의 등장과 관련해서는 당대 언론 환경을 이해할 필요가 있다. 1922년 미국신문편집인협회(American Society of Newspaper Editors, ASNE)는 언론인이 지켜야 할 '저널리즘의 규범(Canons of Journalism)'을 처음으로 공표했다. "보도는 어떠한 종류의 의견이나 편견으로부터도 자유로워야 한다(News reports should be free from opinion or bias of any kind)"라는 객관성(objectivity)이 미국 저널리즘의 규범으로 자리매김했다(Schudson, 2001). 〈타임〉에 앞선 사례로 퓰리처의 아들이 운영하던 뉴욕의 〈월드(*World*)〉는 '정확성과 공정 행동(Bureau of Accuracy and Fair Play)'이라는 부서를 만들어, 독자로부터 들어오는 민원사항을 처리하거나 노골적인 거짓이 신문에 실리는 것을 방지하는 역할을 하게 했다. 그러나 그 역할은 여전히 신문 발행 사후에 발생하는 민원을 바로잡는 데 초점이 맞춰져 있었고, 〈타임〉처럼 발행 이전에 오류를 잡는 데 치중하지는 않았다.

미국의 뉴스 잡지 업계를 중심으로 명맥을 이어오던 팩트체커는 1990년대 이후 신문 산업이 쇠퇴하면서 편집기자(copy editor)가 그 역할을 대신하는 등 존재가 위축된다. 이러한 시기에 워싱턴 정가를 취재하던 기자들을 중심으로 새로운 의미의 팩트체크 운동이 싹트기 시작했다.

현대적 팩트체킹의 출현은 레이건 대통령 집권기인 1980년대 말로 거슬러 올라간다.[4] 선거유세와 기자회견 등에서 자주 사실이 아닌 주장을 펼친 레이건 대통령[5]의 발언을 팩트체킹하기 위해 〈워싱턴 포스트〉는 '진실 팀(truth-squadding)'을 운영해 사실확인(fact-checking) 작

4 현대적 팩트체킹의 기원을 레이건 대통령 집권기로 보는 인물로는 〈워싱턴 포스트〉의 공식적인 첫 번째 팩트체커인 마이클 돕스가 대표적이다.

5 대표적으로 레이건 대통령은 선거유세 중 자동차나 공장 굴뚝에서 나오는 매연보다 나무가 4배나 더 많은 오염을 일으킨다고 거듭 주장하곤 했다.

업을 했다. 1990년대에 들어서면서 대통령 선거 팩트체크는 더욱 활발해졌다. 1992년과 1996년 CNN의 브룩스 잭슨[6]은 후보자 광고의 사실성을 검증하는 '애드워치(ad watch)'와 '팩트체크(fact-check)'를 운영했고, AP도 이 대열에 동참했다. 이들은 '경마식 보도(horse race reporting)'로 선거를 보도하는 것에 대해 회의를 가졌다.

단순히 취재원의 발언을 전하는 것을 넘어서 그 발언의 사실 여부를 가리는 것이 중요하다는 인식이 미국 언론계에 확산된 데는 이라크 전쟁의 영향도 컸다. 부시 행정부가 이라크에 대량 살상 무기(WMD)가 있다는 거짓 정보를 근거로 이라크 전쟁을 일으키는 동안 미국 언론은 이를 밝혀내지 못했다. 정부 고위 소식통의 것이라고 여겨지는 정보를 전함으로써 결과적으로 오보를 낸 〈뉴욕 타임스(*New York Times*)〉의 주디스 밀러는 오보의 책임을 잘못된 정보를 준 취재원에게 돌렸지만, 이는 정보의 정확성 확인을 소식통에만 의존하는 보도의 실패 사례였다. 〈워싱턴 포스트〉의 편집국장은 훗날 "그때 당시 우리 내부에 지금과 같은 팩트체킹 조직이 있었더라면…"(Dobbs, 2012: 7)이라며 안타까워했다.

2008년 대선을 앞두고 정치 팩트체킹의 붐이 일었다. 펜실베이니아대학의 '팩트체크닷오르그(FactCkeck.org)'는 이미 2003년부터 활동하고 있었고, 〈워싱턴 포스트〉의 팩트체커와 더불어 '트루스오미터(Truth-O-Meter)'라는 직관적인 진실검증기를 선보인 〈세인트 피터스버그 타임스(*St. Petersburg Times*)〉[7]의 '폴리티팩트(PolitiFact)'도 출범했

---

6 브룩스 잭슨은 2003년 펜실베이니아 대학에 설립된 '팩트체크닷오르그(FactCheck.org)'의 첫 책임자가 된다.

7 현재는 〈탬파베이 타임스(*Tampa Bay Times*)〉로 제호가 바뀌었다. 폴리티팩트는 2018년 저널리스트를 위한 비영리기관인 포인터 재단(Poynter Institute)에 합병되었다.

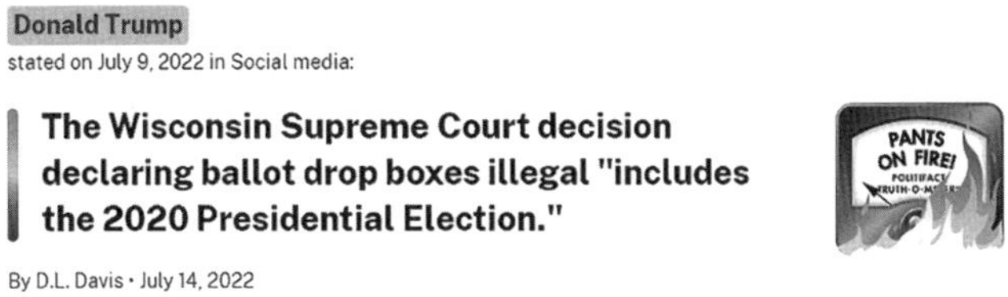
Donald Trump
stated on July 9, 2022 in Social media:

The Wisconsin Supreme Court decision declaring ballot drop boxes illegal "includes the 2020 Presidential Election."

By D.L. Davis • July 14, 2022

| 그림 3-1 | 트럼프 전 미국 대통령의 발언을 '새빨간 거짓말'로 판정한 폴리티팩트의 진실검증기 (출처: 폴리티팩트)

| 그림 3-2 | 〈워싱턴 포스트〉 팩트체커의 판정지표인 피노키오 테스트(출처: 워싱턴 포스트). 발언의 사실성이 떨어질수록 피노키오의 개수가 증가한다. 피노키오 4개는 '거짓말(Whoppers)'에 해당한다.

다. AP, ABC뉴스도 팩트체크에 동참했다. 팩트체킹 운동에 앞장섰던 〈워싱턴 포스트〉의 노장 기자 데이비드 브로더(David Broder)는 "정치광고를 낸 후보에게 증거를 요구하고 그 반대자에게서 반론을 수집하라. 그러고 난 뒤 우리 스스로 상황을 조사한다면 독자들에게 무엇이 사실이고 무엇이 유해한 허구인지를 말할 수 있다"(Broder, 1990: Graves, 2016: 58에서 재인용)라며 기자들에게 사실 여부에 대한 적극적인 판정자가 될 것을 요청했다. 〈워싱턴 포스트〉의 팩트체커 마이클 돕스(Michael Dobbs)는 "팩트체크는 기자가 어떠한 경우에도 입장을 취하지 않는 '그는 이렇게 말했고, 그녀는 이렇게 말했다(he said, she said)'라는 (전통적인 보도기법에서) 떨어져 나온 것"(2012: 12)이라고 평가했다.

현대적 팩트체킹은 20세기 초 미국 언론계를 중심으로 확립된 객관주의 보도(objective reporting)의 전통적인 규범들과 차이가 있다. 객관주의 보도는 사실을 가치와 분리할 수 있다는 믿음에 기초한다. 객관주의 보도 규범에 따르면 기자들은 정치적인 논쟁이 있을 경우, 논쟁의 주체들을 공정하게 재현해야 하며, 보도하는 사실에 대해 논평을 더하거나 편향을 보이지 않고 '뉴스'만을 보도(Schudson, 2001: 150)해야 한다. 그러나 팩트체크를 하는 언론인들은 정치인들에 의해 제기된 주장의 정확성을 직접 평가(evaluation)한다는 점에서 전통적인 객관주의 규범과 대조를 이룬다(Graves et al., 2016). 현대적 팩트체크의 초점은 "발언을 정확하게 인용했는지보다는 보도하고자 하는 발언이 정확한지(focus on the accuracy of reported speech rather than on whether a reporter got a quote right)"(Amazeen, 2020)에 있다. 즉 현대적 의미의 팩트체크 저널리즘은 화자가 말한 내용을 정확하게 '받아쓰기'하는 것을 넘어, 그 발언이 사실인지를 기자들의 독자적인 조사를 통해 규명한 뒤 판정 결과를 독자들에게 제시하는 검증과 해석, 판정이라는 평가적 과정(evaluative process)에 초점을 맞추는 것이다(Amazeen, 2013). 팩트체킹을 주도한 기자들은 미국 저널리즘을 지배해온 한 흐름이 기자들은 자신이 쓰는 기사에 주관적인 의견을 주입해서는 안 되며, 공정성을 유지하기 위해 '그는 이렇게 말했고, 그녀는 이렇게 말했다'라는 식으로 양쪽 입장을 모두 반영해야 한다는 전통에 서 있다면, 다른 한 흐름은 기자를 진실의 탐구자(truth-seeker)로 규정해 기자들 스스로 판정할 수 있는 한 최선을 다해 진실이 무엇인지를 말하는 것이며 이것이 현대적 팩트체킹의 등장 배경이라고 설명한다(Dobbs, 2012).

그레이브스와 아마진(Graves & Amazeen, 2019)은 이러한 차이점에 착안해 1920년대 이후 미국 언론계에서 이루어져온 팩트체크를 '내부적(internal) 팩트체크', 1980년대 말 이후 정치보도를 중심으로 싹튼 현대적 의미의 팩트체크를 '외부적(external) 팩트체크'로 구분했다. 내부적 팩트체크가 사실적 정확성(factual accuracy)에 초점을 두어 최종 발간 이전에 텍스트에 포함되어 있는 오류를 사전에 찾아내 이를 제거하는 것이라면, 외부적 팩트체크는 정치인이나 기타 공적인 인물들에 의해 이미 만들어진 오류, 즉 발언의 진실성을 평가한다. 외부적 팩트체크의 주체로는 저널리스트뿐만 아니라 시민사회 단체, 대학 등 뉴스룸 바깥의 기관들이 참여하고 있다. 내부적 팩트체크와 외부적 팩트체크는 상호 대립하는 것이 아니라 기사의 정확성, 진실성을 높이기 위해 상호 병행해야 하는 것이다.

2014년 미국언론연구소(American Press Institute, API)는 언론계에서 하나의 하위 장르처럼 번져나가는 팩트체킹에 관한 프로젝트를 진행해 '팩트체킹의 길잡이 개념(API guiding definition)'을 아래와 같이 정리했다.

> 팩트체커와 팩트체킹 조직은 정치인 또는 사람들의 삶과 생활에 영향을 미칠 수 있는 누군가가 발언을 한 경우, 발표되거나 기록된 진술에서 주장된 사실을 재보도하고 조사함으로써 이해력을 높이는 것을 목표로 한다. 팩트체커들은 검증 가능한 사실을 조사하며, 그들의 작업은 당파성, 주창, 수사(rhetoric) 없이 이루어진다.
>
> 팩트체크의 목표는 명확하고 전문적으로 엄격하게 검증된 정보를 소비자들에게 전하는 것이어야 한다. 그렇게 함으로써 소비자들이 투표나 다른 중요한 결정을 내릴 때 사실에 기반하여 완전히 숙고된 선택을 할 수 있도록 하는 것이다(Elizabeth, 2014).

어떤 점에서 '팩트체킹'은 진실 말하기, 불편부당성 등의 원칙과 검증, 재현의 명확성 같은 실천에 기반을 둔 좋은 저널리즘(good journalism)이라고 할 수 있다(Singer, 2018). 그러나 팩트체커들은 판정과 증거를 더한다는 점에서 전통적으로 이해되던 객관주의의 규범을 넘어선다. 코딩턴 등(Coddington et al., 2014)은 직업적인 객관주의(professional objectivity)와 과학적 객관주의(scientific objectivity)를 구분하고, 팩트체킹이 과학적 객관주의의 범주에 있다고 주장했다. 이들에 따르면 미국 저널리즘의 규범으로 정착된 직업적 객관주의의 핵심은 가치나 의견이 사실과 구분될 수 있으며 구분되어야 하고, 기자는 오로지 사실만을 보도해야 한다는 것이다(Schudson, 2001). 실증주의의 주·객관 분리의 영향을 받은 이러한 가치관은 실제 취재 현장에서는 중립성(neutrality), 균형성(balance)으로 표상되고, 이를 수행하기 위해 '그는 이렇게 말했고, 그녀는 이렇게 말했다'라는 취재 방식을 통해 논쟁 중인 양쪽의 입장을 다 쓰되, 그 판단은 설령 그것이 검증 가능한 사실의 영역이라 하더라도 독자의 몫으로 남겨 두었다.

이에 반해 과학적 객관주의는 사실과 가치의 분리라는 전통적인 객관주의의 흐름 안에 있지만, 직업적인 객관주의가 양쪽 입장의 균형을 취하는 것과 달리 가설을 세우고 증거의 무게에 기반해 결론을 내린다는 차이가 있다. 이러한 맥락에서 코딩턴 등(Coddington et al., 2014)은 의견이 아닌 사실에서 검증 대상을 선정하고, 증거를 수집하며 이에 기반해 판정을 내리는 팩트체킹은 과학적 방법을 동원한 것으로서, 팩트체킹을 하는 기자들이 자신들은 객관주의의 전통 안에 있다고 주장하지만 그 성격은 직업적인 객관주의가 아니라 과학적 객관주의의 체현이라고 평가한다.

20세기 후반 미국 저널리즘의 역사적 전개과정에서 팩트체킹의 출현을 자리매김하고 싶어하는 학자들은 현대적 의미의 팩트체킹을 수행하는 기자들은 자신들이 증거에 기반하여 발언의 무게를 재고 불편부당성에 기반하고 있다는 점에서 본질적으로 '객관적'이라고 주장하지만, 그들의 일은 뉴스에서의 '해석적 전환(interpretive turn)'의 맥락에 서 있는 것이라고 평가한다(Singer, 2018).

| 표 3-1 | 전통적인 저널리즘과 팩트체킹 저널리즘(출처: 포인터 재단)[8]

<table>
<tr><th colspan="2">전통적인 저널리즘</th><th>팩트체킹 저널리즘</th></tr>
<tr><td colspan="2">묘사적 보도(descriptive reporting)</td><td>책무 보도(accountability reporting)</td></tr>
<tr><td>객관성</td><td>'그는 이렇게 말했고, 그녀는 이렇게 말했다(he said/she said)'</td><td>보도된 발언에 초점
(focus on reported speech)</td></tr>
<tr><td rowspan="2">정확성</td><td>인용은 정확한가?(is the quote right?)</td><td>인용은 진실인가?(is the quote true?)</td></tr>
<tr><td>오류의 사전 제거</td><td>오류의 공표</td></tr>
<tr><td colspan="2">게이트키핑 기능(gatekeeping function)</td><td>심판관 기능(adjudicator function)</td></tr>
</table>

반허스트(Barnhurst, 2016)는 20세기 미국 뉴스는 리얼리즘에서 모더니즘으로 변모해갔으며 그 증거로 뉴스에서 묘사(description)의 핵심을 이루는 '누가', '어디서', '무엇을'의 중요성은 약화된 반면, 맥락적 요소인 '언제'와 '왜'는 계속 그 중요성이 확대되었다고 지적한다. 반허스트는 이러한 흐름을 해석적 전환이라고 정의했다. 기자들이 단순한 묘사에 그치지 않고 해석에 무게를 두는 변화는 1960년대 베트남전 보도, 워터게이트 보도 등을 거치며 강화되었다. 미군이 베트남전에서 저지른 미라이(My Lai) 학살, 닉슨 대통령의 사임을 불러온 워터게이트 사건 보도 등으로 탐사 보도(investigative reporting)가 활발해졌고, 심층 보도, 장문 보도(long journalism), 해설 보도(explanatory report) 등으로 불린 흐름(Forde, 2007)이 이어졌다. 핑크와 셧슨(Fink & Schudson, 2014)은 〈뉴욕 타임스〉, 〈워싱턴 포스트〉, 〈밀워키 저널 센티넬〉 등 3개 신문의 1면 내용을 1955년부터 2003년까지 분석한 결과 고전적인 역피라미드 형식으로 개별 사건을 다루는 기사가 보도되는 비율이 1955년에는 85%였으나 2003년에는 절반 아래로 감소한 것을 발

8 포인터 재단이 정리한 것을 미국언론연구소(API)에서 재인용했다.

견했다. 핑크와 셧슨은 보도 방향이 개별 기사들을 단편적으로 제시하던 것에서 다른 사건들과의 관계를 밝혀 큰 그림을 제시하는 것으로 변모한 이러한 흐름을 '맥락 저널리즘(contextual journalism)'이라고 명명하며, 언론인들은 좀 더 공격적이 되었고, 뉴스의 양은 늘어났으며, 자기 나름의 해석과 맥락을 더 자주 제공하게 되었다고 분석했다.

그레이브스 등(Graves et al., 2015)은 팩트체크 저널리즘이 이러한 해석적 전환의 연장선상에 있는 저널리즘의 혁신(innovation)이라고 그 역사적 위치를 자리매김한다. 이들은 해석적 전환의 요체는 "객관적 사실에 대한 협애한 정의에 의문을 제기하며 공적인 행위와 발언들을 상세하게 기술하는 대신 그에 대한 분석과 해석을 장려하는 것"(3)이라며 팩트체크를 실행해온 언론인들은 이러한 해석의 행위가 진실의 탐구자(truth-seeker), 정치적 감시견(political watchdog)이라는 저널리즘의 사명에 보다 충실한 것이라고 여겼다고 주장한다. 또한 그레이브스 등(Graves et al., 2016)은 기자들이 팩트체크 저널리즘을 받아들이는 이유를 온라인 실험연구를 통해 분석했다. 2014년 대선 당시 미국 전역 82개 언론사의 정치 담당 기자 1,689명에게 뉴스 이용자가 팩트체크 저널리즘을 원한다는 상업적 목적의 메시지와 팩트체크 저널리즘을 수행하는 것이 저널리즘의 가치를 실현하는 것이라는 메시지를 보낸 결과, 저널리즘 가치 실현 메시지에 노출되었던 기자들이 더 많이 팩트체크에 참여한 것으로 나타났다. 즉 팩트체크 저널리즘을 수행하는 이유가 새로운 수익원의 창출에 있기보다는 기자로서의 자기 효능감 제고에 있다는 것이다.

현대적 팩트체킹의 출현에는 언론 보도를 둘러싼 기술적 환경의 변화도 영향을 미쳤다. 인터넷 환경에서 제도권 언론이 아닌 수많은 정치 블로거들이 자신이 지지하는 후보의 경쟁 상대를 공격하는 게시물을 쏟아내자 미국 언론들이 그 해독제 성격으로 앞다퉈 팩트체크 포맷을 도입했다(Dobbs, 2012). 온라인 데이터베이스도 팩트체킹의 지형도를 완전히 바꾸어놓았다. 과거에는 검증 대상인 정치인의 발언이나 인터뷰 기록을 모으는 것이 수고스러운 일이었지만, 이제는 모든 스크립트가 온라인에 게시되어 클릭 몇 번으로 발언 내용을 다 찾을 수 있게 된 것이다.[9]

2. 팩트체크의 세계적 확산

미국 언론에서 하나의 장르로 시작된 팩트체크는 다른 나라로도 확산되기 시작했다. 2005년 영국의 채널 4는 미국의 팩트체크닷오르그를 본떠 자체 팩트체크 프로그램을 시작했고, 프랑스에서는 2008년 일간지 〈리베라시옹〉이 팩트체크를 수행하는 '데장톡스(Desintox)'를 출범시켰다. 스페인의 텔레비전 네트워크인 '라 섹스타(La Sexta)'에서는 저명한 언론인 아나 파스톨이 일요일 저녁 '엘 오브헤티보(El Objetivo)'라는 팩트체킹 프로그램을 진행해 인기를 얻었다. 2009년에는 세르비아에 미국의 폴리티팩트를 모델로 한 '이스티노머(Istinomer)'가 등장했고, 2010년에 이르면 7개국에서 20개의 새로운 팩트체크 사이트들이 등장한다. 남미, 아프리카 호주 그리고 유럽 각국에 새로운 팩트체크 기관들이 생길 때 미국의 선구자들은 그들에게 조언을 아끼지 않았다(Graves, 2018a; Graves & Cherubini, 2016).

브렉시트의 와중에서 채널 4의 'Fact Check'는 "EU에 남게 되면 매년 영국인들이 252파운드를 부담해야 한다"라는 탈퇴론자들의 주

9 대표적인 데이터베이스로 렉시스넥시스(LexisNexis), Congressional Quarterly Transcripts를 꼽을 수 있다.

장을 사실 검증한 비디오로 페이스북에서 300만 회가 넘는 조회 수를 기록했다(Mantzarlis, 2016). 프랑스의 〈리베라시옹〉이 운영하는 데장톡스의 경우, 2017년 9월 수용자 요구형의 팩트체크를 수행하는 Check News를 선보였다. '무엇을 팩트체크할 것인가'라는 검증 대상 선정 문제는 늘 검증 주체의 선택 편향(selection bias)이 반영된다는 비판을 받아왔다. Check News는 이를 극복하기 위해 인터넷상에서 이용자들로부터 직접 질문을 받아 이를 검증했다. 팩트체킹이 이용자 친화적인 서비스를 통해 독자를 확대할 수 있는 가능성을 보여준 사례다.

당파성이 강한 언론지형에서 서로 정치색을 달리하는 언론사들이 연합해 하나의 새로운 팩트체크 기관을 창설한 사례도 있다. 노르웨이의 '팍티스크(Faktisk)'가 그 예다. 노르웨이어로 'actually'와 'factually' 모두를 의미하는 팍티스크는 2017년 7월 노르웨이의 거대 뉴스 조직 가운데 네 언론사(VG, Dagbladet, NRK, TV2)의 지원을 받아 독립적인 비영리 조직으로 설립되었다. VG와 Dagbladet은 노르웨이의 양대 일간지로서 최대 경쟁사이며 NRK는 방송사다. 현재 10여 개인 가입사들은 1년에 100만 유로를 동등하게 내고, 인력도 동등하게 파견해 팍티스크를 운영하며, 팍티스크에서 발간하는 기사를 함께 사용한다. 팍티스크는 지역 언론사나 특정 분야에 특화된 언론사들도 팍티스크의 팩트체크를 게시할 수 있도록 했다. 이는 트래픽을 늘려 팩트체크 기사의 수용자 도달률을 높이는 결과를 낳았다.

팩트체킹이 국제적으로 번져나가면서 그 유형도 전통적인 저널리즘 모델과 활동가, 비정부기구 모델, 전문가 모델로 구분되었다. 저널리즘 모델의 예시로 미국 〈워싱턴 포스트〉의 팩트체커, 프랑스 〈르 몽드〉의 레 데코되르(Les Décodeurs), 독일 〈슈피겔〉, 브라질 〈오 글로보〉 등의 신문과 영국의 채널 4, 스페인 방송국 라 섹스타 등의 팩트체크 프로그램을 꼽을 수 있다.

비정부기구 모델의 팩트체크 기관들에는 저널리즘적인 배경이 없는 사람들도 있다. 영국의 '풀팩트(FullFact)'는 저널리즘과 독립적인 관계를 가지며, 기자가 아닌 정책 전문 연구자들이 팩트체커로 일한다. 이들은 정치인의 발언뿐만 아니라 미디어도 검증해 오류를 바로잡는다. 대학과 뉴스룸이 연계한 모델들도 있다. 펜실베이니아 대학의 '팩트체크닷오르그', 남아프리카공화국의 비트바테르스란트 대학 저널리즘 학부에 연계되어 있는 '아프리카 체크(Africa Check)' 등이 대표적인 사례다. 팩트체크닷오르그는 대학 소속이지만 숙련된 저널리스트들이 활동하고 있다. 호주의 '컨버세이션(Conversation)'은 "학문적 엄정함과 저널리즘적 직감(academic rigor, journalistic flair)"이라는 모토를 앞세우고 학자들이 활동하고 있다. 해당 분야 전문 연구자들이 팩트체크 글을 작성하면 블라인드 리뷰를 거쳐 발간한다. 해당 글을 쓴 학자들이 당파성을 갖고 있지 않은지를 확인하기 위해 정치적으로 연결고리가 없는지에 대해서도 조사한다.

유럽 등에서는 대중정치운동에 헌신하는 것을 목표로 삼는 팩트체커들도 등장했다. 이들은 팩트체크를 정부가 퍼뜨리는 허위정보에 맞서거나 부패한 정부를 감시하기 위한 운동으로 파악하거나, 자신들의 정체성을 인권그룹으로 상정하는 경우도 있다. 특히 발칸반도와 구 소비에트 연방의 지배하에 있었던 동구권 국가들의 비정부기구를 기반으로 한 팩트체크 기관들에 이런 성격이 짙다. 우크라이나의 'FactCheck Ukraine'의 운영자들은 "팩트체킹의 목적은 보통 사람들이 정치인이나 공직자들의 발언을 감시하고 포퓰리즘과 싸울 수 있도록 하는 능력을 갖춤으로써 정치인이나 공직자들에게 책임을 묻는 과정에 참여하게 만드는 것"(Graves & Cherubini, 2016)이라고 그들의 목적을 밝힌다. 이러한 기관들은 팩트체킹을 정부 운영의 투명성을 높이고, 효율적인 거버넌스를 도모하며 민주적인 대화와 시민 참여를 증진하는 시민적 자원이라고 간주한다. 정치적 지향이 강한 팩트체커들은 자신들이 저널리스트들은 할 수 없는 일을 한다고 스스로의 정체성을 규정하기도 한다.

그 기원은 미국 언론계에서 자연 발생한 저널리즘 혁신 운동의 성격이었지만, 전 세계로 뻗어나가면서 팩트체크의 경계(boundary)는 저널리즘과 저널리즘 아닌 것 사이에서 불명료해지고 있다. 직업 기자들은 팩트체킹을 정치 커뮤니케이션의 장르로서 자신들의 관할권에 두고자 하지만, 그와 동시에 팩트체킹의 주체나 방법 등이 다양해지는 것을 인정하고 있다. 진실을 추구하는 사람들이 저널리스트들만은 아니라는 것이다. 이로써 전 세계적인 운동으로 퍼져나가는 팩트체킹은 저널리즘을 중심으로 수렴되는 것 같아 보이지만 동시에 다양한 주체와 정체성으로 확산되는 경향을 나타내고 있다(Graves, 2018a).

2014년 각국의 팩트체커들은 처음으로 영국 런던에 모여 'Global Summit'을 가졌다. 2014년 44개로 집계되었던 각국의 팩트체크 기관은 2015년 7월 64개로 늘었고, 그해 말에는 100개에 육박할 만큼 폭증했다. 팩트체킹의 "글로벌 붐(global boom)"(Kessler, 2014)이 시작된 것이다. 이러한 붐에 힘입어 2015년에는 미국 포인터 재단에 근거를 둔 '국제팩트체킹연맹(International Fact Checking Network, IFCN)'이 창설되었다. 각국 팩트체커들의 자발적 결사체 성격인 IFCN은 연례 서밋인 '글로벌 팩트(Global Fact)'를 열고, 각국의 팩트체크 흐름을 살펴 뉴스레터를 발간하며, 온라인과 대면교육으로 팩트체크 교육을 진행하고, 팩트체크 기관들에 필요한 지원금과 펠로우십을 제공한다.[10]

IFCN의 역할 중 핵심적인 것은 전 세계 팩트체커들이 지켜야

---

10 https://www.poynter.org/ifcn.

할 규범인 준칙(Code of Principles)[11]을 설정했다는 것이다. 다섯 가지 항목으로 세워진 준칙을 준수하는 기관들은 서명기관(signatory)으로 인정된다. 서명기관으로 인정되기 위해서, 서명을 원하는 기관은 비정파성과 공정성, 취재원 투명성, 재정과 조직의 투명성, 검증 방법의 투명성, 공개적이고 정직한 수정 등 다섯 가지 원칙의 세부항목인 31가지 범주에 답하는 지원서를 제출해야 한다. 제출된 지원서는 IFCN이 위촉한 해당 언어를 사용하는 외부 평가자에 의해서 검토된 뒤 자문위(advisory board) 회의에 상정된다. 이 회의에서 외부 평가자의 검토에 근거해 투표가 이루어지고, 투표 결과에 따라 서명기관 여부가 결정된다. 한국에서는 2020년 JTBC가, 2023년 뉴스톱이 IFCN 서명기관이 되었다. 서명기관은 매년 서명 당시의 기준들을 준수하고 있는지 확인하는 갱신절차를 거친다. 갱신되지 않으면 실제 활동기관으로서의 자격을 잃게 된다. 투명성 원칙에 따라 IFCN의 홈페이지에는 서명기관들이 제출한 지원서와 이에 대한 평가 결과가 공개되어 있다.[12] 2023년 4월 현재 IFCN 서명기관으로서 활동하고 있는 기관은 AFP 등 전 세계 107개 기관이다.

'연대(alliance)'는 팩트체크 기관이 세계적으로 확산되는 과정에서 핵심적으로 포용된 가치다. 2017년 한국에서는 대학이 플랫폼을 마련하고 16개의 언론사들이 이 플랫폼에 자신들이 검증한 기사를 게시하는 협력형 팩트체크 플랫폼인 'SNU팩트체크'가 탄생했다. SNU 팩트체크는 언론지형이 보수와 진보로 극명히 나뉘는 상황에서 사실추구는 진영을 넘어서는 언론의 중심과제라는 데 착안해 대학이 공론장 역할을 하는 플랫폼을 만들고 여기에 언론이 정치적 성향의 차

11 https://www.ifcncodeofprinciples.poynter.org/the-commitments.
12 https://ifcncodeofprinciples.poynter.org/signatories.

이를 넘어 참여한 모델이다. 프랑스에서는 2017년 대통령 선거가 치러지는 동안 퍼스트 드래프트와 구글 뉴스랩의 지원으로 '크로스체크(CrossCheck)' 프로젝트가 진행되었다. 프로젝트에 참여한 37개 프랑스 언론사가 공동으로 대선 이슈 67개를 팩트체크했다. 소셜 미디어를 통해 선거와 관련해 떠도는 허위정보를 파악한 참여 언론사 중 2개 이상의 언론사가 검증에 참여해 슬랙에서 의사소통하면서 검증 결과에 합의하면 게시물의 최종집필은 AFP가 맡았다. 2019년 5월 치러진 EU 선거를 앞두고 IFCN의 서명기관인 유럽 13개국의 19개 팩트체크 기관들은 선거와 관련해 취재한 내용을 게시하는 플랫폼을 창설했다. 언어와 각국의 정치적 현안이 다른 EU의 특성을 고려해 EU 지역 내 28개국의 26개 언어로 팩트체크 결과가 제공되었다. 이용자들이 참여할 수 있는 질문 창을 열어두고, 이러한 질문에 대해 참여한 팩트체크 기관 중 어느 한 곳이라도 답변했다.

2019년에는 UN 총회에서 각국의 대통령이나 총리들이 발언한 내용에 대해 17개국 23개 팩트체크 기관들이 #UNAssemblyfacts를 결성해 각각 자국의 대표들이 한 발언의 진위를 검증하는 프로젝트를 진행했다. 미국, 한국, 브라질, 터키, 나이지리아, 보스니아 헤르체고비나, 스페인 등의 팩트체크 기관들이 자국 대표들의 발언을 검증했다. 브라질의 당시 대통령 보우소나루의 30분에 걸친 연설을 브라질 팩트체크 기관인 아젠시아 루파(Agencia Lupa)와 아오스 파토스(Aos Fatos)가 검증했다. 보우소나루 대통령이 연설문에서 주장한 26개 중 12개의 주장이 사실 아님으로 판명되었고, 이 결과는 영어로 번역되어 프로젝트에 참여한 각국 팩트체크 기관에 공유되었다.

코로나19 팬데믹은 국경을 넘어선 팩트체크 기관 간의 협력 수준을 한 단계 높였다. 전례 없는 코로나바이러스의 확산에 맞서 전 세계 팩트체커들도 연대해 검증에 나선 것이다. 코로나19가 시작된 직

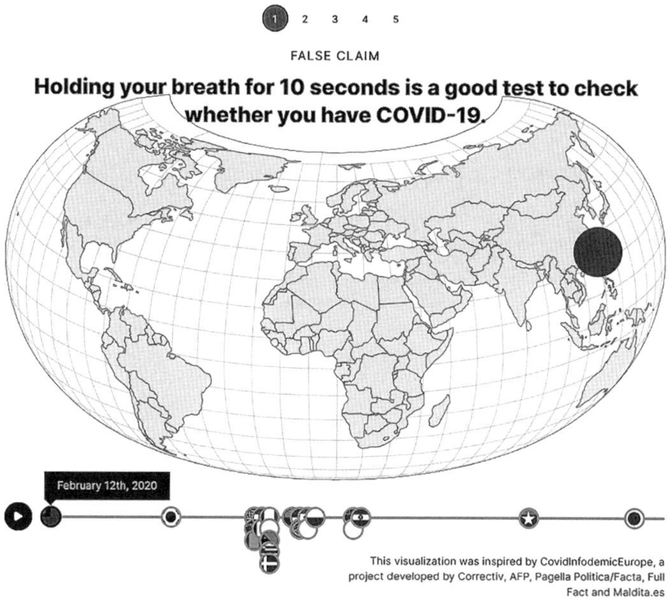

| 그림 3-3 | 코로나바이러스 사실동맹의 게시 내용. '10초간 숨을 참을 수 있으면 코로나19에 감염되지 않은 것으로 진단할 수 있다'는 허위정보는 2020년 2월 타이완에서부터 시작해 세계 각국으로 번져나가며 각국 팩트체크 기관에 의해 검증되었다(출처: IFCN).

후인 2020년 1월 IFCN은 코로나바이러스 인포데믹에 대응하기 위해 각국의 팩트체커들이 연대해서 코로나19와 관련된 허위정보와 오정보를 밝혀 게시하는 '코로나바이러스 사실동맹(#CoronaVirusFacts Alliance)'이라는 프로젝트를 시작했다. 이 프로젝트에는 110개 이상의 국가들이 참여해 17,000여 개 이상의 팩트체크를 40개가 넘는 언어로 제공했다.[13] 코로나19와 관련된 허위정보의 특징은 한 나라로부터 다른 나라로 빠른 속도로 번져나간다는 것이다. 이러한 점 때문에 한 나라에서 이미 사실 검증이 된 허위정보가 다른 나라에서 퍼지는 것을 막기 위한 협력적인 팩트체킹이 필요했다. 또한 타국의 연구기관

13 https://www.poynter.org/coronavirusfactsalliance.

을 사칭하거나 타국의 상황을 출처로 허위정보가 유통될 경우 해당 국가의 언어를 사용하는 팩트체크 기관이 사실을 확인한 뒤 이를 다른 국가에 알리는 정보 공유가 필요했다. 팩트체크 결과는 글로벌 데이터베이스에 축적되어 국가별, 주제별로 필터링해 검색할 수 있다. 프로젝트가 진행되는 과정에서 이용자들이 데이터베이스에 쉽게 접근할 수 있도록 왓츠앱(WhatsApp) 챗봇을 영어, 스페인어, 힌디어로 출시하기도 했다.

3. 팩트체크 저널리즘에 대한 비판

팩트체크 저널리즘이 확산되면서 그에 대한 비판도 점증했다. "팩트체크란 사실을 검증하고 최대한 진실이 무엇인지를 결정하기 위해 노력한 기자가 증거에 기반해 주장하는 것으로서 독자나 정치인이 판정 결과에 대해 찬성하거나 찬성하지 않는 것은 자유"(Dobbs, 2012: 12)라고 팩트체트를 하는 기자들이 유보적인 태도를 취한다고 해도, 판정 결과가 검증 대상의 평판이나 시민들에게 영향을 미치기 때문에 팩트체크의 타당성에 대한 논란은 불가피하다.

대표적으로 우신스키와 버틀러(Uscinski & Butler, 2013)는 팩트체크 무용론을 주장하며 팩트체크가 사실(facts)이 아닌 것을 조사하거나 진실인지 거짓인지 검증할 수 없는 것을 검증한다고 비판했다. 우신스키와 버틀러는 팩트체크의 방법론이 순진(naive)하다며, 문제점을 열거했다.

첫째는 선택 효과(selection effects)다. 사회과학자들이 사례를 선택할 때는 적절한 이론을 제시하거나 왜 특정 선택을 하는 것이 타당한지 설명해야 하고 왜 그 선정이 편향되거나 미리 방향 지은 대로 유도되지 않는지를 설명하지만, 팩트체크에는 이러한 엄정성이 없다는 것이다. 우신스키와 버틀러는 더 많이 발언한 정치인이 더 많이 팩트체크의 대상이 되기 때문에 더 많이 거짓말을 한 사람으로 판정되고, 더 적게 발언한 사람이 더 적게 검증 대상이 되기 때문에 더 정직한 사람으로 비칠 수 있다고 주장한다. 이러한 오류로 인해 정치인들에 대한 부정확한 이미지를 만들 수 있다는 것이다.

두 번째로 팩트체크가 복수의 주장을 검증하는 것도 문제라고 지적했다. 이들은 1,057개의 팩트체크를 검토한 결과 40%(422개)가 여러 개의 주장을 조합한 것이었다고 주장한다. 정치인들은 하나의 발언에 여러 개의 주장을 담을 수 있다. 우신스키와 버틀러는 팩트체커들이 이러한 주장들을 결합해서 팩트체크하는 것도, 분리해서 팩트체크하는 것도 정치적인 행위라고 지적한다. 3개의 주장을 했는데 2개가 참이라면 66%가 맞는 것이 아니라 앞의 2개가 참이라도 세 번째가 거짓이라면 전체가 거짓일 수 있다는 것이다. 또한 맥락이 사상되는 것도 문제라고 지적했다. 팩트체커가 발언의 전문을 다 얻으려고 노력한다고 해도 발언의 맥락은 여전히 논쟁의 영역에 있다는 것이다.

세 번째는 인과관계의 문제다. 사회문제에 관한 인과관계를 해명하기 위해 사회과학자들이 실험, 통계분석, 사례 비교분석 등을 하고서도 원인을 사실 또는 거짓으로 이분화하는 것을 머뭇거리는 것에 비해 팩트체커들은 쉽게 인과관계를 상정한다고 비판한다. 어떤 변인에서 어떤 결과가 기인했는지를 쉽게 말하기 어렵기 때문에 정책 문제 등을 다루는 팩트체커들이 어느 하나의 원인으로부터 결과가 초래되었다고 말하기는 어렵다는 것이다.

우신스키와 버틀러(Uscinski & Butler, 2013)가 지적한 또 다른 문제는 팩트체크가 미래를 예측한다는 것이다. 팩트체커들이 검증하는 정책 문제는 그 결과가 나오기 전까지는 효과를 검증할 방법이 없음에도 불구하고 검증이 불가능한 미래에 관해서 팩트체크를 한다는 것이다. 이러한 미래 예측은 발언자의 말이 사실인지 여부를 검증하기보다는 의도를 검증하게 되는데, 우신스키와 버틀러는 의도는 검증이 불가능하다고 지적했다.

우신스키와 버틀러(Uscinski & Butler, 2013)는 결론적으로 정치의 영역은 모호성(ambiguity)에 있다며 저널리스트들처럼 이분법적인 답을 요구하는 사람들은 새로운 증거에 대한 사회과학자들의 개방성, 낡은 증거에 대한 재해석 같은 것들을 병행할 수 없는 태도를 지녔다며 팩트체크의 무용성을 주장했다.

이에 대해 아마진(Amazeen, 2015)은 우신스키와 버틀러가 자신들이 팩트체커들에 대해 비판한 것과 동일하게 그들이 사례를 체계적으로 수집하지 않고, 팩트체크인지 일반 기사인지 구분되지 않는 것들을 혼용해서 분석했다고 반박했다. 팩트체커들은 우신스키와 버틀러가 주장한 것처럼 정치적인 논쟁에서 다루어지는 주관적인 문제들을 검증 대상으로 삼는 것이 아니라, 검증이 가능한 사실에 관한 발언을 다룬다는 것이다. 아마진은 어떠한 팩트체크 기관도 자신들의 방법이 과학적이라고 주장하지 않을뿐더러, 팩트체크의 영역은 과학의 영역이 아니라 저널리즘의 영역이지만 2008년과 2012년의 대통령 선거에서 팩트체크닷오르그, 〈워싱턴 포스트〉의 팩트체커, 폴리티팩트 등 3대 팩트체크 기관이 동일하게 다룬 사안에서 서로 다른 방법론을 채택한 세 기관의 판정이 100% 일치하거나 95% 이상 일치했다는 분석을 근거로 팩트체크의 신뢰성을 인정할 수 있다고 주장한다.

그레이브스(Graves, 2017)는 우신스키와 버틀러가 직업 저널리스트들에 의해 수행되는 객관주의 규범의 미묘함을 제대로 고려하지 못했다고 지적한다. 그는 저널리즘이 다루는 사실은 설(Searle, 1995)이 말한 제도적 사실(institutional facts)이며, 이 사실은 논쟁할 여지나 의심할 여지가 없는 단단한 사실이 아니라 복잡하고 조심스럽게 공교화되었으며 집합적으로 만들어진(Latour, 2005) 것이라고 주장했다.

그레이브스는 셧슨을 빌려 "사실이란 … 세계의 상(相)이 아니라 합의에 의해 타당성을 갖게 된 진술(facts ... are not aspects of the world, but consensually validated statements about it)"(Schudson, 1978: 6)이라며 우신스키와 버틀러의 주장처럼 정치의 영역에서는 사실을 가릴 수 없고 오로지 서로 다른 의견만 있을 뿐이라면, 의견과는 달리 합리적이고 증거에 의해서 지지되며 전문가들의 합의와 일치하는 사실적인 논증(factual argument)까지 의견으로 등치하는 것이라고 비판한다.

팩트체크를 하는 주체들은 의견은 검증 대상이 아니며 물적 증거를 바탕으로 사실을 규명할 수 있는 것이 팩트체크의 대상이라는 점을 강조한다. 그러나 이러한 원칙을 강조한다고 해서 팩트체크 저널리스트들이 중립적이고 객관적으로 검증 대상을 선택한다는 주장이 합리화되지는 않는다. 무엇을 팩트체크할지 선택하는 것에 대해 팩트체크를 하는 저널리스트들은 "우리는 언론인이지 사회과학자가 아니다. 우리는 뉴스판단(news judgement)에 근거해 검증 대상을 정한다"(Graves, 2016: 88)라고 답해왔다. 폴리티팩트의 경우 검증 대상 선정기준으로 검증 가능한 사실에 기초한 발언인가, 발언이 오인될 수 있는가, 발언은 중요한가, 발언이 다른 사람에 의해 반복될 수 있는가, 일반인이 듣거나 읽었을 때 '이게 사실인가?'라고 궁금해할 만한 것인가를 제시한다.[14] 그러나 이러한 기준은 추상적이기 때문에 각각의 팩트체크 기관들이 선정하는 검증 대상은 일치하기보다는 불일치하는 경우가 많다. 또한 이러한 판단에는 가치가 개입할 수밖에 없다.

---

14 폴리티팩트 홈페이지에 게시된 'How we choose claims to fact-check'에서 발췌했다. https://www.politifact.com/article/2018/feb/12/principles-truth-o-meter-politifacts-methodology-i.

퍼트넘(Putnam, 1981: 201)이 지적한 것처럼 "모든 사실은 가치를 적재하고 있으며 모든 가치는 사실을 적재하고 있는 것(every fact is value loaded and every one of our values loads same fact)"이기 때문이다.

매리에타 등(Marietta et al., 2015)은 팩트체크 기관들이 동일한 질문을 던지고, 동일한 답에 이르는지에 대한 문제를 제기한 뒤 인간에 의한 기후변화의 발생 여부, 인종주의는 감소하는지 아니면 여전히 영향력이 있는지, 미국의 국가 부채는 위험한 수준으로 늘어났는지 등 3개의 논쟁적 사안에 대한 폴리티팩트와 팩트체크닷오르그, 〈워싱턴 포스트〉 팩트체커의 검증 내용을 비교했다. 2012년 1월 1일부터 2013년 12월 31일까지 3개 매체의 팩트체크를 내용분석한 결과, 검증 대상 선정과 검증에 대한 판정에서 일치보다는 상이성이 두드러졌다. 인종주의 문제에 대해 조사기간 동안 폴리티팩트는 16번을 다뤘지만 팩트체커와 팩트체크닷오르그는 한 번도 다루지 않았고, 기후변화에 대해서는 폴리티팩트는 '기후변화가 사실이다'라는 주장을 주로 검증한 데 비해, 팩트체커와 팩트체크닷오르그는 '기후변화는 사실이 아니다'라는 주장만을 검증했다. 판정에서는 일치도가 더 떨어졌다. 기후변화에 대해서는 세 기관이 일치했지만, 국가부채에 대해서는 판정 결과가 일치하지 않았다. 폴리티팩트는 국가부채가 부정적인 결과를 낳고 있다는 것이 일반적으로 사실이 아니라고 판정했지만, 〈워싱턴 포스트〉의 팩트체커는 일반적으로 사실이라고 판정했다. 이러한 결론을 보았을 때 매리에타 등은 팩트체크가 논쟁적인 상황에 대해 이해하려는 시민들에게 서로 경쟁하는 주장들 중 무엇을 지지할 것인지에 대해 제대로 답을 주지 못한다고 비판했다.

2016년 미국 대선에서 폴리티팩트와 〈워싱턴 포스트〉의 팩트체커가 검증 대상을 상호 교차 검증했는지, 검증 결과 판정에 일관성이 있었는지를 판정 등급 간 신뢰성(inter-rater reliability)으로 검토한 림

(Lim, 2018)도 팩트체커들이 동일한 검증 대상을 교차 검증하는 경우는 드물며, 판정 결과도 특히 절반의 진실 등 회색지대라고 할 수 있는 판정에서는 일관성이 현저히 낮아진다고 보고했다.

검증 대상 선정이 당파성에 의해 좌우되고 있다는 비난도 끊이지 않는다. 미국의 경우 보수진영인 공화당이 진보진영인 민주당에 비해 더 많이 거짓발언을 했다고 팩트체크 기관들에 의해 판정되는 것으로 나타났다(Ostermeier, 2011; Reeve, 2013; Rogerson, 2013). 언론계 내부에서도 팩트체크에 대해 엇갈리는 평이 나왔다. 팩트체크가 잘해야 유사과학의 기치를 내걸고 좋은 저널리즘을 하는 것이고, 나쁘게는 유사과학의 기치 아래 주창주의 저널리즘을 함으로써 저널리즘을 좀먹는다(Smith, 2011)는 비판이 제기되었다.

검증 대상의 선정, 판정에서 불편부당성을 엄정하게 지키는 팩트체크 기관조차 방법론적인 개선의 여지는 있는 것으로 보고된다. 미국의 대표적인 팩트체크 기관인 폴리티팩트가 검증한 858개의 팩트체크 검증문을 수집해 팩트체크를 비판한 선행연구들의 기준과 전 세계 팩트체크 기관들이 준수하는 규범인 IFCN의 준칙에 견주어 분석한 결과(Nieminen & Sankari, 2021)에 따르면, 분석 대상의 33%는 1개의 검증문에서 여러 개의 주장을 검증한 것으로 나타났다. 여러 개의 주장을 검증할 경우, 해당 팩트체크를 읽은 독자들이 오인할 가능성을 배제할 수 없다. 각각의 주장이 '사실'과 '사실 아님'으로 혼재되어 있음에도 불구하고 종합적으로 '대체로 사실'로 판정되었다면, 팩트체크의 독자들은 개별 사실들이 모두 '대체로 사실'이라고 오인할 수 있기 때문이다. 또한 미래에 대한 예측이나 의견, 혹은 개인적 경험에 대한 사항 등 검증할 수 없는 것들이 검증 대상이 되는 경우도 분석대상의 11%를 차지했다. 그러나 연구자들은 이러한 분석 결과에 대해 1개의 검증문에서 복수의 주장을 검증한 것이나 미래 예측을 한 것에는 팩트체커들에게 합당한 저널리즘적인 판단이 있었을 수 있다며 "검증 가능성의 결정은 어느 정도 주관적인 판단을 필요로 한다"(374)라고 연구의 한계를 밝혔다.

4. 팩트체크 저널리즘의 규범

팩트체크 저널리즘에 쏟아진 비판은 팩트체크의 실천이 보다 정교해져야 할 필요성을 제기했다. 팩트체크를 하는 언론인들은 팩트체크의 검증 대상 선정이 자의적이라거나 판정 결과가 일치하지 않는다는 비판에 대해 엄격한 규칙을 지키는 것으로서 자기 정당성을 확보하고자 했다. 팩트체크를 하는 기관들은 검증 대상 선정, 조사과정, 판정(verdict)에 대한 그 나름의 내부 기준을 갖추고 있다. 이러한 규범은 2016년 IFCN이 팩트체커들이 공통적으로 지켜야 할 규범으로서 5개 항으로 이루어진 준칙을 제정하며 국제표준이 만들어졌다. (1) 비정파성과 공정성, (2) 취재원 투명성, (3) 재정과 조직의 투명성, (4) 검증 방법의 투명성, (5) 공개적이고 정직한 수정 등으로 구성된 준칙은 어느 한쪽에 편중된 팩트체킹을 하지 않을 것, 증거가 결론을 이끌어내도록 할 것, 팩트체크하는 이슈들에 관해 어떤 정책적 입장도 취하지 않으며 옹호하지 않을 것, 팩트체크의 이용자들이 검증 과정을 동일하게 반복할 수 있도록 정보원(source)의 개인적인 안전이 침해당하지 않는 한 최대한 자세히 밝힐 것, 외부기관으로부터 재정지원을 받았을 때 지원자가 팩트체킹 결과에 영향을 미치지 않는다는 것을 보장할 것, 어떻게 검증 대상을 선정, 조사하고 결과를 기술하고 편집하여 발행하는지 방법론을 이용자들에게 설명할 것, 오류가 있을 경우 공개적으로 투명하게 수정할 것 등을 주요 내용으로 한다.

| 표 3-2 | IFCN의 준칙(Code of Principles)

	내용
1	비정파성과 공정성(Non-partisanship and Fairness)
2	취재원 투명성(Standards and Transparency of Sources)
3	재정과 조직의 투명성(Transparency of Funding & Organization)
4	검증 방법의 투명성(Standards and Transparency of Methodology)
5	공개적이고 정직한 수정(Open & Honest Corrections)

1) 불편부당성

미국의 팩트체크 기관들은 불편부당성을 확보하기 위해 나름의 원칙을 정해 준수해 왔다(〈표 3-3〉 참조). 팩트체크닷오르그의 경우 검증 대상을 선정할 때 공화당과 민주당에 똑같은 시간을 할애해 조사하는 것을 원칙으로 한다. 팩트체크를 하기 위해 검토하는 자료들은 일요일의 TV 토크쇼 스크립트, TV 광고, 각종 행사나 기자회견 등에서 나온 대통령의 발언, 의회 청문회 사본, 선거운동 웹사이트와 보도자료 등이다. 반면 〈워싱턴 포스트〉의 팩트체커는 "비당파성과 불편부당성을 추구하면서, 좌든 우든 부정확한 발언을 한 것에 주목한다. 그러나 중요한 것은 권력을 가진 사람들이다. 백악관과 상하원을 모두 한 당이 지배하고 있다면, 팩트체크가 정치적 스펙트럼에서 한쪽에 무게를 두는 것처럼 보이는 것이 자연스럽다"라며 인위적인 균형을 꾀하지 않고 권력이 집중된 쪽을 팩트체크한다고 밝히고 있다.

팩트체킹이 발전하면서 당파적인 팩트체킹도 생겨났다.[15] 팩트체크 기관들은 이러한 당파적 팩트체커들과 자신들을 구분하도록 하

---

15 좌파에 기울어 있는 'MediaMatters', 우파에 기울어 있는 'NewsBusters'가 대표적이었다.

기 위해서도 불편부당성을 추구할 수밖에 없었다. "누구에게든 항상 엄격해야 한다. 어느 한쪽에만 초점을 맞추면 신뢰를 잃게 된다. 만약 한쪽만 비판한다면, 더 이상 팩트체커가 아니라 정치운동의 도구가 될 뿐이다"(Dobbs, 2012: 13)라고 자각하고 있는 것이다. 팩트체크를 하고 있거나 관심이 있는 미국 언론인들을 대상으로 한 설문조사에서 언론인들은 팩트체킹과 정치적 행동주의(activism) 사이에는 분명한 경계가 있어야 하며, 팩트체크는 비당파적이어야 한다는 원칙을 공유하는 것으로 나타났다(Mena, 2019). 설문에 응한 언론인들은 팩트체킹의 목적이 '공적 인물들의 발언의 정확성을 평가하는 것'이라는데 강하게 동의했지만, '사회적 이상을 이루기 위해서', '정치적 행동을 변화시키기 위해서'라는 목표에 대해서는 동의 비율이 낮거나 이러한 목표를 지향하는 것을 강하게 부정했다.

팩트체킹에서 강조되는 비당파성이 양적 균형을 의미하는 것은 아니다. 팩트체커들은 정치적 경쟁 상황에서 한쪽에 불리한 팩트체크를 했다고 해서 상대방에게도 불리한 팩트체크를 하는 것은 거짓 균형(false equivalence)을 잡는 것이라며 이를 기피하고 있다(Graves & Amazeen, 2019).

조사과정에서도 불편부당성을 지키기 위한 절차는 있다. 조사는 반드시 발언자로부터 시작해야 한다는 원칙이 그것이다(Graves, 2017). 팩트체크닷오르그는 발언이 사실인지 입증할 1차적인 책임은 발언 주체에게 있으며 발언 주체에게 근거자료를 요구해야 한다고 규정하고 있다. 폴리티팩트와 팩트체커도 발언한 당사자에게 1차적으로 주장의 입증을 요청해야 한다고 밝히고 있다. 사실확인 과정을 발언자로부터 시작하는 것은 기사의 방향을 정해놓고 일정 정도 취재를 끝낸 뒤 이에 대한 당사자 반론을 듣는 방식의 일반적인 취재 기법과는 차이가 있다. 당사자로부터 팩트체크를 시작하는 것은 발언자가 발

| 표 3-3 | 미국 3대 팩트체크 기관의 검증 절차 및 원칙

검증 대상 선정(selection)	
팩트체크 닷오르그	• 대통령 선거 시기에는 후보와 상원의원 발언 중심. 대선 시기가 아닐 경우 의회 중심으로 주제 선정 • 토크쇼, TV 광고, C-SPAN, 대통령 발언, CQ의 문서 기록, 선거 웹사이트, 후보자의 소셜 미디어, 독자 질문 등을 모두 검토 • 사실에 근거한 발언들을 검토 • 공화당과 민주당 자료에 동일 시간 배분해 검토
폴리티 팩트	• 연설, 기사, 보도자료, 캠페인 자료, 소셜 미디어, 독자의 의견 등을 검증 자료로 검토 • 검증이 가능한 사실인지, 오도(misleading)될 가능성이 높은지, 중요성이 높은지, 타인에 의해 확산되거나 반복될 가능성이 높은지, 보통 사람이 들었을 때 사실인지 의문을 품을 만한 사안인지를 선정 기준으로 삼음
팩트체커	• 검증 가능한 사실만을 선정. 때때로 정치적 수사(rhetoric)의 근원을 조사 • 유권자에게 가장 중요하다고 판단되는 이슈에 주목. 중요성과 뉴스가치가 있는 발언들에 주목하며 말실수 등은 다루지 않음 • 비당파성을 견지하면서 좌든 우든 가리지 않고 부정확한 발언을 한 것에 주목. 그러나 백악관과 의회가 모두 한 당에 의해 지배되고 있을 경우 인위적인 균형을 꾀하지 않고 권력이 집중된 쪽을 팩트체크
조사과정(research)	
팩트체크 닷오르그	• 발언이 사실인지 입증할 1차적인 책임은 발언 주체에게 있음. 발언 주체에게 근거자료 요구 • 입증이 불충분할 경우, 독립적인 조사 시작. 독립적인 조사를 할 경우 1) 의회 증언 등의 1차 자료, 2) 의회 예산국 등 비정파적 정부기관, 3) 존경하고 신뢰할 수 있는 외부 기관의 데이터 혹은 전문가 등에 의존 • 모든 원자료는 기사를 작성할 때 링크됨
폴리티 팩트	• 공개 인터뷰(on the record interview)만을 사용하며, 모든 팩트체크의 원자료를 링크와 함께 게시 • 발언자에게 1차적으로 사실 여부를 밝힐 것 요구 • 발언자(기관)가 사실을 입증하지 못할 경우 1) 과거 팩트체크 기록을 살피고 2) 데이터베이스를 검색하며 3) 전문가 자문을 구함 • 1차 자료와 원본 문서의 중요성을 강조 • 타 언론의 익명 보도를 사용할 때는 폴리티팩트가 독자적으로 검증할 수 없었다는 사실을 밝힘
팩트체커	• 발언한 당사자에게 1차적으로 입증 책임 • 가능한 모든 경우에 독자들도 팩트체크를 한 기자들이 검증을 위해 활용한 원자료에 접근이 가능하도록 링크 게시

판정(verdict)	
팩트체크닷오르그	• 매 기사마다 팩트체크 기사를 쓰지 않은 4명의 에디터와 책임자가 편집과 최종적 판정 과정에 참여 • 시각적인 판정표 없이 '사실의 왜곡(spin the facts)' 등의 판정을 팩트체크 기사 말미에 기술 • 팩트체크 결과가 구글 News에 게시되는 경우 '사실', '거짓'을 밝히는 시각적인 판정표 제시
폴리티팩트	• 사실부터 새빨간 거짓말(Pants on Fire)까지 6단계로 사실성 판정해 독자적인 판정표인 '진실검증기(Truth-O-Meter)'를 통해 제시 • 팩트체크 기사를 쓴 기자와 편집자가 1차적으로 상의해 판정 결과를 부기하면 이를 3인의 에디터가 판정. 투표 결과, 두 명이 찬성한 판정 결과를 게시
팩트체커	• '사리에 맞는 사람(reasonale person)'의 기준으로 결론 도출 • 팩트체크에 관한 해설기사가 아니라 사실/거짓 등의 판정이 가능할 경우 독자적인 피노키오 테스트를 통해 검증사실의 사실성 정도를 시각적으로 표현 • 사실성의 정도에 따라 1개의 피노키오부터 4개의 피노키오까지 부여하며, 진실일 때는 제페토(Geppeto), 발언이 바뀌었을 때는 뒤집힘(upside down) 등 6개의 판정 기준

※박아란·이나연·정은령, 2018: 20-21에서 재인용. 저작권은 한국언론진흥재단에 있음.

언에 대한 정보를 가장 많이 갖고 있을 것이기 때문에 주장의 근거를 빠르게 파악할 수 있는 경제적인 방법이자, 왜 검증 대상이 되는 발언을 했는지에 대해 발언 주체에게 반론할 수 있는 기회를 보장하는 것이다.

IFCN의 준칙에서는 불편부당성 원칙과 관련해 정당, 정치인 또는 정치적 후보와 제휴하거나 지지 선언을 해서는 안 되며, 어떤 정책에 대해서도 옹호 또는 반대를 표명하지 않도록 규정하고 있다. 또한 팩트체크 기관에 소속된 직원들은 정당의 소속원이어서는 안 되며 팩트체크할 가능성이 있는 정책 사안을 옹호하거나 홍보하는 데 관여해서는 안 된다고 명시하고 있다.

2) 투명성

미국의 폴리티팩트는 팩트체커를 교육하며 '네 일을 보여줘라(show your work)'라는 지침을 강조한다. 검증 대상을 어떻게 선택했는지, 검증 과정에서 인용한 정보원은 무엇인지, 왜 이렇게 판정했는지를 뉴스 이용자들이 이해할 수 있도록 공개해야 한다는 것이다. 팩트체크 기사에서 "과잉이다 싶을 만큼 취재원을 공개하는 것은 과학적인 재현가능성을 실행하는 것"(Graves, 2016: 125)이며 이 같은 맥락에서 팩트체커들은 원자료의 링크 등 제3자가 팩트체크했을 때도 동일한 판정에 이를 수 있는 근거들을 공개한다. 미국, 영국, 독일, 오스트리아 4개국의 팩트체커 8명이 생산한 팩트체크 뉴스 651개의 투명성을 비교한 연구에서는 근거자료에 대한 링크(통계, 공개 리포트, 데이터베이스 등), 뉴스 사이트로의 링크, 인포그래픽이나 표의 사용, 지도나 사진 같은 비주얼 사용 등으로 취재원 투명성을 측정했다(Humprecht, 2020).

저널리즘 규범에서 투명성은 흔히 공개성(openness)과 책무성(accountability)이라는 두 측면을 포함한다(Humprecht, 2020). 공개성은 수용자들이 취재과정을 감시하고, 확인하고, 비판하고 때로는 개입할 수 있도록 그 일의 과정을 가시화하는 것이다. 〈저널리즘의 기본원칙(*The Elements of Journalism*)〉의 저자들인 코바치와 로젠스틸(Kovach & Rosenstiel, 2001: 80)은 "더 나은 검증을 위한 가장 중요한 하나의 원칙은 투명성"이라며 "취재 방법과 동기에 대해 할 수 있는 한 투명하라"라고 제언했다.

IFCN의 준칙에서 취재원 투명성에 관해서는 팩트체크 뉴스 이용자들이 원할 경우 팩트체크를 다시 해볼 수 있도록, 취재자료가 온라인으로 확인될 경우 관련 링크를 제공해야 한다고 규정한다. 만약 출처를 밝히는 것이 취재원의 신변에 위협이 될 경우, 취재원의 안전이 보장될 수 있는 한 최대한 구체적인 사항들을 제공해야 한다. 또한 가능한 1차 취재원에 접근해서 정보를 얻어야 하며, 1차 취재원에 접근이 불가능할 때 2차 취재원을 사용한다. 취재원에게 이해관계가 있을 경우, 이를 이용자들이 알 수 있도록 밝힘으로써 이러한 이해관계가 증거의 정확성에 영향을 미쳤을 수 있으리라는 것을 판단할 수 있도록 해야 한다.

방법론의 투명성에 관해서는 검증할 대상을 어떻게 선택하는지, 어떻게 조사하며 기술하고 공개하는지를 팩트체크 기관의 웹사이트에 밝히도록 하고 있다. 검증 과정에서는 주장을 반박하는 증거와 지지하는 증거를 모두 확인하도록 요구한다. 팩트체커들은 이를 '진실의 삼각검증(triangulating the truth)'(Graves, 2016)이라고 한다.

IFCN은 오류의 공개수정에 관해서 오류를 어떻게 수정할 것인지 정책을 명시적으로 기관의 웹사이트에 게시할 것을 요구한다. 이 정책에는 무엇을 하고 무엇을 하지 않는지, 특히 결론이 바뀌는 중대한 실수를 어떻게 다루는지, 어떤 민원 사항에 대해서는 답할 의무가 없다는 것이 어떻게 정당화되는지 등이 포함되어야 한다. 수정해야 할 오류가 있었음이 믿을 만한 증거를 통해 제기되는 경우, 오류를 공개적으로 투명하게 수정해야 하며, 부정확한 내용이 담긴 최초의 팩트체크를 본 사람이 수정된 내용을 볼 수 있도록 해야 한다.

5. 팩트체크 저널리즘의 효과

무엇이 사실이고 사실이 아닌지 판정하는 팩트체킹의 가정은 합리적인 시민이라면 공공정책이나 선거 같은 중요한 공적 이슈에 대해 자신의 의견을 갱신할 때 정확한 정보를 이용하리라는 것이었다(Jarman, 2016). 그러나 이러한 순진한 가정은 자동적으로 작동되지 않았다. 팩트체크의 오정보 교정 효과에 대한 연구들은 팩트체크에 노출된 시민들이 정확한 정보로 자신들의 의견을 수정(Pingree et al., 2014; Wintersieck, 2017)할 것이라는 낙관적인 견해만을 지지하지 않았다. 오히려 이에 노출된 수용자들이 기존 신념을 강화하는 역효과(Jarman, 2016; Nyhan & Reifler, 2010)가 보고되기도 했다.

팩트체킹의 효과 연구들에 대한 메타분석(Walter et al., 2020)은 왜 정확한 정보를 제시하는 것만으로는 뉴스 이용자들이 설득되지 않는지, 팩트체킹의 효과는 과연 어느 정도이며 어떤 사람에게 효과가 나타나는지를 가늠케 한다.

월터 등(Walter et al., 2020)은 팩트체킹에 노출된 실험군과 노출되지 않은 대조군이 있거나 팩트체킹에 노출되기 전과 후를 비교한 실험적 연구, 정치적 인물의 발언을 부정하는 메시지를 담은 팩트체킹, 팩트체크 기관의 이름을 밝힌 연구, 팩트체킹 메시지로 인한 신념이나 태도 변화의 효과 크기를 보고한 연구, 적절한 통계가 보고된 연구 등 5개의 범주를 설정해 이를 충족하는 30개의 팩트체킹 관련 연구들을 분석했다. 이들은 동기화된 추론(motivated reasoning)과 메시지 디자인 이론에 근거해 정치적 오정보를 교정하는 팩트체킹의 효과를 검증했다.

월터 등(Walter et al., 2020)은 먼저 동기화된 추론 이론에 근거해 신념에 대한 팩트체킹의 효과는 자신의 태도와 부합하는 교정일 때가 역행하는 교정일 때보다 더 강하게 나타날 것이라는 가설을 세웠다. 정치적 지식이 더 많은 사람일수록 팩트체킹에 노출되어도 신념이 덜 영향 받을 것이라는 가설도 세웠다. 연구 결과 자신의 태도에 부합하는 팩트체크, 즉 상대 이데올로기를 폭로하는 팩트체크에 대한 효과는 강하게 나타났지만, 자신의 이데올로기를 부정하는 팩트체크의 효과는 그에 비해 약하게 나타났다. 정치적인 지식이 많을수록 팩트체크의 효과는 더 약하게 나타났다.

연구진은 당파적 신념이 팩트체크 효과에 미치는 영향도 검토했다. 미국 내에서 보수/공화당 지지자들과 진보/민주당 지지자들의 언론에 대한 부정적 인식의 정도가 다르고, 공화당 정치인들의 발언이 팩트체크 기관들에 의해 '사실 아님'으로 판정되는 경우가 더 많았다는 것, 보수/공화당 지지자들이 팩트체크 기관에 대해 '좌파', '당파적'이라고 지속적으로 비난해왔다는 것, 선행연구들에 따르면 보수가 진보에 비해 자신의 태도에 부합하지 않는 정보를 찾지 않는 경향이 강하다는 것, 민주당 대통령 후보가 공화당 대통령 후보에 비해 팩트체킹에 더 포용적이었다는 것 등을 근거로 공화당 지지자들에 비해 민주당 지지자들의 신념에 대한 팩트체킹 효과가 더 클 것이라는 가설을 설정했다. 진보/민주당 지지자들에 비해 보수/공화당 지지자들이 자신의 태도에 부합하는 팩트체킹은 받아들이고 역행하는 팩트체킹은 받아들이지 않는 상호작용 효과가 더 클 것이라는 가설도 세웠다.

연구 결과는 진보/민주당 지지자들과 보수/공화당 지지자들 사이에 팩트체킹으로 인한 신념 교정 효과가 유의미하게 차이 나지 않는다는 것을 드러냈다. 그러나 보수/공화당 지지자들에게서 진보/민주당 지지자들에 비해 자신의 태도에 역행하는 팩트체킹으로 인한 교정보다 부합하는 교정의 효과가 더 크게 나타났다. 즉 보수/공화당 지지자들 사이에서 자신의 기존 신념에 부합하는 정보를 더 받아들인다는 동기화된 추론의 경향이 더 강하게 나타난 것이다.

미국의 폴리티팩트 등 많은 팩트체크 기관들이 판정 결과를 직관적으로 파악할 수 있는 시각적인 '진실 척도(truth scale)'를 제공하고 있다. 월터 등(Walter et al., 2020)은 팩트체킹 메시지 디자인에 있어서 사실성 정도를 가리는 진실 척도가 있는 것이 팩트체킹의 효과를 높일 것이라는 가설을 세웠지만, 결과는 진실 척도의 삽입이 오히려 팩트체킹의 효과를 현저히 감소시키며 오정보 교정에 역효과를 내는 것으로 나타났다. 메시지 길이가 길면 좀 더 많은 주장을 담기 때문에 더 설득적일 것이라고 예상했지만, 메시지 길이는 팩트체킹 효과에 뚜렷한 차이를 나타내지 않는 것으로 나타났다. 오히려 어휘의 복잡성은 팩트체킹의 효과에 심각하게 부정적인 요인으로 작용했다. 이러한 결과는 팩트체킹의 메시지 디자인에 있어서 진실 척도 같은 시각적 장치를 쓰지 않고, 단순하게 메시지를 전달하는 것이 팩트체킹 효과를 더 높일 수 있음을 시사한다.

월터 등(Walter et al., 2020)은 '사람들의 믿음에 영향을 미치는 팩트체킹 메시지의 능력은 무엇인가'라는 질문에 대해 두 가지 잠재적인 답이 있다고 결론 내렸다. 낙관적으로 말하자면, 팩트체킹 메시지는 신념에 긍정적인 영향을 미친다는 것이다. 이는 메시지에 노출되는 사람의 정치적 이데올로기나 기존의 입장이 무엇이든, 팩트체킹이 다룬 검증 대상이 선거 같은 정치적 이슈이든 아니면 일상적인 것이든, 전혀 사실 아님이라는 판정이 내려졌든 아니면 부분적으로만 사실이라는 판정이 내려졌든 관계가 없었다. 우드와 포터(Wood & Porter, 2019: 1)가 주장했듯이 "시민들은 정보가 자신의 이데올로기를 거스르는 경우라 하더라도 사실적 정보에 주의를 기울이는 것"으로 볼 수 있다.

그러나 월터 등(Walter et al., 2020)의 메타분석 결과는 팩트체킹이 오정보를 교정하는 데 대단히 제한적이라는 것도 동시에 보여준다. 메타분석의 대상이었던 연구가 실제 시민들이 팩트체킹에 노출되는 것과 유사하면 유사할수록 효과는 감소했고 무시할 수 있는 수준으로까지 떨어졌다. 특히 진보/민주당 지지자들과 보수/공화당 지지자들의 팩트체킹에 대한 해석 차이는 눈여겨볼 대목이다.

보수/공화당 지지자들은 자신의 기존 태도에 부합하는 팩트체킹은 받아들이지만 그에 역행하는 팩트체킹은 그보다 덜 받아들였다. 팩트체크 기관들이 불편부당성과 독립성을 규범으로 강조한다고 해도, 이러한 정치적·이데올로기적 분열은 넘어서지 못하는 것으로 보인다. 또한 연구 결과는 정치적인 팩트체킹이 그 어느 때보다 필요한 선거 때, 사람들의 동기화된 추론도 절정에 이르기 때문에 이 시기의 팩트체킹은 덜 효과적이라는 점을 드러냈다. 정치적 오정보를 교정하는 정치적 팩트체킹은 가치가 적재된(value laden) 팩트체킹으로서 건강, 마케팅처럼 당파성이나 저항을 불러일으킬 만한 요소가 상대적으로 적은 이슈의 팩트체킹에 비해서 기존 신념 변화에 미치는 영향이 적다고 할 수 있다.

한편 최근의 다른 연구(Li, Foley, Dumdum & Wagner, 2022)는 동기화된 추론과 적대적 매체지각이라는 2개의 이론을 병치해 팩트체크의 효과를 검토하고 있다. 이 연구는 팩트체크를 교정정보(corrective information)를 담은 독특한 장르의 정치 기사로 분류하고 이를 전통적인 정치 기사와 비교해 사람들의 신념 형성에 미치는 영향을 분석하기 위해 두 차례의 온라인 설문연구를 진행했다. 쿤다(kunda, 1990)의 동기화된 추론 이론에 따르면 인지적 처리는 정확성 목표(accuracy goal)와 방향성 목표(directional goal)의 두 가지 동기에 의해 수행된다. 정확성 목표는 옳은 결론에 도달하고자 하는 욕구로, 정확성 동기가 높으면 관련 정보를 최대한 수집하고 살핀다. 반면 방향성 목표는 자신의 기존의 믿음과 부합하는 결론을 미리 정해 놓은 후 그것을 유지하고자 하는 욕구다.

리 등(Li et al., 2022)은 팩트체크 뉴스를 읽는 것이 정확성 동기를 자극함으로써 자신의 신념을 갱신할 수 있게끔 한다며, 전통적인 정치 뉴스 포맷에 비해 팩트체크 형식으로 뉴스를 제공하는 것이 사실적 주장에 대한 진실성에 있어서 수용자들에게 좀 더 정확한 신념을 갖게 할 것이라는 가설을 세웠다. 이들은 또 사실성 여부에 대해 진실 척도(truth scale)처럼 명시적인 등급을 매기는 것이 그렇지 않은 것보다 사실적 주장에 대한 진실성에 있어서 수용자들에게 좀 더 정확한 신념을 갖게 할 것이라는 가설을 세웠다. 연구 결과 실험참가자의 당파성이 무엇이든, 해당 뉴스를 어떤 언론사가 보도했든, 팩트체크 형식으로 뉴스를 제공하는 것이 전통적인 정치 뉴스 포맷보다 실험참가자가 갖는 신념의 정확성을 높였다. 그러나 명시적인 등급을 사용해 정확성을 높이는 것의 주 효과는 발견되지 않았다.

리 등(Li et al., 2022)은 팩트체크가 검증 과정에서 객관적이고 공정한 방법을 견지한다고 해도 그 결과물은 어느 한쪽에 치우친 것으로 나타나며, 이것이 수용자들에게 미디어 편향(media bias)이라는 인식을 유발할 수 있다고 보았다. 팩트체크의 결론이 당파성을 가진 사람들이 반대하는 쪽을 옹호했을 때, 당파성을 가진 사람들에게서는 그 결론을 실제 극화된 정도보다 훨씬 더 극화된 것으로 파악하는 적대적 매체지각이 작동한다는 것이다. 이러한 점에서 이들은 정확한 사실로 자신의 신념을 갱신하는 동시에 그것을 적대적으로 지각하는 것이 가능할 것인지를 질문했다.

이들은 전통적인 정치 뉴스 포맷에 비해 팩트체크 형식으로 뉴스를 제공하는 것이 뉴스 스토리나 언론인들에 대한 적대적 매체지각을 증가시킬 것이라는 가설을 세웠다. 또 사실성 여부에 명시적인 등급을 매기는 것이 그렇지 않은 것보다 뉴스 스토리나 언론인들에 대한 적대적 매체지각을 증가시킬 것이라는 가설도 세웠다.

연구 결과는 전통적인 정치 뉴스 포맷보다 팩트체크 형식으로 뉴스를 제공했을 때 뉴스 스토리나 언론인들이 더 편향되었다고 인식하는 적대적 매체지각이 증가한 것으로 나타났다. 특히 적대적 매체

지각에서는 언론사가 어디인지가 조절효과를 나타냈다. 실험참가자들은 보수나 진보로 분류되는 언론사가 팩트체크 형식의 뉴스를 제공했을 때, 중립으로 분류되는 언론사의 경우보다 더 편향적이라고 인식했다.

팩트체크 효과를 탐색하는 데 동기화된 추론과 적대적 매체지각 이론을 병치한 리 등(Li et al., 2022)의 연구 결과는 팩트체크 뉴스의 효과가 '양날의 검'이라는 점을 드러냈다. 팩트체크 뉴스가 사람들에게 무엇이 사실이고 사실이 아닌지를 이해하는 능력을 높이지만, 사람들은 그러한 정확성 인식과 동시에 팩트체크 뉴스를 제시한 언론사나 언론인이 편향되었다고 인식하는 것이다.

날로 확산되는 허위정보에 대한 대응책으로서나, 공적 인물이나 기관에서 만들어진 주장의 사실성을 체계적으로 검증해서 이를 대중들에게 공개하는 혁신적인 시도로서 팩트체크에 대한 인지도는 급속히 확장되었다(Amazeen, 2013). 사람들의 신념을 정확한 정보로 갱신하는 데 팩트체크는 그 사람의 정치적 이데올로기가 무엇이든, 기존의 입장이 무엇이든 효과를 발휘하는 것으로 보인다(Li et al., 2022; Walter et al., 2020). 그러나 이러한 효과는 당파적인 기존의 신념, 이데올로기, 지식에 의해 현저히 약화된다(Walter et al., 2020). 사실에 기반한 새로운 정보를 받아들이면서도 그것이 편향되었다고 생각하는 적대적 매체지각이 동시에 작동하기도 한다(Li et al., 2022). 민주주의의 성공은 시민들의 정치적 오해를 바로잡을 수 있는 방법이 있는지(Garrett et al., 2013)에 달려 있으며, 이러한 점에서 팩트체킹은 시민들이 필요로 하는 사실적 정보를 쉽게 전달하는 방법(Jarman, 2016)으로 간주되었다. 팩트체킹은 민주주의를 건설하는 도구이며, 의회 등 민주적 기관들이 약화되고 위협적인 상황에 놓인 것에 대한 대응책(Amazeen, 2020)이라고까지 평가되었다. 그럼에도 불구하고 팩트체크의 교정 효과는 결코 정확한 정보의 제시만으로는 쉽게 성취되지 못한다는 것이 특히 정치적인 내용의 팩트체크 효과를 검증한 연구들에서 보고된다. 팩트체크 효과에 대해 순진한 낙관을 가질 수 없는 것이다.

그러나 팩트체킹의 의의는 사람들의 신념을 얼마나 교정할 수 있는지의 차원으로만 측정될 수 없다는 것이 연구자들의 지적이기도 하다. 월터 등(Walter et al., 2020)은 정치인들이 자신들의 발언이 팩트체킹에 의해 꼼꼼하게 검토될 것이라는 점을 인지함으로써 공적 발언을 할 때 사실이 아닌 것들을 걸러내려고 주의한다면, 이를 통해 거짓된 주장이 만들어지고 반복되는 것을 줄이는 예방적 효과가 있을 것이라는 점을 지적했다. 팩트체킹이 여론변화에 있어 제한적인 효과만 가지고 있다 하더라도 여전히 사회적 영향력의 강력한 도구가 될 수 있다는 것이다.

6. 진화하는 팩트체크 저널리즘

정치인, 공직자들에게 책임 있는 발언을 하도록 감시하는 역할을 함으로써 책무 저널리즘, 감시견 저널리즘으로도 분류되던 팩트체크 저널리즘은 최근 허위정보(disinformation)가 사회적 문제로 부각되면서 변곡점을 맞았다. 일례로 EU 집행위원회는 2018년 허위정보 억지에 관한 종합대책인 'Communication'[16]을 내놓으며 건강한 디지털 생태계를 위해 독립적이고 강한 팩트체커들의 긴밀한 연대가 필수불가결

16 문서의 원제목은 'Communication from the commission to the European parliament, the council, the European economic and social committee and the committee of the regions/Tackling online disinformation: a European Approach'이다.

하다고 강조했다. 이러한 문제의식에 기반해 EU 집행위원회는 EU 차원의 팩트체크 네트워크 창설을 지원했으며, 팩트체커들은 허위정보의 규모, 기술, 정확한 특성과 가능한 영향 등을 지속적으로 감시한다(정은령·고예나, 2018).

2016년 미국 대통령 선거와 브렉시트는 이른바 '가짜뉴스'에 대한 사회적 우려를 고조시켰고, 정부와 공익기관, 연구자, 플랫폼 기업 등이 모두 이 문제를 우선 해결해야 할 과제로 삼게 했다. 이러한 변화는 팩트체크 기관들 역시 과거 주요 인사들의 발언 검증에서 인종 폭력을 부추기거나 공공보건을 위협하는 내용의 온라인 루머들을 검증하는 쪽으로 방향을 전환하도록 만들었다. 이러한 변모를 보여주는 대표적인 사례가 IFCN의 인증기관들이 페이스북의 의뢰를 받아 페이스북에 떠도는 허위정보를 검증하는 제3자 검증모델을 시행하고 있는 것이다.

플랫폼 기업들은 온라인에서 확산되는 허위정보의 온상으로 비난받으면서 이에 대한 사회적 책임을 지도록 요구받았다. 온라인 허위정보는 한편으로는 인간의 사회적 행동에 의해서 주도되지만, 다른 한편으로는 테크기업들이 만들어놓은 하부구조를 통해 그 확산이 활성화되는 "사회기술적인 문제(sociotechnical problem)"(Creech, 2020)로서, 특히 2016년 미국 대통령 선거 이후부터 그 비판의 강도가 높아졌다.

플랫폼 기업들이 허위정보에 대한 경각심을 높이고 이에 대한 대응책을 마련하는 과정은 전 세계 팩트체크 기관들에도 영향을 미쳤다. 플랫폼 기업들이 온라인 허위정보에 대응하는 신뢰할 만한 파트너로서 팩트체커, 저널리스트들과의 협력을 강화했기 때문이다. 구글, 페이스북, 트위터 등 3개 빅테크 기업들이 온라인 허위정보에 대응하는 정책들을 전개한 과정과 그들의 논리를 해당 기업들이 2016년부터 2020년까지 발표한 보도자료와 성명서 등을 통해 분석한 연구(Lien et al., 2022)에 따르면, 테크 기업들은 스스로 진실의 판정자가 되어 플랫폼에 게시되는 콘텐츠들을 검증하는 역할에 나서기보다는 이런 역할을 팩트체커나 언론인 심지어 이용자들에게 의지하는 정책을 펼쳤다. 온라인 허위정보를 억지하기 위한 테크 기업들의 전략 중 가장 낮은 단계라고 할 수 있는 이러한 제3자 검증모델은 팩트체크에 대한 물적 후원과 팩트체커와 언론인들에 대한 재교육으로 이어졌다. 구글은 2015년 1억 5,000만 파운드 규모의 디지털 뉴스 혁신 펀드(Digital News Innovation Fund)를 조성해 허위정보 대처를 목표로 하는 31개 프로젝트를 지원했다. 구글은 코로나19가 시작되자 코로나 감염과 백신에 관련된 온라인 허위정보에 맞서는 팩트체커 및 기관들에 650만 달러를 후원했다. 2020년에는 오정보와 양극화를 주제로 하는 사회과학 연구를 지원하는 데 200만 달러를 후원했다. 구글은 2022년 11월에는 전 세계 팩트체크 기관들을 지원하기 위해 2025년까지 1,320만 달러를 IFCN에 기부하겠다고 발표했다(Dyakon, 2022).

팩트체크 양상의 변화에서 간과할 수 없는 또 하나의 흐름은 자동화된 팩트체킹(automated fact-checking)이다. 소셜 미디어 환경에서는 팩트체커들이 사실 검증을 하는 속도보다 정치인들의 잘못된 주장이나 허위정보가 확산되는 속도가 더 빠르고 그 규모 또한 크기 때문에 이를 인간 팩트체커가 막아내는 것은 역부족이다. 컴퓨터 과학의 도움으로 정치인들의 발언 중에서 어떤 것을 팩트체크해야 하는지 실시간으로 파악하고, 이것을 이미 검증된 팩트체크 데이터베이스와 대조해 사실 여부를 판정한 정보를 시민들에게 제공해야 할 필요가 제기된다. 자동화된 팩트체킹의 핵심 요소는 무엇을 검증해야 할 것인지 식별(identification)하는 것과 이렇게 식별된 것을 이미 존재하는 팩트체크나 믿을 만한 정보원과 대조해 검증(verification)하고 이를 허위정보나 오정보에 노출된 시민들이 인지할 수 있도록 새로운 팩트체크를 발간해 교정(correction)하는 단계로 이루어진다(Graves, 2019).

플랫폼을 통해 대량 유통되는 허위정보에 맞서기 위해 테크놀로지를 팩트체크와 어떻게 결합시킬 것인지는 세계 각국의 팩트체크 기관들이 주력하고 있는 주제다. 자체적으로 자동화된 팩트체킹 시스템을 개발하고 있는 영국의 팩트체크 기관 풀팩트(FullFact)는 팩트체커들이 인공지능(AI) 기술에 요청하는 것은 쏟아지는 정보 중에서 무엇을 팩트체크할 것인지 검증가치가 있는 것을 판별해주고, 검증 대상에 대한 조사에 속도를 낼 수 있도록 이미 있는 자료들 중 검증과 관련된 정보들을 찾아주는 것이라고 정리한다. 또한 인스턴트 메시지 서비스인 왓츠앱 등을 통해 들어오는 팩트체크 이용자들의 질문 중 무엇에 먼저 답해야 하는지 우선순위를 매겨주거나 어떤 경우에는 이에 대한 자동응답도 할 수 있어야 한다는 것이다.[17] 이에 따라 풀팩트는 매일 언론보도, 의회속기록, 소셜 미디어 등에 등장한 수만 개의 문장을 분석해 팩트체커들이 검증할 만한 가치가 있는 주장들의 후보군을 좁혀주는 캔디데이츠(Candidates),[18] 수만 개의 문장을 이미 팩트체크된 것과 비교해 요약을 제공해주는 다이제스트(Digest), 방송되는 내용을 실시간으로 문서화해 이를 캔디데이츠와 통합하는 라이브(Live) 등의 기술을 갖추고 있다. 아르헨티나의 팩트체크 기관인 체케아도(Chequeado)는 2018년 자체적으로 '체케아봇(Chequeabot)'을 개발해 어떤 발언을 검증할 것인지에 대한 제안을 자동적으로 생성하도록 했다. 듀크 대학교의 듀크 리포터스랩(Duke Reporters' Lab)은

---

17 FullFact의 자동화된 팩트체킹에 대한 안내는 다음을 참고하라. https://fullfact.org/blog/2021/jul/how-does-automated-fact-checking-work.

18 이 기술을 이용하면 '노동당 정치인들의 발언 중 숫자를 포함한 모든 것' 같은 검증 대상이 될 수 있는 후보군을 검색할 수 있다.

2018년부터 자체개발한 '테크앤체크얼러츠(Tech & Check Alerts)'를 통해 매일 15개의 검증할 만한 정치적 주장들을 자동적으로 생성해 폴리티팩트, 팩트체크닷오르그, 〈워싱턴 포스트〉의 팩트체커, AP 등에 제공해왔다. 스페인의 팩트체크 기관 말디타(Maldita)는 인스턴트 메시지 서비스인 왓츠앱에서 유통되는 허위정보에 대응하기 위한 챗봇을 개발했다.[19] 말디타는 2018년 7월부터 이용자그룹을 구축해 이들로부터 받은 질문들에 답하면서 데이터베이스를 만들었다. 이 데이터베이스를 바탕으로 말디타 챗봇 이용자가 사진, 동영상, 오디오 등의 형태로 사실성이 의심되는 콘텐츠에 대해 사실 여부를 가려줄 것을 요청하면 해당 내용이 이미 데이터베이스에 입력되어 있을 경우 즉각적으로 답이 제공된다.

그러나 전적으로 자동화된 팩트체킹에 의존하기에는 맥락에 대한 판단이나 민감성들이 요구되기 때문에 여전히 인간의 개입을 배제하기 어렵다. 단순한 사실적 주장에 대해서는 한정된 영역에서 자동화된 팩트체킹이 가능할 수도 있지만, 이것 역시 인간 팩트체커의 감독이 아직은 필요한 상황이다(Graves, 2019).

이렇듯 팩트체크 저널리즘은 변화하는 미디어 환경과 정치사회적 자장 안에서 계속 진화하고 변형되고 있다.

---

19 https://www.poynter.org/fact-checking/2021/whatsapp-can-be-a-black-box-of-misinformation-but-maldita-may-have-opened-a-window.

참고문헌

박아란·이나연·정은령 (2018). 〈팩트체크 저널리즘의 주요 원칙〉. 서울: 한국언론진흥재단.

정은령·고예나 (2018). 인터넷 신뢰도 기반조성을 위한 정책방안 연구. 서울대학교 산학협력단 엮음. 〈방송통신융합 연구보고서 KCC-2018-26〉. 과천: 방송통신위원회.

Amazeen, M. A. (2013). Making a difference?: A critical assessment of fact-checking in 2012. *New America Foundation Media Policy Initiative Research Paper.*

Amazeen, M. A. (2015). Revisiting the epistemology of fact-checking. *Critical Review* 27(1), 1-22.

Amazeen, M. A. (2020). Journalistic interventions: The structural factors affecting the global emergence of fact-checking. *Journalism* 21(1), 111-195.

Barnhurst, K. G. (2016). *Mister Pulitzer and the Spider: Modern News from Realism to the Digital.* Champaign: University of Illinois Press.

Broder, D. (1990, January 14). Five ways to put some sanity back in elections. *The Washington Post*. https://www.washingtonpost.com/archive/opinions/1990/01/14/five-ways-to-put-some-sanity-back-in-elections/c6d98e0b-25fc-413d-8724-73e1a5f170c3.

Coddington, M., Molyneux, L., & Lawrence, R. G. (2014). Fact checking the campaign: How political reporters use Twitter to set the record straight (or not). *International Journal of Press/Politics* 19(4), 391-409.

Creech, B. (2020). Fake news and the discursive construction of technology companies' social power. *Media, Culture & Society* 42(6), 952-968.

Dobbs, M. (2012). *The Rise of Political Fact-checking: How Reagan Inspired a Journalistic Movement: A Reporter's Eye View*. Washington DC: New America Foundation.

Dyakon, T. (2022, November 29). Google and YouTube partner with Poynter's International Fact-Checking Network on $13.2 million grant for the global fact-checking community. Poynter. https://www.poynter.org/fact-checking/2022/google-and-youtube-partner-with-poynters-international-fact-checking-network-on-13-2-million-grant-for-the-global-fact-checking-community.

Elizabeth, J. (2014, May 20). Who are you calling a fact checker? *American Press Institute*, https://americanpressinstitute.org/fact-checker-definition.

Fabry, M. (2017, August 24). Here's how the first fact-checkers were able to do their jobs before the Internet. *Time*. https://time.com/4858683/fact-checkinghistory.

Fabry, M. (2019, April 2). The inextricable role of gender in the history of fact-checking. *Time*. https://time.com/5556831/gender-fact-checking.

Fink. K. & Schudson, M. (2014). The rise of contextual journalism, 1950s-2000s. *Journalism* 15(1), 3-20.

Forde, K. R. (2007). Discovering the explanatory report in American newspapers. *Journalism Practice* 1(2), 227-244.

Garrett, R. K., Nisbet, E. C., & Lynch, E. K. (2013). Undermining the corrective effects of mediabased political fact checking? The role of contextual cues and naïve theory. *Journal of Communication* 63(4), 617-637.

Graves, L. (2016). *Deciding What's True: The Rise of Political Fact-checking in American Journalism*. New York: Columbia University Press.

Graves, L. (2017). Anatomy of a fact check: Objective practice and the contested epistemology of fact checking. *Communication, Culture & Critique* 10(3), 518-537.

Graves, L. (2018a). Boundaries not drawn: Mapping the institutional roots of the global fact-checking movement. *Journalism Studies* 19(5), 613-631.

Graves, L. (2018b). *Understanding the Promise and Limits of Automated Fact-checking*. Reuters Institute for the Study of Journalism.

Graves, L. & Amazeen, M. (2019). Fact-checking as idea and practice in journalism. In J. F. Nussbaum (Ed.), *Oxford Research Encyclopedia of Communication*. Oxford, UK: Oxford University Press.

Graves, L. & Cherubini, F. (2016). *The Rise of Fact-checking Sites in Europe*. Reuters Institute for the Study of Journalism.

Graves, L., Nyhan, B., & Reifler, J. (2015, April 22). The diffusion of fact-checking: Understanding the growth of a journalistic innovation. *American Press Institute*.

Graves, L., Nyhan, B., & Reifler, J. (2016). Understanding innovations in journalistic practice: A field experiment examining motivations for fact-checking. *Journal of Communication* 66(1), 102-138.

Humprecht, E. (2020). How do they debunk "fake news"? A cross-national comparison of transparency in fact checks. *Digital Journalism* 8(3), 310-327.

Jarman, J. W. (2016). Influence of political affiliation and criticism on the effectiveness of political fact-checking. *Communication Research Reports* 33(1), 9-15.

Kessler, G. (2014, June 13). The Global Boom in Political Fact Checking. *The Washington Post*. http://www.washingtonpost.com/news/fact-checker/

wp/2014/06/13/the-global-boomin-fact-checking.

Kovach, B. & Rosenstiel, T. (2001). *The Elements of Journalism: What News People Should Know and the Public Should Expect.* New York: Crown.

Kunda, Z. (1990). The case for motivated reasoning. *Psychological Bulletin* 108(3), 480-498.

Latour, B. (2005). *Reassembling the Social: An Introduction to Actor-Network-theory.* New York: Oxford University Press.

Li, J., Foley, J. M., Dumdum, O., & Wagner, M. W. (2022). The power of a genre: Political news presented as fact-checking increases accurate belief updating and hostile media perceptions. *Mass Communication and Society* 25(2), 282-307.

Lien, C. H., Lee, J., & Tandoc Jr., E. C. (2022). Facing fakes: Understanding tech platforms' responses to online falsehoods. *Digital Journalism* 10(5), 761-780.

Lim, C. (2018). Checking how fact-checkers check. *Research & Politics* 5(3), 1-7.

Mantzarlis, A. (2016, February 16). There are 96 fact-checking projects in 37 countries, new census finds. *Poynter.org*. http://www.poynter.org/fact-checking/2016/there-are-96-fact-checking-projects-in-37-countries-new-census-finds.

Marietta, M., Barker, D. C., & Bowser, T. (2015). Fact-checking polarized politics: Does the fact-check industry provide consistent guidance on disputed realities? *Forum* 13(4), 577-596.

Mena, P. (2019). Principles and boundaries of fact-checking: Journalists' perceptions. *Journalism Practice* 13(6), 657-672.

Nieminen, S. & Sankari, V. (2021). Checking politifact's fact-checks. *Journalism Studies* 22(3), 358-378.

Nyhan, B. & Reifler, J. (2010). When corrections fail: The persistence of political misperceptions. *Political Behavior* 32(2), 303-330.

Ostermeier, E. (2011, February 10). Selection bias? PolitiFact rates Republican statements as False at 3 times the rate of Democrats. *Smart Politics*. http://editions.lib.umn.edu/smartpolitics/2011/02/10/selection-bias-politifact-rate.

Pingree, R. J., Brossard, D., & McLeod, D. M. (2014). Effects of journalistic adjudication on factual beliefs, news evaluations, information seeking, and epistemic political efficacy. *Mass Communication and Society* 17(5), 615-638.

Porter, E. & Wood, T. J. (2021). The global effectiveness of fact-checking: Evidence from simultaneous experiments in Argentina, Nigeria, South Africa, and the United Kingdom. *Proceedings of the National Academy of Sciences* 118(37), e2104235118.

Putnam, H. (1981). *Reason, Truth and History*. New York: Cambridge University Press.

Reeve, E. (2013, May 29). Why fact checkers find more GOP lies. The Atlantic. https://www.theatlantic.com/politics/archive/2013/05/politifact-lies-republicans-vs-democrats/314794.

Rogerson, K. S. (2013). Fact checking the fact checkers: Verification web sites, partisanship and sourcing. In *Proceedings of the American Political Science Association*. Washington DC: American Political Science Association.

Schudson, M. (1978). *Discovering the News: A Social History of American Newspapers*. New York: Basic Books.

Schudson, M. (2001). The objectivity norm in American journalism. *Journalism* 2(2), 149-170.

Searle, J. R. (1995). *The Construction of Social Reality*. New York: The Free Press.

Singer, J. B. (2018). Fact-checkers as entrepreneurs: Scalability and sustainability for a new form of watchdog journalism. *Journalism Practice* 12(8), 1070-1080.

Singer, J. B. (2021). Border Patrol: The Rise and Role of Fact-Checkers and Their Challenge to Journalists' Normative Boundaries. *Journalism* 22(8), 1929-1946.

Smith, B. (2011, August 17). The End of Fact Checking. *Politico*. Retrieved from http://www.politico.com/blogs/bensmith/0811/The_end_of_factchecking.html.

Uscinski, J. E. & Butler, R. W. (2013). The epistemology of fact checking. *Critical Review* 25(2), 162-180.

Walter, N., Cohen, J., Holbert, R. L., & Morag, Y. (2020). Fact-checking: A meta-analysis of what works and for whom. *Political Communication* 37(3), 350-375.

Wintersieck, A. L. (2017). Debating the truth: The impact of fact-checking during electoral debates. *American Politics Research* 45(2), 304-331.

Wood, T. & Porter, E. (2019). The elusive backfire effect: Mass attitudes' steadfast factual adherence. *Political Behavior* 41, 135-163.

Zhang, J., Featherstone, J. D., Calabrese, C., & Wojcieszak, M. (2021). Effects of fact-checking social media vaccine misinformation on attitudes toward vaccines. *Preventive Medicine* 145, 106408.

4 SNU팩트체크 운영을 통해 본 한국의 팩트체크 저널리즘*

정은령
(서울대학교 언론정보연구소 SNU팩트체크센터장)

1. 들어가며

한국 언론계에서 팩트체크 저널리즘이 본격화한 것은 2017년으로 평가된다(김선호·김위근, 2017). SNU팩트체크는 2017년 3월 29일 19대 대통령 선거를 앞두고 출범했다. 한국에서 팩트체크가 진행된 역사와 SNU팩트체크의 연혁이 일치하는 것이다.

SNU팩트체크는 출범 이래 몇 번의 변곡점을 거쳤다. 첫 번째는 팩트체크를 목적으로 하는 기구가 출범함으로써 한국 사회에 '팩트체크가 무엇인가'라는 질문을 던졌다는 것이다. SNU팩트체크는 대학과 언론사 간의 협업체라는 과거에 볼 수 없었던 기구로서의 특성을 갖는다. 두 번째 변곡점은 협의체를 이룬 언론사들이 자율적으로 SNU팩트체크의 '규범'이라 할 수 있는 SNU팩트체크 원칙을 만장일치로 제정한 것이다. SNU팩트체크가 설립될 때만 해도 팩트체크 저널리즘이 기자들의 일반적인 사실 검증과 무엇이 다른지에 대한 인

* 이 장은 2021년 한국언론학회 봄철 정기학술대회 기획세션 〈팬데믹 시대, 언론보도 신뢰성과 팩트체크의 역할〉에서의 발표문을 수정·보완한 것이다.

| 그림 4-1 | SNU팩트체크 홈페이지

식이 부족했던 기자들이 자기 발생적으로 팩트체크 저널리즘의 원칙을 익혀나간 것이라고 평가할 수 있다. 한국 사회 언론지형이 보수와 진보로 양극화되어 있고, SNU팩트체크 제휴언론사가 양자를 아우르고 있는 상황에서 제휴언론사들이 만장일치로 SNU팩트체크 원칙에 합의했다는 것은 중요한 의미를 갖는다. 세 번째 변곡점은 2020년 코로나19의 발생이다. 전대미문의 재난을 맞아, SNU팩트체크 제휴사들은 빠르게 확산하는 허위정보에 어떻게 대응할 것인가, 보건과 정치가 맞물리는 허위정보를 어떻게 효율적으로 폭로할 것인가, 생산된 팩트체크 콘텐츠를 공적으로 확산할 방법은 무엇인가, 국경을 넘는 허위정보에 어떻게 대응할 것인가 등의 새로운 질문에 대응해왔다.

2. SNU팩트체크 출범과 전개

1) 팩트체크 건수와 내용(2017.3.~2023.4.)

2017년 3월 29일 첫 번째 팩트체크가 게시된 이래 5주년이 되는 2023년 4월 현재 SNU팩트체크에 게시된 누적 팩트체크 건수는

4,527건이다.[1] 일 평균 2개의 팩트체크 기사들이 SNU팩트체크 플랫폼에 게시된 것이다. 제휴언론사는 출범 당시의 16개 사에서 32개 사(2023년 4월 말 기준)로 늘어났다.

| 표 4-1 | SNU팩트체크의 연도별 기사 게시 건수(2017.3.~2023.4.)

연도	기사 건수
2017	342
2018	743
2019	697
2020	708
2021	913
2022	897
2023	227(2023년 4월 28일 기준)
합계	4,527

SNU팩트체크의 제휴언론사들은 무엇을 검증 대상으로 삼을지 스스로 결정한다. 검증 대상을 선정한 후 SNU팩트체크 플랫폼에 게시할 때는 플랫폼에 미리 설정된 분류 기준에 따라 주제를 선택한다. 플랫폼의 주제별 분류는 정치, 경제, 국제, 사회, 문화, IT/과학, 기타이며 분야는 복수로 지정할 수 있다. 2017년부터 6년간 SNU팩트체크 제휴언론사들이 가장 많이 팩트체크한 기사 분야는 사회(33.8%, 2,384건), 근소한 차이로 정치(33.2%, 2,343건)가 그다음을 차지했고, 이어서 경제(12.4%, 872건) 순이었다(2023년 4월 28일 기준, 분야는 언론사가 지정하며 복수로 지정가능).

2017년부터 2021년까지의 검증 대상 선정 추이를 보면, '탈정

---

1 SNU팩트체크 활동 결과와 관련한 각종 지표는 '통계로 보는 SNU팩트체크'(http://factcheck.snu.ac.kr/number)에서 확인할 수 있다.

치' 경향을 확인할 수 있다.[2] 2017년 3월 29일 SNU팩트체크가 출범한 이후 그해 말까지 플랫폼에 게시된 총 342건의 기사 중 58%가 정치 분야 기사였다. 그 뒤를 이은 것이 사회(15%), 경제(11%) 순이었다. 이는 2017년 치러졌던 19대 대선의 영향으로 해석할 수 있다. 제휴사의 확대로 인해 전체 검증 건수가 743건으로 늘어난 2018년에는 정치가 35%, 사회가 28%, 경제가 17%였다. 2019년의 총 검증 건수는 697건이었으며 정치 31%, 사회 31%, 경제 13% 순으로 정치와 사회 검증 비율이 동일해졌다. 코로나19가 발생한 2020년에 이르면 정치와 사회 분야의 검증 건수가 역전된다. 사회 40%, 정치 26%로 사회 분야 검증이 정치를 한참 앞선다. 이는 코로나19 발생 이후 코로나19와 관련한 검증들이 많았고, 이 검증들 대부분이 사회 부문으로 분류되었기 때문으로 풀이할 수 있다. 2021년에도 사회(37%), 정치(28%), 경제(11%) 순으로 사회 부문이 정치를 앞섰다.[3]

2020년 1월 이후 SNU팩트체크의 이슈는 단연 코로나19였다. 2022년 3월 현재 코로나19 관련 게시물은 441건이었다. 코로나19와 관련된 허위정보의 주제로는 의학정보(51%)가 가장 많았고, 정부/보건당국 대응(28%), 코로나19 관련 사회문제(9%), 음모론(7%) 순으로 나타났다. 음모론은 '5G 네트워크가 코로나 전파한다', '코로나19 백신을 접종받으면 유전자 변형이 생길 수 있고, 바이오센서로 신체가 조종당할 수 있다', '백신 맞으면 뇌 조종을 당한다' 등 해외에서도 유통되었던 음모론이 국내에서도 확산된 사례가 적지 않았다. 코로나19와 관련해서는 시민들로부터 직접 제안된 팩트체크 검증 아이템도

---

2 검증 대상의 부문별 비율 등은 SNU팩트체크 제휴사만을 대상으로 그 활동의 특성을 보여주는 것일 뿐 한국의 팩트체크 뉴스 전반을 대표하는 통계적 의미를 갖지 않는다.

3 수치는 '2021 SNU팩트체크 연감'에 따른 것이다. 연감은 SNU팩트체크 홈페이지의 '논문/보고서' 메뉴(http://factcheck.snu.ac.kr/references/paper)에서 찾을 수 있다.

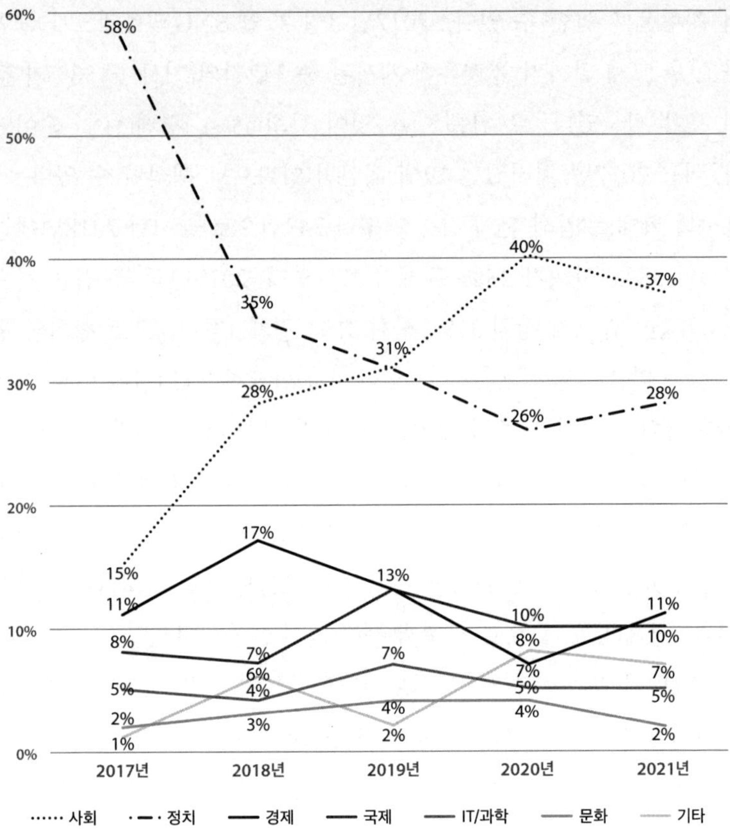

| 그림 4-2 | 부문별 팩트체크 기사 비율 변화(2017~2021)

있었다. 시민들이 SNU팩트체크 플랫폼을 통해 사실확인을 해달라고 요청한 것은 '코로나19, 아동한테는 유행하지 않는다', '한국 정부만 코로나19 외국인 확진자 무료 치료해준다' 등이었다.

SNU팩트체크 플랫폼에서는 제휴사들이 검증문을 게시할 때 반드시 허위정보를 발견한 출처를 밝히도록 하고 있다. 코로나19 팩트체크와 관련해 두드러지는 현상은 언론사들이 허위정보의 출처로 찾은 곳이 인터넷 커뮤니티, 유튜브 등 소셜 미디어, 포털의 뉴스 댓글 등 불특정 다수가 정보를 유통하는 공간이라는 것이다. 코로나19 관련 팩트체크 게시물 중 출처가 인터넷 커뮤니티/포털, 소셜 미디어 등인 것은 총 251개(57%)로 전체의 절반을 넘어섰다.

이상의 기술적 통계에서 읽어낼 수 있는 추이는 SNU팩트체크 제휴언론사들이 의식적으로든 무의식적으로든 팩트체크의 무게중심을 정치인·공직자의 발언 등 정치적 이슈로부터 사회적 이슈로 옮겨왔다는 것이다. 코로나19 이슈에 국한해보면 허위정보의 발원지가 인터넷 커뮤니티, 소셜 미디어 등으로, 당초 팩트체크의 검증 대상이었던 정치인이나 공직자 등 그 발언에 사회적 무게가 실리는 공인들 못지않게 인터넷 공간의 이용자들이 허위정보를 적극적으로 생산하거나 유통하고 있는 양상이 드러난다.

2) 출범 배경과 제휴 프로세스

SNU팩트체크의 특징은 협업형 모델이라는 것이다. 일차적인 협업은 대학과 언론사 간에 이루어졌다. 서울대학교 언론정보연구소가 SNU팩트체크 플랫폼을 기획·개발한 뒤 SNU팩트체크센터를 통해 플랫폼을 운영한다. 제휴언론사들은 검증 대상을 선정하고, 검증 과정을 거쳐 최종 판정결과를 이 플랫폼에 게시한다.

언론기관이 아닌 학계가 팩트체크를 위한 플랫폼을 만들게 된 이유는 한국 언론의 정파적 지형 때문이었다. 민주화 이후 그 영향력이 커진 언론은 권력화되며 현실 정치에 노골적으로 개입하고 나섰다. 6공화국 들어 보수와 진보가 각각 권력을 잡음으로써 개혁세력이 집권하면 보수적 색채의 언론이, 보수세력이 집권하면 다시 개혁적 성향의 언론이 집권 세력에 대한 비판에 앞장서면서, 언론의 비판과 감시 기능은 헤게모니 쟁탈전으로 변질되었다(채백, 2015). 이러한 상황에서 보수 언론과 진보 언론이 공유하는 취재 보도의 영역은 좁아졌고, 서로 간의 소통도 불가능한 상황에 이르렀다. 즉 사실 검증이 언론의 존재이유이자 가장 기본적인 규범(Kovach & Rosenstiel, 2001)임에도 불구하고, 이 기초적 규범을 공유하며 무엇이 사실이고 무엇이 사실이 아닌지 시시비비를 가릴 수 있는 공통의 장을 언론 스스로 창출해내기 어려웠던 것이었다. 이러한 당시 언론계 지형하에서 공적 영역인 대학이, 정파적 성격을 막론하고 오직 사실 검증이라는 언론의 기본적 목적을 충족하는 결과물을 시민에게 전달할 수 있는 플랫폼을 개발하게 된 것이다. 이는 서울대학교 언론정보연구소가 사실 검증 결과를 통일된 형식으로 표현하고 웹을 통해 배포할 수 있는 척도와 시스템을 제공하며, 서비스에 참여하는 언론사들은 여기에 게재될 사실 검증 결과물을 작성하는 구조로 운영되었다(최순욱·윤석민, 2017).

2017년 출범 당시 SNU팩트체크의 제휴언론사는 16개였다(정은령, 2017). 공직자나 정치인, 공직자 예비 후보 등의 발언이나 이들 집단과 관련해 대중에게 회자되는 사실적 진술, 정확한 사실 검증이 필요해 보이는 공적 사안 전반에 대해 검증한다는 목표에 동의하는 언론사들이 제휴했다(최원형, 2017). 2023년 4월 현재 제휴언론사는 32개[4]로, 방송사(지상파·종합편성채널) 8개, 신문사 15개, 인터넷 신문사 6개, 뉴스 통신사 3개다(〈표 4-2〉 참조).

SNU팩트체크와 제휴를 희망하는 언론사는 'SNU팩트체크 제휴 신청서'를 제출하는 것으로 협업 의사를 밝힌다. 2019년 이후 제휴 기준이 강화되어, 제휴신청 후 SNU팩트체크센터에서 약 1개월간 제휴를 신청한 언론사의 팩트체크 기사가 SNU팩트체크 원칙을 지키고

---

4 32개의 제휴사 중에는 장기휴면 중인 언론사도 있지만, 이 중 제휴해지 의사를 밝힌 언론사는 없다.

| 표 4-2 | SNU팩트체크 제휴언론사(2023년 4월 말 기준)

언론사 분류	제휴언론사
신문사(15)	매일경제, 머니투데이, 문화일보, 서울신문, 세계일보, 아시아경제, 이데일리, 일요서울, 전북일보, 조선일보, 중부일보, 중앙일보, 파이낸셜뉴스, 한국경제, 한국일보
방송사(8)	채널A, JTBC, KBS, MBC, MBN, SBS, TV조선, YTN
뉴스 통신사(3)	뉴스1, 뉴시스, 연합뉴스
인터넷 신문사(6)	노컷뉴스, 뉴스톱, 뉴스포스트, 시사위크, 여성경제신문, 오마이뉴스

있는지, 팩트체크 기사 생산이 일정한지를 모니터링한 뒤 팩트체크위원회 전체회의에 그 결과를 보고한다. 팩트체크위원회 전체회의에서 제휴가 적절하다고 판단하면 3개월간 준제휴사로 활동할 수 있는 기회를 주며 이후 준제휴 기간의 활동을 평가해 최종적으로 제휴가 승인된다.

3) 거버넌스와 재원

SNU팩트체크의 거버넌스는 2개의 주요 기구에 의해 유지된다. 바로 팩트체크위원회와 SNU팩트체크센터다. 팩트체크위원회는 SNU팩트체크 신규 가입사의 승인 여부 등 주요 의사결정을 관장하며, SNU팩트체크센터는 서울대학교 언론정보연구소에 소속되어 SNU팩트체크 플랫폼 운영 등 SNU팩트체크 운영의 실무를 담당한다. 팩트체크위원회는 서울대학교로부터 독립적인 위상을 갖고 있으며 학계와 언론계 인사 13명(2023년 4월 기준)으로 구성되어 있다. SNU팩트체크센터는 서울대학교 언론정보연구소 소속기관이지만 SNU팩트체크 운영의 주요 의사결정은 팩트체크위원회의 회의를 통해 이루어진다. 이는 SNU팩트체크의 독립성을 유지하기 위해 SNU팩트체크가 설계될 때부터 기획된 구조다.

SNU팩트체크 활동에 소요되는 재정은 2023년 8월 말까지 플랫폼 기업인 네이버의 기부로 충당했다. 네이버는 2017년 7월 한국 언론계의 팩트체크 저널리즘 활성화를 위해 매년 10억 원을 3년간 지원하기로 결정한 뒤, 2020년 지원을 3년 더 연장했다(금준경, 2020).

네이버의 후원 원칙은 '지원하되 간섭하지 않는다'는 것이었다. 검증 대상의 선정, 판정 결과에 개입하지 않으면서 SNU팩트체크의 유지가 가능하도록 지원함으로써 SNU팩트체크의 공정성과 독립성을 보장했다. 네이버는 SNU팩트체크 플랫폼을 운용하는 서울대학교 언론정보연구소 SNU팩트체크센터의 운영을 재정적으로 지원할 뿐 아니라, 한국 팩트체크 대상, 팩트체킹 취재보도 지원사업, 팩트체크 인턴십, 팩트체크 디플로마 등 한국 언론계 팩트체크 활성화를 위한 사업들을 후원해왔다. 플랫폼 기업으로서 네이버의 또 하나의 지원은 SNU팩트체크의 게시물들이 더 많은 이용자들에게 전달될 수 있도록 네이버 뉴스홈에 SNU팩트체크 홈페이지의 게시물들을 연동해 게시하는 것이었다.[5] 2021년 4월 29일부터는 검색 영역에서 팩트체크 관련 기사가 노출될 경우 이와 관련한 팩트체크 정보를 노출해왔다. 그러나 네이버는 2023년 9월 26일부터 네이버 뉴스홈에서의 SNU팩트체크 홈페이지 게시물 연동을 중단하고, '팩트체크' 메뉴에 SNU팩트체크 홈페이지로 유입되는 링크만을 제공하고 있다.

플랫폼 기업이 팩트체크 활동을 지원하는 것은 한국만의 예외적인 상황은 아니다. 구글과 유튜브의 경우 2022년 11월 세계 각국의 팩트체크 기관을 돕기 위해 2025년까지 1,320만 달러를 국제팩트체

---

5 https://news.naver.com/main/factcheck/main.naver.

킹연맹(International Fact Checking Network, IFCN)에 기부한다는 계획을 밝혔다(Dyakon, 2022). EU의 경우 허위정보 억지를 위한 대책을 세우며 플랫폼 기업들의 책무성을 강화하고 자율규제 효과를 높이는 데 집중했다(김세환·황용석, 2019; 정은령·고예나, 2018).

4) 운영 방식

SNU팩트체크는 출범 당시 "사실을 언어로 표상한 사실적 진술이 주장하는 바의 참/거짓 여부를, 진술에 대한 구체적인 정보를 통해 확인한 후 그 내용을 게재하는 웹서비스"(최순욱·윤석민, 2017: 180)를 표방했다. 출범 당시의 SNU팩트체크는 형식 또는 내용이 기만적인 정보만을 검증해 사실을 드러내는 것이 아니라, 그 내용이 진실하다고 주장하는 모든 종류의 사실적 진술의 참·거짓 판별, 즉 정치인(공직자)의 발언, 정치인(공직자)과 관련된 사실, 기타를 검증 대상으로 삼았다. 당초의 목적은 허위정보, 이른바 '가짜뉴스'의 판별에만 초점을 두기보다는 정치인·공직자의 발언 검증에 더 무게를 두었던 것이라고 할 수 있다.

SNU팩트체크의 단위 게시물은 '배지(badge)'로 불린다. 각 배지의 생산은 언론사들의 검증 대상 입력으로 시작된다. 각 언론사들은 SNU팩트체크 홈페이지에 고유의 아이디로 로그인한 후 검증 대상을 직접 입력하거나 이미 검증 대상이 되어 있는 목록 중에 선택한다. 검증 대상을 선정한 후에는 해당 대상을 검증하게 된 이유를 보충설명으로 밝히고, 독자적인 조사를 통해 검증한 내용과 근거자료, 전문가 인터뷰 등 검증방법을 서술한다. 근거자료로는 웹 주소나 링크 등을 제시해 최대한 이용자들이 접근 가능하도록 공개한다. 최종적으로는 SNU팩트체크의 여섯 가지 판정 기준, 즉 '사실'부터 '사실 아님'까지의 5단계와 '판단유보' 중 선택해 평가 결과를 입력한다. 평가 결과

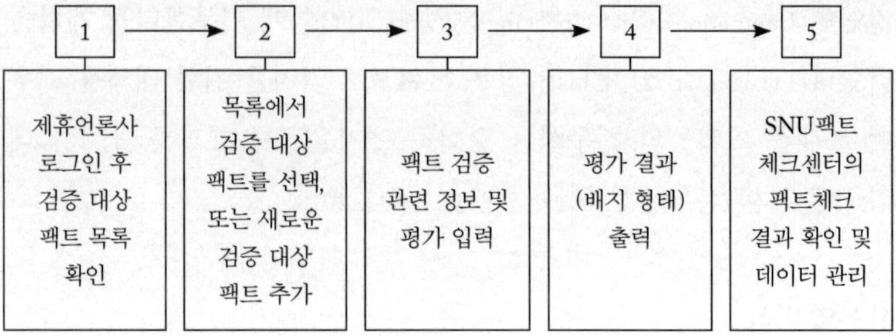

| 그림 4-3 | SNU팩트체크 플랫폼의 운영 과정

까지 입력하고 나면 검증을 진행한 언론사는 배지를 노출한다(〈그림 4-3〉 참조).

SNU팩트체크센터에서는 배지가 노출되면 언론사의 편집권을 침해하지 않도록 검증 대상 선정 및 검증 과정에는 개입하지 않으면서 사후적으로 각 배지가 SNU팩트체크 플랫폼이 필수로 규정하고 있는 양식들을 준수하고 있는지, 즉 근거자료의 제시 등이 제대로 이루어졌는지 등을 모니터링한다. 모니터링 요원들이 검수를 마치면 해당 배지의 내용은 네이버 뉴스홈 팩트체크 페이지에 자동으로 연동된다. 네이버는 연동된 내용에 일절 개입하지 않는다.

SNU팩트체크센터는 각 언론사가 입력한 게시물을 형식 기반(style based) 방식에 따라 메타데이터로 축적하고 있다. SNU팩트체크에 언론사들이 입력하는 데이터는 '팩트' 데이터와 '팩트체크' 데이터로 구분된다. '팩트' 데이터는 토픽, 테마, 검증 유형, 성격, 발생시간, 발언 주체/대상/내용, 사실 주체/대상/내용, 영향력 등이며 '팩트체크' 데이터는 언론사, 검증 내용, 검증 방식, 검증 근거/출처, 관련 URL, 검증 결과, 수정 여부, 수정 이유 등이다.

이 중 자동추출이 가능한 것은 검증 내용이 속하는 특정 카테고리(예: 20대 대통령 선거), 검증 내용 성격이 특정 인물/기관의 발언 또는 사실과 관련되었는지 여부, 검증 내용이 발언일 경우 해당 발언을 한 주체의 이름 등이다. 팩트체크 데이터에는 언론사가 직접 입력하지 않으면 추출이 되지 않는 중요 정보들이 있다. 검증을 위해 근거로 제시한 자료 유형(예: 관련인 발언, 법조문, 통계, 보고서, 논문, 기타), 검증 근거/출처로 삼은 자료를 확인할 수 있는 URL 주소가 여기에 해당한다.

오세욱·황구현(2018)은 SNU팩트체크의 활동이 시작된 2017년 3월 29일부터 2018년 6월 30일까지 입력된 메타데이터 정보를 분석한 결과, 언론사들이 대부분 기사에서 팩트를 뒷받침하는 근거자료, 원문 출처 URL 등의 표기를 제대로 하고 있지 않다고 보고했다. 전체 검증 중 47%가 검증 내용으로 제시한 자료 출처를 근거자료 항목에 입력하지 않았다는 것이다. 또한 검증 투명성 등을 위해 강조되는 원문 출처 URL 제시의 경우에도 전체 팩트체크 검증의 84%에서 제공되지 않았음을 확인했다. 이처럼 자동추출이 되지 않으나 언론사도 입력하지 않은 메타데이터의 경우 SNU팩트체크센터 소속 연구원이 팩트체크 게시물의 내용을 분석해 수동으로 입력하고 있다.

5) SNU팩트체크 원칙

2019년 10월 SNU 팩트체크 제휴언론사들은 자체적으로 SNU팩트체크 원칙에 합의했다. 3개월에 걸쳐 제휴언론사들이 참여하는 독회를 진행해 내용을 공유하고 만장일치로 합의에 이르렀다. SNU팩트체크 원칙에 대한 합의의 필요성이 제기된 것은, 각 사의 정치적 지향 혹은 사안에 대한 관점 차이에도 불구하고 적어도 SNU팩트체크 플랫폼에 결과를 올릴 때는 동일한 원칙을 공유하는 것이 필요하다는 인식에서였다. SNU팩트체크 원칙의 내용은 본질적으로 IFCN의 다섯 가지 준칙을 한국 상황에 맞게 적용한 것이며, 그중에서도 특히 불편부당성과 투명성을 강조했다. 주요 내용은 아래 7개 항으로 구성되어 있다(〈표 4-3〉 참조).

| 표 4-3 | SNU팩트체크 원칙

	내용
1	팩트체크는 불편부당성과 비당파성을 견지해야 한다.
2	팩트체크의 검증 대상은 정당한 공적 관심사(public concern)와 관련 있는 것이어야 한다. 의견은 검증 대상이 될 수 없다. 시민들이 팩트체크의 검증 대상을 제안할 수 있도록 한다.
3	사실성에 오류가 없는지 여부가 검증 대상의 선정부터 판정까지 검증 과정을 일관하는 기준이어야 한다. 어떠한 편견 없이 오로지 증거가 결론을 이끌어내도록 해야 한다.
4	팩트체크의 근거자료들은 확인 가능하게 공개되어야 한다. 팩트체크를 하는 주체는 취재원의 안전에 위협이 되지 않는 한 자신들이 검증에 사용한 근거를 이용자들이 확인할 수 있도록 최대한 구체적으로 밝힌다.
5	팩트체크에 오류가 있다면 이를 정직하게 수정하고 공개적으로 알려야 한다.
6	팩트체크의 재원을 투명하게 공개해야 한다. 팩트체크의 재정 지원 원칙은 '지원은 하되 검증 결과에는 간섭하지 않는다'는 팔 길이 원칙(arm's length principle)이 지켜져야 한다.
7	팩트체크의 주체들은 정당이나 이해관계가 있는 단체의 구성원이어서는 안 된다.

SNU팩트체크 원칙은 강제성이 없는 규범이다. 그럼에도 불구하고 팩트체크에 참여하는 주체들이 무엇이 타당한 팩트체크이며, 어떻게 하는 것이 사실 검증의 원칙을 지키는 것인지를 합의해 결론을 도출했다는 것은 언론사들의 자율적인 규제 사례라 할 만하다. 한국 언론이 진영화되어 있는 상황에서 제휴언론사들이 서로의 경향성을 뛰어넘어 만장일치로 SNU팩트체크 원칙에 합의한 것은 이례적인 일이다. SNU팩트체크에 참여하고 있는 기자들은 개별 팩트체크 기사 취

재와 보도에서 이 원칙을 다 지키지 못한다 하더라도, 팩트체크 기사가 궁극적으로 도달해야 하는 기준이 무엇인지, 무엇이 적절한 팩트체크인지를 이 원칙을 통해 성찰해볼 수 있다.

6) 사업의 확대: 학계, 언론지원기관과의 협력

SNU팩트체크는 한국 언론계의 팩트체크 활성화를 위해 학계, 언론지원기관과도 협력해 사업을 확대해왔다. 한국언론학회는 2017년 하반기부터 SNU팩트체크센터와 함께, 매년 우수한 팩트체크를 선정해 시상하는 '한국 팩트체크 대상', 언론사의 팩트체크 기획취재보도와 팩트체크 시스템 개발을 돕는 '팩트체킹 취재보도 지원사업', 향후 언론계로 진출하기를 희망하는 대학생들과 팩트체크 언론사를 연결하는 '팩트체크 인턴' 프로그램을 운영하고 있다. 한국언론학회는 각 사업을 수행하는 과정에서 심사의 공정성을 기하기 위해 SNU팩트체크센터와 공동으로 심사위원회를 구성하거나 심사 일원으로 참가하고 있다. 한국언론학회로서는 언론의 수준이 제고되는 데 실질적인 도움을 줌으로써 학계의 전문적인 역량을 사회에 환원하는 것이다.

한국언론진흥재단은 2020년부터 SNU팩트체크센터와 팩트체크 관련 사업에 관한 포괄적인 양해각서(MOU)를 체결해 협업하고 있다. 한국언론진흥재단은 2018년부터 SNU팩트체크센터가 독자적으로 진행해온 '팩트체크 디플로마' 프로그램을 2020년부터 공동운영하며 다수의 언론인들이 팩트체크 관련 재교육을 받을 수 있는 기회를 제공해왔다. 2020년부터는 SNU팩트체크센터가 매년 고교생을 대상으로 '청소년 팩트체크 스쿨'을 진행할 수 있도록 SNU팩트체크센터를 지원하고 있다. '청소년 팩트체크 스쿨'에서는 SNU팩트체크 제휴사의 기자들이 참가 고교생을 대상으로 직접 팩트체크의 검증 대상 선정, 검증 과정에서 동원할 수 있는 증거자료 찾기 등에 대해 지도

한다. 팩트체크에 관심을 갖는 학생 등 시민과의 결합은 SNU팩트체크의 외연을 확장하기 위한 과제로서 지속되어야 할 영역이다.

3. SNU팩트체크의 의미와 성과

1) 자율적 허위정보 대처기구로서의 SNU팩트체크

허위정보의 창궐은 세계 각국에 어떻게 언론 자유를 지키는 동시에 허위정보를 효과적으로 억제할 것인지에 대한 고민을 안겼다. 이 문제에 대해 협력적 자율규제 모델을 정착시킨 EU의 경우 언론계, 학계, 팩트체커, 인터넷 플랫폼 기업 대표 등 다자 이해관계자 포럼(multistakeholder forum)을 구성해 대책을 마련한 바 있다. 이들은 2018년 인터넷 플랫폼 기업들이 허위정보에 대처하기 위해 실행할 수 있는 강령(Code of Practice on Disinformation)을 제정하고 그 수행을 지속적으로 검토하고 있다(정은령·고예나, 2018). 허위정보의 규제는 '표현의 자유', '언론 자유'라는 헌법적인 권리를 침해하거나 위축시키지 않아야 한다는 대원칙을 충족하기 위해 민간이 그 규율의 참여자로 나서는 것이 적절하다.

2018년 이후 문재인 정부는 가짜뉴스와의 전쟁을 선포했고 2021년 9월부터 여당 주도로 허위·조작 보도(가짜뉴스)에 대해 징벌적 손해배상을 도입하는 언론중재법 개정안을 추진(신지민, 2021)했으나 법안 개정에는 이르지 못했다. 뒤이은 윤석열 정부는 2023년 4월 문화체육관광부 산하 언론진흥재단에 가짜뉴스 신고·상담센터를 만들고, 9월에는 방송통신위원회가 '가짜뉴스 근절'을 위한 총력대응을 선언하며 방송통신심의위원회를 통한 '원스톱' 신속심의를 활성화(김고은, 2023)하는 등 강력한 행정조치를 내놓고 있다. 이에 대해 허위정보의 억지는 필요한 일이지만 그 방법은 팩트체크 같은 언론매체의 자율적 노력을 통해 수행되어야 한다(장영수, 2019)는 주장이 제기된다. 정부가 가짜뉴스인지 여부를 사전적으로 검토하는 것은 언론에 대한 허가 및 검열에 해당하며, 사후적 제한의 경우도 가짜뉴스와 직접적인 이해관계를 갖는 경우 정부가 그 판단주체가 된다는 것은 판단의 객관성과 공정성을 의심받을 수밖에 없기 때문이다. 따라서 가짜뉴스 억지에 가장 앞장서야 할 것은 언론이며, 이를 통해서 언론 자유에 대한 침해를 최소화할 수 있다. 또한 팩트체크의 실효성과 신뢰성을 강화하는 것은 언론 그 자체의 품질을 높이는 것으로서 의미를 갖는다(장영수, 2019).

팩트체크를 각국의 정치사회적 전통, 팩트체크가 시작된 계기 등에 따라 언론이 주도하는 국가도 있고, 시민단체나 전문가들이 주도하는 국가도 있다(Graves, 2018). 그러나 어떤 경우에도 질 좋은 저널리즘은 팩트체크를 위한 필수적인 요소로 강조된다. 허위정보에 대한 협력적 자율규제 모델을 만든 EU에서도 28개국의 시민들이 참여한 여론조사 결과, 시민들이 가장 신뢰할 수 있는 뉴스원으로 전통적인 미디어가 꼽혔다(정은령·고예나, 2018).

SNU팩트체크는 언론 중심의 팩트체크 모델이다. 시민이나 전문가들로 팩트체크의 주체가 확대될 여지가 있지만, 현재로서는 사실검증을 자신의 배타적인 활동영역으로 삼는 언론인들(Hermida, 2015)이 허위정보를 폭로하고 언론에 대한 신뢰를 높이는 방향으로 진행될 수밖에 없다. 제휴언론사들이 합당한 팩트체크를 위해 무엇을 해야 하고 무엇을 하지 말아야 할지를 구체적으로 정한 SNU팩트체크 원칙에 자발적으로 합의한 것도 언론의 자율규제 사례라 할 수 있다.

허위정보 억지에 있어서 중요한 것은 정보소비자들이 믿을 만한 정보를 더 쉽게 볼 수 있고 찾을 수 있도록 해야 한다는 것이다. 즉 플랫폼에서 이용자들이 신뢰할 수 있는 콘텐츠는 찾기 쉽게 하는 반면, 허위정보의 가시성은 떨어뜨려야 하는 것이다(정은령·고예나, 2018).

이와 관련하여 SNU팩트체크는 국내 최대의 뉴스 포털사이트인 네이버[6](한국언론진흥재단, 2022)와 협력해, SNU팩트체크에 게시된 팩트체크 콘텐츠가 네이버 뉴스홈에 빠른 시간 안에 연계되어 게시될 수 있는 시스템을 2023년 9월 25일까지 운영했다. 또한 SNU팩트체크는 서울시의 요청에 따라 코로나19가 확산된 이후로는 SNU팩트체크에 게시된 코로나19 관련 팩트체크를 서울시 홈페이지에도 연동하고 있다.[7] 언론진흥재단이 운영하는 빅카인즈 역시 코로나19와 관련한 SNU팩트체크의 게시물을 시민들에게 제공하고 있다.[8] 이처럼 SNU팩트체크는 허위정보에 대응하는 언론사들의 자율적인 대응기구로서, 정부로부터 독립적으로 팩트체크를 수행하고 그 결과를 사회적으로 확산하고 있다.

2) 정파성을 넘어선 언론사 협업모델

SNU팩트체크 협업의 특징은 서로 정치적 경향성을 달리하는 언론사들이 느슨하게나마 협의체를 구성하고 있다는 것이다. SNU팩트체크의 제휴언론사들은 플랫폼 유지에 필요한 주요 사안을 협의를 통해 결정한다. 각 사의 실무자들을 대표로 하는 실무자협의체는 코로나19로 인한 대면접촉 금지 기간을 제외하고는 매월 1회 원칙으로 대면회의를 해왔다. 의사결정이 필요한 주요 사안들에 대해서는 메신저 서비스를 이용해 수시로 협의한다. SNU팩트체크의 제휴언론사

---

6 2022년 한국언론진흥재단이 한국의 언론수용자를 조사한 바에 따르면 인터넷 포털 뉴스 이용자의 89.7%가 네이버를 통해 뉴스를 이용하는 것으로 나타났다.

7 https://mediahub.seoul.go.kr/corona19/factcheck/pressFactCheckList.do.

8 https://www.bigkinds.or.kr/COVID19/index.do.

중에는 보수 계열로 분류되는 언론사들과 진보 계열로 분류되는 언론사들이 포괄되어 있다. 각 사의 정치적 지향 차이에도 불구하고 협의체의 논의 사항은 대개 만장일치로 결정된다.

SNU팩트체크 플랫폼에서는 하나의 사안에 대해 서로 다른 언론사들이 상시 교차 검증(cross checking)을 한다. 이는 전 세계적으로 유례를 찾기 어려운 모델이다. 이러한 교차 검증에는 타국의 사례가 있다. 2018년 프랑스 대통령 선거를 앞두고, 구글 뉴스랩과 퍼스트 드래프트(First Draft)의 지원을 받은 프랑스의 37개 언론사들이 허위로 의심되는 사안에 대해 공동으로 팩트체크하는 '크로스체크(Cross-Check)'라는 프로젝트를 단기적으로 운영한 바 있다. 프랑스의 크로스체크는 검증에 참여하는 2개 이상의 언론사들이 공통의 온라인 워크스테이션인 슬랙(Slack)에서 논의를 한 뒤 사실 혹은 거짓이라는 공통된 결론에 이르면 이를 대표집필자인 AFP가 정리하는 방식이었다(방송기자연합회, 2017). 반면 한국의 SNU팩트체크는 하나의 사안에 대해 교차 검증을 하되 언론사 간의 협의 없이 각자 독립적인 팩트체크를 한다. 교차 검증의 결과는 일치하거나 한 단계 정도의 미세한 차이를 보일 때도 있지만, 3단계 이상의 상반된 결과가 나와 '논쟁 중'으로 분류되는 경우도 있다.

2023년 4월 28일 현재 교차 검증은 전체 4,868개 중 627개(286건)로 12.9%에 해당한다. 이 중 2개 언론사가 교차 검증한 사안이 243건, 3개 언론사가 참여한 사안이 35건, 4개 언론사가 교차 검증한 사안이 4건, 5개 언론사가 참여한 사안이 4건이었다.

교차 검증이 활성화되지 않은 이유로는 무엇보다도 타사의 보도를 반복하지 않으려는 언론의 속성이 작용한다. 기자들이 타사가 보도한 것에 대해서는 낙종했다고 판단해 동일한 내용을 보도하지 않으려 하는 것이다. 그러나 해외의 연구자들은 교차 검증이 이루어지지 않는 것, 즉 서로 다른 언론사들의 검증 대상과 검증에 대한 판정 결과에서 일치도보다는 상이성이 높은 것에 대해 팩트체크의 신뢰성이 떨어지는 것이자 선택 편향(selection bias)을 드러내는 것이라고 비판해왔다(Lim, 2018; Marietta et al., 2015). 따라서 교차 검증은 실현이 어려운 조건임에도 불구하고 팩트체크의 신뢰성을 높이기 위해 지향해야 할 목표다.

SNU팩트체크의 교차 검증에 대해서는 이용자들의 긍정적 평가와 부정적 평가가 엇갈린다. 먼저 긍정적인 해석의 경우, 이러한 교차 검증의 차이가 논증에 이르기까지 동원한 증거의 차이, 해석의 차이를 이용자들이 비교해 살펴봄으로써 2개의 다른 결과를 읽는 독자들로 하여금 나와 다른 의견에 귀를 기울이게 하는 관용을 가능하게 한다는 것이다. 부정적인 견해는 사실에 대해 서로 다른 결론이 나온다면 그 사실성을 신뢰할 수 있겠냐는 것이다. 이용자들에게 오히려 혼란을 초래할 수 있다는 우려다.

SNU팩트체크 플랫폼에서 언론사 간의 교차 검증이 제한적이나마 이루어지고 있는 것은 정파성이 강한 한국 언론의 현실에서 언론사들이 간접적으로나마 소통하는 것이라고 평가할 수 있다. 또한 이러한 교차 검증 실험에 대해 해외의 팩트체크 기관들도 2020년 열린 글로벌 팩트 7의 사례 발표에서 큰 관심을 표명했다.

3) 팩트체크 저널리즘의 정당성에 대한 법률적 해석 정립

사실이라 할지라도 타인의 명예를 훼손할 경우, 민형사상 책임을 물을 수 있는 한국의 법적 상황, 즉 사실적시 명예훼손죄(형법 307조)가 존재하는 한국의 언론 상황에서 팩트체크를 하는 일은 항상 명예훼손으로 소송을 당할 수 있는 위험성을 갖는다.[9] 실제 SNU팩트체크에 대한 민형사상 소송이 제기되었으며 검찰과 법원이 이를 판단해 무혐의처분과 원고 청구 기각 판결을 내렸다(정철운, 2019). 법적 판단에서 주목할 점은 어떻게 팩트체크를 했을 때 법의 보호를 받을 수 있는지에 대한 기준이 설정된 것이라고 할 수 있다. 2017년 한 정당은 서울대학교와 서울대학교 언론정보연구소를 상대로 'SNU팩트체크' 사이트가 정치적으로 편향된 매체들의 기사를 검증 없이 인용해 명예가 훼손되었다며 1억 원의 손해배상을 요구했다. 그러나 1심인 서울남부지방법원은 2019년 5월 원고의 주장을 기각했다.[10]

재판부는 판결문에서 "대통령 후보, 국회의원 등 국가 사회적 영향력이 큰 공적 인물의 정치적 이념, 사회적 이슈에 관한 시각, 능력 등은 국가·사회에 미치는 영향이 크므로 그 존재가 가진 정치적 이념 등은 철저히 공개되어 검증되어야 한다. 그러나 공적 인물이 공개된 토론 등에서 밝힌 사회적 이슈와 그에 관한 의견은 사회적으로 논쟁이 되고 있는 것이 대부분이어서 정확하게 평가하기는 사실상 어렵다"라는 점을 인정했다. 재판부는 "언론사가 제시한 검증 결과가 언제나 옳다고 단정할 수는 없다. 그러나 언론사가 믿을 만한 근거를 토대로 합리적 사고 과정을 거쳐 판단한 결과라면, 쉽사리 명예훼손이라 인정하여서는 안 된다. 언론사가 근거를 가지고 공적 인물의 발언 등을 비판하는 것이 공적 인물의 발언 등이 아무런 여과 없이 국민들에게 전달되는 것보다 민주적 정치질서의 유지에 바람직하기 때문이다"라고 팩트체크의 사회적 순기능을 인정했다. 무엇보다도 재판부는 "그와 같은 감시와 비판행위는 언론 자유의 한 내용이자 정당한 언론 활동에 해당한다"라고 평가했다.

---

9 형법 310조는 진실성과 공공의 이익, 즉 공익성을 면책사유로 인정하고 있으며 허위 사실이라도 진실이라고 믿을 상당한 이유가 있는 경우에, 그것도 공익에 관한 사항에 대해서만 위법성이 조각되는 것으로 인정해 면책해주고 있다(심석태, 2016).

10 서울남부지방법원 2019. 5. 21. 선고 2017가단248135 판결.

법원의 판단이 팩트체크를 하는 언론인들에게 갖는 의미는 사회적 사실을 다루는 팩트체크의 결과가 항상 사실이라고 단정할 수는 없지만, 언론사가 믿을 만한 근거를 토대로 합리적 사고 과정을 거쳐 판단한 결과라면 쉽사리 명예훼손이라 인정해서는 안 된다는 법적 판단을 얻었다는 데 있다. 즉 명예훼손의 위험성을 갖고 있는 언론사의 팩트체크는 믿을 만한 근거에 기반해야 하며, 이는 각 사의 정치적 편향 등에 의해 기울어 해석하는 것이 아니라 합리적 판단을 했을 때만 팩트체크로서 인정받을 수 있다는 것이 판결이 시사하는 바다. 또한 '받아쓰기'라고 일컬어지는, 정치인의 말을 그대로 옮기는 것보다는 공적 인물의 발언을 여과하는 것이 민주적 정치질서 유지에 더 바람직하다며 언론의 검증기능의 중요성을 적극적으로 옹호한 점도 판결에서 주목할 대목이다.

4) 국제적 위상 확보

전 세계적으로 팩트체크 기관이 연대하고 있는 국제기구는 미국 포인터 재단에 소속되어 있는 IFCN이다. IFCN은 매년 전 세계 팩트체크의 현황을 파악하고 연대를 다지기 위해 '글로벌 팩트(Global Fact)'라는 회의를 연다. SNU팩트체크는 2017년부터 한국의 팩트체크 기관을 대표해 글로벌 팩트에 참여하고 있다. 2018년부터는 국내 기자들 중 '팩트체크 디플로마'를 선발해, 기자들을 글로벌 팩트에 파견해왔다.[11] SNU팩트체크센터장은 2020년 9월부터 국내에서 유일하게 IFCN의 독립 이사로 지명되어 IFCN의 주요 의사 결정에 참여하고 있다. 즉 SNU팩트체크의 지난 4년간 활동은 국제 사회에 한국의

11 코로나19로 인해 글로벌 팩트가 온라인으로 열린 2020년과 2021년에는 파견하지 않았다.

팩트체크 현황을 알려온 과정이라고 할 수 있다.

이러한 활동의 결과 SNU팩트체크는 2023년 6월 글로벌 팩트 10을 국제팩트체킹연맹(IFCN)과 공동으로 서울에서 개최하게 되었다. 글로벌 팩트가 시작된 이래 아시아 지역에서 이 행사가 열린 것은 처음이다.

IFCN의 활동 중 중요한 것은 자체 설정한 준칙(Code of Principles)[12]을 준수하는 각국 기관들을 서명기관(signatory)으로 인정하는 것이다(IFCN에 관한 보다 세부적인 설명은 이 책의 3장 참조). 이 준칙은 비정파성과 공정성, 취재원 투명성, 재정과 조직의 투명성, 검증 방법의 투명성, 공개적이고 정직한 수정 등으로 구성되어 있다. 앞서 언급했듯이 SNU팩트체크의 제휴언론사들이 2019년 10월 합의하에 제정한 SNU팩트체크 원칙도 IFCN의 준칙을 기본 골격으로 삼아 만들어진 것이다.

현재 IFCN의 준칙을 준수하는 기관으로 국내에서 인정받은 이력이 있는 곳은 SNU팩트체크에 참여하고 있는 JTBC와 뉴스톱이다. 이러한 기준들을 더 많은 언론사들이 지켜나간다면 국제적으로 수준을 인정받는다는 의미에 그치지 않고, 실제 한국 언론의 팩트체크 질이 높아질 것으로 기대할 수 있다.

5) 팩트체크 저널리즘 연구의 학문적 토대 제공

SNU팩트체크는 하나의 제도이자 현상으로 정착되어 왔다. 비록 제휴언론사마다 질적 차이가 있지만, 한국 언론이 팩트체크라는 새로운 규범을 익히고 이를 실천해온 성과는 6년이 넘는 기간 동안 팩트체크 게시물로 축적되었다.

---

12 https://www.ifcncodeofprinciples.poynter.org/the-commitments.

이러한 성과는 서울대학교 언론정보연구소 SNU팩트체크센터의 자산으로만 머무를 수 없다. SNU팩트체크의 누적된 성과들을 학술적으로 분석하는 다양한 연구들이 진행될 때 한국 팩트체크의 수준도 향상될 수 있으며, 한국 사회에서 허위정보가 어떻게 생산, 유통, 소비되고 시민들에게 영향을 미치는지에 대한 경험적 연구도 진전될 수 있을 것이다. SNU팩트체크센터가 파악한 바로, 2018년 이래 SNU팩트체크의 데이터를 연구자료로 사용한 사례는 10여 건이다(〈표 4-4〉 참조).

| 표 4-4 | SNU팩트체크 게시물 활용 논문 사례

	논문
1	정성욱 (2018). 팩트체크 뉴스를 접한 수용자의 '역효과'나 '태도 변화'는 어떤 상황에서 나타나는가? 〈한국방송학보〉 32(4), 103-145.
2	김선호·백영민 (2018). 19대 대선 기간 후보자 간 의혹제기에 대한 팩트체크 뉴스의 설득효과: 팩트체크 뉴스 판정결과와 지지후보를 중심으로. 〈언론정보연구〉 55(1), 161-194.
3	이나연 (2018). 한국 언론의 팩트체크: 19대 대통령선거에서의 후보자 검증 기사를 중심으로. 〈언론정보연구〉 55(4), 99-138.
4	오세욱·황구현 (2018). '팩트'의 형식적 구성 요건에 대한 탐색적 연구: 'SNU FactCheck' 메타데이터 분석을 통한 제언. 〈언론정보연구〉 55(4), 54-98.
5	현윤진·김남규 (2018). 뉴스와 소셜 데이터를 활용한 텍스트 기반 가짜뉴스 탐지 방법론. 〈한국전자거래학회지〉 23(4), 19-39.
6	윤태욱·안현철 (2018). 텍스트 마이닝과 기계 학습을 이용한 국내 가짜뉴스 예측. *Journal of Information Technology Applications and Management* 25(1), 19-32.
7	조은희 (2019). 뉴스 미디어의 이용과 신뢰가 가짜뉴스의 인식, 식별, 수용태도에 미치는 영향. 〈언론과학연구〉 19(1), 180-213.
8	Shim, J.-S., Won, H.-R. Ahn, H. (2019). A Study on the Effect of the Document Summarization Technique on the Fake News Detection Model. 〈지능정보연구〉 25(3), 201-220.
9	백강희 (2020). 팩트체크 보도의 가짜뉴스 판단 기준 검토. 〈한국콘텐츠학회논문지〉 20(2), 172-181.

	논문
10	류승희·정정주 (2020). 팩트체크 현황과 이슈에 대한 네트워크 분석: 코로나19를 중심으로. 〈사회과학 담론과 정책〉 13(2), 271-298.
11	정은령·최지수·박유진 (2020). 코로나 19 팩트체크 기사와 해설 기사의 차이에 대한 탐색적 연구: 맥락성과 투명성을 중심으로. 〈사이버커뮤니케이션학보〉 37(3), 139-193.
12	고예나·김우정·한경식·홍화정 (2021). 팩트체크 뉴스에 대한 이용자 반응 분석: 언어적 특성, 인지·정서적 반응 및 논쟁 댓글의 출현 양상을 중심으로. 〈언론정보연구〉 58(1), 5-71.
13	Kim, H. S., Suh, Y. J., Kim, E. M., Chong, E., Hong, H., Song, B., … & Choi, J. S. (2021). Fact-Checking and Audience Engagement: A Study of Content Analysis and Audience Behavioral Data of Fact-Checking Coverage from News Media. *Digital Journalism* 10(5), 1-20.

위의 연구들에서는 19대 대선 과정에서 후보자들이 상호 의혹을 제기한 데 대해 유권자의 태도가 팩트체크 뉴스 보도를 접한 후 어떻게 변화했는지를 온라인 실험을 통해 확인하는 데 SNU팩트체크 게시물을 자극물로 응용하기도 했고(김선호·백영민, 2018), 가짜뉴스에 대한 수용자들의 인식, 식별 태도를 살펴보고 미디어 이용과 신뢰의 의미를 분석하는 데 SNU팩트체크의 검증 게시물들을 이용하기도 했다(조은희, 2019). 기존의 뉴스들과는 작성목적, 형식, 내용, 구성 등에서 차별점을 가지는 팩트체크 뉴스에 대한 이용자 반응을 파악하기 위해 포털 사이트의 뉴스 기사 댓글에서 팩트체크 뉴스 댓글과 일반 뉴스 댓글을 비교해 팩트체크 뉴스 이용자들의 언어적·인지적·정서적 특성을 규명하는 데도 SNU팩트체크의 게시물들이 이용되었다(고예나 등, 2021). SNU팩트체크에 축적된 데이터를 이용한 다양한 연구들이 수행된다면, 팩트체크가 한국의 수용자들에게 어느 정도의 효과를 갖는지, 팩트체크의 설득 효과를 높이기 위해서 어떤 측면들이 보강되어야 하는지에 대한 실천적 대안들이 더 정교하게 제안될 수 있

을 것이다.

4. SNU팩트체크가 한국 저널리즘에 제기한 문제의식과 변화 양상

팩트체크는 언론인들에게 익숙하고도 낯선 단어다. 전 세계적인 '현상'으로 번져나가는 이 흐름에 대해 저널리즘 연구자들조차 여전히 이를 어떻게 개념 정의할지 혼돈스러워하고 있다(Singer, 2021). 한국의 언론인들 중 자신이 팩트체크를 하지 않는다고 생각하는 사람은 없을 것이다. 그러나 SNU팩트체크를 중심으로 한 팩트체크 경험은 지금까지의 한국 언론의 사실 검증 관행과는 차이가 있다.

1) 사실확인 규범의 재소환

온라인 제작 환경에서 가속화된 속보경쟁은 언론보도의 핵심인 검증을 위축시켰다. 속보가 중시되는 온라인 환경에서 뉴스는 완결된 보도가 아니라 조각사건(박선희, 2012)의 연속이 되었고, 일상화된 출입처 중심 보도에서 보도의 기초자료로 쓰여야 할 보도자료는 검증 없이 그대로 중계되었다(박재영 등, 2020). 검증 없는 받아쓰기는 세월호 사건 보도로 인해 한국 언론의 존재 이유를 묻는 위기를 초래했다. '전원구조' 오보로 시작된 세월호 사건 보도는 '언론보도 대참사'로 명명되었고(정수영, 2015), 이 사건을 계기로 언론에 대한 혐오와 불신은 '기레기'라는 멸칭과 함께 급속도로 퍼져나갔다(Shin et al., 2020). 정부 발표의 무비판적 인용과 이에 따른 결과적 오보, 피해자 입장을 고려하지 않은 '무배려 무공감' 보도, 미확인 선정보도를 쏟아낸 것에 대해 언론인들 내부의 자성의 목소리도 높았다(방문신, 2014).

팩트체크에 참여하는 언론인들은 말해진 '사실'에 대한 검증 없는 받아쓰기 보도가, 언론이 행해야 할 검증과는 다른 것이라는 점을 인식하기 시작했다. 이들은 "벌어진 사실들을 그냥 '사실'로 의심하지 않고 받아들이는 받아쓰기 저널리즘을 수행함으로써 언론수용자들로부터 신뢰를 잃었다"라는 것을 인정한다(정은령, 2018). 이들은 팩트체크가 다루는 사실이 언론이 본질적으로 추구해야 할 사실이지만, 마감시간의 압박과 온라인 환경에서 지속적으로 속보를 쏟아내야 하는 부담(송해엽·양재훈·오세욱, 2020) 때문에 모든 기자들이 다 팩트체크에 나설 수는 없다고 인정한다. 따라서 팩트체크를 담당하지 않는 기자들이 다루는 사실의 층위와 팩트체크를 담당하는 기자들이 다루는 사실의 층위를 구분한다. "모든 기자가 똑같이 팩트체크만 할 수는 없고, 누군가는 보도자료를 써야 되고, 정치인의 말을 그대로 인용하는 뉴스를 써야 한다"(정은령, 2018: 24)라는 것이다. 즉 뉴스룸 안에서의 역할 분담을 통해 층위가 다른 2개의 사실을 보도하는 이중적 사실경영을 하고 있고, 이로써 부실한 사실 검증의 틈을 메우는 것으로 볼 수 있다. 뉴스룸 내부에서 받아쓰기에 기초하는 사실과 검증된 사실의 두 층위를 나눠, 후자의 사실을 추구하는 팩트체크 담당 기자들을 마치 출입처 기자들처럼 운용하고 있다는 것은 한국 언론의 사실 검증 수준의 낙후된 현실을 드러낸다. 팩트체크에는 더 많은 시간과 노동력이 투여되므로 노동생산성이 낮다. 팩트체크에는 길고 정밀한 조사과정이 필요하다. 방송의 경우에는 컴퓨터 그래픽 등 진행을 맡은 기자와 역할을 분담할 더 많은 인력들이 요구되므로(정은령, 2019), 팀제 운영이 필요하다. 그럼에도 불구하고 현재 팀 체제를 운영하는 언론사는 일부 방송사에 그친다. 뉴스룸 내부의 자원을 사실 검증이라는 언론 본연의 작업에 더 투여할 것인지 아니면 속보와 백화점식 대량생산을 통해 트래픽을 늘리는 방향으로 수익 창출을 도모할 것인지는 언론사의 경영 비전과 관련된다. SNU팩트체크에 참여하는 각 언론사의 팩트체크 담당 기자들이 겪고 있는 인력부족의 어려움은 한국 언론사 경영진의 언론 본연의 사명 추구와 질 제고에 대한 철학 부재를 드러내는 것이다.

2) 투명성 제고

'(독자들에게) 네 일을 보여줘라(show your work)'는 팩트체크 언론인들의 훈련 과정에서 지속적으로 강조되는 원칙(Graves, 2016; 2017)이다. 팩트체크 기사에서 "과잉이다 싶을 만큼 취재원을 공개하는 것은 과학적인 재현가능성을 실행하는 것"(Graves, 2016: 125)이며, 이러한 맥락에서 팩트체커들은 제3자가 팩트체크했을 때도 동일한 결론에 이를 수 있도록 원자료의 링크 등 근거들을 공개해야 한다.

SNU팩트체크 플랫폼의 포맷은 검증 과정에서 사용한 증거들을 반드시 링크나 파일 형태로 제공하도록 설정되어 있다. 또한 내용을 수정할 경우 수정 이유를 밝히지 않으면 게시가 불가능하다. 취재 출처를 확인할 수 있고, 복원이 가능해 검증 가능성이 높을수록 품질이 높은 뉴스(이준웅·김경모, 2008)라고 할 수 있다는 점에서 투명성은 기사 품질 향상과 이용자 신뢰 확보의 핵심적인 요소다.

검증 근거의 명기는 한국 언론의 고질로 꼽히는 낮은 투명성의 극복을 위해 중요하다. SNU팩트체크에서는 발언의 출처는 물론, 검증 과정에서 도움을 얻은 전문가 등 관계자도 모두 실명으로 밝힐 것을 제휴언론사들에 원칙으로 요청한다. 익명의 정보원이 사실을 폭로할 수는 없기 때문(Graves, 2016)이다. 실명 취재원을 인용해야 독자들은 기자들이 어떠한 과정을 통해 취재했는지 알 수 있다.

그러나 SNU팩트체크 플랫폼에 게시되는 기사는 여전히 투명성 제고의 과제를 안고 있다. SNU팩트체크 기사의 19대 대선 시기 보도를 분석한 연구(이나연, 2018)는 팩트체크 기사가 일반 기사에 비해 투명성이 높지 않다고 보고했다. 코로나19에 관해 SNU팩트체크 기사와 일반 해설 기사를 비교한 연구(정은령·최지수·박유진, 2020)에서도 실명 취재원과 준실명 취재원을 포괄한 투명 취재원 숫자에서 SNU팩트체크 기사와 일반 해설 기사 사이에 유의미한 차이가 발견되지 않았다. 다만 기자가 검증에 사용한 근거자료를 수용자들이 직접 확인할 수 있도록 원자료 링크를 포함했는지를 살펴본 결과, 팩트체크 기사와 일반 해설 기사 모두 링크를 포함한 기사는 많지 않았지만, 팩트체크 기사 중 링크를 제시한 기사가 일반 해설 기사에 비해 통계적으로 유의미하게 더 많은 것으로 나타났다.

3) 역피라미드 극복과 맥락성의 강조

SNU팩트체크는 한국의 기자들에게 말해진 사실, 발표된 사실을 그대로 사실로 받아들이는 관행과는 다른 종류의 사실 검증이 필요하다는 인식을 갖게 했다. 이러한 인식은 취재와 보도 관행에 미세하나마 변화를 불러일으키고 있다.

첫 번째는 검증 과정에서 일부 전문가들의 말을 취사선택해 주관적인 견해를 포장하는 것에서 벗어나 물적 증거를 동원하는 것의 필요성을 인정하는 것이다. 인용을 편의적으로 활용하고 전문가를 선택적으로 채택함으로써 정파성을 감추고 타당성을 확보하는 '객관화 전략'을 구사하는 관행이 한국 언론의 문제점으로 지적되어왔다(송용회, 2007). 그러나 팩트체크를 하는 기자들은 사실 검증 과정에서 가장 위험한 것이 사람들의 말에 의존하는 것이기 때문에 통계, 논문, 판결문 등의 문서화된 자료가 인용되어야 한다는 경험을 토로했다(정은령, 2018). 이러한 근거자료들의 특징은 개인으로부터 들은 코멘트와 달리, 실제 원자료의 내용을 뉴스의 이용자들과 공유할 수 있다는 것이다. 즉 증거의 투명한 공개가 가능한 것이다.

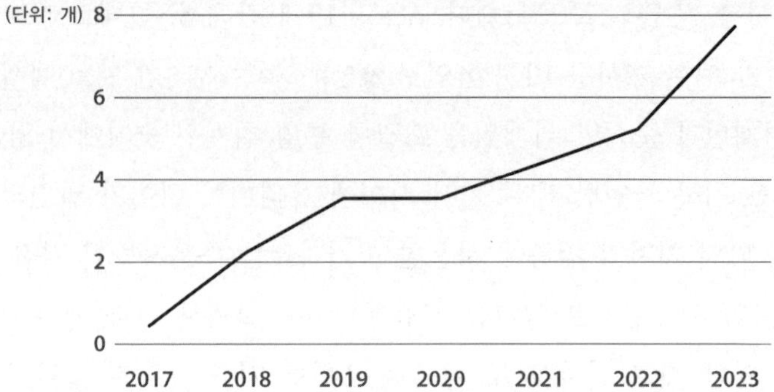

| 그림 4-4 | SNU팩트체크 검증 근거 수(2017~2023)

SNU팩트체크의 검증 기사들이 사용한 근거자료의 개수는 2017년 0.45개에서 2023년 7.7개로 급증했다(〈그림 4-4〉 참조). 이러한 검증 근거의 제시는 전문가나 관련자들의 인용구 몇 개로 기사를 쓰는 관행과는 현저한 차이를 보여준다.

두 번째 특징은 역피라미드 구조로부터의 탈피다. SNU팩트체크의 서술양식은 '검증 대상 명시→검증 과정을 드러내는 검증 내용 상술→판정 결과 제시'의 양식을 기본으로 하고 있다. 모든 언론사가 이 형식을 따르는 것은 아니지만, 대부분의 제휴언론사들은 이 형식을 준수한다. 그 결과 역피라미드 서술이 아니라 오히려 이를 뒤집는 서술양식, 즉 기승전결이 있는 기사 쓰기를 추구함으로써 사안의 맥락을 살펴보고 결론을 도출해나가는 기사 쓰기를 지향하게 된다. 속보 위주의 기사들이 앞서 어떠한 사건이 있었는지를 설명하는 맥락성이 부족한 것과는 달리 SNU팩트체크 기사의 경우, 쟁점이 되는 사안이 무엇인지 설명하고, 판정 결과에 이르기까지의 과정을 '총정리' 하는 방식을 취하는 것이다(정은령, 2018).

5. SNU팩트체크의 문제점과 한계

1) 언론사 자율생산 의존이 초래하는 수급 불안정성

SNU팩트체크의 협업 구조는 그 자체로 SNU팩트체크 활동의 한계로 작용한다. SNU팩트체크 홈페이지에 어떤 콘텐츠를 얼마나 자주 올릴지는 전적으로 언론사가 결정한다. 각 언론사의 인력 상황, 뉴스룸에서 팩트체크를 얼마나 중시하여 다루는지에 따라 팩트체크 기사의 생산량 차이가 크다. 콘텐츠 공급을 언론사의 자율성에 의존하다 보니, SNU팩트체크 홈페이지를 운영하는 SNU팩트체크센터는 SNU팩트체크 홈페이지에 게시될 콘텐츠 수급을 예측해 관리할 수 없다. 따라서 정기적인 업데이트 등 정보 서비스 이용자들이 통상적으로 누릴 수 있는 효용을 제공하기 어렵다.

SNU팩트체크센터는 전반적으로 생산을 독려할 수 있을 뿐, 특정 주제에 대한 팩트체크를 요청할 수 없다. 특정 주제에 대한 사회적 수요가 클 때에도 해당 언론사가 이를 판단해 팩트체크를 하지 않는 이상 SNU팩트체크센터가 개입하지 못한다. 이는 팩트체크의 주제 선정, 취재, 결과 판정 등이 모두 언론사의 편집권 독립의 영역에 속하므로 제휴 주체인 SNU팩트체크센터가 이를 침해할 수 없기 때문이다.

팩트체크는 노동력이 많이 투입되는 고비용 콘텐츠인 데 비해 대가가 지불되지 않아 언론사들의 생산을 독려할 어떠한 경제적 유인도 없는 것이 SNU팩트체크의 근본적인 한계다. 그러나 개별 콘텐츠에 대해 대가가 지불된다면 팩트체크의 의도에 의혹이 제기될 수 있다. 따라서 언론사에 팩트체크를 하도록 경제적 유인을 제시하는 것은 전체 언론사를 대상으로 한 취재지원 등의 방식이 가능할 뿐 SNU팩트체크에 게시된 개별 콘텐츠에 직접적으로 비용을 지불하는 것은 적절치 않다.

SNU팩트체크 플랫폼은 고유의 포맷을 갖고 있다. SNU팩트체크에 참여하는 제휴언론사들은 먼저 자사의 기사로 팩트체크 기사를 생산한 뒤 이 기사들을 포맷에 따라 갈무리해 SNU팩트체크 홈페이지에 게시하게 된다. 이는 자신이 속한 언론사의 기사 생산과는 관계없는 가외의 노동을 요구하는 것이다. 이러한 노동에 대가는 지불되지 않는다.

결국 팩트체크 기사 생산 자체에도 노동력이 많이 투입되고, 팩트체크한 기사를 SNU팩트체크 홈페이지에 게시하는 데도 가외의 노동이 발생하지만, 이에 상응하는 경제적 보상은 없는 상태에서 오로지 사실확인이 된 질 높은 정보를 시민에게 제공하는 것이 공익에 기여하는 것이라는 선한 목적에 동참해주기만을 제휴언론사들에게 요청하고 있는 실정이다. 이는 SNU팩트체크의 활성화를 가로막는 주요인이다.

이러한 상황에서 SNU팩트체크센터는 직접적인 경제적 보상은 하지 못하지만, 각 언론사가 팩트체크할 수 있는 역량을 강화하도록 대학생 인턴을 파견하는 한편, '팩트체킹 취재보도 지원사업'을 통해 팩트체킹을 목적으로 하는 기획취재 지원사업과 시스템 개발을 지원하며, '한국 팩트체크 대상', '팩트체크 우수상'을 시상해 팩트체크에 힘쓰는 언론인들을 격려해왔다.

2) SNU팩트체크 원칙 강제의 한계

팩트체크가 자신이 지지하는 정치적 진영을 옹호하는 수단으로 전락하지 않기 위해서는 검증 대상의 선정과 검증 과정에서 불편부당성과 비당파성이 견지되어야 한다. 이는 SNU팩트체크 제휴언론사들이 2019년 합의해 제정한 SNU팩트체크 원칙의 첫 번째 조항이다. 그러나 SNU팩트체크 원칙이 어떠한 강제성도 가지지 않는 합의이기 때문에 각 제휴언론사가 이를 지키지 않는다 하더라도 제재할 방법은 현실적으로 없다. 개별 팩트체크의 불편부당성과 비당파성을 측정할 객관적인 기준을 제시하기도 쉽지 않다.

불편부당성과 비당파성이 강조되는 것은 특히 대통령 선거 등 정치적인 공방이 벌어질 때다. 이와 관련하여 SNU팩트체크의 최고 의사결정기구인 팩트체크위원회는 20대 대통령 선거를 앞두고 제휴언론사가 공동으로 준수해야 할 검증 원칙에 대한 권고문을 발표한 바 있다(금준경, 2021). 권고문에서 팩트체크위원회는 "후보자 등의 주장을 팩트체크할 때 특정 정당이나 후보에 과도하게 치우치지 말고 다양한 후보들의 주장을 검증할 것", "유권자에게 영향을 미치는 중요한 정치적 주장 등에 대해서는 다른 언론사가 팩트체크를 했다고 하더라도 교차 검증을 하는 것이 더 완전한 팩트체크에 다가가는 것이므로 교차 검증에 힘쓸 것" 등을 권고했다. 이러한 노력에도 불구하고 SNU팩트체크 혹은 SNU팩트체크 제휴언론사 중 특정 언론사들이 한쪽 진영에 유리하거나 불리한 선택적 팩트체크를 한다는 주장은 끊이지 않는다(김연정, 2023).

19대 대통령 선거가 끝난 뒤 SNU팩트체크 제휴 12개 언론사들이 대선 후보자들의 발언과 공약을 검증한 174건의 기사를 내용분석한 연구(이나연, 2018)에 따르면 불편부당성을 (1) 2개 이상의 언론사가 동일한 대상을 검증한 팩트체크 기사에서의 판정 결과 일치도와 (2) 이견의 수용으로 측정했을 때, 판정 일치도는 대체로 높아 특정 후보자에게 불리한 검증이 이루어졌다고 판단하기 어려웠으며 대다수 기사(95.4%)가 이견을 수용하고 있었다. 언론사가 정파성에 따라 특정 후보자를 더 많이 검증했는지, 특정 언론사의 팩트체크에서 지지하지 않는 후보자에 대한 '사실 아님' 판정이 유독 많았는지 등으로 선택 편향을 분석한 결과도 언론사별 선택 편향의 가능성이 높지 않은 것으로 나타났다.

팩트체크의 불편부당성, 비당파성과 관련해서는 서로 다른 입장이 반영되었는지가 정보원의 숫자보다 더 중요하다. 이에 대해 미국의 팩트체크 기관인 폴리티팩트는 서로 다른 입장을 가진 취재원을 찾을 수 없을 경우, 최대한 다양한 취재원을 찾아 그들의 의견에서 겹쳐지는 부분을 검증에 동원하는 '진실의 삼각검증(triangulating the truth)'을 강조한다(Graves, 2016). 팩트체크 원칙에서 또 하나 중요한 것은 검증 대상에게 반론권을 제공하는 것이다. 폴리티팩트, 〈워싱턴 포스트〉의 팩트체커, 팩트체크닷오르그 등 미국의 3대 팩트체크 기관은 모두 팩트체크의 검증 대상으로부터 검증을 시작하라는 원칙을 강조한다(박아란 등, 2018). 사실성에 의심이 가는 주장이라 하더라도 원발언자가 가장 많은 정보를 갖고 있기 때문에 그로부터 시작하는 것이 상대에게 반론권을 주는 것일 뿐 아니라 가장 경제적인 취재방법이기도 하다. 한국 언론에서 이러한 반론 부여의 원칙은 적극적으로 실현되지 않고, 방어적으로 반론을 수용하는 데 그치고 있다. SNU팩트체크의 제휴언론사들도 원발언자로부터 출발한다는 원칙에 충실하지 않은 경우가 다수다.

SNU팩트체크 제휴언론사의 팩트체크 기사는 그 양적인 규모만으로도 한국 팩트체크 기사의 전형이라고 할 수 있다. 따라서 SNU팩트체크 제휴언론사의 기사가 불편부당성, 투명성 등의 규범을 실천하는 것은, 제휴하지 않은 타 언론사에도 지향점으로 작용할 수 있다. 그럼에도 불구하고 현재의 SNU팩트체크 홈페이지에 게시되는 기사들은 균질적이지 않다. 검증 근거로 삼은 논문에서 인용된 원자료까지 찾아보는 성실함과 치밀함을 드러내는 사례도 있지만, 익명의 취재원 몇 사람의 발언 인용만으로 검증 과정을 채우는 경우도 있다.

SNU팩트체크센터가 각 제휴언론사의 편집권에 개입하지 않기 때문에 이러한 질적 차이를 조정하는 역할에는 한계가 있다. 현재로서는 상시적으로 수행되는 SNU팩트체크센터의 모니터링과 제휴언론사 실무자협의회에서 원칙을 재확인하고 이의 실천을 독려하는 것으로 수준을 제고하려 노력하고 있다. SNU팩트체크센터는 불편부당성과 비당파성에 대한 제휴언론사의 자각을 높이기 위한 노력의 일환으로 2023년 4월부터 매달 초 제휴언론사들에게 앞선 달에 어떤 언론사가 어떤 팩트체크를 했는지를 전체 공개하고 있다.

3) 재원 취약성

세계 각국의 팩트체크 기관들은 경제적인 지속가능성과 편집권 독립이라는 두 목표를 동시에 추구하고 있다. 경제적인 지속가능성은 팩트체크 기관 존립의 핵심적인 요소다. 팩트체크 기관의 설립이 전 세계적으로 확산되고 있지만, 문을 닫는 비율도 높다. 세계 각국의 팩트체크 기관을 매년 집계하는 듀크 대학교의 듀크 리포터스랩(Duke Reporters' Lab)에 따르면, 매년 15개의 팩트체크 기관이 문을 닫는 것으로 나타났다(Stencel & Luther, 2021). 문을 닫는 기관들의 평균 수명은 2년 3개월로, 활동중단의 이유는 재원을 마련할 수 없거나 후원금이 끊겨서였다(Lelo, 2022). 브라질의 팩트체크 기관 15곳의 팩트체커를 인터뷰해 재정 원천과 후원자에 대한 편집권 독립성을 연구한 바(Lelo, 2022)에 따르면 경제적 지속성을 확보한 팩트체크 기관들의 양상은 크게 두 가지였다. 첫째는 재정이 탄탄한 대형 언론사에 소속되는 것이고, 다른 하나는 다양한 재원을 확보해 활동하는 미디어 스타트업이나 비정부기구(NGO), 학술 기관 등이다. 다양한 재원 확보의 방법으로는 전통적인 언론사와 협력하거나, 구글 애드 센스 등의 프로그램화된 광고(programmatic advertising)를 기관의 홈페이지에서 운영하거나, 메타 등의 플랫폼 기업을 대신해 제3자 팩트체킹

(Third-Party Fact-Checking program)을 하고 그에 상응하는 대가를 받거나, 공적인 재단의 지원을 받는 것 등이 있었다.

SNU팩트체크는 직접 팩트체크를 하는 기관과는 다른 플랫폼이다. 팩트체크를 하는 기관이 아니므로 IFCN의 인증기관으로 지원할 수 없고, 그에 따라 제3자 팩트체킹 같은 재원을 마련할 수 없다. SNU팩트체크 플랫폼을 운영하는 SNU팩트체크센터와 '한국 팩트체크 대상', '팩트체킹 취재보도 지원사업', '팩트체크 인턴십', '팩트체크 디플로마' 등 한국 언론계 팩트체크 활성화를 위한 사업들의 재원은 전적으로 네이버에 의존했다. 앞서 언급했듯이 네이버는 '팔 길이 원칙'을 지켜 재정적으로 지원하되 운영 내용에는 일절 간섭하지 않았다. 그러나 네이버는 2023년 8월 말로 재정지원을 중단했다. 그 이유는 SNU팩트체크의 그간 성과에 대한 평가에 따른 것이 아니었다.

네이버는 SNU팩트체크 사업에 2017년부터 6년간 60억 원을 지원한 것에 대해 여당 의원으로부터 2023년 1월 "네이버가 문재인 정부 기간 60억 원의 뒷돈을 대고 '뉴스 영역'에 판을 깔아준 SNU팩트체크센터, 한국언론학회의 팩트체크 사업이 윤석열 정부와 국민의힘을 '가짜뉴스' 선동자로 전락시켰다"라고 공개적인 공격을 받았다(김연정, 2023). 정부와 입법부의 규제를 받는 플랫폼 기업이 정치적 압력을 견뎌낼 수는 없었다. 표면적으로는 네이버의 지원 중단이지만, 이는 사실상 SNU팩트체크에 대한 정치적 탄압이라고 볼 수 있다. 네이버의 지원 중단은 한국의 정치현실에서 민간 영역의 재정지원을 받으면서 정치적 독립성을 지키며 권력자들의 발언을 검증하는 팩트체크를 수행한다는 것이 얼마나 어려운 일인지를 여실히 드러낸다.

전 세계 모든 팩트체크 기관들은 경제적인 지속가능성을 위해 다양한 자금원을 운용하고 있다. 일례로 펜실베이니아 대학의 팩트체크닷오르그의 경우 아넨버그 재단, 로버트우드존슨 재단, 개인 후원자,

메타, 국립과학재단 등으로부터 후원을 받으며 후원 내역을 전부 공개하고 있다.[13] 펜실베이니아 대학은 노조, 당파적인 기관, 특정 목적을 지지하는 단체(advocacy group)로부터 후원을 받지 않으며 제3자 팩트체킹 프로그램을 진행하는 메타와 코로나19 대응과 관련해 1회 교부금을 준 구글 이외에는 어떤 기업의 후원도 받지 않는다는 원칙을 견지하고 있다. 그리고 팩트체크닷오르그를 지원하는 어떤 기관이나 개인 후원자도 팩트체크닷오르그의 편집권을 침해할 수 없다는 점을 명시하고 있다. SNU팩트체크도 경제적 지속성을 위해 편집권에 영향을 미치지 않는 다양한 재원을 개발할 필요가 있다.

6. 나가며: SNU팩트체크의 과제

SNU팩트체크는 2017년 3월 29일 실험적인 프로젝트로 시작되었다. 전임 대통령 탄핵으로 인해 조기에 대통령 선거가 치러지게 된 19대 대통령 선거를 앞두고 언론을 통한 후보자 정보 습득이 중요한 판단 기준이 되는 상황에서 언론사들이 앞다투어 팩트체크를 시작했다. 선거 이후 팩트체크가 한때의 유행으로 사라질 것이라는 예측과는 달리 팩트체크는 지속되었다. 그 지속성의 중심에는 언론사 팩트체크의 구심점 역할을 한 SNU팩트체크의 존재가 있었다.

대학이 팩트체크에 나선 것은 SNU팩트체크가 처음은 아니다. 미국의 경우 1983년부터 펜실베이니아 대학의 아넨버그 공공정책센터가 팩트체크닷오르그(FactCheck.org)를 운영하고 있다. SNU팩트체크와 팩트체크닷오르그의 차이는 팩트체크닷오르그의 경우, 경력이

13 https://www.factcheck.org/our-funding.

오랜 기자들을 선발해 팩트체크를 맡기고 있는 것과 달리 SNU팩트체크는 언론사들과 협업한다는 것이다. SNU팩트체크의 언론사와의 협업 구조는 역설적으로 SNU팩트체크가 정치적으로 공격을 받도록 하는 빌미가 되기도 한다. 정치권은 그간 SNU팩트체크가 직접 팩트체크를 하지 않으면서 '서울대학교'라는 명칭을 쓰고 있다고 비판해 왔다. 학계 등 일부 전문가들도 SNU팩트체크가 직접 팩트체크의 주체로 나서야 한다고 문제를 제기했다.

그러나 이러한 협업체계의 해체가 과연 바람직한 것인지에 대해서는 보다 면밀한 검토가 필요하다. SNU팩트체크가 사회에 기여하고자 하는 궁극적인 목표는 한국 언론의 질적 발전이다. 따라서 한국 언론의 사실 검증 수준의 취약함에 대해 대학이 전면에 나서서 문제 해결의 주체를 자임하는 것이 아니라, 마땅히 그 역할을 제대로 수행해야 할 언론이 그 역할에 충실할 수 있도록 북돋우고자 하는 것이다. SNU팩트체크센터의 존재는 공적 연구기관인 서울대학교 언론정보연구소가 사회에 대한 공적 의무를 수행하는 것이라고 할 수 있다. 펜실베이니아 대학의 경우도 대학의 연구진이 직접 나서서 팩트체크를 하는 것이 아니라 팩트체크 경험이 오랜 기자들을 고용해 그들이 활동할 수 있도록 기회를 제공하고 있다. 즉 SNU팩트체크나 펜실베이니아 대학 모두 팩트체크의 주체는 언론인이 담당하되 대학은 그 결과를 공적으로 공유하고 그 목적이 비영리적·비당파적일 수 있도록 하는 것이다.

SNU팩트체크센터의 제휴언론사들은 SNU팩트체크 활동을 통해 어떠한 이익을 추구하지 않는다. 제휴언론사들은 SNU팩트체크 플랫폼에 게시물을 올리는 것을 공적 서비스로 이해한다. 언론사가 공공선의 실천을 통해 이익을 추구하는 기업이라는 점에서, SNU팩트체크에 제휴사들이 참여하는 것은 본연의 공적 목적에 충실한 것이라고 할 수 있다. 언론의 이러한 공공성 실현은 더욱 권장되어야 할 사안이다.

또한 고려되어야 할 것은 사실적시에 의한 명예훼손에서 대학이나 전문가들이 팩트체크의 주체로 나설 경우, 어떻게 그 정당성을 인정받을 수 있을 것인지의 문제다. 언론의 경우, 그것이 공적 목적을 갖고 있으며, 때로 그 내용이 전적으로 사실이 아니라고 할지라도 진실이라고 믿을 만한 충분한 여지가 있으면 진실오인의 상당성을 인정받을 수 있다. 그러나 언론이 아닐 경우 이러한 법적 권리를 인정받을 수 있는지의 문제가 발생할 수 있다.

공적 기관인 대학이 신뢰의 위기에 처한 언론을 대신해 문제해결을 자임하지 않고 언론이 역량을 강화할 수 있도록 측면지원한다는 목적이나 법적 분쟁의 소지 등을 고려할 때 현 단계에서는 SNU팩트체크가 언론과의 협업에 방점을 두는 서비스로서의 정체성을 유지할 필요가 있다.

SNU팩트체크는 2023년 하반기에 출범 이래 최대 위기 국면을 맞았다. 2023년 8월 말로 유일한 재정 후원자였던 네이버가 지원을 중단했기 때문이다. SNU팩트체크센터의 운영과 팩트체크를 활성화하기 위해 벌여온 언론지원 사업들이 모두 기로에 서 있다. 2023년 9월 26일부터 네이버 뉴스홈에서 SNU팩트체크의 결과물이 연동되어 게시되던 것도 중단되었다. 이로써 팩트체크 결과의 대중적 확산도 과거에 비해 어려워졌다. 이는 허위정보의 억지를 위해서는 플랫폼에 검증된 질 높은 정보가 더 많이 유통되도록 해야 한다는 세계적인 허위정보 억지정책의 방향(정은령·고예나, 2018)에도 역행하는 것이다.

권력자들의 발언을 검증하는 감시견 저널리즘(watchdog journalism)으로서의 팩트체크의 성격은 필연적으로 권력과의 긴장과 불편함을 낳을 수밖에 없다. SNU팩트체크센터가 새로운 재원을 모색하고 있지만 한국 사회에서 정치권력으로부터 자유로운 재정지원자를 찾기는 쉽지 않다. 정치권력과의 갈등은 SNU팩트체크의 운영 기간 내내 그 활동을 위축시키려는 여러 가지 압박으로 나타났다. SNU팩트체크센터와 서울대학교에 대한 민형사상 고소·고발 이외에도 SNU팩트체크센터가 국정감사의 피감기관인 서울대학교 소속이므로 민간 지원금으로 활동을 하고 있음에도 불구하고 매년 국정감사 때마다 자료제출 요구를 받았고, 교육부 감사를 받기도 했다. SNU팩트체크 제휴언론사들이 불편부당성을 지켜 검증을 한다 해도 그것이 권력자들의 심기를 거스를 경우, SNU팩트체크는 상시적으로 정치적 공격에 노출될 수 있는 것이다. 팩트체크 기관은 투명성을 견지해야 하므로, 법 규정에 따른 자료제출 요구 등에는 당연히 응해야 한다. 팩트체크 결과에 이견과 불만을 가진 사람들이 그에 대한 민원을 제기할 경우 SNU팩트체크는 즉각 이를 제휴언론사에 알려 오류가 있을 경우 수정하도록 하는 '팩트체크에 대한 권리 침해 신고'도 상시 운영한다. 그러나 팩트체크 결과를 비판하는 것과 팩트체크 활동을 중단시키는 것은 차원이 다른 일이다. 권력자들에 대한 팩트체크가 필연적으로 띠게 되는 감시 기능은 언론이 마땅히 수행해야 할 책무다. 이를 막겠다는 것은 민주주의 사회에서 언론의 기본적인 기능을 부정하는 것이다. 앞서 언급했듯이 SNU팩트체크에 대한 정당의 명예훼손 민사소송을 기각하면서 재판부는 "언론사가 근거를 가지고 공적 인물의 발언 등을 비판하는 것이 공적 인물의 발언 등이 아무런 여과 없이 국민들에게 전달되는 것보다 민주적 정치질서의 유지에 바람직"하며 "그와 같은 감시와 비판행위는 언론 자유의 한 내용이자 정당한 언론활동에 해당한다"라고 판시한 바 있다.

SNU팩트체크에 닥친 위기는 역설적으로 SNU팩트체크가 축적해온 성과를 드러내기도 했다. 네이버가 SNU팩트체크 게시물의 뉴스홈 연동을 중단하기로 하자 SNU팩트체크 제휴사 팩트체커들은 입장문을 냈다(김시연, 2023). 이 입장문에서 팩트체커들은 "숱한 정치적 오해와 공격을 버텨내며 저널리즘의 중심을 잡기 위해 노력하고 있다. 우리는 보수를 지향하지도, 진보를 지향하지도 않는다. 우리는 팩트를 지향한다. 진실에 복무하는 것이 우리의 사명이다"라고 자신들의 정체성을 천명했다. 입장문 표명에는 보수 지향으로 분류되는 언론사, 진보 지향으로 분류되는 언론사의 기자들이 함께 참여했다. 진영화된 한국 언론 현실에서 보기 드물게 팩트체커로서 자신들의 정체성을 천명하며 공동의 목소리를 낸 것이다. 이는 6년 넘게 SNU팩트체크센터를 구심점으로 함께 협력해온 결과라고 할 수 있다.

위기를 통해 SNU팩트체크가 풀어야 할 과제도 분명해졌다. 첫째, 재원 다각화가 필요하다. 둘째, SNU팩트체크가 공적 기구로 독립적인 지위를 갖는 것에 대해 고려해보아야 한다. 이와 관련해 EU의 모델처럼 온라인 플랫폼 기업과 광고업계, 언론계, 시민단체, 팩트체커, 학계 등 다양한 이해관계자들의 자발적 참여와 대화, 협상, 조정을 통한 '협치'로서의 신 거버넌스가 제안되기도 한다(최지수·윤석민, 2019). 팩트체크 기관의 독립성과 공정성을 유지하면서도 지속가능한 거버넌스를 찾는 일은 계속되어야 한다. 셋째, 팩트체크 결과물을 대중적으로 확산할 수 있는 경로를 찾아야 한다. SNU팩트체크 자체로 언론사와 학계가 협업하는 플랫폼이기는 하지만, 거대 플랫폼 기업과 같은 규모의 이용자를 갖고 있지는 않다. 정치적인 이유로 중단되기는 했지만, 네이버, 카카오 등 한국인들이 널리 쓰는 플랫폼과의 협력은 팩트체크 결과의 대중적 확산을 위해 꼭 필요한 일이다. 그와는 별도로 SNU팩트체크 플랫폼을 찾는 이용자들이 SNU팩트체크 플랫폼에서 고유한 경험을 할 수 있도록 이용자에 대한 보다 적극적인 대응이 이루어져야 한다.

SNU팩트체크가 허위정보 억지에 대한 한국 사회의 유일한 대안은 아니다. 그러나 자동화된 팩트체크가 인간의 판단을 대신하기는 어려운 현실에서 언론인들의 팩트체크는 여전히 중요하다. 허위정보의 범람은 선거 국면 등 특수한 상황에서 벌어지는 일이 아니라 달라진 미디어 환경에서 정치적 목적이나 경제적 이득을 취하기 위해 일상적으로 벌어지는 일이 되었다. 코로나19라는 의료 보건 이슈에 관해서도 정치적 공방이 끊이지 않았다. 이러한 상황에서 언론이 이용자들의 상식적인 판단에 도움을 주기 위해서는 단순히 사실을 전달하는 것만으로는 부족하다. 충분히 맥락을 밝히고 검증 과정을 투명하게 드러내는 보도가 필요하다. SNU팩트체크의 제휴언론사가 2017년 출범 당시와 비교했을 때 두 배로 늘어났지만, 여전히 언론사들은 노동생산성은 낮되 질 높은 보도를 하는 팩트체크를 선택하기보다는 속보 중심의 백화점식 보도에 머물고 있다. 팩트체크의 질을 높이고 규범을 준수하게 하기 위해서는 언론사가 경영의 승부수를 언론 본연의 질을 높이는 것에 둔 해외 사례들을 참고해(송의달, 2021), 경영전략을 획기적으로 전환해야 한다.

팩트체크는 언론의 질 제고와 함께 언론에 대한 뉴스 이용자들의 신뢰를 높이는 방법으로서 추구되어야 한다. 언론의 정파적 지형이 뚜렷한 한국의 언론 상황에서 학계와 언론계, 플랫폼 기업의 협력체로 출범한 SNU팩트체크는 허위정보가 만연한 시대에 어떻게 언론이 사실 검증이라는 본연의 목적에 충실함으로써 이용자들의 신뢰를 얻을 것인지에 대한 하나의 독특한 모델로서 그 기능을 수행해왔다. 허위정보의 상존을 삶의 환경으로 받아들여야 하는 상황에서 SNU팩트체크는 허위정보에 대한 저항력을 갖추기 위한 자율적이고 공적인 모델로서 더 질적 발전을 이루고 강화될 필요가 있다.

참고문헌

고예나·김우정·한경식·홍화정 (2021). 팩트체크 뉴스에 대한 이용자 반응 분석: 언어적 특성, 인지·정서적 반응 및 논쟁 댓글의 출현 양상을 중심으로. 〈언론정보연구〉 58(1), 5-71.

금준경 (2020. 11. 11.). 네이버 'SNU팩트체크'에 연 10억 원 지원 연장한다. 〈미디어오늘〉. Retrieved from http://www.mediatoday.co.kr/news/articleView.html?idxno=210270.

금준경 (2021. 7. 24.). 대선에서 지켜야 할 '팩트체크' 원칙 나왔다. 〈미디어오늘〉. Retrived from http://www.mediatoday.co.kr/news/articleView.html?idxno=214600.

김고은 (2023. 9. 18.). 위헌·위법 논란 부를 방통위의 '가짜뉴스 근절 방안'. 〈기자협회보〉. http://m.journalist.or.kr/m/m_article.html?no=54344.

김선호·김위근 (2017). 팩트체크를 체크한다. 〈미디어이슈〉 3(7). 서울: 한국언론진흥재단.

김선호·백영민 (2018). 19대 대선 기간 후보자 간 의혹제기에 대한 팩트체크 뉴스의 설득효과: 팩트체크 뉴스 판정결과와 지지후보를 중심으로. 〈언론정보연구〉 55(1), 161-194.

김세환·황용석 (2019). 가짜뉴스에 대한 한국과 EU의 비교정책 연구: 정책형성 담론을 중심으로. 〈언론정보연구〉 56(2), 156-187.

김시연 (2023. 9. 25.). 네이버, SNU팩트체크 서비스 중단…여당 '외압' 논란. 〈오마이뉴스〉. https://www.ohmynews.com/NWS_Web/View/at_pg.aspx?CNTN_CD=A0002964709.

김연정 (2023. 1. 3.). 與 박성중 "네이버 60억 뒷돈 댄 팩트체크 사업, 보수 진영 공격". 〈연합뉴스〉. Retrieved from https://www.yna.co.kr/view/AKR20230103059200001.

남재일·이강형 (2017). 좋은 저널리즘 구성 요소에 대한 기자 인식 변화 추이. 〈언론과학연구〉 17(2), 82-128.

박대민 (2015). 사실기사의 직접인용에 대한 이중의 타당성 문제의 검토: 〈동아일보〉와 〈한겨레신문〉의 4대강 추진 논란 기사에 대한 뉴스 정보원 연결망 및 인용문 분석. 〈한국언론학보〉 59(5), 121-151.

박선희 (2012). SNS 뉴스 소통: 다중성과 구술성. 〈언론정보연구〉 49(2), 37-73.

박아란·이나연·정은령 (2018). 〈팩트체크 저널리즘의 주요 원칙〉. 서울: 한국언론진흥재단.

박재영·허만섭·안수찬 (2020). 〈언론사 출입처 제도와 취재 관행 연구〉. 서울: 한국언론진흥재단.

방문신 (2014). 세월호 재난보도가 남긴 과제와 교훈. 〈관훈저널〉 131, 13-26.
방송기자연합회 (2017). 〈프랑스의 팩트체크〉. 서울: 방송기자연합회.
송용회 (2007). 언론의 현실해석과 객관화 담론전략. 〈한국언론학보〉 51(1), 229-251.
송의달 (2021. 4. 22.). 14억 달러 빚더미 빠진 뉴욕타임스를 벌떡 일으켜 세운 '3가지 묘약'. 〈조선일보〉. Retrieved from https://www.chosun.com/opinion/column/2021/04/22/LUGHDLYFS5F5TIG6X5HFEVD23Y.
송해엽·양재훈·오세욱 (2020). 포털 뉴스 발행시간을 통해 본 언론사 뉴스 생산 관행: 2000년부터 2017년까지 네이버 뉴스 데이터에 대한 탐색적 분석. 〈한국언론학보〉 64(2), 184-216.
신지민(2021. 8. 20.). 언론중재법 개정안, 뭐가 문제길래? 〈한겨레21〉. https://h21.hani.co.kr/arti/politics/politics/50795.html.
심석태 (2016). 〈사례와 쟁점으로 본 언론법의 이해〉. 서울: 컬처룩.
오세욱·황구현 (2018). '팩트'의 형식적 구성 요건에 대한 탐색적 연구: 'SNU FactCheck' 메타데이터 분석을 통한 제언. 〈언론정보연구〉 55(4), 54-98.
이나연 (2018). 한국 언론의 팩트체크. 〈언론정보연구〉 55(4), 99-138.
이준웅·김경모 (2008). '바람직한 뉴스'의 구성조건: 공정성, 타당성, 진정성. 〈방송통신연구〉 67, 9-44.
장영수 (2019). 언론의 자유와 '팩트체크'(fact check). 〈공법학연구〉 20(1), 211-240.
정수영 (2015). '세월호 언론보도 대참사'는 복구할 수 있는가? 〈커뮤니케이션 이론〉 11(2), 56-103.
정은령 (2017). 팩트체킹 뉴스 의미와 한계. 〈관훈저널〉 143, 19-25.
정은령 (2018). 한국 팩트체크 저널리즘의 특징: 팩트체크 언론인들의 사실 인식과 사실 검증과정 탐색을 중심으로. 〈언론정보연구〉 55(4), 5-53.
정은령 (2019). 팩트체크 뉴스와 한국 방송 저널리즘의 신뢰 회복: 방송 기자들의 팩트체크 뉴스 양식과 뉴스가치에 대한 인식을 중심으로. 〈방송문화연구〉 31(1), 47-101.
정은령·고예나 (2018). 인터넷 신뢰도 기반조성을 위한 정책방안 연구. 〈방송통신융합 연구보고서 KCC-2018-26〉. 과천: 방송통신위원회.
정은령·최지수·박유진 (2020). 코로나 19 팩트체크 기사와 해설 기사의 차이에 대한 탐색적 연구: 맥락성과 투명성을 중심으로. 〈사이버커뮤니케이션학보〉 37(3), 139-193.
정철운 (2019. 5. 24.). 자유한국당 "팩트체크로 명예훼손" 소송 나섰다 패소. 〈미디어오늘〉. http://www.mediatoday.co.kr/news/articleView.html?idxno=200109.
조은희 (2019). 뉴스 미디어의 이용과 신뢰가 가짜뉴스의 인식, 식별, 수용태도에 미치는 영향. 〈언론과학연구〉 19(1), 180-213.
채백 (2015). 〈한국언론사〉. 서울: 컬처룩.

최순욱·윤석민 (2017). 협업형 사실 검증 서비스의 의의와 과제: 〈SNU팩트체크〉의 사례. 〈사이버커뮤니케이션학보〉 34(2), 173-205.

최원형 (2017. 3. 30.). 언론사 14곳 손잡은 '팩트체크' 플랫폼 떴다. 〈한겨레신문〉. Retrieved from https://www.hani.co.kr/arti/society/media/788686.html.

최지수·윤석민 (2019). 가짜뉴스 거버넌스: 정부규제, 자율규제, 공동규제 모형에 대한 비교를 중심으로. 〈사이버커뮤니케이션학보〉 36(1), 127-180.

한국언론진흥재단 (2022). 〈2022 언론수용자 조사〉. 서울: 한국언론진흥재단.

한승화 (2017). 시청률로 나타난 미디어 지형의 변화. 〈방송기자〉 34, 10-11.

황용석·권오성 (2017). 가짜뉴스의 개념화와 규제수단에 관한 연구: 인터넷서비스사업자의 자율규제를 중심으로. 〈언론과 법〉 16(1), 53-101.

Adair, B. & Holan, A. (2011, March 11). Remembering David Broder and his passion for Fact-Chcking. *PolitiFact*. http://www.politifact.com/truth-o-meter/article/2011/mar/11/remembering-david-broder.

Allcott, H. & Gentzkow, M. (2017). Social media and fake news in the 2016 election. *Journal of Economic Perspectives* 31(2), 211-236.

Dyakon, T. (2022, November 29). Google and YouTube partner with Poynter's International Fact-Checking Network on $13.2 million grant for the global fact-checking community. *Poynter*. https://www.poynter.org/fact-checking/2022/google-and-youtube-partner-with-poynters-international-fact-checking-network-on-13-2-million-grant-for-the-global-fact-checking-community.

Graves, L. (2016). *Deciding What's True: The Rise of Political Fact-checking in American Journalism*. New York: Columbia University Press.

Graves, L. (2017). Anatomy of a fact check: Objective practice and the contested epistemology of fact checking. *Communication, Culture & Critique* 10(3), 518-537.

Graves, L. (2018). Boundaries not drawn: Mapping the institutional roots of the global fact-checking movement. *Journalism Studies* 19(5), 613-631.

Graves, L. & Amazeen, M. (2019). Fact-Checking as Idea and Practice in Journalism. In J. F. Nussbaum (Ed.), *Oxford Research Encyclopedia of Communication*, Oxford, UK: Oxford University Press.

Graves, L. & Glaisyer, T. (2012). *The Fact-checking Universe in Spring 2012: An Overview*. New America Foundation.

Hermida, A. (2015). Nothing but the truth: Redrafting the journalistic boundary of verification. In M. Carlson & S. C. Lewis (Eds.), *Boundaries of Journalism* (pp. 37-50). New York: Routledge.

Kovach, B. & Rosenstiel, T. (2001). *The Elements of Journalism: What News People*

Should Know and the Public Should Expect. New York: Crown.

Lelo, T. (2022). The rise of the Brazilian fact-checking movement: Between economic sustainability and editorial independence. *Journalism Studies* 23(9), 1077-1095.

Lim, C. (2018). Checking how fact-checkers check. *Research & Politics* 5(3), 1-7.

Marietta, M., Barker, D. C., & Bowser, T. (2015). Fact-checking polarized politics: Does the fact-check industry provide consistent guidance on disputed realities? *Forum* 13(4), 577-596.

Shin, W., Kim, C., & Joo, J. (2020). Hating journalism: Anti-press discourse and negative emotions toward journalism in Korea. *Journalism* 22(5), 1239-1255.

Singer, J. B. (2021). Border patrol: The rise and role of fact-checkers and their challenge to journalists' normative boundaries. *Journalism* 22(8), 1929-1946.

Stencel, M. & Luther, J. (2021). Fact-Checking census shows slower growth. *Duke Reporters' Lab*. https://reporterslab.org/fact-checking-census-shows-slower-growth.

Walter, N., Cohen, J., Holbert, R. L., & Morag, Y. (2020). Fact-checking: A meta-analysis of what works and for whom. *Political Communication* 37(3), 350-375.

5 자동화된 팩트체크 기술 유형과 가능성

정성욱
(서울대학교 언론정보연구소 선임연구원)

1. 자동화된 팩트체크의 등장

최근 사회문제화되고 있는 가짜뉴스는 갑자기 생긴 것은 아니다. 백제 무왕이 선화공주를 얻기 위해 의도적으로 허위정보를 노래로 만들어 유포시킨 '서동요'처럼 가짜뉴스는 인류 커뮤니케이션 역사 안에서 오랫동안 존재했다. 다만 가짜뉴스가 만들어지고 확산되고 이를 수용하는 정도가 이전 사례들과는 확연히 다른 것을 발견할 수 있다. '21세기형 가짜뉴스'의 특징은 더 이상 동요나 입소문을 통해 퍼지는 것이 아니라 누구나 쉽게 이용하는 미디어 플랫폼에 '정식 기사'의 얼굴을 하고 나타나 사람들의 입맛에만 맞으면 쉽게 유통·확산된다는 데 있다. 과학 학술지 〈사이언스(*Science*)〉는 2018년 3월호에서 '온라인에서 사실 그리고 거짓 뉴스(false news)의 확산'이라는 논문을 통해 트위터에서 사실정보가 천 명 이상의 사람들에게 퍼지는 경우는 드물지만, 거짓 뉴스의 1% 정도는 최소 천 명에서 많게는 십만 명에까지 도달한다는 사실을 발표했다(Vosoughi et al., 2018). 또한 트위터에서 거짓 뉴스가 19번 리트윗 되는 데 걸리는 시간은 사실 뉴스가 10번 리트윗 되는 데 걸리는 시간보다 열 배 가까이 짧은 것으로 조사되었다

(Vosoughi et al., 2018). IT기술의 발달로 우리 생활 곳곳에 영향을 미치고 있는 소셜 미디어가 허위정보 유통의 창구로도 활용되고 있는 것이다. 마크 톰슨 〈뉴욕 타임스〉 CEO가 그의 책 〈이너프 세드(*Enough Said*)〉에서 우리의 디지털 생태계를 가짜뉴스가 유포되기 위한 최적의 환경으로 언급한 것도 이와 같은 이유에서다(Thompson, 2016).

가짜뉴스는 기만적인 특징을 가지고 있으며, 이는 다른 사람을 의도적으로 속이고자 하는 속성을 말한다(Karlova & Fisher, 2013). 특히 소셜 미디어에 담긴 허위정보들은 감정을 자극하거나, 거짓 전문가를 등장시켜 사람들의 신뢰를 얻는 등의 특징을 가지고 있으며, 사실과 다른 음모론을 전파시켜 여론을 분열시키는 등의 부작용을 낳고 있다(Waszak et al., 2018). 미국 대통령 선거나 코로나19 관련 가짜뉴스에서 확인된 것처럼 일부는 국가의 경계를 벗어나 전 세계를 떠들썩하게 하는 전 지구적 인포데믹(infodemic)으로까지 확산되었다(Alam et al., 2021). 따라서 언론의 보도뿐만 아니라, 소셜 미디어에서 퍼지는 게시물에 대해서도 팩트체크의 필요성이 강조되고 있다. 그러나 정보의 범람으로 인해 이를 사람이 일일이 체크하는 일이 어려워지고 있다.

우리나라에서만 하루 수만 건의 뉴스 기사가 제작되고 있다. 이뿐만 아니라 전 세계에서 가장 많은 이용자를 확보하고 있는 페이스북의 경우 2019년 현재 1분에 50만 개가 넘는 새 게시물들이 포스팅되고 있으며, 인스타그램에서는 한 시간에 280만 개가 넘는 새로운 게시물들이 올라오고 있다.[1] 이와 같은 상황에서 언론이 SNS에 등장하는 모든 정보를 빠짐없이 걸러내어 게이트키핑할 수 있으리라 기대하는 것은 비현실적이다. 이와 같은 현실이 자동화된 팩트체크(auto-

---

1 https://blog.microfocus.com/how-much-data-is-created-on-the-internet-each-day.

mated fact-checking) 시스템 개발을 촉진했다(Nakov et al., 2021). 가짜뉴스는 소셜 미디어를 통해 빠르게 퍼져나가지만, 동시에 빠르게 찾아내 수정하는 것 또한 디지털 기술을 이용해 가능한 시대가 되었다(Van Heekeren, 2020). 자연어 처리 기술(natural language processing)[2]이 발달된 미국에서는 인공지능 등의 디지털 기술을 활용해 팩트체크를 자동화하려는 시도가 이미 2000년대 후반부터 시작되었다(Graves, 2018).

자동화된 팩트체크 실현을 위한 계획은 크게 세 가지 분야에서 진행되고 있다. 첫 번째는 온라인이나 소셜 미디어에서 검증할 가치가 있는 주장을 자동으로 찾아내는 일, 즉 검증 대상을 자동으로 찾아내는 분야이며, 두 번째는 의심 가는 주장의 사실 여부를 자동으로 검증하는 분야다. 세 번째 분야는 이와 같은 검증 결과를 다양한 소셜 미디어는 물론 잘못된 정보나 주장에 노출된 수용자에게 즉각적으로 알리는 일을 자동으로 하는 것이다(Graves, 2018). 이처럼 검증할 주장을 자동으로 찾아서, 자동으로 사실 여부를 판별하고, 그 결과를 자동으로 수용자에게 알려주는 것이 자동화된 팩트체크 실현을 위한 세 가지 분야다. 다음 절에서는 자동화된 팩트체크 실현을 위한 연구 사례와 기술 유형에 대해서 살펴보겠다.

2. 자동화된 팩트체크의 기술 유형

자동화된 팩트체크는 그레이브스(Graves, 2018)가 언급한 것처럼 세 가지 분야에서 모두 진행되고 있지만, 특히 두 번째, 즉 사실 여부를

---

2 컴퓨터가 사람이 이야기한 내용을 알아듣고 사람들이 이해하기 쉬운 자연어 구사를 가능케 하는 기술(임희석·고려대학교 자연어처리연구실, 2020).

자동으로 검증하는 분야에서 많은 연구가 진행되고 있다. 이 절에서는 사실 여부 검증 분야에서의 자동화된 팩트체크 기술 유형에 집중해 설명하고자 한다. 자동화된 팩트체크는 알고리즘으로 구분하느냐 또는 적용하는 기술로 구분하느냐에 따라 다양한 분류 방식이 존재한다.

| 표 5-1 | 가짜뉴스 감지를 위해 사용된 방식의 분류(Potthast et al., 2017: 2에서 인용)

분류	사용된 방식	관련 논문
지식 기반 팩트체크	사실정보 추출	Etzioni et al., 2008 Magdy & Wanas, 2010
	의미론적 연결망(semantic web)	Ciampaglia et al., 2015 Shi & Weninger, 2016
맥락 기반 팩트체크	사회적 연결망 분석	Kwon et al., 2013 Mocanu et al., 2015
언어적 표현 기반 팩트체크	거짓이나 기만 탐지	Chen et al., 2015 Conroy et al., 2015
	텍스트 분류	Afroz et al., 2012 Rubin et al., 2016

포타스트 등(Potthast et al., 2017)은 사실 여부 검증 방식을 크게 세 가지로 구분했는데, 기존 사실정보를 바탕으로 사실 여부를 판단하는 '지식 기반 팩트체크', 사회 연결망을 바탕으로 잘못된 정보와 루머를 감지하는 '맥락 기반 팩트체크' 그리고 '언어적 표현 기반 팩트체크'가 그것이다(〈표 5-1〉 참조). 이하에서는 이 분류 방식에 따라 자동화된 팩트체크의 기술 유형을 소개하고자 한다.

1) 지식 기반 팩트체크

지식 기반 팩트체크의 대표적 예는 미국 인디애나 주립대학의 복잡계 네트워크 & 시스템 연구센터에서 개발한 '지식 그래프(Knowledge

Graph)'다. '지식 그래프'는 기존 지식을 이용해 의미론적 연결망(semantic web)을 만들고 이를 통해 사실 여부를 판단하는 방식이다. 이를 위해 인디애나 대학 연구팀은 먼저 지식 창고, 즉 위키피디아(Wikipedia)로부터 추출한 사실로 이루어진 문장을 '노드(node: 주어 또는 목적어)'와 '에지(edge: 서술어)'로 구분해 방대한 규모의 지식 그래프를 만들었다(Ciampaglia et al., 2015). 이에 따라 지식 그래프 연결망(network)에는 약 300만 개의 노드와 2,300만 개의 에지가 서로 연결되어 있다. 따라서 새로운 주장이 등장할 경우 이 주장을 지식 그래프에 적용하면 된다. 검증할 주장의 주어와 목적어가 지식 그래프에 서술어와 함께 존재할 때 이 주장은 사실로 기대할 수 있다. 만약 서술어가 없을 경우에는 지식 그래프 안에서 주어와 목적어를 연결하는 경로(path)가 짧을수록 사실일 확률이 높아진다(Ciampaglia et al., 2015). 경로가 짧으면 주어와 목적어가 연관성이 있기 때문에 가까운 개념일 가능성이 높고, 따라서 이 주장은 사실일 확률이 높다고 판단하는 것이다(오세욱, 2017). 예를 들어 〈그림 5-1〉에서와 같이 '다빈치가 모나리자를 그렸다'라는 주장은 지식 그래프상에 주어와 목적어 그리고 서술어가 모두 존재하므로 사실로 판별하게 된다. 하지만 누군가 '홍길동이 모나리자를 그렸다'라고 주장한다면 '홍길동'에는 '모나리자'와 연결되는 '그렸다'라는 서술어가 없을 뿐만 아니라, '홍길동'은 대한민국 관련 주제어들이 있는 지역에 존재하기 때문에 '모나리자'라는 목적어까지 도달하기에는 너무 먼 경로가 존재한다. 따라서 이 주장은 거짓으로 판별할 확률이 높아지는 것이다.

이와 같은 지식 기반 팩트체크는 데이터 기반(data-oriented)의 접근법이므로, 지식 그래프에서 사용한 위키피디아처럼 어떤 내용이 사실임이 확인된 데이터베이스가 필요하다.

지식 기반 팩트체크의 두 번째 사례는 '지식 베이스(knowledge

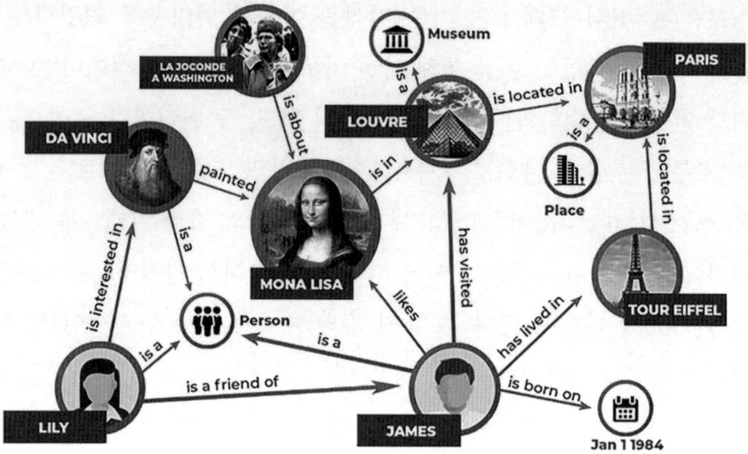

| 그림 5-1 | 지식 그래프(Knowledge Graph)

base)'를 기반으로 자동화된 팩트체크를 시도하고 있는 구글의 연구이다. '지식 베이스'란 '디비피디아(DBpedia)', '야고(YAGO)', '프리베이스(Freebase)'같이 인물이나 장소에 대한 정보 등 세상과 관련된 수백만 개의 사실을 저장하고 있는 지식 저장소를 의미한다. 다만 구글이 시도하고 있는 지식 베이스인 '지식 금고(Knowledge Vault)'는 크롤링(crawling)을 통해 웹상에 있는 지식을 대규모로 수집한다는 점에서 사람들의 자발적인 참여로 이루어진 기존의 지식 베이스와는 차별점을 가진다(Dong et al., 2014). 또한 새로이 수집된 정보의 사실 여부를 확인하기 위해 기존 지식(freebase)을 활용하고 이 과정에 자연어 처리 기술이 사용된다. 예를 들어 '오바마의 고향은 케냐이다'라는 새로운 주장이 지식 금고에 들어왔을 때, 지식 금고는 이와 같은 주장을 자연어 처리 기술을 통해 주어(S: 오바마의 고향)와 서술어(P: 이다), 목적어(O: 케냐)의 조합으로 추출하고, 이 세 가지 조합이 기존의 지식 베이스(Freebase)에 있으면(if (s, p, o) $\in$ O(s, p)) 사실로 처리한다. 문제

는 이와 같은 조합이 지식 베이스에 없을 때다. 하지만 지식 베이스에 없다고 새로운 주장을 무조건 거짓으로 판정할 수는 없다. 기존의 지식 베이스가 이 세상의 모든 사실정보를 포함하고 있는 것은 아니며 앞으로도 이는 불가능하기 때문이다. 이에 지식 금고는 이처럼 새로운 주장이 기존의 지식 베이스에 없을 때(if (s, p, o) ∉ O(s, p)) 사실 여부를 확률적으로 계산하는 머신러닝(기계학습) 모델(local closed world assumption, path ranking algorithm 등)을 통해 결정하는 확률적 추론 시스템을 특징으로 하고 있다(Dong et al., 2014).

2) 맥락 기반 팩트체크

맥락 기반 팩트체크는 확인 안 된 루머를 올린 소셜 미디어 사용자의 특성, 이와 같은 특성을 연결한 사회적 연결망 또는 가짜뉴스의 확산 경로와 패턴 같은 정보의 확산 과정을 파악해 자동화된 사실 검증을 실현하는 기술이다. 구체적으로 루머와 진실의 전파 패턴이 시간의 흐름에 따라 다르게 나타나는 경향을 분석한 연구를 들 수 있다(Kwon et al., 2017). 루머는 진위가 판별되기 전까지 지속적으로 전파되는 경향을 보이지만, 진실은 한 번의 대규모 전파 이후 소셜 미디어에서 거의 언급되지 않는 특징이 나타나는데(Kwon et al., 2017), 이는 앞서 언급한 〈사이언스〉의 논문과 유사한 결과다. 또한 루머는 인지도가 낮은 SNS 이용자들로부터 시작해 팔로워(follower)가 많은 영향력자로 전파되는 네트워크 구조를 가진다는 특징도 나타났다(Kwon et al., 2017). 이와 같은 현상은 정치 관련 루머에서 더욱 확실하게 나타나는데 이는 팔로워 수가 많은 유명인이나 정치인이 루머 전파에 참여해 신뢰를 잃을 수도 있는 행동을 피하려 들기 때문으로 해석할 수 있다. 위의 연구에 따르면 이와 같은 전파 구조를 학습한 머신러닝을 통해 루머 판별력이 85% 가까이 도달한 것으로 나타났다.

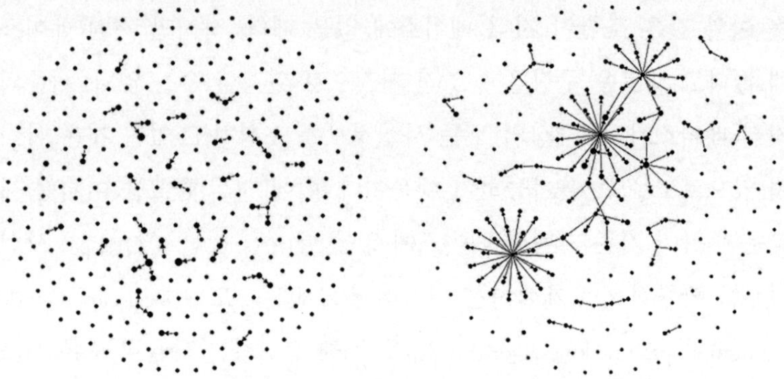

| 그림 5-2 | 루머와 사실이 네트워크상에서 전파되는 특성. 오른쪽은 '데오드란트는 암을 유발할 수 있다(루머)', 왼쪽은 '존 하트슨이 뇌암을 앓고 있다(사실)'. 루머는 더 많은 개체 수가 작은 커뮤니티를 중심으로 산발적인 확산을 보인 반면 사실은 적은 개체 수가 고도로 연결된 채 확산되는 모습을 보였다(Kwon et al., 2017: 7에서 인용).

소셜 미디어 사용자의 특성을 이용해 팩트체크를 시도한 논문으로는 안토니아디스 등(Antoniadis et al., 2015)의 연구를 들 수 있다. 그들은 태풍이나 지진 같은 재난 상황 시 트위터에서 퍼져나가는 잘못된 정보를 찾아내기 위해 다양한 메시지에 대해 광범위한 분석을 실시했다. 이들의 연구방법을 살펴보면 거짓 내용을 담고 있을 확률이 높은 트윗의 특징을 세 가지 범주로 나누었는데, 그 첫 번째 범주에 트윗 작성자와 관련된 특성, 즉 트윗 작성자의 팔로워와 팔로잉(following) 수 그리고 팔로잉 수 대비 팔로워 수의 비율 등이 포함된 것을 확인할 수 있다. 권세정 등(Kwon et al., 2017)의 연구에서도 트위터에서 퍼져나가는 잘못된 정보를 찾아내기 위해 관련 변인들을 네 가지 특성으로 분류했는데, 역시 팔로워와 팔로잉 같은 변인들이 포함되었다.

또한 SNS상의 잘못된 정보를 페이스북 사용자들의 연결망을 통해 확인하려는 연구도 맥락 기반 팩트체크 기법의 사례에 해당한다(Tacchini et al., 2017). 소셜 미디어 사용자들은 관심 있는 커뮤니티에 모이는 경향이 있는데 이를 통해 확증 편향이 강화된다. 따라서 특정 포스트나 커뮤니티를 좋아하는 사용자들을 연결하다 보면 그 포스트의 성향을 알 수 있게 된다는 것이다. 또한 어떤 집단에서 뉴스를 공유했는지를 보고 가짜뉴스 여부를 판별하는 연구도 맥락 기반 팩트체크 사례에 해당된다(Kim et al., 2019). 가짜뉴스에 '좋아요'를 누르고 가짜뉴스를 서로 퍼 나르는 동질성(homogeneity)이 높은 집단 간에서만 뉴스가 공유되었다면 해당 뉴스는 가짜뉴스일 확률이 더 높다고 이 연구는 판단했다.

베시 등(Bessi et al., 2015)은 페이스북에서 과학 관련 뉴스와 음모론적 뉴스(conspiracy news)가 소비되고 커뮤니티를 형성하는 방식을 비교 연구했다. 분석 결과 음모론적 뉴스를 다루는 페이지 이용자들은 과학과 관련된 페이지에 업로드되는 게시물의 정보는 무시하는 반면, 그들이 운영하는 페이지에 올라온 게시물에는 더욱 집중하거나 그 게시물들을 확산시키는 데에 관심을 가졌음을 알 수 있었다. 타치니 등(Tacchini et al., 2017)은 또한 페이스북상에서 '좋아요'를 누른 이용자들을 '잘못된 정보에만 좋아요 버튼을 누른 이용자', '사실정보에만 좋아요 버튼을 누른 이용자' 그리고 '사실과 잘못된 정보에 모두 좋아요 버튼을 누른 이용자' 등 3개의 범주로 나누어 분석했다. 그 결과 '잘못된 정보에만 좋아요 버튼을 누른 이용자'가 74.7%로, '사실정보(21.3%)' 그리고 '사실과 잘못된 정보 모두(5.0%)'에 비해 압도적으로 높은 비율을 보였다. 잘못된 정보에 '좋아요'를 누른 이용자는 사실정보보다 또 다른 잘못된 정보에 '좋아요'를 누른 경우가 더 많았기 때문이다. 따라서 잘못된 정보에만 '좋아요'를 누른 이용자가 새로 올라온 게시물에 또 '좋아요'를 눌렀다면 앞서와 같은 이유로 해당 게시물은 잘못된 정보일 가능성이 매우 높아진다. 실제로 타치니 등(Tacchini et al., 2017)은 댓글과 같은 페이스북 게시물에 대한 이용자의 반응을 바탕으로 해당 내용의 거짓 여부를 판별할 수 있다고 주장했다. 이들의 연구는 이와 같은 판별 방식을 학습한 알고리즘(logistic regression)을 바탕으로 전체 데이터의 1%(150개의 게시물)만으로 구성된 트레이닝 데이터(training data)를 통해서도 판별 정확도가 75%를 넘어섰음을 보여주었다.

다만 맥락적인 방식의 사실 여부 판단은 해당 뉴스의 전파 경로를 분석할 수 있을 만큼 확산이 충분히 이루어진 뒤 가능하기 때문에, 해당 뉴스에 대해 실시간으로 사실 여부를 판단하기는 힘들다. 또한 뉴스가 여러 문장으로 이루어져 있으면 어느 문장이 허위정보인지 알 수 없는 것도 단점으로 꼽히고 있다.

3) 언어적 표현 기반 팩트체크

언어적 표현법을 기반으로 한 팩트체크는 텍스트에서 특징을 추출하고 이를 기반으로 잘못된 정보를 감지하는 기법(style-based fake news detection)이다. 따라서 이 기법은 텍스트에서 가짜뉴스를 판별하는 데 도움이 되는 특징, 즉 왜곡이나 위조의 속성 그리고 이와 같은 속성이 텍스트 안에서 표현되는 정도를 추출하고 분석해 이를 바탕으로 잘못된 정보 여부를 감지해내는 것이다(Potthast et al., 2017). 언어를 통해 속임이나 기만을 감지하는 것은 범죄 과학 수사에서 시작되었다. 이는 인간이 스스로 경험한 사건에 대한 기억과 표현은 가상의 사건을 기억하고 표현하는 방식과 다르다는 것에 기반한다(Undeutsch, 1967). 따라서 허위정보도 진실이 아니라는 점에서 표현이나 이야기를 서술하는 방식에 있어 사실정보와 차이가 있을 것이라는 점을 가정하고 있다. 루빈 등(Rubin et al., 2016)은 합법적 뉴스와 풍자(satire) 뉴스를 구별하는 것처럼, 잘못된 정보를 감지하는 데 있어 이와 같이 언어적 표현법에 기반한 방식을 실제로 시도해보았다. 즉 언어 패턴,

관심사, 글 전체의 정서 그리고 미사여구 사용 정도 등을 자연어 처리 기술을 통해 기계적으로 감지한 후 머신러닝을 통해 풍자 뉴스와 합법적인 뉴스를 어느 정도까지 구별할 수 있는지를 분석한 것이다. 구체적으로 언어적 표현법과 관련된 변인으로 모순, 유머 정도, 문법적 특이성, 부정적 영향 그리고 문장 부호 사용법 같은 특징(feature)을 사용해 80%가 넘는 민감도(recall)를 가지고 풍자 뉴스를 감지해낼 수 있었다. 이처럼 언어적 표현법을 기반으로 한 팩트체크를 위해서는 텍스트를 분석해 가짜뉴스로 분류가 가능하도록 만드는 언어적인 특징을 추출해야 한다. 따라서 텍스트가 충분한 길이를 확보해야 가짜뉴스 판단의 정확성을 확보할 수 있어 문장 단위보다는 뉴스 기사 단위의 분석에 더 유용하다.

언어적 표현 기반 팩트체크는 어떤 뉴스가 더 지속적으로 확산될 것인지를 예측하는 데도 유용하게 사용되고 있다. 이는 루머 내용의 자극성 때문으로, 파동이론을 바탕으로 트위터에서 루머가 확산되는 방식을 규명한 연구에서 루머가 자극적일수록 댓글이 많았으며, 더 지속적으로 확산된다는 분석 결과가 나왔다(홍주현·윤해진, 2014).

1절에서 언급한 그레이브스(Graves, 2018)의 자동화된 팩트체크 실현을 위한 세 가지 분야 가운데 가장 큰 성공은 사실 여부를 자동으로 검증하는 분야가 아닌 검증 대상을 자동으로 찾아내는 분야에서 달성되었다. 이 분야에서의 성공은 자연어 처리 기술과 머신러닝을 이용한 내용 분석을 통해 이루어낼 수 있었는데, 이를 통해 검증 대상 주장을 식별하고 우선순위를 정했다. 대표적으로는 구글 리서치 팀이 미국의 텍사스, 듀크, 스탠퍼드 대학 연구진과 함께 개발한 '클레임버스터(ClaimBuster)'가 있다. 이들 연구진은 역대 대선 토론에 나온 발언들을 세 가지 카테고리로 분류하는 작업을 먼저 시작했다. 구체적으로, 사실적 주장을 포함하지 않는 문장(Non-Factual Sentence,

| 표 5-2 | CNN에 의해 검증된 주장에 대한 클레임버스터의 수행 결과(Hassan et al., 2015: 5에서 인용)

Claim	Associated sentence(s) [From TextGrabber]	Score
1	Part of this iranian deal was lifting the international sanctions on general sulemani.	0.415
2	I would go on to add → you don't favor → I have never said that.	0.511
3	A majority of the candidates on this stage supported amnesty.	0.295
4	Timely the medicaid is growing at one of the lowest rates in the country.	0.534
4	We went from $8 billion in the hole to $5 million in the black.	0.773
5	And the mexican government is much smarter, much sharper, much more cunning and they send the bad ones over because they don't want to pay for them.	0.215
6	[Not found in the transcript]	N/A

주: 위 6문장의 평균 스코어는 0.457로, CNN에 의해 검증되지 않은 주장의 평균 스코어인 0.262보다 높은 것으로 나타났다.

NFS), 사실적 주장을 포함하지만 대중들이 사실 여부에 관심이 없는, 따라서 검증할 가치가 없는 문장(Unimportant Factual Sentence, UFS) 그리고 검증할 가치가 있는 사실적 문장(Check-worthy Factual Sentence, CFS)으로 발언들을 분류하면 '클레임버스터'가 이들 문장에 대해 감정(sentiment), 단어의 개수(length), 품사(part of speech tag), 독립체의 종류(entity type) 등 6,000개가 넘는 특징들(features: 통계의 독립변인에 해당함)을 가지고 0(CFS일 가능성이 낮음)에서부터 1(CFS일 가능성이 높음)까지의 점수, 즉 〈표 5-2〉의 Score처럼 나타내는데 이를 계산하는 과정에 머신러닝이 사용된다. 즉 언어 및 언론 분야 전문가가 대선 TV토론에 등장한 20,788개의 문장을 3개의 카테고리로 분류하면(ground truth), 이를 기계가 학습하여 새로운 주장이 제기되었을 때 0에서부터 1까지의 점수로 계산해 1에 가까울수록 검증할 가치가 있는 사실적 문장(CFS)으로 예측하는 방식이다(Hassan et al., 2015). 즉 "클레임 버스터의 목표는 누군가의 주장이 검증할 가치가 있는 사실적 문장인지 여부를 점수로 알려주는 것이다"(Hassan et al., 2015: 3). 하지만 이와 같은 시스템은 단순한 서술문만을 식별할 수 있으며, 암시적 문장이나 (인간은 쉽게 이해할 수 있는) 복잡한 문장 속에 들어가 있는 사실적 주장을 놓치는 한계를 드러냈다(Adair et al., 2017; Graves, 2018). 최근에는 스페인어를 대상으로, 음성을 듣고 이를 텍스트로 옮긴 다음에 검증할 만한 주장인지를 인공지능을 통해 감지하는 '클레임헌터(Claim Hunter)'라는 시스템도 개발되었다.

4) 메시지 vs 메신저

포타스트와 동료들은 이처럼 자동화된 팩트체크를 실현하기 위한 기술적 방법을 크게 세 가지 분야로 분류했지만, 메시지(message) 내용과 메신저(messenger)의 특성 가운데 무엇을 가지고 검증했느냐에 따라 크게 두 가지로 분류하는 것도 가능하다. 첫 번째는 메시지, 즉 내용(텍스트) 분석에 초점을 맞춰 사실 여부를 검증하는 방법이다. 앞에서 언급한 지식 기반 팩트체크 또는 언어적 표현법을 기반으로 한 팩트체크가 여기에 해당한다. 두 번째는 내용(텍스트)이 아닌 메신저, 즉 잘못된 정보를 올린 사람의 특성이나 이와 같은 특성을 연결한 사회적 연결망 또는 이와 같은 특성이 유발하는 차이점 등을 통해 사실 여부를 검증하는 방법이다. 앞에서 언급한 맥락 기반 팩트체크가 여기에 해당한다.

정성욱과 이준환(2019)은 자동화 팩트체크의 대상을 국내 소셜 미디어 환경과 한글로 작성된 데이터(트윗)로 확장시킨 최초의 연구를 시도했는데, 이 연구도 맥락 기반 팩트체크에 해당한다. 트위터에 올라온 3,017개의 트윗을 대상으로 거짓정보 판별을 위해 메신저의 특성을 포함하는 네 가지 변인군(群)을 가지고 로지스틱 회귀 분석을 실시했다. 분석 결과, 네 가지 변인군 모두 통계적으로 유의미한 영향을 갖는 것으로 나타났다. 특히, 기존에 '거짓(혹은 사실) 트윗에 좋아요'를 누른 사용자와 관련된 변인군이 가장 큰 영향력을 미치는 것으로 분석되었다. 또한 머신러닝을 통해서 거짓정보를 담고 있는 트윗을 찾아내는 비율, 즉 민감도(sensitivity)를 얼마나 높일 수 있을지 알아보았다. 분류 모델을 대표하는 로지스틱 회귀 모델을 통해 민감도를 69%까지 증가시켰으며, 의사결정나무를 통해서는 73%까지 거짓정보 트윗을 찾아내는 성과를 올렸다. 이는 통계적 방법(위계적 로지스틱 회귀 분석)을 사용했을 때보다 머신러닝을 사용했을 때 각각 14%p와 18%p 향상된 수치였다.

지금까지 언급한 자동화된 팩트체크 기술 유형은 거의 모두 머신러닝과 알고리즘 등을 적용해야 사실 여부 검증이 가능하다. 반면, 주장의 사실 여부를 기존의 팩트체크 결과를 이용해 검증하는 방식도 효과적인 것으로 알려지고 있다(Graves, 2018). 구글과 듀크 리포터스랩(Duke Reporters' Lab)은 이미 검증한 주장과 새롭게 검증할 주장의 일치 여부를 빠르게 비교할 수 있도록 팩트체크 뉴스를 더욱 쉽게 데이터베이스화하는 '클레임리뷰(Claim Review)'를 개발했다. 전 세계 160여 개의 팩트체크 기관 가운데 거의 절반에 가까운 기관들이 반복적으로 동일한 허위정보를 유포하는 상습범들에 대처하기 위해 내부적으로 이와 같은 방식을 사용하고 있다(Lim, 2019). '클레임리뷰'는 팩트체크 뉴스를 작성한 기자들이 검증된 주장의 내용, 누가 그와 같은 주장을 했는지 그리고 검증 결과 등을 구글 양식에 따라 작성만 하면 검색 가능한 데이터베이스를 효과적으로 만들어주는 시스템이다(Lim, 2019). 다만 새롭게 검증할 주장이 이미 검증된 주장 목록에 존재하는지를 찾는 이 시스템은 해결해야 할 장애물을 가지고 있다.

자연어 처리 기술의 경우 기존 서술문과 유사한 변종은 쉽게 골라낼 수 있지만, 다른 말로 바꾸어 표현된 문장은 아직도 커다란 도전이다. 그 결과 기존에 검증한 주장과 일치하는 것으로 예측하는 비율이 증가할수록 반대로 정확성은 떨어지는 교환(trade-off)의 문제가 자주 발생하고 있다(Graves, 2018).

3. 사실 여부 판별 과정에 사용되는 알고리즘 유형

머신러닝, 데이터 마이닝, 딥러닝과 같이 데이터를 기반으로 한 문제 처리 방식이 최근 정보 자체의 규모가 크고 복잡해짐에 따라 정치, 경제, 산업, 의료, 국방 등 다양한 분야에서 주목받고 있다. 디지털 기술과 소셜 미디어가 발달해 규모를 가늠할 수 없을 정도로 데이터 자체의 양이 많아지면서 인간이 직접 분석하는 것이 거의 불가능해졌기 때문이다. 데이터 마이닝(data mining)은 '통계학 관점'에서 특정 데이터 속의 구조적 패턴 및 속성을 찾아내 유용한 정보를 추출하는 것이 목적이다(Witten et al., 2016). 이에 반해 머신러닝은 기존 데이터를 가지고 머신러닝 모델을 학습시키면서 최적의 알고리즘과 '파라미터(parameter)'를 '컴퓨터 과학' 관점에서 선택한 후 이를 바탕으로 새로운 데이터가 입력될 경우, 새로운 데이터의 특징을 찾아 대상을 분류하거나, 값을 예측하는 데 목적이 있다는 점에서 데이터 마이닝과 구별된다(Marsland, 2015).

많은 사람이 SNS를 통해 루머와 허위정보 등을 쉽게 접할 수 있게 되면서, 이것이 정보 수용자들의 합리적인 의사 결정에 장애물이 되고 있다. 하지만 사회과학 분야에서 다루는 통계적 접근법만으로 매일 새롭게 포스팅되어 퍼지는 방대한 양의 데이터에 대한 사실 여부를 정확하게 그리고 빠른 시간 안에 판별하기에는 현실적인 어려움이 있다. 1절에서 언급한 것처럼 인공지능 등의 디지털 기술을 활용해 팩트체크를 자동화하려는 이유다.

자동화된 팩트체크를 실현하기 위해서는 앞에서 살펴본 자연어 처리, 메신저의 특성 추출, 사회적 연결망 파악 같은 기술을 머신러닝과 함께 사용해야 한다. 잘못된 정보를 소셜 미디어에 올린 메신저의 특성을 추출해 이와 같은 특성을 머신러닝을 통해 학습하도록 한 뒤 이와 유사한 특성을 가진 메신저가 올린 정보는 잘못된 정보로 분류하기 위한 것이다.

머신러닝은 데이터를 어떻게 학습하느냐에 따라 크게 두 가지 유형, 즉 지도 학습과 비지도 학습으로 나눌 수 있다. 지도 학습은 문제의 정답이 주어지고, 머신러닝 모델에 이를 학습시키는 방식이다. 반면 비지도 학습은 모델 학습 단계에서 정답 없이 데이터만 가지고 학습하는 방식이다. 따라서 정답을 예측하는 것이 목표가 아니라 데이터 사이에 존재하는 패턴이나 규칙을 찾는 것이 목표일 때 사용되는 기법이다. 그리고 지도 학습은 다시 두 종류의 문제를 해결하기 위해 사용된다. 즉, 분류와 회귀 문제다. 자동화 팩트체크는 사실정보로부터 허위정보를 분류하는 것이 목표이기 때문에 지도 학습 가운데 분류 문제를 해결할 수 있는 알고리즘이 사용된다. 이와 같은 분류 알고리즘을 통해서는 2초도 안 되는 시간 안에 뉴스의 사실 여부 판별이 이루어져 실시간으로 잘못된 정보를 찾아내는 데 적합한 것으로 분석되었다(Antoniadis et al., 2015). 이하에서는 분류 문제에 사용되는 기초적인 알고리즘들을 살펴보겠다.

1) kNN(k-Nearest Neighbors algorithm) 모델

kNN 모델은 분류 모델 중 가장 직관적이고 단순한 지도 학습 모델

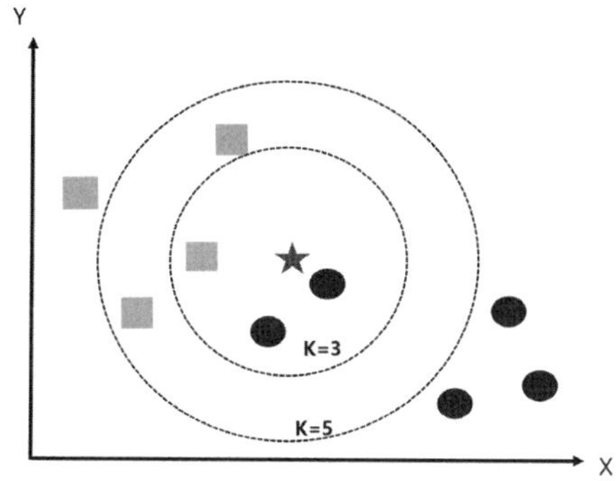

| 그림 5-3 | kNN 분류 모델의 사례

중 하나다(Zhou, 2021). kNN의 기본적인 개념은 새로운 데이터가 어느 그룹에 속하는지 분류하기 위해 그 데이터의 가장 가까이에 있는 데이터가 속한 그룹을 알아보는 것이다. 이를 위해 먼저 레이블(label)된 학습 데이터들의 특성을 정량화한 후 좌표 공간에 표현하는 작업이 필요하다. 만약 특성(변인)이 2개이면 2차원 평면에 각 학습 데이터가 위치하게 된다. kNN의 핵심 알고리즘은, 만약 어느 그룹에 속하는지 알고 싶은 새로운 데이터가 있다면 그 데이터를 중심으로 가상의 원을 n개의 데이터가 발견될 때까지 확장하고 n개의 데이터 중 가장 많은 데이터가 속해 있는 그룹을 새로운 데이터의 그룹으로 정하는 방법이다. 즉 kNN에서의 k는 새로운 데이터가 속한 그룹을 알아내기 위해 인접 데이터를 k개만큼 찾겠다는 뜻이다. 예를 들어 〈그림 5-3〉과 같이 2차원의 평면에 데이터가 존재한다고 가정하고, k=1인 경우, 새 데이터, 즉 별 표시가 동그라미와 네모 중 어느 그룹에 속하는지 알기 위해 별을 중심으로 가상의 원을 확장해가다가 첫 번째 데이터, 즉 동그라미가 발견되면 별을 동그라미 그룹에 속하는 것으로 결정하는 것이다. 같은 방법으로 k=3일 때 별에 가장 가까이 있는 3개의 데이터 가운데 동그라미가 2개, 네모가 1개이므로 별

을 동그라미 그룹에 속하는 것으로 결정한다. 이처럼 의사 결정을 해야 하기 때문에 k는 항상 홀수를 선택해야 한다. 만약 k=5일 경우는 별에 가장 가까이 있는 5개의 데이터가 네모 3개, 동그라미 2개이므로 별이 속하게 되는 그룹은 네모가 된다.

소셜 미디어에 게시된 어떤 댓글 내용의 사실 여부 판별 또한 '사실' 혹은 '거짓' 두 가지 범주로 예측하는 것이므로, kNN 알고리즘을 그대로 적용할 수 있다. 이와 같이 데이터와 적용할 알고리즘이 정해지고 나면 머신러닝 모델이 입력 데이터를 가지고 컴퓨팅 리소스를 이용해 학습하는 과정이 이루어진다. 머신러닝에서 데이터는 크게 3종류가 있는데, 훈련 데이터(training data), 검증 데이터(validation data) 그리고 테스트 데이터(test data)다. 먼저 훈련 데이터는 모델을 학습시키기 위해 필요하다. 다음으로 검증 데이터는 이와 같은 학습이 얼마나 잘되고 있는지를 확인하고 모델에 맞는 최적의 파라미터를 선택하기 위해 필요하다. 마지막으로 테스트 데이터는 이름 그대로 만들어진 모델의 예측 성능을 평가하기 위해 필요하다. 이와 같이 세 가지 데이터로 나누는 비율의 결정은 각 연구자에게 달려 있지만, 훈련 데이터, 검증 데이터, 테스트 데이터를 5:2.5:2.5 또는 6:2:2로 나누어 사용하는 방식이 가장 보편적이다(Marsland, 2015).

2) 로지스틱 회귀 모델(Logistic Regression)

로지스틱 회귀 모델은 머신러닝 모델 중 가장 기본이 되는 모델로, 그래프의 모양이 알파벳 'S'자와 닮은 로지스틱 함수를 이용해 종속변인을 '0'과 '1' 두 가지 범주로 분류하는 데 두드러진 장점이 있는 알고리즘이다(조태호, 2022). 예컨대 금융 기관에서 다양한 데이터를 분석해 대출을 신청한 사람이 대출금을 문제없이 상환할 수 있을지 여부를 예측하거나, 식품 업체 마케팅 부서에서 타깃 소비자의 광고 시청 여부 또는 소득, 자녀 수 등의 정보를 통해 자사 제품을 구매할 가능성을 예측하는 경우 등에 사용될 수 있다. 이 절에서 목표로 하는 사실 여부 판별 또한 두 가지 범주로 예측하는 것이므로 로지스틱 회귀 모델 알고리즘을 적용하는 것이 가능하다.

로지스틱 회귀 모델은 통계의 선형 회귀 분석과 마찬가지로 회귀식을 결정하는 회귀계수(β)를 구하는 것으로 시작하며, 최대가능도 추정법(maximum likelihood estimation)을 사용해 회귀계수를 구한다. 회귀계수가 구해지면, 아래와 같은 공식 (1)을 통해 '잘못된 정보(Y=1)'일 확률을 구할 수 있게 된다.

$$\Pr(Y=1) = \frac{1}{1+e^{-(\beta_0+\beta_1\chi_1+\beta_2\chi_2+\ldots+\beta_p\chi_p)}} \tag{1}$$

로지스틱 회귀 모델을 이용한 머신러닝에서는 예측 결과에 큰 영향을 미칠 수 있는 파라미터 2개가 있다. 자동차에서 성능을 높이기 위해 튜닝을 하는 것처럼 머신러닝에서는 파라미터를 조정해 모델의 성능을 높일 수 있다. 2개의 파라미터는 페널티(penalty)와 C(inverse of regularization strength: 규제 강도의 역수)이다. 먼저 페널티는 학습 과정에서 발생할 수 있는 가장 큰 문제인 과적합(overfitting)을 막기 위해 벌칙을 준다는 의미로, 이와 같은 과적합을 피하고 일반성을 가질 수 있도록 하는 기법을 정규화(regularization)라고 한다(오승환, 2021). 정규화에는 L1 정규화와 L2 정규화가 대표적이다. C란 이와 같은 학습을 통한 과적합을 막기 위해 모델에 패널티를 주는 강도를 결정하는 것이며, 패널티를 강하게 주기 위해서는 작은 숫자(예를 들어 C=1e6)를 수치로 입력해야 한다. 또한 이 절처럼 종속 변인이 2개의 범주로 나뉘는 경우 공식 (1)을 통해 나온 확률값에 대해 잘못된 정보와 사실 정보로 분류하기 위한 기준점이 필요한데, 이 기준점이 바로 컷오프다. 예를 들어 컷오프 수치를 0.4로 설정했다면 확률값이 0.4 이상일 경우 그 메시지(또는 댓글)를 '잘못된 정보'로 판별하게 된다.

테스트 단계에서는 이렇게 학습된 모델을 테스트 데이터에 적용해 종속 변인의 값이 'Y=1(잘못된 정보)'에 속할 확률을 예측함으로써 모델의 타당성을 검증하게 된다. 모델의 구체적인 성능은 보통 혼동행렬(confusion matrix)을 사용해 평가한다.

3) 의사결정나무(Classification and Regression Tree, CART)

의사결정나무는 실무적으로 가장 많이 사용되는 머신러닝 분류 알고리즘 가운데 하나로(김의중, 2016), 모형이 마치 나뭇가지에서 새로운 가지가 생겨나고, 가지에서 잎들이 나오는 형태와 비슷해 붙여진 이름이다. 과거 진료 기록을 토대로 환자의 질병 감염 가능성을 예측하거나, 카드 지출 방식 등을 통해 대출 신청자의 신용을 평가하는 것 등이 대표적인 적용 사례가 될 수 있다. 사실 여부 판별 또한 두 가지 범주로 예측하는 것이므로 의사결정나무 알고리즘을 적용하는 것이 가능하다.

의사결정나무의 기본 개념은 마치 스무고개 게임같이 질문과 답을 통해 대상을 좁혀가며 결과를 예측해가는 것이다(Marsland, 2015). 스무고개 게임의 규칙이 최소한의 질문으로 정답을 맞혀야 하는 것처럼 의사결정나무 또한 앞서 말한 가지와 잎이 별로 없는, 즉 의사결정 노드(node)의 수를 최소화하는 것이 좋다. '노드'란 상황을 분류하는 부분, 즉 분기점으로 노드가 적을수록 뿌리(root)에서 이파리(leaf)로 가는 경로가 짧아져 신속한 판단이 가능하기 때문이다.

의사결정나무의 각 노드에서 데이터를 분류하는 변인을 선택할 때에는 가장 효과적으로 분류할 수 있는 데이터의 특성 혹은 변인을 선택해야 하며, 이 부분에 의사결정나무의 핵심 알고리즘이 존재한다고 볼 수 있다.

Gini Index:

$$I(A)=\sum_{i=1}^{d}\left(R_i\left(1-\sum_{k=1}^{m}p_{ik}^2\right)\right) \tag{2}$$

d: 의사결정 노드의 개수

P_{ik}: i번째 의사결정 노드에서 class k에 속하는 경우의 비율

각 노드에서 데이터는 지니 계수(Gini Index)와 정보 획득(information gain) 개념을 기준으로 분류된다. 이때 분류 전과 후 지니 계수의 차이를 가장 크게 만드는,[3] 즉 정보 획득이 가장 많아지는 데이터 특성 또는 변인이 선택되어야 한다. 이러한 결정을 위해서는 학습 과정에서 모든 속성에 대한 측정이 필요하다. 따라서 각 노드에서 분류가 이루어진 뒤에도 지니 계수가 낮아지지 않는 데이터 구조를 가지고 있는 경우는 앞서와 같은 이유로 적절한 분석이 어려울 수 있다. 또한 의사결정나무는 한 번에 한 변인만을 다루기 때문에 변인들 사이의 상호작용 효과를 분석할 수 없다. 그러나 이러한 한계에도 불구하고 의사결정나무는 변인의 선택과 제거가 자동으로 실행되며 통계적 모델의 가정을 필요로 하지 않는다는 점, 무엇보다 이해하기 쉽고 사용이 간편하다는 점에 큰 장점이 있으며, 이로 인해 앞으로 사회과학 연구 분야에서 그 활용 범주가 더욱 넓어질 것으로 기대되고 있다(Kelleher et al., 2015).

의사결정나무에서도 결정해야 할 파라미터들이 많이 있지만 가장 중요한 파라미터 중 하나인 최소 분류 샘플 개수(min samples split),

3 정보가 편중될수록 지니 계수는 낮아지고 따라서 정보 획득도 증가한다.

즉 각각의 노드에서 분기하는 데 필요한 최소 샘플 개수(예를 들어 데이터가 트윗이라면 트윗 개수)와 최대 깊이(max depth), 즉 최대 끝마디 노드(terminal node)의 개수를 설정하는 게 중요하다. 마지막 단계는 로지스틱 회귀 모델과 마찬가지로 컷오프 값을 정해 잘못된 정보와 사실 정보로 구분하는 작업이다. 이후 테스트 데이터를 통해 예측 성능을 평가하고, 구체적인 성능 평가는 역시 혼동 행렬을 사용하면 된다.

4. 딥러닝을 이용한 최근 연구 동향

지금까지 살펴본 것처럼 초기 자동화된 팩트체크 연구에서는 사실 여부 판정을 위해 근거를 찾는 과정은 없었다. 주장과 관련된 메타 데이터나 피상적인 특징들에 의존해 검증을 수행한 경우가 많았다. 예를 들어 소셜 미디어 게시물에 대한 사실 여부를 검증하는 대부분의 머신러닝 모델에서는 소셜 미디어 사용자의 특별한 특징들(팔로워 또는 팔로잉 수 등)이나 게시물이 올라온 날짜 같은 메타 데이터 또는 동사의 형태, 어휘나 구문의 특징에 의존해 판별이 이루어졌다. 판정의 근거를 고려하지 않는 이러한 검증 방식은 머신러닝이 훈련 중에 학습된 편향을 전파할 수도 있고, 판정에 사용된 근거 문장이 없으므로 사실 여부 판정의 정당한 이유를 설명하는 것 또한 불가능했다. 그리고 이처럼 주장의 맥락을 고려하지 않고 주장의 피상적인 내용이나 특징에만 의존함으로써 정교하게 만들어진 잘못된 정보에 대해서는 사실 여부를 판별하는 데 어려움을 겪었다. 자연어 처리 기술이 발전할수록 이와 같은 문제들은 더욱 심화되어 기계에 의해 발생된 텍스트들이 때때로 인간에 의해 작성된 텍스트보다 더욱 신뢰성 있는 콘텐츠로 여겨지기도 했다. 이와 같은 방식에 의한 진실성 검증은 근거

자료 없이 이루어졌기 때문에 엄밀히 말하면 인간에 의한 최종 판정 이전의 예비적인 판정으로 간주되어야 할 것이다.

앞서 살펴본 지식 그래프에서 노드(주어 또는 목적어)와 에지(서술어)로 표현되는 주장의 사실 여부 판정은 그래프상에서 노드와 에지의 배치를 보고 이루어진다(Ciampaglia et al., 2015). 그러나 그래프상의 배치는 타당성의 지표가 될 수는 있지만, 결정적인 근거를 제시하는 것은 아니다(Guo et al., 2021). 어떤 주장이 그래프에서 경로로 표시되지 않거나 있을 법하지 않은 경로로 표시된다고 하더라도 그 주장이 반드시 거짓인 것은 아니기 때문이다. 지식 그래프는 주장과 관련 있는 사실적 문장은 그래프상에 존재한다고 가정한다. 하지만 가장 큰 지식 베이스를 바탕으로 만들어진 지식 그래프라고 하더라도 이 세상의 모든 지식을 포함할 수는 없기 때문에 이와 같은 가정은 현실적이지 않다.

이와 같은 이유로 2010년대 후반부터 인공지능 모델을 훈련시키기 위해 만들어진 데이터 세트들은 (1) 주장과 (2) 근거 문장 그리고 (3) 판정 결과(레이블) 등 세 가지 요소를 가지고 하나의 데이터를 구성하는 경우가 많아졌다(Hanselowski et al., 2019; Jiang et al., 2020; Schuster et al., 2021; Wadden et al., 2020). 대표적인 예가 FEVER 데이터 세트다(Thorne et al., 2018). 이와 같은 데이터 세트를 가지고 인공지능 모델을 훈련시킬 경우 이제 주장 검증은 확률적 추론[4] 시스템에 의지하는 것이 아닌 근거 문장이 주장을 지지하는지 혹은 반박하는지를 예측하는 RTE(Recognizing Textual Entailment. Bowman et al., 2015; Dagan et al., 2010)의 한 형태로 발전하게 된다. 지금까지와는 다른 방향의 연

4 불확실성을 수치적인 확실도로 나타낸 지식이나 사실을 사용해서 결론을 얻는 추론 방법. 추론에 사용하는 지식이나 사실이 불확실하면 결론도 불확실성을 수반하게 된다.

구, 즉 자동화된 팩트체크 방식에도 인간에 의한 검증 방식과 유사하게 근거를 찾아 사실 검증을 하는 연구가 시작된 것이다.

자연어 처리 연구 분야에서 RTE는 자연어 추론(natural language inference)의 성능을 알아보기 위한 서브 태스크 중 하나다. 자연어 추론이란 '전제(premise)'가 주어지면 '가설(hypothesis)'이 참인지 거짓인지 또는 중립인지 판별해내는 과제를 의미한다. 자연어 추론에서 가장 많이 사용하는 SNLI(Stanford Natural Language Inference) 데이터 세트에는 참이면 'entailment(포함)', 거짓이면 'contradiction(모순)', 중립이거나 알 수 없다면 'neutral'이라는 문자열로 정답(label)이 설정되어 있다.

자동화 팩트체크 모델이 근거 문장을 하나만 찾았다면 주장 검증은 RTE를 통해 바로 실행될 수 있다. 하지만 연구를 위해 만들어진 간단한 명제가 아닌, 인간에 의한 실제 주장을 검증하기 위해서는 추론 과정이 필요하고 여러 근거 문장을 함께 고려해 사실 여부를 판단해야 한다. 이를 해결하기 위한 방법 중 하나는 여러 근거 문장을 단일 문자열로 연결해 하나로 취급하는 것이다(Luken et al., 2018). 그런 다음 그 증거가 해당 주장을 지지하는지 반박하는지 Textual Entailment 모델을 통해 결정한다.

이처럼 '주장'과 '근거'의 관계를 참, 거짓, 판단 불가라는 세 가지 카테고리로 분류하는 과정에 딥러닝을 이용해 분류 정확도를 획기적으로 높인 버트(Bidirectional Encoder Representations from Transformers, BERT) 모델이 2018년 등장하면서 자동화 팩트체크 연구는 한 차례 비약적인 발전을 하게 된다(Devlin et al., 2018; Li et al., 2019; Wang et al., 2019).

버트 모델은 트랜스포머(transformer) 구조를 응용한 사전학습모델(pretrained model)을 기초로 전이학습(transfer learning)을 통해 놀라운 성과를 만들어냈다. 자연어 처리에서 트랜스포머란 한국어 문장을 영어로 번역하는 것도 하나의 예가 될 수 있다(Liu & Lapata, 2019). 사전학습모델이란 대용량의 말뭉치[5]를 가지고 이미 사전학습된 모델을 의미하며, 따라서 적은 양의 데이터를 가지고서도 추가 학습을 통해 높은 성능을 기대할 수 있다(Devlin et al., 2018). 전이학습이란 쉽게 말해 축구, 배구 등의 여러 운동을 다양하게 미리 가르쳐 일종의 운동 신경을 만들어두면 배우지 않았던 특정 종목인 야구도 쉽게 배울 수 있는 것을 의미한다(이기창, 2021). 특정 과제를 학습한 모델을 간단한 추가 훈련을 통해 다른 태스크 수행에 재사용하는 기법이라 할 수 있다. 이 전이학습의 장점으로 모델학습에서 속도 향상이 가능하고, 새로운 태스크를 더 잘 수행하는 것을 꼽을 수 있다(이기창, 2021). 이와 같은 특징을 가지고 있는 버트 모델은 자연어 처리 분야에서 기존 성능을 뛰어넘는 우수한 결과들을 보여주었다(Devlin et al., 2018). 특히 주장 또는 근거에 해당하는 문장을 벡터로 변환하는 임베딩[6] 과제들에서 우수한 성능이 나타났다(Reimers & Gurevych, 2019; Sun et al., 2019). 임베딩 작업이 우수할수록 다차원의 공간에 배치된 주장 또는 근거 문장의 위치 관계를 이용해 의미 관계를 정확하게 파악할 수 있기 때문이다.

다만 이처럼 인간의 검증 방식과 거의 유사한 첨단 검증 방식은 효율성을 생각한다면 아직은 만족할 만한 성과를 내고 있지는 못하다. 근거 문장을 제대로 찾기만 하면 정확한 판단을 하고 있지만, 시스템이 찾은 근거 문장이 인간이 찾은 근거 문장과 다르기 때문에 판

5 텍스트와 관련된 식별자, 품사 정보, 레이블 등 텍스트를 가공·처리·분석할 수 있는 형태로 모아놓은 자료의 집합이다.

6 사람이 쓰는 자연어를 기계가 이해할 수 있는 숫자 형태인 벡터로 바꾼 결과 혹은 그 일련의 과정 전체를 의미한다.

정 결과의 정확성이 아직은 높지 않다. 실제 주장으로 이루어진 데이터 세트(LIAR, MultiFC 등)를 이용한 연구에서는 macro F1 score가 0.5 내외를 기록하고 있으며, 인공지능이 만들어낸 가상의 주장으로 이루어진 데이터 세트(FEVER)를 이용한 연구에서도 FEVER score(label accuracy conditioned on evidence provided for 'supported' and 'refuted' claims)가 70% 내외를 기록하고 있다(Stammbach & Neumann, 2019).

한국어를 대상으로 한 자동화 팩트체크 연구에서도 이처럼 인간의 검증 방식과 유사한 첨단 방식을 사용한 연구가 시작되었다(오종환·김종석·권가진 외, 2021). FEVER 데이터 세트를 가지고 자동화 팩트체크 시스템을 연구한 손 등(Thorne et al., 2018)의 플랫폼을 참고하고 자연어 처리에는 버트 모델을 사용한 연구(오종환 등, 2021)가 그것이다. '텍스트 소스'로는 검증된 사실로 가정한 한국어 위키백과 1,560개의 문서에 포함된 총 10,645건의 문단이 사용되었다. 한국어 팩트체크 데이터 세트도 FEVER 데이터 세트처럼 주장과 판정 결과, 근거 문장 등 세 가지 요소를 한 묶음으로 총 24,504건의 데이터가 확보되었다. 판정은 자연어 추론에 가장 많이 쓰이는 분류 방식인 참, 거짓, 정보 부족의 세 가지로 분류되었다. 이들 연구팀의 연구에 사용된 자동화 팩트체크 모델은 먼저 검증할 주장에 포함된 키워드를 바탕으로 텍스트 소스로부터 가장 관련 있는 근거 문장들을 추출하게 된다. 그런 다음 근거 문장을 바탕으로 주장의 사실 여부를 판정하고 판정의 정확도를 0과 1 사이의 값으로 추정해 출력한다. 연구팀이 개발한 자동화 팩트체크 모델은 판정 정확도 64.2%, 근거 정확도 95.4%를 기록했다. 이 수치를 일반인들을 대상으로 한 실험 결과(판정 정확도: 59.7%, 근거 정확도: 59.0%)와 비교했을 때 제한적인 과제라는 한계에도 불구하고 한국어 팩트체크 데이터베이스를 활용한 자동화 모델의 실용화 연구가 가능함을 보여주었다.

가장 최근에는 여기서 더 나아가 전문 팩트체커만이 할 수 있는 과제, 즉 사실 여부 판정에 정당성을 부여하기 위해 관련 근거들로 이루어진 설명 문장 작성을 자동으로 발생시키려는 연구까지 시도되고 있다(Atanasova et al., 2020). 최근 개발된 시스템은 근거 회수 모듈을 사용해 다양한 서류에서 관련 근거들을 찾아낼 수 있다(Schlichtkrull et al., 2020; Zhong et al., 2020). 그리고 이와 같은 모델을 훈련시키기 위해 핵심 설명 문장을 명시적으로 포함하는 데이터 세트까지 개발되었다(Kotonya & Toni, 2020).

딥러닝을 이용한 연구는 이처럼 인간에 의한 검증 방식과 유사한 연구를 가능하게 함과 동시에 기존 연구 방식인 메타 데이터나 피상적인 특징을 이용한 연구에도 사용되면서 사실 검증의 판별 성능을 더욱 높이고 있다. 후자의 예로서 순서 또는 그래프 모델링(sequence-or graph-modeling)을 기반으로 한 신경망 접근은 딥러닝 모델이 주변 소셜 미디어 활동의 맥락을 사용해 사실 여부 판정을 내릴 수 있도록 도와준다. 정보가 소셜 미디어 사용자들에 의해 논의되고 공유되는 방식은 루머 여부를 판별하는 강력한 지표가 될 수 있기 때문이다(Zubiaga et al., 2018). 이와 같은 방식의 연구는 이미 10년 넘게 연구 결과가 축적되어 있기 때문에 판정의 정확도는 앞에서 언급한 인간에 의한 검증 방식을 본뜬 모델보다 더욱 높은 것으로 보고되고 있다(Kochkina et al., 2017).

한편, 2절에서 살펴본 자동화 팩트체크 연구 초기의 머신러닝 모델들은 사전에 정의된 처리 방법(알고리즘)과 규칙을 적용해 결괏값(사실 또는 허위정보)을 산출하기 때문에 사실 여부 판정이 어떻게 나왔는지 그 과정을 이해하는 것이 어렵지 않다. 하지만 딥러닝 모델을 사용한 최신 방법들은 은닉층(hidden layer)이 너무 많아 사실 여부 판정이 나오기까지의 과정을 사람이 인지하는 게 거의 불가능에 가까워 '블

랙박스' 영역으로 간주되고 있다(Atanasova et al., 2020). 딥러닝 모델에서 나타나는 이와 같은 단점을 사실 여부 판정의 이유를 설명해주는 문장을 통해 커버할 수 있다는 점에서 아타나소바 등의 연구는 자동화된 팩트체크 판정 결과의 정당성 확립에도 크게 기여할 수 있을 것으로 생각된다.

설명 문장을 자동으로 발생시키는 연구를 최초로 시작한 아타나소바 등(2020)은 〈그림 5-4〉에서와 같은 LIAR-PLUS 데이터 세트를 사용했다. 주장(Claim)과 판결문(Ruling Comments)이 입력 데이터로 들어오면 설명문 발생(Generating Explanation) 모델이 축소된 버전의 비트를 이용해 설명 문장을 추출(〈그림 5-5〉의 'Justification Production')한다. 훈련 과정에서는 이렇게 추출된 설명 문장과 인간에 의해 작성된 Justification 문장(〈그림 5-4〉 참조)의 유사성을 최대로 하는 방법을 학습하게 된다. 이 모델은 베이스라인 모델(판결문의 처음 4문장을 추출된 설명 문장으로 사용)보다 더 좋은 성능을 보이는 것으로 나타나 설명 문장을 자동으로 발생시키는 연구가 가능함을 보여주었다(Atanasova et al., 2020). 또한 이처럼 설명 문장 추출(〈그림 5-5〉의 'Justification Production')과 사실 여부 판정(〈그림 5-5〉의 'Verdict Prediction')이라는 두 목표를 함께 달성하기 위해 만들어진 통합 모델이 개별 목표를 달성하기 위한 하나하나의 모델보다 사실 여부 판정에서 더 좋은 성능을 나타낸 것으로 확인되었다(Atanasova et al., 2020). 이는 설명 문장을 추출하는 목표가 곧 인간에 의해 작성된 'Justification'이 판결문의 어느 문장과 가장 유사한지에 관한 정보를 제공하는 것이며, 이를 통해 판정 예측 모델(verdict prediction model)이 가장 정확한 근거 문장을 바탕으로 사실 여부 판정을 할 수 있도록 도움을 줄 수 있기 때문이다. 이처럼 판정의 정당성을 설명하는 문장을 자동으로 추출하는 것이 가능하며, 이와 같은 목표와 사실 여부 판정을 함께 하는 팩트체크 방

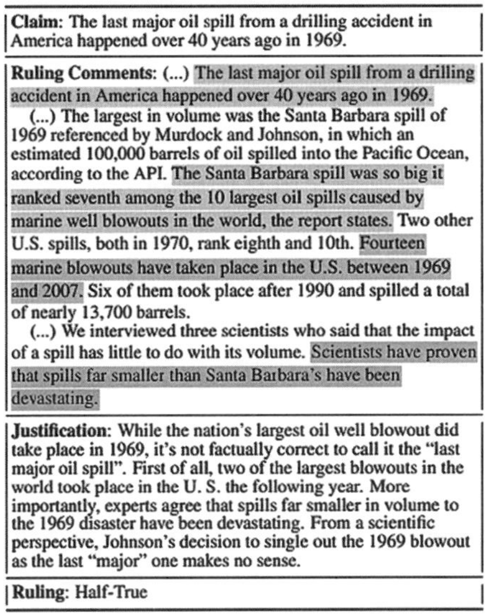

Claim: The last major oil spill from a drilling accident in America happened over 40 years ago in 1969.

Ruling Comments: (...) The last major oil spill from a drilling accident in America happened over 40 years ago in 1969.
(...) The largest in volume was the Santa Barbara spill of 1969 referenced by Murdock and Johnson, in which an estimated 100,000 barrels of oil spilled into the Pacific Ocean, according to the API. The Santa Barbara spill was so big it ranked seventh among the 10 largest oil spills caused by marine well blowouts in the world, the report states. Two other U.S. spills, both in 1970, rank eighth and 10th. Fourteen marine blowouts have taken place in the U.S. between 1969 and 2007. Six of them took place after 1990 and spilled a total of nearly 13,700 barrels.
(...) We interviewed three scientists who said that the impact of a spill has little to do with its volume. Scientists have proven that spills far smaller than Santa Barbara's have been devastating.

Justification: While the nation's largest oil well blowout did take place in 1969, it's not factually correct to call it the "last major oil spill". First of all, two of the largest blowouts in the world took place in the U. S. the following year. More importantly, experts agree that spills far smaller in volume to the 1969 disaster have been devastating. From a scientific perspective, Johnson's decision to single out the 1969 blowout as the last "major" one makes no sense.

Ruling: Half-True

| 그림 5-4 | LIAR-PLUS 데이터 세트. 'Justification' 문단을 구성하는 문장들이 'Ruling Comments'에서 음영으로 강조되어 있다(Atanasova et al., 2020: 1에서 인용).

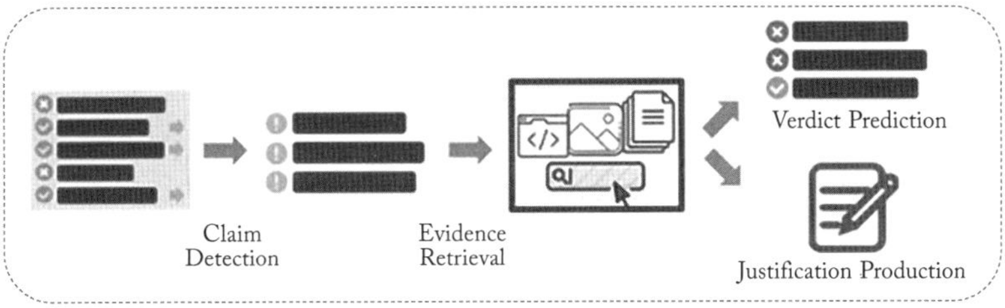

| 그림 5-5 | 자동화된 팩트체크를 위한 자연어 처리 시스템(Guo et al., 2022: 180에서 인용)

식이 사실 여부 판정의 성능을 높여주는 것으로 나타나면서 이 분야에 대한 연구가 큰 관심을 받고 있는 것이다.

아직은 판정에 도움이 될 만한 근거 문장을 뽑아낼 수 있는 정확성의 부족(ROUGE-1[7] F1: 35.64) 등으로 판별 능력이 높지는 않지만,

---

7 이 절에서 예를 들자면 머신러닝 모델에 의해 추출된 설명문과 인간에 의해 작성된

판정의 정당성을 보여주는 설명 문장을 자동으로 추출해주는 아타나소바 등(Atanasova et al., 2020)의 통합 모델은 판정이 나오게 된 과정의 설명이 불가능한 딥러닝의 단점을 보완해줄 수 있다는 점에서 자동화 팩트체크 미래 연구의 방향성을 제시해주었다고 본다.

5. 자동화된 팩트체크의 한계와 가능성

자동화된 팩트체크 실현을 위해서는 지금까지 살펴본 것처럼 머신러닝의 도움을 받아야 된다. 방대한 분량의 데이터를 신속하게 검증하는 것이 필요하기 때문이다. 하지만 머신러닝을 통한 검증은 데이터를 활용한다는 점에서 다음과 같은 문제 또한 가지고 있다.

첫째, 해당 데이터가 신뢰받는 기관의 필요한 데이터인지 여부를 자동화 검증 시스템이 인식할 수 있어야 한다는 한계, 그리고 해당 데이터가 자동화 검증 시스템이 사용할 수 있는 형태 즉 학습을 위한 형태로 제공되어야만 기능할 수 있다는 한계를 가지고 있다.

둘째, 신뢰받는 기관의 데이터도 틀린 정보를 가질 수 있기 때문에 다른 맥락으로 판단될 수도 있으며, 활용되는 데이터가 너무 지엽적일 경우 기계에 의한 편향 가능성마저 존재한다(오세욱, 2017). 또한 이처럼 신뢰받는 기관의 출처만을 사용하는 것은 온라인상에서 담론의 다양성과 다원주의 확립에 부정적 영향을 끼칠 수도 있다(Graves, 2018). 이와 같은 이유로 텍사스 대학교 교수이며 클레임버스터 개발자 중의 한 명인 리(Chengkai Li)는 자동화 검증에서 가장 큰 걸림돌은 바로 데이터라고 주장한다(Adair et al., 2019; Graves, 2018).

'Justification' 문단 간 겹치는 unigram(단어)의 수를 의미한다.

머신러닝을 이용함으로써 생기는 세 번째 문제는 검증의 필요성 확인 또는 새로운 주장의 사실 여부 검증을 위해 데이터를 처리하는 과정에서 나타나는 유용한 상관관계 또는 기대하지 못했던 정보를 어떻게 해석하느냐의 문제다. 예컨대 지식 그래프에서 경로의 길고 짧음의 의미, 지식 금고에서 확률적 계산을 통한 수치적 정보, 맥락 기반 팩트체크에서 루머가 인터넷상에서 확산되는 방식 그리고 루빈 등(Rubin et al., 2016)의 연구에서 다양한 언어적 특징 등이 의미하는 시그널을 어떻게 해석할지에 관한 문제가 존재한다. 이러한 확률론적 접근은 머신러닝 등의 인공지능 연구에 더욱 의존하게 되어 핵심을 진실 여부 결정에서 신뢰도에 어떻게 점수를 매겨 사실 여부를 판단할지 여부의 문제로 바꿔버리는 우(愚)를 범할 수 있는 것이다. 이러한 이유로 광범위한 데이터를 사용하는 데서 비롯된 자동화된 팩트체크의 한계는 일부 연구자가 제한된 분야에서 선택적으로 부딪히는 문제가 아닌 모든 분야에서 필연적으로 발생하는 문제다.

또한 자동화된 팩트체크 실현을 위해 메시지(텍스트) 분석에 초점을 맞추는 시도들에는 이와 같은 데이터 문제뿐만 아니라 언어, 즉 텍스트 자체에서 오는 문제 또한 걸림돌이 되고 있다. 그 이유는 텍스트 분석에 초점을 맞춘 기술들이 거의 대부분 '자연어 처리'를 기반으로 이루어지고 있기 때문이다.

자연어 처리란 일상적인 언어로 작성된 문서나 글 등을 형태소 분석, 품사 태깅(tagging) 같은 다양한 기법을 통해 컴퓨터가 처리할 수 있도록 변환하는 기술을 말한다. 영어의 경우 우수한 영문 자연어 처리 기술을 바탕으로 때때로 인간보다 높은 정확도를 보이는 사례도 발표되고 있다. 하지만 자동화 팩트체크 분야에서 가장 큰 성공으로 평가받고 있는 '클레임버스터'의 경우도 핵심 역할은 사실 여부 검증이 아니라 검증이 필요한 주장을 찾는 데 그치고 있다. 구글의 '지식 금고'는 기록된 데이터를 통한 높은 정확성이 장점이지만 기록이 없거나 내용 분석이 어려운 발언에 대해서는 사실확인이 불가능하거나 정확도가 크게 떨어지는 단점을 가지고 있다(Dong et al., 2014). 또한 언어적 표현법에 기반한 팩트체킹 방식도 언어적 특성을 추출할 수 없는 문장에 대해서는 사실 여부 판단이 불가능하다는 한계를 가지고 있다. 이처럼 텍스트 분석은 데이터를 대조하거나 언어적 특성을 추출하기 위해 자연어 처리에 의존하는데, 이와 같은 이유로 현실적인 한계가 존재한다(Monti et al., 2019).

다만 근래에는 딥러닝 기법을 적용해 이러한 한계를 극복하고 정확도가 한 차례 도약하는 주목할 만한 진보가 이루어졌다(Devlin et al., 2018; Li et al., 2019; Wang et al., 2019). 2018년 제23회 자연어 처리 국제 학술 대회[8]에서 발표된 논문을 보면 자연어 처리를 통한 분류, 인식, 분석의 정확도가 85%를 넘는 연구 결과를 쉽게 찾아볼 수 있다. 자연어 처리를 통한 정확도는 적용되는 기법과 분석의 종류(감성 구분, 단어 인식, 주제 분류, 음성 인식, 번역 등) 그리고 이와 같은 분석이 적용되는 분야(헬스케어, 금융 서비스, 엔터테인먼트 등)에 따라 크게 달라지기 때문에 정확도가 절대적인 평가 지표가 될 수는 없지만 최근 딥러닝 기술이 추가되면서 정확도가 크게 증가한 것은 확실해 보인다. 스탠퍼드 대학에서 인간과 인공지능의 독해력 차이를 테스트하기 위해 제작한 'SQuAD(Stanford Question Answering Dataset)' 대회에서 2018년 1월 알리바바의 딥 신경망 모델은 독해력 점수 82.4를 기록해 인간 참가자의 82.3을 넘어섰으며 그해 10월에는 구글의 자연어 처리 기술인 버트가 87.4를 기록했고, 2020년 4월에는 변형된 버트 모델인

---

8 http://nldb2018.cnam.fr.

ALBERT가 90.7을 받기도 했다.[9]

이처럼 딥러닝을 통한 '자연어 처리' 기술의 발달로 정확도가 이전과는 비교할 수 없을 정도로 상승했지만, 팩트체크 뉴스의 사실 여부 판단은 단순히 내용을 이해하고 주제에 따라 텍스트를 분류하는 것과는 달리 다양한 근거자료는 물론 숨겨진 논거를 바탕으로 종합적인 판단을 해야 한다는 점에서 기계가 사람을 대신하기에는 아직 부족한 실정이다. 4절에서 살펴본 것처럼 근거를 찾거나 설명 문장을 자동으로 만들어 이를 기반으로 사실 여부 판정을 하는 연구도 시작되었지만, 아직 이전 머신러닝 방식보다 더 좋은 결과를 만들어내지는 못하고 있다.

더군다나 허위정보는 독자를 속이기 위해 사실과 유사하도록 작성되었기 때문에 딥러닝을 통한 정교한 특징 추출 또는 근거 문장과의 비교를 통해서도 사실 여부를 정확히 판별하는 것은 여전히 과제로 남아 있다. 텍스트 분석에 초점을 맞추는 머신러닝 모델이 개발된 지 길게는 10년 가까이 되었지만, 아직도 이러한 한계를 극복하고 사람을 대신할 만한 자동화된 팩트체크 기법이 나오지 않고 있는 이유다(Konstantinovskiy et al., 2021; Vo & Lee, 2019). 더욱이 한국어의 경우 팩트체크를 위한 자연어 처리 기술이 충분히 발전되지 않아 내용 분석을 위해 활용하는 데 더 많은 제한이 따른다. 또한 한국어는 영어와 문장 구조가 다르기 때문에 영문 자연어 처리 기술을 그대로 적용하는 것 또한 쉽지 않다. 아직 한국어 기반의 자동화된 팩트체크 연구를 찾아보기 힘든 이유다. 한국어를 대상으로 지식 기반 방식의 자동화 팩트체크 연구를 시도한 오종환 등(2021)의 연구도 한국어 팩트체크

9 2024년 3월 현재 리더보드(leader board)상으로는 2021년 6월 기록한 90.9가 최고 점수다.

를 위한 데이터 세트를 최초로 구축했다는 것에 의의가 있다.

그럼에도 자동화된 팩트체크를 목표로 하는 연구가 지속되어야 하는 이유는 머신러닝은 잘못된 정보를 인간과는 비교할 수 없을 정도로 신속하게 그리고 최소한의 정확성(70~80%)을 담보로 걸러내주기 때문이다. 또한 이와 같은 예측을 통해 가짜뉴스의 전파를 늦추거나 막을 수 있는 역할 또한 기대할 수 있기 때문이다.

오늘날 완전히 자동화된 검증은 대부분 통계에 근거한 주장 등 매우 좁은 범위에 한정되어 있다(Graves, 2018). 아르헨티나의 체케아도(Chequeado)와 영국의 풀팩트(FullFact)는 실업률이나 인플레이션 비율 같은 수치를 인용한 주장을 공식적인 통계 수치와 비교하는 자동화 검증 모듈을 개발했다(stats-checking tool). 이와 같은 견해를 반영하여, 블라초스와 리델(Vlachos & Riedel, 2014)은 자동화된 팩트체크에 대한 기대는 겸손하게 유지되어야 한다고 주장한다.

이 장에서 언급한 팩트체크 기술이 하나하나 실용화될수록 자동화된 팩트체크가 사실 여부를 완벽하게 검증할 수 있는 주장의 범위와 폭은 갈수록 확장될 것이다. 따라서 모든 뉴스나 소셜 미디어에 올라온 모든 게시물에 대해 인간이 거짓 여부를 판정할 수도 없지만 판정할 필요도 없을 것이다. 자동화 팩트체크 기술과 알고리즘 등을 사용해 머신러닝 모델이 거짓으로 판정한 콘텐츠에 대해서만 인간이 최종적으로 확인하면 된다. 그리고 절약된 시간을 자동화 팩트체크가 검증하기 어려운 복잡한 문장이나 다양한 해석이 가능한 주장에 대해서만 집중해 사실 여부를 검증하면 인간에 의한 팩트체크만 존재할 때보다 더욱 많은 가짜뉴스를 판별할 수 있을 것이다. 실제로 스페인 팩트체크 사이트 뉴트럴(Newtral)[11]의 기술 담당 최고 책임자인 미게스는 클레임헌터를 통해 정치 관련 주장을 모니터링하는 시간을 90% 줄였으며 절약된 시간을 활용해 기자들이 더 많은 팩트체크 기사를 작성할 수 있었다고 밝혔다(Abels, 2022).

최근에는 판정의 근거 문장을 자동으로 찾아 판정과 함께 제시하는 시스템도 개발되고 있다. 따라서 이러한 시스템이 정확성을 높여 소셜 미디어나 웹상에서 일반화된다면, 근거 문장과 함께 허위정보라고 알려주는 게시물이 늘어날 것이고 이렇게 된다면 수용자가 이들 게시물의 진실성에 대해 한 번쯤은 의심하는 습관이 생겨날 것이다. 즉 모든 수용자가 팩트체크적인 사고를 형성하는 데도 자동화 팩트체크가 기여할 수 있을 것이다.

사실 팩트체크를 전담하는 기자도 모든 주장의 사실 여부를 혼자서 완벽하게 검증할 수는 없다. 앞서 언급한 대로 자동화된 팩트체크에 대한 기대를 겸손하게 유지하면서 자동화 팩트체크 시스템의 효과적인 활용 방안을 모색하는 것이 가짜뉴스가 지금처럼 사회 문제화되는 일을 막을 수 있는 가장 확실한 해결책인 것만은 분명하다.

---

10 https://www.newtral.es/#seccion-especiales-2.

참고문헌

김의중 (2016). 〈인공지능, 머신러닝, 딥러닝 입문〉. 파주: 위키북스.

오세욱 (2017). 자동화된 사실 확인(fact checking) 기술(technology)의 현황과 한계. 〈사이버커뮤니케이션학보〉 34(3), 137-180.

오승환 (2021). 〈파이썬 딥러닝 머신러닝 입문〉. 서울: 정보문화사.

오종환·김종석·권가진·홍화정·김건희·이준환 (2021). 자동화 팩트체크 기술과 활용: 한국어 데이터 세트 작성과 기계학습 모델 구축. 〈한국언론학회 2021 봄철 정기학술대회 자료집〉. 서울: 한국언론학회.

이기창 (2021). 〈BERT와 GPT로 배우는 자연어 처리〉. 서울: 이지스퍼블리싱.

임희석·고려대학교 자연어처리연구실 (2020). 〈자연어 처리 바이블〉. 서울: 휴먼싸이언스.

정성욱·이준환 (2019). SNS 사용자 특성과 확증 편향을 통한 자동화된 팩트체킹의 가능성: 정치인 관련 트윗 데이터를 중심으로. 〈방송통신연구〉 78-117.

조태호 (2022). 〈모두의 딥러닝〉. 서울: 길벗.

홍주현·윤해진 (2014). 트위터를 통한 루머의 확산 과정 연구: 한미 FTA 관련 루머의 자극성에 따른 의견 확산 추이와 이용자의 상호작용성을 중심으로. 〈한국언론정보학보〉 66, 59-86.

Abels, G. (2022). What is the future of automated fact-checking? Fact-checkers discuss. *Poynter*. https://www.poynter.org/fact-checking/2022/how-will-automated-fact-checking-work.

Adair, B., Li, C., Yang, J., & Yu, C. (2017, September). Progress toward "the holy grail": The continued quest to automate fact-checking. In *Computation+Journalism Symposium.*

Alam, F., Dalvi, F., Shaar, S., Durrani, N., Mubarak, H., Nikolov, A., & Nakov, P. (2021, May). Fighting the COVID-19 infodemic in social media: A holistic perspective and a call to arms. In *Proceedings of the International AAAI Conference on Web and Social Media* (Vol. 15, pp. 913-922).

Antoniadis, S., Litou, I., & Kalogeraki, V. (2015, October). A model for identifying misinformation in online social networks. In *OTM Confederated International Conferences "On the Move to Meaningful Internet Systems."* (pp. 473-482), Rhodes, Greece.

Atanasova, P., Simonsen, J. G., Lioma, C., & Augenstein, I. (2020). Generating fact checking explanations. *arXiv preprint arXiv:2004.05773.*

Bessi, A., Coletto, M., Davidescu, G. A., Scala, A., Caldarelli, G., & Quattrociocchi, W.

(2015). Science vs conspiracy: Collective narratives in the age of misinformation. *PloS One* 10(2), e0118093.

Bowman, S. R., Angeli, G., Potts, C., & Manning, C. D. (2015). A large annotated corpus for learning natural language inference. *arXiv preprint arXiv:1508.05326.*

Ciampaglia, G. L., Shiralkar, P., Rocha, L. M., Bollen, J., Menczer, F., & Flammini, A. (2015). Computational fact checking from knowledge networks. *PloS One* 10(6), e0128193.

Dagan, I., Dolan, B., Magnini, B., & Roth, D. (2010). Recognizing textual entailment: Rational, evaluation and approaches-erratum. *Natural Language Engineering* 16(1), 105-105.

Devlin, J., Chang, M. W., Lee, K., & Toutanova, K. (2018). Bert: Pre-training of deep bidirectional transformers for language understanding. *arXiv preprint arXiv:1810.04805.*

Dong, X., Gabrilovich, E., Heitz, G., Horn, W., Lao, N., Murphy, K. et al. (2014, August). Knowledge vault: A web-scale approach to probabilistic knowledge fusion. In *the 20th ACM SIGKDD International Conference on Knowledge Discovery and Data Mining* (pp. 601-610).

Graves, L. (2018). *Understanding the Promise and Limits of Automated Fact-Checking.* Reuters Institute for the Study of Journalism.

Guo, Z., Schlichtkrull, M., & Vlachos, A. (2022). A survey on automated fact-checking. *Transactions of the Association for Computational Linguistics* 10, 178-206.

Hanselowski, A., Stab, C., Schulz, C., Li, Z., & Gurevych, I. (2019). A richly annotated corpus for different tasks in automated fact-checking. *arXiv preprint arXiv:1911.01214.*

Hassan, N., Adair, B., Hamilton, J. T., Li, C., Tremayne, M., Yang, J., & Yu, C. (2015, July). The quest to automate fact-checking. In *Computation+ Journalism Symposium.*

Jiang, Y., Bordia, S., Zhong, Z., Dognin, C., Singh, M., & Bansal, M. (2020). HoVer: A dataset for many-hop fact extraction and claim verification. *arXiv preprint arXiv:2011.03088.*

Karlova, N. A. & Fisher, K. E. (2013). A social diffusion model of misinformation and disinformation for understanding human information behaviour. *Information Research* 18(1), paper 573.

Kelleher, J. D., Mac Namee, B., & D'Arcy, A. (2015). *Fundamentals of Machine Learning for Predictive Data Analytics: Algorithms, Worked Examples, and Case*

Studies. Cambridge, MA: MIT Press.

Kim, J., Kim, D., & Oh, A. (2019). Homogeneity-based transmissive process to model true and false news in social networks. In *Proceedings of the Twelfth ACM International Conference on Web Search and Data Mining* (pp. 348-356).

Kochkina, E., Liakata, M., & Augenstein, I. (2017). Turing at semeval-2017 task 8: Sequential approach to rumour stance classification with branch-lstm. *arXiv preprint arXiv:1704.07221*.

Konstantinovskiy, L., Price, O., Babakar, M., & Zubiaga, A. (2021). Toward automated factchecking: Developing an annotation schema and benchmark for consistent automated claim detection. *Digital Threats: Research and Practice* 2(2), 1-16.

Kotonya, N. & Toni, F. (2020). Explainable automated fact-checking: A survey. *arXiv preprint arXiv:2011.03870*.

Kwon, S., Cha, M., & Jung, K. (2017). Rumor detection over varying time windows. *PloS One* 12(1), e0168344.

Li, M., Wen, K., Lin, H., Jin, X., Wu, Z., An, H., & Chi, M. (2019). Improving the performance of distributed mxnet with rdma. *International Journal of Parallel Programming* 47(3), 467-480.

Lim, S. (2019). *A better ClaimReview to Grow a Global Fact-check Database*. Duke Reporters' Lab. https://reporterslab.org/a-better-claimreview-to-grow-a-global-fact-check-database.

Liu, Y. & Lapata, M. (2019). Text summarization with pretrained encoders. *arXiv preprint arXiv:1908.08345*.

Luken, J., Jiang, N., & de Marneffe, M. C. (2018, November). QED: A fact verification system for the FEVER shared task. In *Proceedings of the First Workshop on Fact Extraction and VERification (FEVER)* (pp. 156-160).

Marsland, S. (2015). *Machine Learning: An Algorithmic Perspective* (2nd Ed.). Boca Raton: Chapman and Hall/CRC.

Monti, F., Frasca, F., Eynard, D., Mannion, D., & Bronstein, M. M. (2019). Fake news detection on social media using geometric deep learning. *arXiv preprint arXiv:1902.06673*.

Nakov, P., Corney, D., Hasanain, M., Alam, F., Elsayed, T., Barrón-Cedeño, A. et al. (2021). Automated fact-checking for assisting human fact-checkers. *arXiv preprint arXiv:2103.07769*.

Potthast, M., Kiesel, J., Reinartz, K., Bevendorff, J., & Stein, B. (2017). A stylometric inquiry into hyperpartisan and fake news. *arXiv preprint arXiv:1702.05638*.

Reimers, N. & Gurevych, I. (2019). Sentence-bert: Sentence embeddings using siamese bert-networks. *arXiv preprint arXiv:1908.10084.*

Rubin, V. L., Conroy, N., Chen, Y., & Cornwell, S. (2016, June). Fake news or truth? Using satirical cues to detect potentially misleading news. In *Proceedings of the Second Workshop on Computational Approaches to Deception Detection*. San Diego (pp. 7-17).

Schlichtkrull, M., Karpukhin, V., Oğuz, B., Lewis, M., Yih, W. T., & Riedel, S. (2020). Joint verification and reranking for open fact checking over tables. *arXiv preprint arXiv:2012.15115.*

Schuster, T., Fisch, A., & Barzilay, R. (2021). Get your vitamin C! robust fact verification with contrastive evidence. *arXiv preprint arXiv:2103.08541.*

Stammbach, D. & Neumann, G. (2019, November). Team DOMLIN: Exploiting evidence enhancement for the FEVER shared task. In *Proceedings of the Second Workshop on Fact Extraction and VERification (FEVER)* (pp. 105-109).

Sun, C., Huang, L., & Qiu, X. (2019). Utilizing BERT for aspect-based sentiment analysis via constructing auxiliary sentence. *arXiv preprint arXiv:1903.09588.*

Tacchini, E., Ballarin, G., Della Vedova, M. L., Moret, S., & de Alfaro, L. (2017). Some like it hoax: Automated fake news detection in social networks. *arXiv preprint arXiv:1704.07506.*

Thompson, M. (2016). *Enough Said: What's Gone Wrong with the Language of Politics?* New York: St. Martin's Press.

Thorne, J., Vlachos, A., Cocarascu, O., Christodoulopoulos, C., & Mittal, A. (2018). The fact extraction and verification (fever) shared task. *arXiv preprint arXiv:1811.10971.*

Undeutsch, U. (1967). Beurteilung der glaubhaftigkeit von aussagen. *Handbuch der Psychologie* 11, 26-181.

Van Heekeren, M. (2020). The curative effect of social media on fake news: A historical re-evaluation. *Journalism Studies* 21(3), 306-318.

Vlachos, A. & Riedel, S. (2014, June). Fact checking: Task definition and dataset construction. In *Proceedings of the ACL 2014 Workshop on Language Technologies and Computational Social Science.* Baltimore (pp. 18-22).

Vo, N. & Lee, K. (2019, July). Learning from fact-checkers: Analysis and generation of fact-checking language. In *Proceedings of the 42nd International ACM SIGIR Conference on Research and Development in Information Retrieval.* Paris, France (pp. 335-344).

Vosoughi, S., Roy, D., & Aral, S. (2018). The spread of true and false news online. *Science* 359(6380), 1146-1151.

Wadden, D., Lin, S., Lo, K., Wang, L. L., van Zuylen, M., Cohan, A., & Hajishirzi, H. (2020). Fact or fiction: Verifying scientific claims. *arXiv preprint arXiv:2004.14974.*

Wang, A., Pruksachatkun, Y., Nangia, N., Singh, A., Michael, J., Hill, F. et al. (2019). Superglue: A stickier benchmark for general-purpose language understanding systems. Paper presented at the 33rd Annual Conference on Neural Information Processing Systems. Vancouver, Canada.

Waszak, P. M., Kasprzycka-Waszak, W., & Kubanek, A. (2018). The spread of medical fake news in social media-the pilot quantitative study. *Health Policy and Technology* 7(2), 115-118.

Witten, I. H., Frank, E., Hall, M. A., & Pal, C. J. (2016). *Data Mining: Practical Machine Learning Tools and Techniques.* Burlington: Morgan Kaufmann.

Zhong, W., Tang, D., Feng, Z., Duan, N., Zhou, M., Gong, M. et al. (2020). Logical FactChecker: Leveraging logical operations for fact checking with graph module network. *arXiv preprint arXiv:2004.13659.*

Zhou, Z. H. (2021). *Machine Learning.* Singapore: Springer Nature.

Zubiaga, A., Aker, A., Bontcheva, K., Liakata, M., & Procter, R. (2018). Detection and resolution of rumours in social media: A survey. *ACM Computing Surveys (CSUR)* 51(2), 1-36.

3부

허위정보와
팩트체크 뉴스의 수용

6

허위정보와 소통의 진실성 위기*

이은주
(서울대학교 언론정보학과 교수)

배인환
(코넬 대학교 커뮤니케이션학과 박사과정)

2020년 3월, 코로나19가 본격적으로 확산되던 시기에 페이스북이나 트위터 혹은 메신저를 통해 '빌 게이츠의 편지'를 받아본 분들이 있을 것이다. 코로나바이러스는 빈부귀천에 관계없이 우리가 평등하고, 세상 모든 사람들이 연결되어 있으며, 인생에서 가장 중요한 것은 건강과 가족임을 상기시켜준다는 점에서 "위대한 교정자(Great Corrector)"라는 내용이었다. 해당 글은 많은 이들의 공감을 얻으며 빠르게 확산되었지만, 빌 게이츠는 이 글을 쓰지 않았고, 팩트체크 기관들은 출처가 사실과 다르게 인용되었다는 점에서 이를 '거짓(false)'으로 판정했다. 이 편지가 상대적으로 무해한 허위정보(misinformation)였다면, 직접적으로 인명과 재산 피해를 낸 경우도 속출했다. 영국에서는 5G 네트워크를 통해 코로나바이러스가 전파된다는 허위정보를 믿은 사

---

* 이 글은 E.-J. Lee (2020), Authenticity model of computer-mediated communication: Conceptual explorations and testable propositions, *Journal of Computer-Mediated Communication* 25, 60-73과 E.-J. Lee & S. Shin (2021), Mediated misinformation: Questions answered, more questions to ask, *American Behavioral Scientist* 65, 259-276을 보완·재구성한 것이다.

람들이 기지국 수십 곳을 불태웠고, 이란에서는 코로나19 예방 혹은 치료 목적으로 메탄올을 마셔 700명이 사망하고 수천 명이 중독되었다. 국내 한 지역 교회에서는 목사 부부가 예방 차원에서 성도들의 입안에 소금물을 분무해 집단 확진을 유발하기도 했다.

1. 누가, 언제, 왜 허위정보를 믿는가

코로나19 팬데믹 시기 불확실한 상황 속에서 정보 욕구가 폭발적으로 높아짐에 따라 사실관계가 틀리거나 확인되지 않은 허위정보가 대량으로 생산, 유통되면서 소위 인포데믹(infodemic)에 대한 우려가 높아졌다. 하지만 '가짜뉴스(fake news)'는 이미 2016년 미 대선 시기, 힐러리 클린턴과 도널드 트럼프의 선거 운동 과정에서 핵심 이슈로 떠올랐고, 2017년 〈콜린스 사전(Collins Dictionary)〉은 '올해의 단어'로 '가짜뉴스'를 선정하기도 했다. 우리나라도 예외는 아니어서 사회적으로 가짜뉴스의 폐해에 대한 우려가 높아지는 가운데 2021년에는 언론중재법 개정을 통해 징벌적 손해배상제를 적용해 언론사의 허위보도에 대한 처벌 수위를 높이려는 시도가 있었다. 또한 언론진흥재단이 2021년 대통령 후보 경선 국면에서 1,000명의 유권자를 대상으로 실시한 여론조사(김선호, 2022)에서는 45.7%의 응답자가 허위정보 혹은 가짜뉴스라고 생각하는 정보를 접한 적이 있다고 답해 허위정보에 대한 노출이 일상화되었음을 시사했다.

허위정보로 인해 발생하는 광범한 개인적·사회적 수준의 문제를 해결하기 위해서는 어떤 법적·정책적 규제를 통해 허위정보의 무분별한 생산을 억제할 것인지, 이미 유포되고 있는 허위정보를 누가, 어떤 방식으로 교정할 것인지의 문제만큼이나 누가, 언제, 왜 허위정보를 믿게 되는지를 정확하게 이해할 필요가 있다. 만성적인 정보 과부하(information overload) 환경에서 정보 이용자들이 구체적으로 어떻게 정보를 처리·해석하고 이를 수용 혹은 거부하는지를 체계적으로 이해할 때, 비로소 허위정보에 대한 분별력을 키우는 방안에 대한 실효성 있는 논의가 가능하기 때문이다. 이를 위해 이 장에서는 먼저 정보 이용자의 개인적 속성, 정보의 메시지 속성, 정보 이용 환경의 속성을 중심으로 허위정보에 대한 취약성에 영향을 미치는 요인들을 살펴볼 것이다. 나아가 대부분의 허위정보 관련 연구가 정보의 사실성(factuality)에 국한되어 있는 것과 달리, 허위정보 문제를 소통의 진실성(authenticity) 개념으로 확장해 논의함으로써 현재 한국 사회의 소통 위기를 진단하고 성찰하는 기회를 제공하고자 한다.

1) 정보 이용자의 개인적 속성

먼저 다양한 경로를 통해 허위정보를 접하게 되는 사람들의 개인적 특성은 그 자체로, 혹은 허위정보 메시지 및 정보원, 또는 커뮤니케이션 채널의 속성과 상호작용해 허위정보에 대한 반응에 영향을 미칠 수 있다. 예컨대 인구통계학적 특징 중에서 나이가 많을수록, 여성일수록(Asp et al., 2012; Piper-Terry & Downey, 1998), 그리고 교육 수준이 낮을수록(Van Prooijen, 2017) 허위정보에 더 취약한 것으로 나타났다. 특히 2016년 미국 대선 당시 트위터를 통해 유통된 가짜뉴스에 관한 연구에서는 나이가 많을수록 가짜뉴스 정보원에 더 많이 노출되는 것으로 나타났다(Grinberg et al., 2019).

인구통계학적 특성 외에 허위정보에 대한 취약성에 영향을 미치는 개인차 변인으로 허위정보가 다루는 내용에 대한 사전 지식이나 경험을 생각할 수 있다. 허위정보를 접하더라도 본인의 지식이나 경험에 근거해 정보의 진위를 분별할 것이기 때문이다. 실제로 메타분석 결과, 메시지 수용자가 허위정보 관련 사전 지식이 있는 경우, 허위정보의 출처가 해당 정보의 수용에 미치는 영향이 감소하는 것으로 나타났다(Kumkale et al., 2010). 메시지의 내용이나 근거를 꼼꼼히 따져보는 대신, 정보원이 누구인지에 의존해 정보의 진위를 판단하는 경우 유명인 또는 전문가를 사칭한 허위정보에 쉽게 넘어갈 수 있다는 점에서, 사전 지식이 허위정보에 대항하는 데 중요한 요인임을 알 수 있다. 나아가 허위정보가 다루는 구체적 내용에 대한 지식이 아닌, 일반적인 미디어 리터러시 역시 허위정보 분별에 도움을 준다. 미디어 리터러시 프로그램을 통해 허위정보의 특징에 대해 배우거나(Murrock et al., 2018), 정보를 검색하고 평가하고 사용하는 능력(정보 리터러시)이 높은 사람들은(Jones-Jang et al., 2021) 정보의 진위를 더 잘 분별했다.

허위정보 관련 지식 혹은 리터러시가 정보 처리 '능력'을 고양함으로써 허위정보에 저항할 수 있게 해준다면, 인지 욕구(need for cognition)는 정보를 주의 깊게 처리하고자 하는 '동기'를 높임으로써 허위정보 식별을 도울 수 있다. 인지 욕구는 분석적 사고를 선호하는 성향을 지칭하는데(Cacioppo & Petty, 1982), 이중정보처리 모형(dual-process model)에 근거한 연구들에 따르면 인지 욕구가 높을수록 설득 메시지를 접했을 때 주변적 단서보다는 주장의 근거나 질을 바탕으로 태도나 의견을 형성한다(Petty & Cacioppo, 1986). 실제로 영상을 본 후 영상 속 사실과 다른 허위정보를 보여주었을 때 인지 욕구가 높은 사람들이 낮은 사람들보다 허위정보 관련 질문에 더 정확하게 답했을 뿐 아니라 허위정보를 수용하는 경향도 낮아졌다(Leding & Antonio, 2019). 유사한 맥락에서 페니쿡과 랜드(Pennycook & Rand, 2019)는 인지적 성찰 테스트(cognitive reflection test)를 이용해 허위정보 수용이 개인의 당파성에 따른 편향된 정보처리 때문이 아니라 꼼꼼하게 비판적으로 정보를 처리하지 않는 '인지적 게으름' 때문이라는 것을 밝힌 바 있다.

인지 욕구가 주어진 정보를 어떻게 '처리'하는지의 측면에서 허위정보에 대한 취약성을 낮출 수 있다면, 정향 욕구(need for orientation)는 얼마나 자주 허위정보에 '노출'되는지에 영향을 줄 수 있다. 정향 욕구는 "주위 환경을 이해하려는 욕구"(McCombs, 2002: 9) 또는 "뉴스 미디어를 통해 특정 이슈에 대한 정보를 추구하는 성향"(Matthes, 2008: 441)으로 정의되는데, 정향 욕구가 높을수록 뉴스 정보를 더 열심히 찾아보고 그 결과 미디어에서 주요하게 다루는 의제를 중요한 이슈로 받아들인다는 점에서(Matthes, 2008; Weaver, 1980), 정향 욕구가 높은 사람들이 허위정보에도 더 많이 노출될 것으로 예상할 수 있다. 다만 주류 뉴스 미디어보다 대안적인 미디어를 통해 허위정보를 접할 가능성이 높다는 점을 감안했을 때(Mocanu et al., 2015), 정향 욕구에 따라 뉴스를 접하는 경로가 달라지는지를 실증적으로 확인할 필요가 있겠다. 만일 정향 욕구가 높은 사람들이 공신력 있는 주류 뉴스 미디어를 선호한다면, 정향 욕구가 낮은 사람들에 비해 전체적인 뉴스 노출은 더 많을지라도 허위정보에 대한 노출은 차이가 없거나 심지어는 더 적을 수 있기 때문이다.

마지막으로 사람들의 종결 욕구(need for closure)는 허위정보에 대한 교정을 방해하는 요인으로 작동할 가능성이 있다. 일단 허위정보가 사람들의 지식체계의 일부로 자리 잡게 되면 이를 교정하거나 삭제하는 것은 어려워지는데, 이는 "사람들이 정확하지만 불완전한 모델보다 비록 정확하지 않더라도 쉽게 활용할 수 있는 완결된 모델을 선호"(Pluviano et al., 2017: 11)하기 때문이다. 이러한 현상은 특히 "특정 주제에 대해 어떤 답이 되었건 확실한 답을 원하는"(Kruglanski, 1989: 14) 종결 욕구가 높은 사람들에게서 더 두드러질 것으로 예상된다. 즉 종결 욕구가 높다고 해서 모든 허위정보에 더 취약한 것은 아니지만,

본인의 잘못된 기존 신념에 도전하는 교정정보에 대한 저항은 상대적으로 강할 것으로 예측할 수 있다.

2) 메시지 속성

뉴스 이용자의 개인적 속성과 더불어 허위정보의 메시지 속성 역시 사람들이 허위정보를 얼마나 신뢰할 만하다고 판단하는지에 영향을 준다. 이미 잘 알려진 확증 편향(confirmation bias. Nickerson, 1998)은 페스팅거(Festinger, 1957)의 일관성 이론(consistency theory)으로 설명되는 바, 자신의 기존 태도나 신념과 일치하는 정보를 선호하는 경향을 지칭한다. 실제로 사람들은 본인의 신념을 지지하는 증거를 본인의 신념에 반하는 증거에 비해 덜 비판적으로 검토할 뿐 아니라(Ditto & Lopez, 1992), 자신의 신념과 일치하는 증거를 더 잘 기억한다(Rothbart et al., 1979). 일반인보다는 더 체계적으로 정보를 처리할 것으로 예상되는 과학자들조차 가설 검증에 있어 확증 편향을 보인 바 있다(Mahoney & DeMonbreun, 1977). 특히 확증 편향이 허위정보와 맞물려 작동하는 경우, 다양한 사회집단 간에 이미 존재하는 갈등을 더욱 악화시킬 수 있다는 점에서, 단지 확증 편향이 작동하는지를 검증하는 데서 나아가 확증 편향을 억제 혹은 완화시킬 수 있는 실천적 커뮤니케이션 전략에 대한 연구가 필요하다.

더불어 메시지 안에 특정 주장을 뒷받침하는 그럴듯한 증거가 제시되는 경우, 허위정보에 대한 신뢰도를 높일 수 있다. 일반적으로 해당 이슈와 직접 관련된, 구체적이고 일관된 근거는 메시지를 더욱 믿을 만한 것으로 만드는데(Luchok & McCroskey, 1978; Reinard, 1988), 허위정보 역시 예외가 아니다. 대부분의 정보 이용자들은 만성적인 정보 과부하 상황에서 허위정보를 접하기 때문에 메시지에 포함된 근거를 비판적으로 숙고하고 평가하기보다는, 짧은 시간에 주변적 단서에 의존해서 메시지의 진위를 판단하기 마련이다. 따라서 허위정보의 신뢰도를 높이기 위해 메시지 내용과는 별 관련이 없는, 하지만 과학적이라는 느낌을 줄 수 있는 이미지(수학 공식이나 그래프, 과학자들의 사진, 뇌 사진 등)를 이용하기도 한다(Marsh & Yang, 2018). 이러한 가짜 증거(pseudo-evidence)는 특히 수용자가 허위정보를 비판적으로 숙고하고자 하는 의지나 능력이 부족할 경우 정보의 사실성 판단에 실질적인 영향을 미칠 수 있다.

유사한 맥락에서 허위정보가 어떤 감각 자료(modality)로 제시되는지에 따라 사실성 지각이 차이를 보일 수 있다. '백문이 불여일견(seeing is believing)'이라는 말이 있듯, 사람들은 시각적 정보를 청각 정보나 문자 정보에 비해 사실로 믿는 경향이 있다. 특히 사전 지식이 부족하거나 해당 정보에 관심이 적은 사람들은 같은 내용을 다루고 있음에도 불구하고 시각적으로 표현된 뉴스를 더 심층적이고, 유용하며, 유익한 정보로 인지했다(Lee & Kim, 2016). 실제로 인도에서는 왓츠앱 등 소셜 미디어에서 유포된 허위정보로 인해 아동 유괴범으로 몰린 외부인들이 집단으로 폭행당하고 결국 사망에 이른 비극적인 사건이 있었는데, 순다 등(Sundar et al., 2021)은 해당 메시지를 텍스트, 오디오, 비디오 메시지의 세 가지 버전으로 만들어 사람들의 반응을 비교했다. 그 결과, 비디오 메시지를 본 사람들이 메시지를 대충 처리하고, 이를 쉽게 받아들이며 다른 사람들과 널리 공유한다는 것을 발견했다. 조작된 이미지들이 지속적으로 소셜 미디어를 통해 유통되지만, 사람들은 조작된 이미지의 잘못된 점을 제대로 짚어내지 못한다는 결과(Kasra et al., 2018)는 그래서 더욱 우려스럽다.

마지막으로 어떤 정보를 쉽게 처리할 수 있고(processing fluency), 그 내용을 쉽게 이해할 수 있을 때(conceptual fluency), 사람들은 해당 정보를 참인 것으로 간주하는 경향이 있다(Marsh & Yang, 2018). 이처럼 어떤 정보를 익숙한 것으로 느끼고 이해하기 쉽게 만드는 방법으로는 반복(repetition)이 있는데, 어떤 주장을 반복해서 접하면 사실로 믿을 가능성이 높아진다는 결과는 '허위 사실 효과(illusory truth effect)'라는 이름으로 잘 알려져 있다(Marsh & Yang, 2018). 8개 연구를 대상으로 허위정보의 반복 효과를 확인한 메타분석 결과에 따르면 반복적 허위정보 노출은 허위정보 효과의 지속성을 높이는 것으로 나타났다(Walter & Tukachinsky, 2019). 이처럼 정보의 반복이 사실성 지각을 유발한다는 점은 팩트체크와 같은 교정 메시지 작성을 어렵게 만들기도 한다. 즉 검증 대상인 거짓정보를 교정 메시지에 포함할 경우, 메시지 수용자로 하여금 거짓정보에 더 익숙하게 만들고, 그로 인해 애초 의도했던 교정 효과가 오히려 약화될 수 있기 때문이다. 한편, 반복 외에 정보 처리의 유창성(fluency)을 높이는 메시지 전략은 내러티브, 즉 이야기 형식을 차용하는 것이다. 나름의 그럴듯한 인과 구조를 가지고 있는 내러티브는 정보 처리 과정에서 이해하기 쉬울 뿐 아니라 한번 메시지 수용자의 지식 체계에 통합되고 나면 이를 수정하기 어렵다(Green & Donahue, 2018).

3) 정보원 및 채널 속성

디지털 미디어 환경에서 여러 단계를 거쳐 정보가 매개되고 재매개되는 경우, 메시지를 만들어낸 정보원과 이를 전달하는 채널을 명확히 구분하는 것은 쉽지 않다. 메시지 수용자나 메시지 자체의 속성 외에도, 허위정보의 정보원 혹은 정보를 접하게 되는 커뮤니케이션 채널의 특징에 따라 허위정보의 진위에 대한 판단은 달라질 수 있다. 아마도 정보 수용에 영향을 미치는 요인으로 가장 많이 연구된 정보원의 속성은 전문성일 텐데, 사람들이 CNN 같은 뉴스 전문 채널을 통해 뉴스를 봤을 때 일반 지상파 방송(ABC) 뉴스에 비해 신뢰도가 더 높다고 생각하는 것처럼(Leshner et al., 1998), 특정 분야에서 전문성을 가진 사람이 관련 허위정보를 지지하는 경우 사람들이 이를 사실로 받아들일 가능성이 높아진다. 이러한 맥락에서 기성 언론의 페이스북 게시글이 일반 페이스북 이용자의 게시글보다 믿을 만한 정보로 간주되기 때문에(Kasra et al., 2018) 가짜뉴스를 유포하는 웹사이트들은 공신력 있는 기성 언론사의 이름이나 스타일로 착각할 만한 이름이나 디자인을 도용하는 경우가 많다(Tandoc Jr. et al., 2018).

또한 정보원이 얼마나 본인과 유사한지에 따라 전달된 허위정보의 신뢰도를 다르게 평가할 수 있다. 이는 사람들이 자신과 비슷한 사람들을 더 선호하고, 비슷한 사람들이 좋아하는 것은 좋아하되 적대적인 사람이 좋아하는 것은 오히려 싫어하는 이른바 동종애(homophily) 성향을 가지고 있기 때문이다(Aronson & Cope, 1968). 특히 뉴스 소비의 경우, 정파적으로 유사한 정보원은 본인과 같은 범주에 속하는 것으로 간주되어 내집단 선호(ingroup favoritism) 현상을 유발할 수 있다(Reid, 2012). 실제로 사람들은 전문 뉴스 편집인이 선별한 뉴스에 비해 자신과 다를 바 없는 다른 뉴스 이용자들이 선택한 뉴스를 더 선호했을 뿐 아니라 해당 뉴스의 질이 더 높다고 평가했고(Sundar & Nass, 2001), 최근 연구에서는 친구가 추천한 뉴스를 추천받지 않은 뉴스에 비해 더 신뢰하는 것으로 나타났다(Turcotte et al., 2015). 다만 전자의 경우 뉴스의 신뢰도 평가에서는 차이가 없었고, 후자의 경우 '친구'가 추천했기 때문인지 아니면 그저 누군가의 추천을 받았기 때문인지 검증하지 않았기 때문에 정보원의 유사성이 허위정보 신뢰에 미치는 영향에 대한 보다 체계적 검증이 요구된다.

또한 사람들은 새로운 정보를 접할 때 정보 배후의 의도를 유추하기 마련이다. 보증 원리(warranting principle. Walther & Parks, 2002)에 따르면 사람들은 정보의 조작 가능성이 낮을 때 해당 정보를 믿을 만한 것으로 받아들인다. 따라서 만일 특정 정보가 정보원 본인에게 유리하게 작용한다는 것을 인지하게 되면, 사람들은 해당 정보의 사실성을 의심할 수 있다. 예컨대 페이스북에서 본인이 남긴 댓글보다 제3자인 친구가 남긴 댓글이 프로필 주인에 대한 인상을 형성하는 데 더 큰 영향을 준다거나(Walther et al., 2009), 식당 홈페이지에 올라온 후기보다 옐프(Yelp) 같은 독립 사이트에 사람들이 남긴 후기가 사람들의 식당에 대한 태도에 더 큰 영향을 준다는 연구 결과(DeAndrea et al., 2018)는 이러한 가능성을 뒷받침한다.

한편, 정보의 조작가능성(manipulability)에 대한 판단은 허위정보를 전달하는 매체의 동시성(synchronicity)과도 관련이 있다(DeAndrea, 2014). 사전 준비와 사후 편집 과정을 거치는 녹화방송 또는 신문 인터뷰 기사와 달리 발화 혹은 작성과 동시에 메시지가 실시간으로 전달되는 생방송 혹은 소셜 미디어 포스팅의 경우 메시지가 가공될 여지는 상대적으로 줄어들기 때문이다. 달리 말해 사람들은 즉흥적(spontaneous) 커뮤니케이션을 보다 진실에 가까운 것으로 인식할 가능성이 높다. 실제로 한 실험 연구에서 정치인들의 트위터상 말실수 사례를 다룬 신문 기사를 읽은 사람들은, 정치인의 트위터 이용 방식을 열거한 기사를 읽은 사람들에 비해 트위터상에서 정치인이나 일반 이용자들이 더 진실하게 본인의 생각과 느낌을 드러낸다고 판단했을 뿐 아니라, 허구의 정치인이 작성한 트윗을 읽고 나서 해당 정치인과 그의 메시지를 더 긍정적으로 평가했다(Lee et al., 2020).

마지막으로 허위정보를 전달하는 매체에 대한 선호(medium affinity) 역시 정보의 진위를 판단하는 데 영향을 미칠 가능성이 높다. 특정 매체의 공신력에 대한 평가를 해당 매체에 대한 이용자의 전반적인 태도와 분리하기 어렵기 때문이다. 예컨대 정치 기관들에 대한 신뢰도가 높은 사람들이 기관의 웹사이트나 전통적 미디어의 공식 웹사이트를 통해 뉴스를 더 많이 소비하는 반면, 소셜 미디어를 통한 뉴스는 잘 소비하지 않는 경우가 이에 해당한다(Ceron, 2015). 매체에 대한 이용자의 주관적 평가와 관련해서 주목할 만한 다른 요인으로 매체 적정성(media appropriateness. Westmyer, DiCioccio, & Rubin, 1998)이 있다. 사람들은 특정 커뮤니케이션 활동에 적합한 매체가 따로 있다는 일종의 규범적 믿음을 가지고 있고, 이에 따라 커뮤니케이션 상황에 맞는 매체를 선택하는 경향이 있는데, 이러한 기대가 위반되었을 때 해당 정보를 의심스러운 것으로 판단할 수 있다.

2. 소통의 진실성 위기와 커뮤니케이션학의 과제

이상에서 우리는 누가, 언제, 어떤 상황에서 허위정보를 사실로 받아들이게 되는지에 대해 커뮤니케이션을 구성하는 기본 요소인 수용자, 메시지, 정보원/채널 특성을 중심으로 살펴봤다. 하지만 오늘날 우리 사회의 소통 문제는 단순히 부정확하거나 사실 관계가 틀린 정보가 광범하게 유통되는 것에 국한되지 않는다. 소위 '영 앤 리치'를 대표하는 사례로 스스로를 내세워 수많은 팔로워를 거느렸던 인플루언서가 명품이 아닌 가품을 사용했다는 사실이 밝혀져 하루아침에 대중의 비난을 받으며 추락했던 사건이나, 본인의 25개월 딸을 초등학생이 성폭행했다고 주장하며 처벌을 요구해 50만 명 이상의 동의를 얻었던 청와대 청원이 알고 보니 거짓이었던 사례 등에서 알 수 있듯, 우리 사회는 '가짜뉴스'를 넘어 전방위적인 소통의 진실성 위기를 경험하고 있는 것으로 보인다. 아래에서는 소통의 진실성을 정보원의 진실성, 메시지의 진실성, 상호작용의 진실성 세 하위차원으로 구분하여 정의하고, 허위정보 문제를 소통의 진실성 위기로 확장해 조명

함으로써 연구의 지평을 넓히고자 한다. 이어 소통의 진실성 회복을 위한 향후 커뮤니케이션학의 연구 어젠다를 제안하는 것으로 논의를 마무리한다.

1) 소통의 진실성

진실성은 진짜(real) 혹은 참(true)인 것으로 정의되며, 흔히 꾸며내거나(fake), 허구(unreal) 또는 거짓(false)인 것과 대조된다(Lindholm, 2007). 진실성 개념을 커뮤니케이션에 적용할 경우, 정확성과 옳음(correctness)에 기반한 신뢰성(trustworthiness), 모사품과 대비되는 원본성(originality), 각본에 따른 연출이 아닌 즉흥성(spontaneity) 등을 아우르는 개념으로 쓰인다(Enli, 2015). 하지만 기술에 의해 매개된 소통이 지배적인 소통 양식으로 자리를 잡아가는 지금, 진실성 개념을 보다 정교하게 다듬을 필요가 제기된다.

정보원의 진실성

먼저 정보원의 진실성은 메시지의 정보원이 주장하는 자신의 정체성(identity)과 실제 정체성의 일치 여부를 지칭한다. 이는 정보원이 얼마나 진실한지에 대한 평가와는 다른 개념으로(물론 진실한 정보원이라면 본인의 정체를 속이는 일은 없을 것이다), 정보원의 정체성이 얼마나 사실에 부합하게 제시되는지를 다룬다. 본인의 정체성을 감추거나 다른 사람인 것처럼 속이는 일이 상대적으로 어려운 대면 커뮤니케이션 상황과 달리, 기술에 의해 매개된 커뮤니케이션 환경에서는 의도적으로 본인의 신분이나 정체성을 조작하는 것이 매우 용이해졌다.

정보원의 진실성은, 화자가 누구인지에 따라 메시지의 의미 해석 및 그에 대한 반응이 달라질 수 있다는 점에서 매우 중요하다. 예컨대 온라인 뉴스 사이트에 달린 독자의 댓글이나 온라인 쇼핑몰의 상품

평, 배달 플랫폼의 식당 리뷰를 생각해보면, 우리는 해당 메시지가 우리와 같은 평범한 뉴스 이용자 또는 실제로 해당 상품이나 식당을 이용해본 소비자에 의해 작성되었다고 믿기 때문에 그 메시지들을 참고해서 여론을 짐작하고 구매 결정을 내린다(Lee & Jang, 2010; Lee & Shin, 2014a). 하지만 해당 댓글들이 돈을 받고 고용된 사람들에 의해 작성되었다거나 심지어는 자동화된 봇에 의해 생성된 것이라면, 즉 겉으로 드러난 화자의 정체성과 실제 정체성이 일치하지 않는다면, 해당 메시지는 전혀 다른 의미를 지니게 된다. 이른바 드루킹의 매크로를 이용한 댓글 조작이 여론 조작 시도로 사회적 공분을 일으켰을 뿐 아니라 종국에는 포털의 업무 방해죄로 법적 처벌을 받은 것도 바로 이런 이유에서다.

일론 머스크, 버락 오바마 등 유력 기업인 혹은 정치인의 소셜 미디어 계정을 해킹해 비트코인으로 기부금을 받아 챙긴 사건에서도 확인할 수 있듯, 타인의 명의를 도용하는 행위는 디지털 커뮤니케이션 환경에서 빈번하게 관찰된다. 날이 갈수록 진화하는 보이스피싱이 대표적이다. 문제는 인공지능 기술의 발전에 따라 정보원의 진실성을 확인하는 작업이 날로 어려워지고 있다는 점이다. 예를 들어 동영상 합성 기술인 딥페이크(deepfake)는 유명 정치인이나 연예인의 음성 및 동영상 파일들을 이용해 이들이 하지 않은 발언이나 행동을 그럴듯하게 조작해낸다. 최근에는 러시아의 우크라이나 침략전쟁과 관련해서 딥페이크 기술을 이용해 만든, 우크라이나 대통령 젤렌스키가 군인들에게 무기를 버리고 투항할 것을 권유하는 동영상이 페이스북에 게시되었고, 해당 동영상이 거짓임을 탐지한 운영진에 의해 차단되는 사건이 있었다.

이뿐만 아니라 일상에서도 사람을 대신할 수 있는 인공지능 에이전트들이 개발되면서 사람과 기계 사이의 구분이 점점 더 모호해지고 있다. 구글의 인공지능 비서가 상사를 대신해 미용실에 전화를 해 약속을 잡는 영상을 보면, 미용사는 전화를 끊는 순간까지 본인이 대화를 나누는 당사자가 사람이 아닌 기계라는 생각을 전혀 하지 못한다. 이러한 서비스는 고전적인 튜링 테스트(Turing test: 기계가 인간과 비교했을 때 동등한 지능적인 행동을 보여주는지를 가늠하는 테스트)를 여유롭게 통과하는 것으로, 기술의 진화와 함께 커뮤니케이션이 인간 사이에서만 발생하는 사회적 행위라는 기존의 정의를 재검토해야 할 뿐 아니라 정보원의 진실성(내가 대화하는 상대방이 사람인지 AI인지)을 의심할 필요성이 높아짐을 시사한다.

메시지 진실성

그라이스는 네 가지 대화 격률(maxim)을 제시했는데, 그중에서 질의 격률(quality maxim)은 "거짓이라고 믿는 것을 말하지 않는다", "충분한 증거가 없이 말하지 않는다"(Grice, 1975: 46)로 정의된다. 이러한 언명은 메시지의 진실성이야말로 커뮤니케이션이 성립하기 위한 전제임을 강조한다. 하지만 어떤 메시지가 진실한 것으로 인식되고 받아들여지기 위해서는 정보의 사실성 및 정확성뿐 아니라 정보원의 의도 및 목적 역시 투명하게 드러나야 한다. 즉 메시지의 내용 자체는 거짓이 아니더라도, 겉으로 드러나지 않은 숨겨진 동기나 의도가 의심될 경우, 사람들은 해당 메시지를 진실하다고 평가하지 않기 때문이다. 예컨대 유튜브 인플루언서들이 업체로부터 후원받았다는 사실을 감춘 채, 마치 자신이 구입한 것처럼 다양한 물건들을 보여주고 사용 경험을 나눔으로써 문제가 되었던 '뒷광고' 논란을 보면, 사실 그들은 진심으로 본인이 자랑한 가방, 화장품, 신발이 최고라고 생각하고, 자신들이 먹은 음식이 환상적이었다고 평가했을 수 있고, 따라서 메시지 내용 자체에는 거짓이 없었다고 항변할 수 있다. 하지만 분명하게 밝히지 않은 숨은 의도나 동기가 있었다고 판단되는 경우, 메시지의 진실성은 의심받기 마련이다. 앞서 살펴본바, 정보원의 이해관계(self-interest) 여부가 허위정보의 진위 판단에 영향을 주는 것은 바로 이러한 이유에서다.

지금까지 많은 경험적 연구들이 미디어 이용자가 온라인 정보의 신뢰도를 판단하는 과정을 '휴리스틱 정보처리(heuristic processing)'로 설명해왔다(Koh & Sundar, 2010; Metzger et al., 2010; Sundar et al., 2007). 즉 사람들은 온라인에서 정보를 접할 때 신중하게 체계적으로 정보를 숙고하고 평가하기보다(systematic processing) 단순한 결정 규칙인 휴리스틱에 기대어 판단을 한다는 것이다. "많은 사람들이 동의하는 것은 옳은 것(consensus means correctness)"이라는 합의 휴리스틱 혹은 밴드왜건 휴리스틱(bandwagon heuristic)에 의존해서 '좋아요'를 많이 받은 포스팅이나 리트윗이 많이 된 트윗이 사실일 가능성이 더 높다고 생각하는 것이 대표적 사례다. 하지만 미디어 내러티브의 현실성 인식(perceived realism)에 관한 연구에 따르면, 어떤 이야기가 얼마나 사실적인지에 대한 판단에 영향을 주는 요인은 외적 현실성(external realism: 미디어 이용자가 믿고 있는 실제 현실과 얼마나 일치하는지)과 내적 현실성(internal realism: 이야기 내 등장인물의 행동이나 사건들이 얼마나 일관되는지)이다(Busselle & Bilandzic, 2008). 즉 이야기 내용이 본인이 생각하는 현실 세계의 모습에 부합한다면, 그리고 이야기 속 인물들의 성격, 행동, 사건들이 나름의 일관성을 지니고 전개된다면, 정작 이야기가 실화인지 아니면 허구인지(fictionality)는 현실성 인식에 영향을 주지 않는다는 것이다.

이러한 관점에서 기존에 방어기제의 발동으로 해석했던 확증 편향은 동기화된 추론(motivated reasoning)의 결과라기보다는, 기존 지식이나 신념 체계에 부합하는 내용을 자연스럽게 사실로 받아들이는 인지적 과정의 결과라는 해석이 가능하다. 즉 사람들은 메시지의 진실성을 판단함에 있어 가용한 휴리스틱들을 일일이 취합해서 판단하는 바텀-업(bottom-up) 과정을 따르는 것이 아니라, 기존의 신념과 일치하면 두 번 생각할 것 없이 진실한 것으로 받아들이고, 그렇지 않은 경우에 한해서만 별도의 진실성 판단 경로를 밟는 탑-다운(top-down) 과정을 거칠 것이라 예상할 수 있다. 즉 모든 가용한 휴리스틱들이 병렬적·동시적으로 메시지의 진실성 판단에 영향을 주는 것이 아니라 선행 지식이나 신념, 의견과의 합치성(congruency)이 다른 휴리스틱에 선행하는 일종의 슈퍼 휴리스틱으로 작동하고, 이 테스트를 통과하지 못한 경우 사람들은 다른 단서들을 활용해 진실성을 판단하는 것이다. 최근 한 연구(Lee et al., 2022)에서는 네이버 뉴스의 댓글란에서 인간 관리자가 댓글을 삭제한 경우와 클린봇(AI)이 삭제한 경우에 따라 사람들이 배후의 정치적 의도를 의심하는 정도가 달라지는지를 검증했는데, 남아 있는 댓글들이 본인의 의견과 일치하는 경우에는 관리자의 정체성이 별다른 영향을 미치지 않았던 반면, 남아 있는 댓글들이 본인의 의견과 반대되는 경우, 연구 참여자들은 관리자가 사람인지 AI인지에 따라 숨겨진 의도를 달리 판단했다.

상호작용의 진실성

마지막으로 상호작용의 진실성은 정보원이나 메시지의 진실성과 달리 경험에 대한 총체적 평가를 다루는 것으로, 사람들이 얼마나 실제 대화가 이루어진 것처럼 느끼는지, 나아가 본인이 그 대화의 일부가 된 것처럼 생각하는지를 의미한다. 인터넷 이전에도 사람들은 라디오 프로그램 진행자, TV 뉴스 앵커, 연속극 등장인물 등 미디어 퍼스낼리티에 대해 현실 친구에게서 느낄 만한 친숙함과 친밀감을 느끼는 것으로 알려졌고, 이는 사회적 상호작용에 버금가는 준사회적 상호작용(parasocial interaction)의 결과로 해석되었다(Horton & Wohl, 1956). 그런가 하면 미디어 내러티브에 관한 연구에서는 사람들이 미디어를 이용하는 동안 이야기 속 세계로 잠시 이동(transportation)하는 것처럼 인지적·감정적 몰입을 경험할 수 있는데, 이렇게 되면 등장인물의 시선으로 상황을 바라보고 마치 이야기 속 사건이 자신에게 일어나는 것처럼 느낀다는 점에 주목하기도 했다(Green & Brock, 2000). 즉 미디어 이용이 사람들에게 상상의 상호작용 기회를 제공한다는 것인데, TV 등장인물이 카메라를 정면으로 보면서 시청자에게 말을 거는 방식으로 준사회적 상호작용을 유도하는 것처럼(Auter & Davis, 1991), 연예인이나 정치인의 개인적인 페이스북 포스팅이나 일상에 관한 트윗을 읽으면서 마치 이들과 본인이 직접 대화를 나눈 것 같은 느낌을 받을 수 있고(social presence), 이러한 경험은 이들에 대한 호의적 평가로 이어졌다(Lee & Jang, 2013; Lee & Shin, 2014b). 즉 온라인 공간에 남겨진, 다른 사람들 사이에 일어난 과거 상호작용의 '흔적'을 관찰하는 것만으로도 일종의 대리적(surrogate) 상호작용에 참여할 수 있게 된 것이다.

상호작용이 얼마나 '진짜'에 가까운지를 판단함에 있어, 사람들은 통상 상호작용의 원형(protoype) 혹은 절대 기준(gold standard)으로 간주되는 대면 커뮤니케이션과 얼마나 유사한지를 어림하게 된다. 이때 대면 커뮤니케이션을 정의하는 고유한 특성으로 호혜성(reciprocity)과 즉흥성(spontaneity)을 생각할 수 있다. 먼저 호혜성은 메시지의 흐름이 일방적이 아니라 양방향으로 이루어짐을 의미한다. 진정한 상호작용(interaction)은 메시지를 주고받는 호혜적 과정을 전제로 하기 때문이다. 한편 즉흥성은 각본에 따라 미리 준비하고 연습한 것이 아닌, 있는 그대로의 상태를 반영한다는 점에서 진정한 의미의 소통의 본질에 가깝다고 할 수 있다. 속칭 '짜고 치는 고스톱'이 의심되는 경우, 상호작용의 진실성은 훼손된다. 사실 유명인의 소셜 미디어 포스팅의 경우, 엄밀히 말해 메시지를 본인이 직접 작성했는지 확인할 수 없는데도, 메시지를 매개하는 중간자(intermediary)가 보이지 않는 상황에서 댓글 등으로 간단하게나마 양방향적 메시지 교환이 가능하다는 점, 그리고 흠잡을 데 없이 잘 꾸며진(staged) 모습이 아닌 지극히 개인적이고 평범한 이야기, 심지어 말실수에 가까운 이야기들이 전달된다는 점(Lee et al., 2020)에서 즉흥적이고, 따라서 진실한 상호작용에 가깝다는 착각을 유도하는 것으로 보인다.

2) 소통의 진실성 회복을 위하여: 무엇을 연구할 것인가

지금까지 사람들을 허위정보에 취약하게 만드는 개인의 성향 및 상황적 요인들을 구체적으로 살펴보고, 허위정보의 문제를 정보의 사실성에 국한하기보다 우리 사회에서 전방위적으로 발견되는, 나아가 기술의 발전으로 인해 더욱 가속화되고 있는 소통의 진실성 문제로 확장해서 이해하고 분석할 것을 제안했다. 궁극적으로 소통의 본질은 언어적·비언어적 메시지 교환을 통한 상호 이해와 공감이며, 진실성은 이를 가능케 하는 가장 본원적인 요소라는 점에서, 진실성은 다양한 커뮤니케이션 현상을 설명하고 이해하기 위한 핵심 개념이라 할 수 있다.

이처럼 진실성의 문제를 특정 맥락에 국한되지 않은 보편적 연구 주제로 접근하기 위해서는 무엇보다 진실성 개념을 이론적으로 정립하는 작업이 필요하다. 앞서 논의한 것처럼, 진실한 커뮤니케이션을 구성하는 핵심 요소는 무엇인가? 소통을 진실하게 혹은 거짓되게 만드는 요인들은 무엇인가? 진실한 소통과 진실하지 않은 소통은 어떤 기준으로 구분할 수 있는가? 진실성은 커뮤니케이션의 객관적 속성인가, 참여자의 주관적 인식인가? 등의 질문들을 던짐으로써 광범한 커뮤니케이션 현상을 관통하는 개념적 도구로서의 진실성에 대한 그 나름의 정의에 도달할 수 있을 것이다.

진실성 개념에 대한 연구자들 간 합의가 어느 정도 이루어지면, 이를 바탕으로 서로 다른 커뮤니케이션 맥락에서 진실성이 어떻게 발현 혹은 훼손되는지 그 구체적인 양상을 체계적으로 기록할 필요가 있다. 저널리즘, 선거 캠페인, TV 리얼리티 프로그램, 온라인 게임, 개인 간 혹은 집단 간 소통, 공중보건 캠페인, 홍보와 광고 등 우리가 생각할 수 있는 대부분의 소통 양식을 대상으로 진실성이 어떻게 유사하게 혹은 다르게 구성되는지 비교하고, 만일 차이가 있다면 그러한 차이를 유발하는 요인들은 무엇인지 탐색할 수 있겠다. 나아가 진실성에 대한 인식이 소통의 결과(태도 및 행동 변화, 관계 형성, 즐거움 경험 등)에는 어떤 영향을 미치는지, 이러한 영향이 소통의 맥락에 따라 달라지는지 등을 실증적으로 확인함으로써 진실성 개념이 커뮤니케이션 현상을 예측하고 설명하는 데 어떻게 기여할 수 있는지 검증할 수 있을 것이다.

앞서도 언급했듯, 정보통신기술 특히 인공지능의 발전은 지금까지 대체로 인간의 고유한 영역으로 간주되어온 소통의 문제를 기계 혹은 알고리즘을 포함하는 것으로 확장했다. 물론 인간-컴퓨터 상호작용(human-computer interaction)에 관한 연구는 지난 30여 년간 활발하게 진행되었으나, 대부분의 경우 특정 업무 영역에 국한해서 논의되었다. 하지만 최근 ChatGPT의 등장으로 인간과 구별할 수 없는 수준의(심지어는 더 뛰어난 것으로도 보이는) 언어 능력을 갖춘 인공지능 에이전트와의 소통이 당장의 현실로 다가왔다. 이처럼 새로운 미디어 플랫폼의 등장이나 AI 에이전트의 확산 같은 커뮤니케이션 시스템 또는 주요 행위자들의 변화는 우리가 알고 있는 소통의 본질에도 변화를 가져올 것으로 예상되는데, 그 과정에서 사람들이 진실성을 표현하고 인식하는 방식은 어떤 영향을 받을 것인지에 대한 논의가 시급하다. 예컨대 현실 세계와 가상 세계 사이의 경계가 날로 모호해지는 상황에서 진실성 혹은 기만(deception)을 어떻게 정의할 것인지의 문제는 규범적·윤리적 차원을 넘어 법적인 이슈를 제기하기 때문이다.

세계적으로 목도되는 이른바 진실성 위기가 개인적·사회적 차원에서 어떤 단기적·장기적 결과를 가져올 것인지, 사회적 소통에서 진실성과 신뢰를 회복하기 위해 커뮤니케이션 연구자들은 무엇을 할 수 있는지에 대한 학술적 논의는 이제 시작에 불과하다. 거짓말을 하면 코가 길어지는 피노키오, 거짓말로 장난을 치다가 비참한 결과를 맞은 양치기 소년의 이야기는, 다양한 방식으로 진실성 착각(illusion)을 유도함으로써 정치적·경제적 이익을 취하는 개인 또는 집단이 우후죽순으로 생겨나는 사회에서는 울림을 가지기 어렵다. 더욱이 대부분의 사회 문제가 그러하듯, 거짓정보의 폐해 역시 모든 사람들에게 동일하게 적용되는 것이 아니라, 이에 특별히 취약한 사회집단이나 공동체가 존재한다면, 사회과학자로서 커뮤니케이션 연구자들이 이를 해결하기 위해 어떤 노력을 기울일 수 있을지에 대한 고민이 필요하다.

참고문헌

김선호 (2022). 유권자가 바라보는 선거보도. 〈미디어 이슈〉 8(1), 1-13. https://www.kpf.or.kr/synap/skin/doc.html?fn=1644367656371.pdf&rs=/synap/result/research.

Aronson, E. & Cope, V. (1968). My enemy's enemy is my friend. *Journal of Personality and Social Psychology* 8(1), 8-12.

Asp, E., Manzel, K., Koestner, B., Cole, C., Denburg, N., & Tranel, D. (2012). A neuropsychological test of belief and doubt: Damage to ventromedial prefrontal cortex increases credulity for misleading advertising. *Frontiers in Neuroscience* 6, 100.

Auter, P. J. & Davis, D. M. (1991). When characters speak directly to viewers: Breaking the fourth wall in television. *Journalism Quarterly* 68(1-2), 165-171.

Busselle, R. & Bilandzic, H. (2008). Fictionality and perceived realism in experiencing stories: A model of narrative comprehension and engagement. *Communication Theory* 18(2), 255-280.

Cacioppo, J. T. & Petty, R. E. (1982). The need for cognition. *Journal of Personality and Social Psychology* 42(1), 116-131.

Ceron, A. (2015). Internet, news, and political trust: The difference between social media and online media outlets. *Journal of Computer-Mediated Communication* 20(5), 487-503.

DeAndrea, D. C. (2014). Advancing warranting theory. *Communication Theory* 24(2), 186-204.

DeAndrea, D. C., Van Der Heide, B., Vendemia, M. A., & Vang, M. H. (2018). How people evaluate online reviews. *Communication Research* 45(5), 719-736.

Ditto, P. H. & Lopez, D. F. (1992). Motivated skepticism: Use of differential decision criteria for preferred and nonpreferred conclusions. *Journal of Personality and Social Psychology* 63(4), 568-584.

Enli, G. (2015). *Mediated Authenticity: How the Media Constructs Reality.* New York: Peter Lang.

Festinger, L. (1957). *A Theory of Cognitive Dissonance.* Evanston: Row, Peterson.

Green, M. C. & Brock, T. C. (2000). The role of transportation in the persuasiveness of public narratives. *Journal of Personality and Social Psychology* 79(5), 701-721.

Green, M. C. & Donahue, J. K. (2018). The effects of false information in news stories. In B. G. Southwell & E. A. Thorson (Eds.), *Misinformation and Mass Audiences* (pp. 109-123). Austin: University of Texas Press.

Grice, H. P. (1975). Logic and conversation. In P. Cole & J. L. Morgan (Eds.), *Syntax and Semantics. Vol 3: Speech Acts* (pp. 41-58). New York: Academic Press.

Grinberg, N., Joseph, K., Friedland, L., Swire-Thompson, B., & Lazer, D. (2019). Fake news on Twitter during the 2016 U.S. presidential election. *Science* 363(6425), 374-378.

Horton, D. & Wohl, R. (1956). Mass communication and para-social interaction: Observations on intimacy at a distance. *Psychiatry* 19(3), 215-229.

Jones-Jang, S. M., Mortensen, T., & Liu, J. (2021). Does media literacy help identification of fake news? Information literacy helps, but other literacies don't. *American Behavioral Scientist* 65(2), 371-388.

Kasra, M., Shen, C., & O'Brien, J. (2016, October). Seeing is believing: Do people fail to identify fake images on the web? In *Proceedings of the AoIR 2016: The 17th Annual Conference of the Association of Internet Researchers.* Berlin, Germany.

Koh, Y. J. & Sundar, S. S. (2010). Heuristic versus systematic processing of specialist versus generalist sources in online media. *Human Communication Research* 36(2), 103-124.

Kruglanski, A. W. (1989). *Lay Epistemics and Human Knowledge: Cognitive and Motivational Bases*. New York: Plenum Press.

Kumkale, G. T., Albarracín, D., & Seignourel, P. J. (2010). The effects of source credibility in the presence or absence of prior attitudes: Implications for the design of persuasive communication campaigns. *Journal of Applied Social Psychology* 40(6), 1325-1356.

Leding, J. K. & Antonio, L. (2019). Need for cognition and discrepancy detection in the misinformation effect. *Journal of Cognitive Psychology* 31(4), 409-415.

Lee, E.-J. & Jang, J.-W. (2013). Not so imaginary interpersonal contact with public figures on social network sites: How affiliative tendency moderates its effects. *Communication Research* 40(1), 27-51.

Lee, E.-J. & Jang, Y. J. (2010). What do others' reactions to news on Internet portal sites tell us? Effects of presentation format and readers' need for cognition on reality perception. *Communication Research* 37(6), 825-846.

Lee E.-J., Kim H. S., Suh Y. J., & Park, J. W. (2022). Something is fishy about it: How opinion congeniality and explainability affect motivated attribution to AI vs. human comment moderators. *Cyberpsychology, Behavior, & Social Networking* 25(8), 496-503.

Lee, E.-J. & Kim, Y. W. (2016). Effects of infographics on news elaboration, acquisition, and evaluation: Prior knowledge and issue involvement as moderators. *New Media & Society* 18(8), 1579-1598.

Lee, E.-J., Lee, H.-Y., & Choi, S. (2020). Is the message the medium? How politicians' Twitter blunders affect perceived authenticity of Twitter communication. *Computers in Human Behavior* 104, 106-188.

Lee, E.-J. & Shin, S. Y. (2014a). When do consumers buy online product reviews? Effects of review quality, product type, and reviewer's photo. *Computers in Human Behavior* 31, 356-366.

Lee, E.-J. & Shin, S. Y. (2014b). When the medium is the message: How transportability moderates the effects of politicians' Twitter communication. *Communication Research* 41(8), 1088-1110.

Leshner, G., Reeves, B., & Nass, C. (1998). Switching channels: The effects of television channels on the mental representations of television news. *Journal of Broadcasting & Electronic Media* 42(1), 21-33.

Lindholm, C. (2007). *Culture and Authenticity.* Hoboken: Wiley-Blackwell.

Luchok, J. A. & McCroskey, J. C. (1978). The effect of quality of evidence on attitude change and source credibility. *Southern Speech Communication Journal* 43(4), 371-383.

Mahoney, M. J. & DeMonbreun, B. G. (1977). Psychology of the scientist: An analysis of problem-solving bias. *Cognitive Therapy and Research* 1(3), 229-238.

Marsh, E. J. & Yang, B. W. (2018). Believing things that are not true: A cognitive science perspective on misinformation. In B. G. Southwell & E. A. Thorson (Eds.), *Misinformation and Mass Audiences* (pp. 15-34). Austin: University of Texas Press.

Matthes, J. (2008). Need for orientation as a predictor of agenda-setting effects: Causal evidence from a two-wave panel study. *International Journal of Public Opinion Research* 20(4), 440-453.

McCombs, M. (2002, June). The agenda-setting role of the mass media in the shaping of public opinion. Paper presented at the Mass Media Economics 2002 Conference, London School of Economics, London, United Kingdom.

Metzger, M. J., Flanagin, A. J., & Medders, R. B. (2010). Social and heuristic approaches to credibility evaluation online. *Journal of Communication* 60(3), 413-439.

Mocanu, D., Rossi, L., Zhang, Q., Karsai, M., & Quattrociocchi, W. (2015). Collective attention in the age of (mis)information. *Computers in Human*

Behavior 51, 1198-1204.

Murrock, E., Amulya, J., Druckman, M., & Liubyva, T. (2018). Winning the war on state-sponsored propaganda: Results from an impact study of a Ukrainian news media and information literacy program. *Journal of Media Literacy Education* 10(2), 53-85.

Nickerson, R. S. (1998). Confirmation bias: A ubiquitous phenomenon in many guises. *Review of General Psychology* 2(2), 175-220.

Pennycook, G. & Rand, D. G. (2019). Lazy, not biased: Susceptibility to partisan fake news is better explained by lack of reasoning than by motivated reasoning. *Cognition* 188, 39-50.

Petty, R. E. & Cacioppo, J. T. (1986). The elaboration likelihood model of persuasion. In R. E. Petty & J. T. Cacioppo (Eds.), *Communication and Persuasion: Central and Peripheral Routes to Attitude Change* (pp. 1-24). New York: Springer.

Piper-Terry, M. L. & Downey, J. L. (1998). Sex, gullibility, and the Barnum effect. *Psychological Reports* 82(2), 571-576.

Pluviano, S., Watt, C., & Della Sala, S. (2017). Misinformation lingers in memory: Failure of three pro-vaccination strategies. *PLoS One* 12(7), e0181640.

Reid, S. A. (2012). A self-categorization explanation for the hostile media effect. *Journal of Communication* 62(3), 381-399.

Reinard, J. C. (1988). The empirical study of the persuasive effects of evidence: The status after fifty years of research. *Human Communication Research* 15(1), 3-59.

Rothbart, M., Evans, M., & Fulero, S. (1979). Recall for confirming events: Memory processes and the maintenance of social stereotypes. *Journal of Experimental Social Psychology* 15(4), 343-355.

Sundar, S. S., Knobloch-Westerwick, S., & Hastall, M. R. (2007). News cues: Information scent and cognitive heuristics. *Journal of the American Society for Information Science and Technology* 58(3), 366-378.

Sundar, S. S., Molina, M. D., & Cho, E. (2021). Seeing is believing: Is video modality more powerful in spreading fake news via online messaging apps? *Journal of Computer-Mediated Communication* 26(6), 301-319.

Sundar, S. S. & Nass, C. (2001). Conceptualizing sources in online news. *Journal of Communication* 51(1), 52-72.

Tandoc, E. C., Ling, R., Westlund, O., Duffy, A., Goh, D., & Zheng Wei, L. (2018). Audiences' acts of authentication in the age of fake news: A conceptual framework. *New Media & Society* 20(8), 2745-2763.

Turcotte, J., York, C., Irving, J., Scholl, R. M., & Pingree, R. J. (2015). News recommendations from social media opinion leaders: Effects on media trust and information seeking. *Journal of Computer-Mediated Communication* 20(5), 520-535.

Van Prooijen, J.-W. (2017). Why education predicts decreased belief in conspiracy theories. *Applied Cognitive Psychology* 31(1), 50-58.

Walter, N. & Tukachinsky, R. (2020). A meta-analytic examination of the continued influence of misinformation in the face of correction: How powerful is it, why does it happen, and how to stop it? *Communication Research* 47(2), 155-177.

Walther, J. B. & Parks, M. R. (2002). Cues filtered out,cues filtered in: Computer-mediated communication and relationships. In M. L. Knapp & J. A. Daly (Eds.), *Handbook of Interpersonal Communication* (3rd Ed., pp. 529-563). Thousand Oaks: Sage.

Walther, J. B., Van Der Heide, B., Hamel, L. M., & Shulman, H. C. (2009). Self-generated versus other-generated statements and impressions in computer-mediated communication: A test of warranting theory using Facebook. *Communication Research* 36(2), 229-253.

Weaver, D. H. (1980). Audience need for orientation and media effects. *Communication Research* 7(3), 361-376.

Westmyer, S. A., DiCioccio, R. L., & Rubin, R. B. (1998). Appropriateness and effectiveness of communication channels in competent interpersonal communication. *Journal of Communication* 48(3), 27-48.

7 팩트체크 뉴스의 오정보 판별 효과: 수용 과정 관점의 접근

최은철
(USC 아넨버그스쿨 박사과정)

이철주
(서울대학교 언론정보학과 교수)

소셜 미디어에서의 무차별적 정보 범람은 정보의 정확성이 중요한 가치로 받아들여지지 않는 탈진실 사회로의 전환을 가속하고 있다. 소셜 미디어상에서 사실정보와 오정보가 공유되는 정도의 차이가 없을 정도로(Qiu et al., 2017) 많은 사람은 정확성을 따져가며 수용하고 공유하는 인지적 역량을 발휘하기 어려운 상황에 놓여 있다. 개인뿐만 아니라 언론 또한 '가짜뉴스' 현상의 주요 참여자다. 언론은 경제적 이익과 영향력 모두를 확보하기 위해 때로 정확성보다 속보성의 가치를 좇기 때문이다(Silverman, 2016a; 2016b; Suarez, 2005). 소셜 미디어를 통해 확산하는 '가짜뉴스'는 당파적인 언론매체의 의제 설정(agenda-setting)에 영향을 미쳐(Vargo et al., 2018) 사회적 갈등을 유발한다.

팩트체크 저널리즘은 오정보를 교정하고, 언론의 신뢰를 구축하는 데 도움이 될 것으로 기대된다. 오정보가 주어졌을 때 사람들은 이를 지지하고 신뢰하게 하는 내러티브로서 정신 모형(mental model)을 형성한다. 이 때문에 사람들이 믿는 오정보를 폐기하게 하려면 단순히 오정보 그 자체에 대한 반박만으로는 부족하며, 사람들이 기존에 가지고 있던 정신 모형을 대체할 수 있는 추가적인 정보와 맥락에 대한 설명이 필요하다(Cook & Lewandowsky, 2011; Ecker et al., 2011). 오정보 교정을 위한 정보와 맥락을 제공할 수 있는 것이 바로 팩트체크 저널리즘이다(정은령 등, 2020). 현재의 미디어 환경에서 언론에 대한 전반적인 신뢰의 저하는 오정보에 대한 노출과 확산을 증가시켰는데(김형지 등, 2020; 백강희, 2020; 백영민·김선호, 2017), 팩트체크 저널리즘은 사실성 규범을 강조하며(윤석민, 2020), 이를 통해 언론사의 신뢰를 되돌릴 기회를 제공한다. 실제로 팩트체크 뉴스 시청이 방송사에 대한 신뢰로 이어진다는 연구 결과(안지수, 2019)는 언론 신뢰 구축 방안으로서 팩트체크 저널리즘의 가능성을 뒷받침한다.

다수의 실험 연구 결과는 팩트체크 메시지에 대한 직접적인 노출이 오정보 교정 효과로 이어진다는 점을 지지하고 있다(Chan et al., 2017; Walter et al., 2020; 2021; Walter & Murphy, 2018). 다만 실험실이나 이론적 논의에서 벗어나 현실의 맥락에서 팩트체크 저널리즘이 기대만큼의 큰 효과를 발휘할 수 있는지, 만일 그렇다면 어떤 조건에서 그러한지 살펴보기 위해서는 더욱 섬세한 연구 설계가 필요하다. 2016년 미국 대선 기간에 이루어진 서베이 연구(Guess et al., 2018)에 따르면 신뢰도가 낮은 정보를 유포하는 사이트에서 오정보를 접한 사람 중 상당수가 팩트체크 뉴스를 단 한 번도 접해보지 못했으며, 자신이 본 오정보를 반박하는 팩트체크 뉴스를 접해본 사람은 극소수에 불과했다. 사람들의 팩트체크에 대한 친숙도가 전반적으로 낮거나(Lyons et al., 2020; Nyhan & Reifler, 2015), 정치적 성향 및 관심, 교육 수준 등에 따라 팩트체크에 대한 친숙도 및 태도가 달라진다(Robertson et al., 2020)는 연구 결과는 사람들의 팩트체크 메시지 수용 과정이 여러 변인에 의해 영향을 받을 수 있음을 보여준다. 실험실에서 관찰할 수 있는 팩트체크의 효과는 현실 맥락에서 희석될 수 있기 때문에, 팩트체크 메시지 수용 과정이 실험실 밖에서 어떤 변인의 영향을 받으며, 오정보에 어떤 효과를 미치는지 살펴볼 필요가 있다.

특히 공중보건을 위협하는 인포데믹(infodemic) 상황에서, 팩트체크 메시지에 대한 경험적 연구는 시급한 사회적 수요를 지니고 있다. 이 장에서는 수용자의 특성과 수용 과정에 초점을 맞춰 어떤 사람이 팩트체크 메시지에 많이 노출되고 팩트체크를 친숙하게 여기며 팩트체크에 대한 긍정적인 태도를 형성하는지 살펴보고자 한다. 또한 실제로 팩트체크 메시지에 대한 노출, 친숙도, 긍정적 태도가 오정보를 거짓으로 판별하도록 하는 효과를 가져오는지도 실증 연구 사례를 통해 논의해볼 것이다.

1. 팩트체크 메시지의 수용 과정에 영향을 미치는 요인

허위정보가 다양한 사회적 악영향을 미칠 것이라는 우려 아래, 여러 사회적 개입 방식이 활발하게 논의되었다. 특히 코로나19 상황에서 허위정보의 유포가 사회적 혼란을 일으킬 뿐만 아니라 공중보건을 위협할 수 있으므로 허위정보에 대한 법적 규제 신설 및 강화가 필요하다는 주장이 제기되어 왔다(이문한, 2021). 하지만 법적 규제는 표현의 자유 침해 우려, 기존 규제와의 중복, 허위정보에 대한 엄밀한 개념 정의의 난점 등 때문에 한계가 있다(김여라, 2020; 최지수·윤석민, 2019).

법적 및 행정적 허위정보 규제의 대안으로, 공론장에서 충분한 논의와 검증을 통해 정보의 진실 여부를 밝혀내 허위정보가 자연스럽게 퇴출되도록 유도하는 환경을 조성해야 할 필요성이 강조된다(이문한, 2021). 오정보 대응 방안 중에서도 특히 팩트체크는 지식을 갖춘 시민사회 형성에 기여하리라는 기대를 받고 있다(김선호·백영민, 2018; Graves, 2016). 우리나라의 오정보 관련 연구 동향을 살피는 키워드 네트워크 분석에서 가장 중심적인 키워드로 팩트체크가 등장했다(김희섭·강보라, 2019)는 연구 결과도 이러한 기대를 뒷받침한다. 2016년 대통령 선거를 전후로 팩트체크에 대한 관심이 크게 증가한 미국과 마찬가지로, 한국에서도 19대 대선과 같이 주로 선거 시기에 정치인 혹은 공직자가 한 말의 진위를 꼼꼼하게 검증해야 한다는 문제의식이 확산했다. 이에 따라 팩트체크 저널리즘에 대한 사회적 관심과 요구도 점차 증가했다. 언론이 정치인의 말을 받아쓰는 '전달자'의 역할에 머무르지 말고 '진실의 판정자'로서 역할을 수행하고 기존의 객관주의 저널리즘을 보완 및 개선해나가야 한다는 것이다(정은령, 2018).

2020년부터 지속되어오고 있는 코로나19 팬데믹 사태는 오정보 대응의 필요성을 한층 끌어올렸다. 국내외의 수많은 언론사와 팩트체크 유관 기관이 독립적으로 혹은 협업을 통해 코로나19 오정보에 대응하고 있다. 한 연구에 따르면 국내의 53개 기관과 매체가 2020년 8월까지 약 500종류의 코로나19 관련 이슈에 대해 1,000건이 넘는 팩트체크를 진행한 것으로 집계되었다(류승희·정정주, 2020). 또한 국내 팩트체크 뉴스 플랫폼인 SNU팩트체크에 게재된 기사를 분석한 연구에 따르면 SNU팩트체크가 출범한 2017년 절반가량의 기사가 정치 분야의 기사였던 것에 비해, 2020년에는 절반가량의 기사가 코로나19 관련 주제를 다룬 것으로 나타났다(정은령, 2020). 세계 각국의 팩트체크 언론사 및 기관과 광범위한 네트워크를 맺고 있는 국제팩트체킹연맹(International Fact Checking Network, IFCN) 또한 코로나19 확산 초기에 70여 개국, 9,000건 이상의 팩트체크 결과를 종합해 시각화하고 데이터베이스를 공개하는 '코로나바이러스 사실동맹(#CoronaVirusFacts Alliance)' 프로젝트를 진행한 바 있다.

하지만 아무리 많은 언론사와 연구 기관이 협업해 양질의 팩트체크 뉴스를 제공한다 하더라도 사람들에게 받아들여지지 않는다면 그

의미는 반감될 수밖에 없다. 이런 점에서 어떤 사람이 팩트체크 메시지의 영향을 잘 받는지는 커뮤니케이션 연구자들의 주요 관심사 중 하나다. 수용자의 연령이나 성별, 교육 수준, 소득, 기존의 정치적 이념이나 인지적 성향 및 역량, 미디어 리터러시 능력 등이 팩트체크 뉴스의 수용과 관련이 있을 수 있으며, 수용자의 팩트체크 뉴스에 대한 노출 정도나 팩트체크 뉴스에 대한 친숙도 및 태도 역시 팩트체크 뉴스 수용에 영향을 미칠 수 있다. 수용자의 인구통계학적 특성이나 정치적·인지적 성향은 팩트체크 뉴스 자체에 대한 인식 및 태도와도 관련이 있을 수 있다. 수용자의 특성과 수용 과정의 어떤 요인들이 팩트체크 뉴스의 효과를 이끌어 낼 수 있는지 밝히는 것은 오정보 대응에 주요한 함의를 제공한다. 이와 관련해 지금까지 수행된 연구들의 주요 내용을 살펴본다.

저연령층 및 고연령층은 디지털 미디어의 확산에 의한 '가짜뉴스' 현상에 특히 취약한 집단으로 자주 묘사된다(예를 들어, 문현숙, 2018; 정필재, 2021). 하지만 실제로 팩트체크 뉴스나 오정보가 특정 연령 집단에 더 강한 영향을 미친다고 단언하기는 어렵다. 우리나라의 연구를 살펴보면 저연령층일수록 오정보에 많이 노출되었고(김형지 등, 2020; 염정윤·정세훈, 2019; 조은희, 2019), 오정보 공유 경험 또한 많다고 응답하는 경향이 도드라졌다(오세욱·박아란, 2017). 동시에 저연령층은 오정보를 사회적 문제로 여기는 경향이 컸으며(조은희, 2019), 가짜뉴스만큼이나 팩트체크 뉴스에도 많이 노출될 가능성이 높았다(김형지 등, 2020). 리온스 등(Lyons et al., 2020)이 유럽 6개국에서 팩트체크 뉴스에 대한 친숙도 및 태도를 탐구한 연구나, 로버트슨 등(Robertson et al., 2020)이 미국에서 팩트체크 웹사이트에 대한 친숙도 및 긍정적 태도를 다룬 연구에서는 연령이 낮을수록 팩트체크 뉴스를 친숙하게, 긍정적으로 바라보는 것으로 나타났다. 이렇듯 연령과 팩트체크 메시지 및 오정보 간의 관계에는 미디어 사용 습관과 노출, 공유 행동, 인지 역량 등 수많은 요인이 영향을 미친다.

이와 함께 연구자들의 많은 관심을 받는 주제는 바로 정치 이념과 팩트체크 뉴스 수용 간의 관계에 대한 것이다. 기존 연구들은 정치 이념에 따라 팩트체크 뉴스의 확산, 노출 및 수용 정도에 차이가 있음을 보여주고 있다(황용석·권오성, 2017; Shin & Thorson, 2017). 사람들이 팩트체크 뉴스를 수용할 때 정치적 동기에 따른 정보 처리(Taber & Lodge, 2006)가 작용한다는 의미다. 팩트체크 뉴스의 수용과 교정 효과에 양측의 정치 이념이 가져오는 정치적 비대칭성(political asymmetry)의 원인이 무엇인지는 논쟁의 대상이다. 정치적 비대칭성이란 단순히 기존 신념과의 일치 여부가 팩트체크 뉴스 및 오정보에 대한 태도에 영향을 미치는 것을 넘어서서, 주로 (미국의 맥락에서) 보수 이념, 공화당 지지 성향이 있는 사람들이 그렇지 않은 사람보다 팩트체크 뉴스에 친숙하지 못하거나(Amazeen et al., 2019; Gottfried et al., 2013; Graves & Glaisyer, 2012; Shin & Thorson, 2017), 팩트체크 뉴스에 대해 부정적이며(Guess et al., 2018; Nyhan & Reifler, 2015; Robertson et al., 2020), 오정보에도 더 잘 속는다(Lewandowsky et al., 2017)는 관찰 및 주장을 뜻한다. 주로 미국의 주류 매체들이 반(反)공화당적인 진보 편향(liberal bias)의 성향을 보이기 때문이라는 설명(Robertson et al., 2020) 혹은 진보적 성향이 있는 사람보다 보수적 성향이 있는 사람의 인지적인 역량이 낮아서 그렇다는 설명(Lewandowsky et al., 2017)이 뒤따른다.

과학 및 보건 분야의 팩트체크 뉴스라고 해서 정치적 이념의 영향으로부터 예외는 아니다. 이미 기후 변화 같은 여러 과학적 이슈가 정치적으로 양극화된 형태로 수용되고 있는 상황이다(Hart & Nisbet, 2012). 코로나19 언론 보도가 이념적 정파성을 띠는 경향(박주현, 2020; Hart et al., 2020)은 코로나19 이슈에 대한 팩트체크 뉴스 수용이 정치적 이념의 영향에서 벗어날 수 없음을 방증한다. 팩트체크 뉴스와 오정보의 정치적 비대칭성에 대한 설명이 코로나19 확산 이후 한국의 맥락에서도 적용 가능한지는 더 많은 연구가 필요할 것이다.

연구자들은 어떤 인지적 성향과 역량이 참과 거짓정보를 잘 구분하도록 하는지에 대해 많은 관심을 가져왔다. 이와 관련해 '능동적 열린 사고(actively open-minded thinking)' 개념이 주목받는다. 능동적 열린 사고란 새로운 정보를 접할 때 본인이 가진 기존 생각과 맞지 않다고 하더라도 새로운 증거들에 대해 열린 태도를 보이는 것을 의미한다(Baron, 2008). 능동적 열린 사고가 중요한 이유는 개인이 오정보를 접하고 정보의 진위를 판단하는 과정에서 본인이 가진 기존 생각과 다른 대안들까지 고려함으로써 성급하게 잘못된 결론에 이르는 것을 방지할 수 있기 때문이다. 한 연구(Bronstein et al., 2019)에서는 망상적 사고를 하는 사람들(delusion-prone individuals)이 능동적 열린 사고를 잘 하지 않는 경향이 있어 누가 봐도 터무니없는(implausible) 오정보를 쉽게 받아들이는 것으로 나타났다.

개인의 인식론적 신념도 오정보의 수용과 관련이 있다. '인식론적 신념(epistemic belief)'이란 지식이 어떻게 구성되어 있는지에 관해 개인이 믿는 바를 의미한다(Hofer, 2001; Schommer, 1990). 논리적인 사고, 실증적 증거에 무게를 두는 올바른 인식론적 신념을 지니고 있을 때 오정보를 더 잘 걸러낼 수 있다. 개릿과 위크스(Garrett & Weeks, 2017)는 인식론적 신념을 '직감에 대한 맹신(faith in intuition)', '근거의 필요성(need for evidence)', '진실의 정치성(truth is political)' 등 세 가지 측면으로 구분한다. 직감에 대한 맹신은 정보를 처리할 때 이른바 개인의 '감'에 의존하는 경향을 나타낸다. 근거의 필요성은 정보의 진위를 판단할 때 실증적 증거를 중요시하는 경향을 나타낸다. 진실의 정치성은 진실이 증거가 아닌 정치와 권력에 의해 정의된다고 믿는 경향을 의미한다. 개릿과 위크스는 세 가지 인식론적 신념이 다양한 이슈들에서 음모론적 생각(conspiracist ideation)과 정확한 믿음(belief accuracy)에 어떤 영향을 미치는지 분석했다. 본인의 직감을 과신하는 사람일수록 음모론적인 오정보를 쉽게 믿었고, 진실을 정치적이라고 바라보는 사람일수록 거짓에 기반을 둔 뉴스도 쉽게 받아들였다. 반면 실증적 증거를 중요하게 생각하는 사람은 정보를 접했을 때 근거에 기반을 두어 더 정확한 판단을 내리는 경향이 있었다. 직감을 맹신하고, 진실을 정치적으로 판단할수록 오정보를 그대로 받아들이며, 근거를 중요시할수록 오정보를 덜 받아들인다는 것이다.

미디어 리터러시도 오정보 연구의 맥락에서 주목받고 있다. 미디어 리터러시는 다양한 형식의 미디어가 생산하는 메시지 전반을 해석(interpret), 분석(analyze), 처리(process), 맥락화(contextualize)하거나, 정보를 스스로 생산(produce)하는 시민적 역량(Aufderheide, 1993; EAVI, 2009)을 통틀어 일컫는 개념이다. 미디어 리터러시는 정보에 비판적으로 접근할 줄 아는 지식과 역량(knowledge and skills. Vraga et al., 2021)으로, 개개인의 더욱 바람직한 의사 결정, 현실적이고 비판적인 미디어 메시지 수용, 루머를 공유하는 행동 감소와 같은 효과를 낳는다(Afassinou, 2014; Austin et al., 2015; Jeong et al., 2012; Jones-Jang et al., 2021). 미디어 리터러시의 배양은 오정보 대응에 있어 사전적·예방적 역할을 맡는다. 팩트체크 뉴스는 사람들이 잘못 알고 있는 사항을 교정하기 위한 사후적인 방식에 해당한다. 다수의 연구가 오정보 대응에서 팩트체크 메시지의 전반적인 효과를 지지하고 있기는 하지만(Chan et al., 2017; Nyhan et al., 2020; Wood & Porter, 2019), 이미 사람들의 세계관에 뿌리를 내리고 신념 체계를 형성한 오정보에 관해서는 팩트체크 메시지를 발신하는 것만으로 대응하기는 어렵다. 특히 정치적인 오정보에 대응하는 팩트체크 메시지의 교정 효과는 더욱 떨어진다

(Lewandowsky et al., 2017; Walter & Murphy, 2018). 이러한 상황에서 미디어 리터러시 배양은 시민 스스로 비판적인 사고를 통해 오정보가 인식 속에 뿌리내리기 전에 저항할 수 있도록 예방 접종(inoculate)의 역할을 하며(Jeong et al., 2012; McGuire, 1964), 방향성 동기(directional motivation)에 휘둘리기 쉬운 정치적인 상황에서도 정확성 동기(accuracy motivation)를 잃지 않고 사실을 확인하는 태도를 기르도록 할 수 있다. 한 연구에서는 미디어 리터러시 교육 기회에 더 많이 노출된 학생들이 그렇지 못한 학생들보다 정치적 메시지와 마주한 상황에서 정확성 동기에 더 많이 영향을 받으며, 더 정확한 판단을 하는 것으로 나타났다(Kahne & Bowyer, 2017). 이는 정치적 상황에서도 미디어 리터러시를 통한 개입 방식이 유효하다는 것을 보여준다. 오정보 판별에 있어 미디어 리터러시를 강조하는 사전적 개입과 팩트체크 메시지를 제공하는 사후적 개입을 동시에 제공하는 것이 가장 효과가 컸다는 연구 결과(Hameleers, 2020)는 미디어 리터러시와 팩트체크 저널리즘이 오정보 대응에 시너지 효과를 낼 수 있다는 것을 암시한다.

팩트체크 메시지는 사람들의 잘못된 믿음을 교정하려는 설득적 메시지의 성질을 지닌다(Amazeen et al., 2019). 팩트체크 뉴스를 통한 설득이 어떤 과정을 거쳐 일어나는지 살펴보는 것은 팩트체크 메시지 수용과 오정보 판별 간의 관계를 설명하는 데 도움이 될 수 있다. 래비지와 스타이너가 1961년 처음으로 제안한 단계별 모델 접근(stage model approach)에 따르면 사람들은 일단 대상에 노출되었을 때 이에 대해 인식하고, 반복적으로 노출되었을 때 태도를 형성하며 실질적인 행동을 하게 된다(예를 들어, Lavidge & Steiner, 1961; McGuire, 1968). 로버트슨 등(Robertson et al., 2020)은 팩트체크 메시지에 대한 사람들의 태도를 연구하면서 설득적 메시지가 개인에게 어떻게 작용하는지 설명하기 위해 단계별 모델을 차용했다. 사람들은 팩트체크 메시지에 노출됨으로써 친숙해지고 계속 노출되었을 때 팩트체크 메시지에 대한 태도를 형성하게 되며, 호의적 태도를 형성했다면 팩트체크 사이트를 방문하는 등의 행동(behavior)을 한다. 실제로 팩트체크 메시지에 노출된 실험 참여자들은 팩트체커들이 공정하며, 팩트체크가 더욱 많이 이루어져야 한다고 평가하는 등 팩트체크 메시지에 더 긍정적인 태도를 보였다(Nyhan & Reifler, 2015). 한 연구에서는 팩트체크 코너가 있는 뉴스를 제작한 방송사를 더 신뢰할 만하다고 느꼈으며, 팩트체크 코너를 통해 정확한 정보를 더 많이 접한 참여자들이 뉴스 내용에 대해서도 긍정적인 평가를 하는 것으로 나타났다(안지수, 2019). 즉 팩트체크에 대한 노출과 친숙도가 팩트체크에 대한 긍정적인 평가를 이끌어낼 수 있다.

우리 사회에서는 제19대 대선이 팩트체크 뉴스에 관한 관심을 이끌었고, 이어 코로나19 팬데믹 기간 동안 코로나19 관련 팩트체크 기사의 양이 급증했다(정은령, 2020). 과연 이 시기에 급증한 코로나19 관련 팩트체크에 대한 노출이 팩트체크에 대한 친숙도와 긍정적 태도로 이어지고, 궁극적으로 오정보를 잘 걸러내게 하는지 탐색할 필요가 있다.

2. 팩트체크 효과 실증 연구 사례

앞에서 살펴보았듯이 수용자의 다양한 사회경제적 변인(연령, 성별, 교육 수준, 소득, 정치적 이념)과 인지적 역량(능동적 열린 사고, 인식론적 신념, 미디어 리터러시)이 팩트체크 메시지에 대한 노출, 친숙도 및 태도에 영향을 미칠 수 있다는 논의는 더 많은 경험적 연구의 축적을 통해 검증될 필요가 있다. 또한 단계별 모델에서처럼 팩트체크 메시지에 대한 친숙도 및 태도가 팩트체크 메시지에 대한 노출과 오정보의 정확도 인식을 매개할 가능성에 관해서도 실증적 연구가 수행되어야 할 것이다. 이러한 문제들의 답을 찾는 연구는 다양하게 수행될 수 있을 것이나, 이 장에서는 코로나19 관련 오정보를 대상으로 저자들이 수행한 실증 연구 사례를 통해 팩트체크 메시지 수용 과정에 대한 논의의 방향성을 제시해보고자 한다(설문 및 연구 결과에 대한 자세한 내용은 부록 참조).

먼저 어떤 사람들이 팩트체크 메시지에 많이 노출되며, 팩트체크 메시지를 친숙하게 여기고, 긍정적인 태도를 지니고 있는지 살펴보았다. 그 결과 연령이 높고, 정치적 성향이 진보적이며, 코로나19 관련 정보에 많이 노출되고, 미디어 리터러시 수준이 높을수록 코로나19 관련 팩트체크 메시지에도 많이 노출되는 것으로 나타났다. 다음으로 정치적으로 진보적이며, 코로나19 관련 정보에 많이 노출되고, 종이 매체를 많이 사용하며, 능동적 열린 사고를 하고, 미디어 리터러시가 높을수록 팩트체크에 대한 친숙도가 증가하는 것을 확인할 수 있었다. 또한 능동적 열린 사고를 하고, 지식을 습득할 때 근거를 중요시하며, 미디어 리터러시가 높을수록 팩트체크 메시지에 긍정적인 태도를 가진 것으로 나타났다.

이러한 결과는 팩트체크 메시지 수용이 정치적 이념이나 미디어 리터러시 같은 사회경제적 혹은 인지적 능력 변인과 관련이 있다는 것을 재확인해주는 것이다. 보수적인 정치 성향이 비교적 팩트체크 메시지에 대한 노출과 친숙도를 낮추는 등, 팩트체크 수용에 있어 정치적 비대칭성이 관찰되는 것은 선택적 노출(selective exposure) 및 동기화된 추론(motivated reasoning)을 통해 설명할 수 있다. 코로나19에 대한 팩트체크 자체가 정치적인 유불리를 내포하고 있기 때문에, 정치 성향에 따라 선택적 노출이나 동기화된 추론이 일관적으로 일어난 결과라 볼 수 있다. 코로나19에 대한 언론 보도 내용은 언론의 이념 성향에 따라 달랐다. 보수 언론은 진보 언론에 비해 코로나19 확산에 관한 책임을 정부, 지방자치단체, 중국 등에 묻는 내용을 많이 보도했다는 연구 결과(박주현, 2020)가 시사하듯, 한국에서 코로나19 정보는 단순한 보건 정보를 넘어 정파적 유불리를 내포하고 있기에 더욱 그렇다.

또한 미디어 리터러시가 높은 사람이 코로나19 관련 팩트체크 메시지에 대한 노출과 친숙도가 높으며 긍정적인 태도를 지니고 있었다. 능동적 열린 사고는 팩트체크 메시지에 대한 친숙도 및 긍정적 태도와, 인식론적 신념 중 근거를 중요시하는 경향은 팩트체크 메시지에 대한 긍정적 태도와 밀접한 연관이 있다는 점도 확인되었다. 수용자의 인지적 역량과 팩트체크 메시지에 대한 노출, 친숙도, 태도는 긴밀한 관계를 맺고 있는 것이다.

설득이 이루어지는 과정을 설명하는 단계적 모형을 팩트체크 메시지의 오정보 교정 효과 맥락에 적용해본다면, 코로나19 관련 팩트체크 메시지에 대한 노출은 그 자체로 오정보의 정확도 인식에 직접적인 영향을 미치기보다는 팩트체크 메시지에 대한 친숙도나 태도를 경유해 간접적인 영향을 미칠 수도 있다. 실제로 우리의 연구에서는 코로나19 팩트체크 메시지에 대한 노출은 팩트체크 메시지에 대한 친숙도와 태도 변인을 거쳐서만 오정보를 더 잘 판별해내는 것으로 나타났다. 이러한 결과는 오정보의 효과적인 교정을 위해서는 단순히 사람들에게 팩트체크 메시지에 노출될 기회를 늘리는 것만이 능사가 아니라는 실천적 함의를 지닌다. 코로나19 상황에서 많은 언론사가 적극적으로 팩트체크 기사를 생산했고, 그만큼 개인이 팩트체크 기사에 노출될 기회 또한 많아졌을 것이라 예상할 수 있지만, 팩트체크 메시지에 대한 노출만으로는 오정보를 교정하는 데 한계가 있을 수 있다는 것이다. 오정보의 효과적인 교정을 위해서는 단순히 팩트체크 기사를 대중에 노출하는 것뿐 아니라, 언론 전반에서 팩트체크 뉴스의 취지에 대한 홍보 활동을 수행하는 등 수용자의 팩트체크 저널리즘에 대한 친숙도와 긍정적인 태도를 배양하는 노력을 기울일 필요가 있다. 다시 말해 팩트체크 저널리즘의 취지, 사회적 필요성, 기존 저널리즘과의 차별성부터 팩트체크 뉴스를 생산하는 취재 방식, 기사 형식의 특성 등을 교육하고 홍보해 사람들이 팩트체크 뉴스 자체를 친숙하고 좋은 것으로 받아들이도록 해야 한다. 팩트체크 뉴스를 친숙하게 여기고 긍정적인 태도를 보일 때, 팩트체크 뉴스가 전하는 내용을 수용하고 오정보에 대한 인식을 교정할 가능성이 높아지기 때문이다.

3. 팩트체크 메시지의 수용 과정 연구 제언

팩트체크 메시지의 효과를 극대화하기 위해서는 수용자와 수용 과정에 관한 폭넓은 조사와 심층적인 탐구가 더욱 많이 수행되어야 한다. 이와 관련해 다음과 같은 세 가지 사항을 고려한 연구 설계를 제안하고자 한다. 먼저 종단 연구 설계를 통해 팩트체크 메시지가 오정보의 정확도 인식에 이르는 과정에 영향을 미치는 인과 모형을 규명하고 검증할 필요가 있다. 더욱 엄밀한 설계를 통해 수용 과정에서 어떠한 요인들이 팩트체크 메시지의 효과를 매개하는지 그 모형을 정립하는 것은 팩트체크 메시지 수용 과정과 오정보 판별의 관계에 대한 이론 정립에 도움이 될 뿐만 아니라, 팩트체크 메시지 생산자에게 실천적인 함의를 제공할 수 있을 것이기 때문이다. 팩트체크 뉴스를 생산하는 언론사들은 수용자에 대한 노출을 확대하는 것과 함께 수용자가 팩트체크 뉴스를 친숙하게 여기고 긍정적 태도를 형성할 수 있도록 힘써야 한다. 다음으로 충분한 신뢰도와 타당도를 갖춘 팩트체크 메시지 관련 척도를 개발해야 한다. 인지와 태도, 실천이라는 고전적인 심리학적 변인을 참고해 팩트체크 메시지 관련 설문 문항과 변인을 개발한 연구가 진행되었으나(예를 들어, Lyons et al., 2020; Robertson et al., 2020), 어떤 문항들의 조합이 팩트체크 메시지 수용 과정을 적절히 반영하는 변인을 이루는지 확인하는 작업은 아직 부족한 상태다. 더욱 정교한 척도 개발을 목표로 하는 연구가 수행될 필요가 있다. 마지막으로 코로나19 관련 팩트체크 메시지의 효과를 지속해서 탐구할 필요가 있다. 예기치 않은 팬데믹 상황에서 오정보 확산은 사회 혼란을 초래하고 공중보건을 위협한다. 여기에 대응하기 위해 팩트체크 메시지가 증가했지만, 그 효과에 관한 연구는 아직 충분치 않다. 코로나19 관련 팩트체크 메시지의 효과 연구는 코로나19 팬데믹뿐만 아니라 앞으로 다양한 공중보건 위기 상황에서 요구되는 팩트체크 활동을 위해서라도 필요하다.

우리의 코로나19 관련 팩트체크 메시지의 수용 과정 연구는 팬데믹 사태 초기의 혼란상이 어느 정도 잦아들고 사태가 장기화한 시점에서 팩트체크 메시지와 오정보가 누구에게 영향을 미쳤으며 어떤 효과를 발휘해 왔는지 보여준다. 팩트체크 저널리즘은 변화한 미디어 환경 속에서 공중보건에까지 위협을 가하게 된 오정보 확산에 대항하는 방안으로서, 또한 저널리즘의 본령이라 할 수 있는 사실성 규범의 새로운 실천 양식으로서 그리고 추락하는 언론 신뢰도를 높이는 대책으로서 무궁무진한 가능성을 지니고 있다. 앞으로 오정보 및 팩트체크 저널리즘 분야의 수용자 연구가 이론적 발전과 실무적 제언으로 이어지길 기대한다.

참고문헌

김선호·백영민 (2018). 19대 대선 기간 후보자 간 의혹제기에 대한 팩트체크 뉴스의 설득효과. 〈언론정보연구〉 55(1), 161-194.

김여라 (2020). 〈제20대 국회의 허위조작정보 관련 입법 현황 및 쟁점〉. 서울: 국회입법조사처.

김형지·정은령·김은미·양소은·이재우·강민지 (2020). 가짜뉴스와 팩트체크 뉴스 노출 집단의 미디어 이용과 뉴스 인식, 그리고 리터러시 관계. 〈한국언론정보학보〉 101, 231-267.

김희섭·강보라 (2019). 국내외 허위정보 연구동향 비교분석. 〈한국문헌정보학회지〉 53(3), 291-315.

류승희·정정주 (2020). 팩트체크 현황과 이슈에 대한 네트워크 분석: 코로나19를 중심으로. 〈사회과학 담론과 정책〉 13(2), 271-298.

문현숙 (2018. 8. 30.). '갓튜브' 성인 10명 중 9명 이용…가짜뉴스 유통 우려도. 〈한겨레〉. https://www.hani.co.kr/arti/society/media/859952.html#csidxcffb49c85d9bf2386af62fecb4b342b.

박주현 (2020). 언론의 이념성향에 따른 '코로나19' 보도 프레임 비교 연구. 〈한국언론학보〉 64(4), 40-85.

백강희 (2020). 팩트체크 보도의 가짜뉴스 판단기준 검토. 〈한국콘텐츠학회논문지〉 20(2), 172-181.

백영민·김선호 (2017). 팩트체크 뉴스 노출, 영향력 인식, 공유 행동에 대한 탐색적 연구. 〈한국언론학보〉 61(6), 117-146.

안지수 (2019). 텔레비전 뉴스에서 팩트체크 코너가 미디어 신뢰에 미치는 영향: 정보 유용성의 매개 효과. 〈언론정보연구〉 56(4), 282-312.

염정윤·정세훈 (2019). 가짜뉴스 노출과 전파에 영향을 미치는 요인: 성격, 뉴미디어 리터러시, 그리고 이용 동기. 〈한국언론학보〉 63(1), 7-45.

오세욱·박아란 (2017). 일반 국민들의 '가짜뉴스'에 대한 인식. 〈미디어이슈〉 3(3), 1-12.

윤석민 (2020). 〈미디어 거버넌스〉. 파주: 나남.

이문한 (2021). 코로나19 관련 가짜뉴스 등 '공공의 이익'을 해하는 허위사실 표현에 대한 형사처벌과 헌법상 언론·출판의 자유. 〈법학평론〉 11, 201-251.

정은령 (2018). 한국 팩트체크 저널리즘의 특징. 〈언론정보연구〉 55(4), 5-53.

정은령 (2020). 팩트체크 주제의 다변화, 시민 관심 반영한 이슈·지식 검증으로. 〈신문과 방송〉 595, 40-45.

정은령·최지수·박유진 (2020). 코로나19 팩트체크 기사와 해설기사의 차이에 대한 탐색적 연구: 맥락성과 투명성을 중심으로. 〈사이버커뮤니케이션학보〉 37(3), 139-193.

정필재 (2021. 5. 26.). 노년층에 '가짜뉴스 분별법' 교육 나선다. 〈세계일보〉. http://www.segye.com/newsView/20210526515426?OutUrl=naver.

조은희 (2019). 뉴스 미디어의 이용과 신뢰가 가짜뉴스의 인식, 식별, 수용 태도에 미치는 영향. 〈언론과학연구〉 19(1), 180-213.

최지수·윤석민 (2019). 가짜뉴스 거버넌스. 〈사이버커뮤니케이션학보〉 36(1), 127-180.

황용석·권오성 (2017). 가짜뉴스의 개념화와 규제수단에 관한 연구. 〈언론과 법〉 16(1), 53-101.

Afassinou, K. (2014). Analysis of the impact of education rate on the rumor spreading mechanism. *Physica A: Statistical Mechanics and its Applications* 414, 43-52.

Amazeen, M. A., Vargo, C. J., & Hopp, T. (2019). Reinforcing attitudes in a gatewatching news era: Individual-level antecedents to sharing fact-checks on social media. *Communication Monographs* 86(1), 112-132.

Aufderheide, P. (1993). *Media Literacy: A Report of the National Leadership Conference on Media Literacy*. Washington, DC: Aspen Institute, Communications and Society Program. https://files.eric.ed.gov/fulltext/ED365294.pdf.

Austin, E. W., Pinkleton, B. E., Chen, Y. C., & Austin, B. W. (2015). Processing of sexual media messages improves due to media literacy effects on perceived message desirability. *Mass Communication and Society* 18, 399-421.

Baron, J. (2008). *Thinking and Deciding* (4th Ed.). New York: Cambridge University Press.

Bronstein, M. V., Pennycook, G., Bear, A., Rand, D. G., & Cannon, T. D. (2019). Belief in fake news is associated with delusionality, dogmatism, religious fundamentalism, and reduced analytic thinking. *Journal of Applied Research in Memory and Cognition* 8(1), 108-117.

Chan, M. P. S., Jones, C. R., Jamieson, K. H., & Albarracín, D. (2017). Debunking: A meta-analysis of the psychological efficacy of messages countering misinformation. *Psychological Science* 28(11), 1531-1546.

Cook, J. & Lewandowsky, S. (2011). *The Debunking Handbook*. http://www.skeptical science.com/docs/Debunking_Handbook.pdf.

De Neys, W. (2012). Bias and conflict: A case for logical intuitions. *Perspectives on Psychological Science* 7(1), 28-38.

EAVI (European Association for Viewers Interests) (2009). *Study on the Assessment Criteria of Media Literacy Levels in Europe for the European Commission*.

https://ec.europa.eu/assets/eac/culture/library/studies/literacy-criteria-report_en.pdf.

Ecker, U. K., Lewandowsky, S., Swire, B., & Chang, D. (2011). Correcting false information in memory: Manipulating the strength of misinformation encoding and its retraction. *Psychonomic Bulletin & Review* 18(3), 570-578.

European Commission (2018). *A Multi-dimensional Approach to Disinformation: Report of the Independent High Level Group on Fake News and Online Disinformation*. https://op.europa.eu/en/publication-detail/-/publication/6ef4df8b-4cea-11e8-be1d-01aa75ed71a1/language-en.

Evans, J. S. B. & Stanovich, K. E. (2013). Dual-process theories of higher cognition: Advancing the debate. *Perspectives on Psychological Science* 8(3), 223-241.

Garrett, R. K. & Weeks, B. E. (2017). Epistemic beliefs' role in promoting misperceptions and conspiracist ideation. *PloS One* 12(9), e0184733.

Gottfried, J. A., Hardy, B. W., Winneg, K. M., & Jamieson, K. H. (2013). Did fact checking matter in the 2012 presidential campaign? *American Behavioral Scientist* 57(11), 1558-1567.

Graves, L. (2016). *Deciding What's True*. New York: Columbia University Press.

Graves, L. & Glaisyer, T. (2012). The fact-checking universe in spring 2012. *The New America Foundation*. https://www.newamerica.org/oti/the-fact-checking-universe-inspring-2012.

Guess, A., Nyhan, B., & Reifler, J. (2018). *Selective Exposure to Misinformation: Evidence from the Consumption of Fake News during the 2016 U.S. Presidential Election*. http://www.ask-force.org/web/Fundamentalists/Guess-Selective-Exposure-to-Misinformation-Evidence-Presidential-Campaign-2018.pdf.

Hameleers, M. (2020). Separating truth from lies: Comparing the effects of news media literacy interventions and fact-checkers in response to political misinformation in the US and Netherlands. *Information, Communication & Society*, 25(1), 110-126.

Hart, P. S., Chinn, S., & Soroka, S. (2020). Politicization and polarization in COVID-19 news coverage. *Science Communication* 42(5), 679-697.

Hart, P. S. & Nisbet, E. C. (2012). Boomerang effects in science communication: How motivated reasoning and identity cues amplify opinion polarization about climate mitigation policies. *Communication Research* 39(6), 701-723.

Hayes, A. F. (2013). *Introduction to Mediation, Moderation, and Conditional Process Analysis: A Regression-based Approach*. New York: Guilford Press.

Hayes, A. F. (2022). *The PROCESS Macro for SPSS, SAS, and R*. https://www.

processmacro.org/index.html.

Hofer, B. K. (2001). Personal epistemology research: Implications for learning and teaching. *Educational Psychology Review* 13(4), 353-383.

Jeong, S. H., Cho, H., & Hwang, Y. (2012). Media literacy interventions: A meta-analytic review. *Journal of Communication* 62, 454-472.

Jones-Jang, S. M., Mortensen, T., & Liu, J. (2021). Does media literacy help identification of fake news? Information literacy helps, but other literacies don't. *American Behavioral Scientist* 65(2), 371-388.

Kahne, J. & Bowyer, B. (2017). Educating for democracy in a partisan age: Confronting the challenges of motivated reasoning and misinformation. *American Educational Research Journal* 54(1), 3-34.

Kahneman, D. (2013). *Thinking, Fast and Slow*. New York: Farrar, Straus and Giroux.

Lavidge, R. J. & Steiner, G. A. (1961). A model for predictive measurements of advertising effectiveness. *Journal of Marketing* 25(6), 59-62.

Lewandowsky, S., Ecker, U. K. H., & Cook, J. (2017). Beyond misinformation: Understanding and coping with the "post-truth" era. *Journal of Applied Research in Memory and Cognition* 6(4), 353-369.

Lyons, B., Mérola, V., Reifler, J., & Stoeckel, F. (2020). How politics shape views toward fact-checking: Evidence from six European countries. *The International Journal of Press/Politics* 25(3), 469-492.

McGuire, W. J. (1964). Inducing resistance to persuasion: Some contemporary approaches. In L. Berkowitz (Ed.), *Advances in Experimental Social Psychology* (pp. 191-229). New York: Academic Press.

McGuire, W. J. (1968). Personality and attitude change: An information-processing theory. In A. G. Greenwald, T. C. Brock, & T. M. Ostrom (Eds.), *Psycho logical Foundations of Attitudes* (pp. 171-196). New York: Academic Press.

Nyhan, B., Porter, E., Reifler, J., & Wood, T. J. (2020). Taking fact-checks literally but not seriously? The effects of journalistic fact-checking on factual beliefs and candidate favorability. *Political Behavior* 42(3), 939-960.

Nyhan, B. & Reifler, J. (2015). *Estimating Fact-checking's Effects*. Arlington: American Press Institute.

Preacher, K. J. & Hayes, A. F. (2004). SPSS and SAS procedures for estimating indirect effects in simple mediation models. *Behavior Research Methods, Instruments, & Computers* 36(4), 717-731.

Qiu, X., Oliveira, D. F., Shirazi, A. S., Flammini, A., & Menczer, F. (2017). Limited individual attention and online virality of low-quality information. *Nature*

Human Behaviour 1(7), 1-7.

Robertson, C. T., Mourão, R. R., & Thorson, E. (2020). Who uses fact-checking sites? the impact of demographics, political antecedents, and media use on fact-checking site awareness, attitudes, and behavior. *The International Journal of Press/Politics* 25(2), 217-237.

Schommer, M. (1990). Effects of beliefs about the nature of knowledge on comprehension. *Journal of Educational Psychology* 82(3), 498-504.

Shin, J., Jian, L., Driscoll, K., & Bar, F. (2017). Political rumoring on Twitter during the 2012 US presidential election: Rumor diffusion and correction. *New Media & Society* 19(8), 1214-1235.

Shin, J. & Thorson, K. (2017). Partisan selective sharing: The biased diffusion of fact-checking messages on social media. *Journal of Communication* 67(2), 233-255.

Shrout, P. E. & Bolger, N. (2002). Mediation in experimental and nonexperimental studies: new procedures and recommendations. *Psychological Methods* 7(4), 422-445.

Silverman, C. (2016a). Here are 50 of the biggest fake news hits on Facebook from 2016. *BuzzFeed News*. https://www.buzzfeed.com/craigsilverman/top-fake-news-of-2016?utm_term=.tcRMlxyvQ#.giMVQkmb0.

Silverman, C. (2016b). This analysis shows how viral fake election news stories outperformed real news on Facebook. *BuzzFeed News*. https://www.buzzfeednews.com/article/craigsilverman/viral-fake-election-news-outperformed-real-news-on-facebook.

Suarez, F. F. (2005). Network effects revisited: The role of strong ties in technology selection. *Academy of Management Journal* 48(4), 710-720.

Taber, C. S. & Lodge, M. (2006). Motivated skepticism in the evaluation of political beliefs. *American Journal of Political Science* 50(3), 755-769.

Unesco (2018). *Journalism, "Fake News" & Disinformation*. https://en.unesco.org/fightfakenews.

Vargo, C. J., Guo, L., & Amazeen, M. A. (2018). The agenda-setting power of fake news: A big data analysis of the online media landscape from 2014 to 2016. *New Media & Society* 20(5), 2028-2049.

Vraga, E. K., Tully, M., Kotcher, J. E., Smithson, A. B., & Broeckelman-Post, M. (2015). A multi-dimensional approach to measuring news media literacy. *Journal of Media Literacy Education* 7(3), 41-53.

Vraga, E. K., Tully, M., Maksl, A., Craft, S., & Ashley, S. (2021). Theorizing news literacy behaviors. *Communication Theory* 31(1), 1-21.

Walter, N., Brooks, J. J., Saucier, C. J., & Suresh, S. (2021). Evaluating the impact of attempts to correct health misinformation on social media: A meta-analysis. *Health Communication* 36(13), 1776-1784.

Walter, N., Cohen, J., Holbert, R. L., & Morag, Y. (2020). Fact-checking: A meta-analysis of what works and for whom. *Political Communication* 37, 350-375.

Walter, N. & Murphy, S. T. (2018). How to unring the bell: A meta-analytic approach to correction of misinformation. *Communication Monographs* 85(3), 423-441.

Wood, T. & Porter, E. (2019). The elusive backfire effect: Mass attitudes' steadfast factual adherence. *Political Behavior* 41(1), 135-163.

부록

팩트체크 뉴스 수용 과정에 대한 실증연구 사례

앞선 논의를 통해 우리는 수용자의 다양한 사회경제적 변인과 인지적 역량이 팩트체크 메시지 수용에 영향을 미칠 수 있으며, 팩트체크 메시지에 대한 친숙도 및 태도를 매개로 해서 팩트체크 메시지의 효과가 단계별로 일어날 수 있음을 설명했다. 이러한 논의를 검증하기 위해 수행한 실증연구의 방법론과 측정 도구를 소개한다. 수용자의 팩트체크 메시지 수용 과정과 그 효과에 관한 연구는 허위정보 대응 방안으로서 팩트체크 저널리즘의 진화를 위해 더 많이 이루어져야 할 필요가 있으며, 지금까지 발견된 변인들에 대한 반복적인 검증과 새로운 변인의 발견 등 남은 연구과제가 적지 않다. 이 사례가 앞으로 다양한 연구의 생산과 논의에 아이디어로 활용될 수 있기를 기대한다.

이 연구를 위해서 우리는 온라인 설문조사 데이터를 활용했다. 설문조사는 패널 조사업체 엠브레인을 통해 2021년 2월에 실시했으며 한국의 인구학적 특성(성별, 연령, 거주 지역)에 맞도록 할당 표집(quota sampling)했다. 총 14,407건의 메일을 발송했으며, 그중 772명(5.4%)이 응답했다. 응답 시간이 과도하게 짧은 등 불성실 응답이라 판단한 64건을 제외한 후 총 708건의 응답을 이 연구에 활용했다.

1. 측정 도구

1) 코로나19 관련 오정보에 대한 정확도 인식

연구 참여자의 코로나19 관련 오정보에 대한 정확도 인식을 알아보기 위해 먼저 한 달간 SNU팩트체크센터(factcheck.snu.ac.kr)로부터 오정보로 밝혀진 내용 중 6개 항목을 수집했다(〈부표 1〉). 그 후 응답자에게 오정보를 무작위 순서로 제시한 후, 각각의 정보에 대해 "귀하가 아시는 한, 아래의 주장들이 얼마나 정확하다고 생각하십니까? 만약 해당 정보를 본 적이 없으면, 본 적 없다를 선택해주십시오"라는 질문을 제시한 후 응답자의 반응을 4점 척도(1='전혀 정확하지 않다', 4='매우 정확하다'/5='본 적 없다')로 측정했다. 이 중 오정보에 해당하는 항목에 대한 응답을 평균 내어 오정보 정확도 인식 변인으로 활용했다. '본 적 없다'는 결측치로 처리했다. 크론바흐 알파(Cronbach's alpha)는 0.83이었다.

| 부표 1 | 개별 오정보 문항과 정확도 인식

구분	문항	평균 정확도 인식
오정보	국내에서는 백신에 대한 선택권 없이 중국산 백신을 접종하게 될 것이다	1.85
	대구의 한 헬스장 관장이 코로나19로 인한 경제적 어려움으로 극단적 선택을 했다	2.71
	코로나19 사망자 수가 노로바이러스나 말라리아로 인한 사망자 수보다 훨씬 적다	2.17
	해외에서 코로나19 진단키트가 콜라에도 양성 반응이 나온 것은 코로나19 검사가 부정확하다는 증거다	2.18
	코로나19 백신을 접종하면 유전자 변형이 생길 수 있다	2.04
	구충제 '이버멕틴'의 코로나19 예방 및 치료효과가 임상 시험에서 입증되었다	1.96

• 정확도 인식: 각 문항의 주장에 대해 정확하다고 생각하는 정도(1='전혀 정확하지 않다', 4='매우 정확하다'). '본 적 없다'는 결측치 처리.

2) 코로나19 팩트체크에 대한 노출

응답자에게 "귀하께서는 지난 한 달 동안 코로나 바이러스와 코로나19와 관련한 소문이나 주장, 정보의 사실 여부를 증거를 바탕으로 확인하는 팩트체크 뉴스를 얼마나 자주 접하셨습니까?(팩트체크 뉴스 예: JTBC 팩트체크, SBS 사실은, KBS 팩트체크K 등)"의 문항을 제시했다. 팩트체크를 접한 정도를 4점 척도로 측정한 후 팩트체크를 많이 접했을수록 점수가 큰 방향으로 역코딩 과정을 거쳤다(1='전혀 접하지 못했다', 4='자주 접했다').

3) 팩트체크에 대한 친숙도

사람들이 팩트체크를 어느 정도 친숙하게 여기는지 알아보기 위해 다음의 단일 항목을 사용해 6점 척도로 측정했다(Lyons et al., 2020). "언론들이 하고 있는 팩트체크 움직임에 대해 얼마나 익숙하십니까?" 팩트체크를 친숙하게 여길수록 점수가 큰 방향으로 역코딩 과정을 거쳤으며(1='전혀 익숙하지 않다', 6='매우 익숙하다'), '잘 모르겠다'는 결측치로 처리했다.

4) 팩트체크에 대한 태도

팩트체크에 대한 태도는 '팩트체크 호감도(favorability)'와 '팩트체크 필요도(need more)' 문항으로 구성했다(Lyons et al., 2020). 팩트체크 호감도는 응답자에게 "귀하는 언론들이 하고 있는 팩트체크 움직임이 전반적으로 얼마나 좋다고 생각하십니까?"의 질문을 제시해 6점 척도로 측정했으며, 팩트체크 필요도는 "귀하는 언론이 현재보다 더 많은 팩트체크를 해야 한다고 생각하십니까? 아니면 적당하다고 생각하십니까? 또는 현재보다 팩트체크를 덜 해야 한다고 생각하십니까?"의 질문을 제시해 3점 척도로 측정했다. 팩트체크에 대한 호감도가 높을수록(1='매우 좋지 않다', 6='매우 좋다'), 팩트체크의 필요성이 크다고 답할 수록(1='현재보다 팩트체크를 덜 해야 한다', 3='현재보다 팩트체크를 더 많이 해야 한다') 점수가 큰 방향으로 역코딩했다. '잘 모르겠다'는 결측치로 처리했다. 그 후, 두 문항을 표준화(standardize)하고 평균을 구해 태도 변인으로 활용했다. 두 문항의 피어슨 상관계수는 0.29였다.

5) 사회경제적 변인

응답자의 성별, 연령, 월 소득(1='100만 원 미만', 7='700만 원 이상'), 교육 수준(1='고등학교 졸업 미만', 5='대학원 이상') 등을 물었다. 또한 정치적 이념에 대해 11점 척도(0='가장 진보적', 10='가장 보수적')로 질문했다.

6) 인지적 역량

인식론적 신념

이 연구에서는 기존의 척도를 사용해 세 가지 인식론적 신념을 측정했다(Garrett & Weeks, 2017). 응답자들은 세 가지 인식론적 신념인 '근거의 필요성(need for evidence)', '직감에 대한 맹신(faith in intuition)', '진실의 정치성(truth is political)'에 있어 각 4개의 문항(〈부표 2〉)에 동의하는 정도를 7점 척도(1='전혀 동의하지 않는다', 7='매우 동의한다')에 따라 응답했다. 각 인식론적 신념에 대해 평균을 구하여 변인으로 활용했다. 크론바흐 알파는 증거의 필요성 0.77, 직감에 대한 맹신 0.78, 진실의 정치성 0.79였다.

능동적 열린 사고

이 연구에서는 능동적 열린 사고 척도(Bronstein et al., 2019)의 단축된 버전을 사용해 해당 변인을 측정했다. 응답자들은 "사람은 항상 자신의 믿음에 위배되는 증거를 고려해야 한다"와 같은 8개의 문항(〈부표

| 부표 2 | 개인의 인지적 역량에 대한 변인과 측정 방식(이탤릭체는 역코딩한 문항)

변인	문항
근거의 필요성	어떤 것이 진실 같은지의 느낌보다 증거가 더 중요하다
	예감은 데이터로 확인해야 한다
	나는 무엇이 진실인지 말해주는 것은 직감이 아닌 사실이라고 믿는다
	증거로서 내 믿음을 정당화할 수 있어야 한다
직감에 대한 맹신	나는 내 직감이 무엇이 진실이고, 아닌지 말해줄 수 있다고 믿는다
	나는 사실에 대해 처음 든 느낌을 믿는다
	내가 가진 첫인상은 거의 틀린 적이 없다
	어떻게 아는지 설명할 수는 없지만, 나는 어떤 주장이 진실인지 거짓인지를 대개 느낄 수 있다
진실의 정치성	사실은 권력을 가진 자들에 의해 좌우된다
	진실이 무엇인지는 권력에 의해 정의된다
	과학적 결론은 정치에 의해 만들어진다
	'사실'은 정치적 맥락에 따라 달라진다
능동적 열린 사고	사람은 언제나 새로운 가능성을 생각해야 한다
	사람은 항상 자신의 믿음에 위배되는 증거를 고려해야 한다
	증거가 당신의 믿음을 반박할 때에도 자신의 믿음을 지키는 것은 중요하다
	믿음에 반대하는 아무리 좋은 사례가 있더라도 어떤 믿음은 버리기에는 너무 중요하다
	자신의 확고한 믿음과 상충되는 증거는 무시해야 한다
	믿음은 새로운 정보나 증거에 대응해 항상 수정되어야 한다
	누구도 내가 옳다고 생각하는 것을 단념시킬 수 없다
	'열린 마음'보다 자신의 이상과 원칙에 대한 충성심이 더 중요하다고 믿는다
미디어 리터러시	나는 미디어상의 메시지들을 해석할 수 있는 기술을 가지고 있다
	나는 한국에서 뉴스가 어떻게 만들어지는지 알고 있다
	나는 뉴스의 품질에 대해 판단할 수 있는 능력이 있다고 자신한다
	나는 뉴스와 정보의 품질에 대해 자주 혼란스럽다

2〉)에 대해 동의하는 정도를 6점 척도로 답했으며(1='전혀 동의하지 않는다', 6='전적으로 동의한다'), 문항별로 열린 사고를 할수록 점수가 높은 방향으로 역코딩 과정을 거쳤다. 8개의 문항에 대한 응답을 평균 내어 변인으로 활용했다. 응답자의 점수가 높을수록 새로운 가능성과 증거를 고려하는 경향이 더 강함을 나타낸다. 크론바흐 알파는 0.71이었다.

미디어 리터러시

응답자들이 스스로 미디어 메시지를 얼마나 잘 이해한다고 인식하는지 파악하기 위해서 4개의 문항(〈부표 2〉)을 통해 자기 인식 미디어 리터러시(self-perceived media literacy. Vraga et al., 2015)를 측정했다. 각 7점 척도(1='전혀 동의하지 않는다', 7='매우 동의한다')로 측정해, 자신의 미디어 리터러시가 높다고 인식할수록 점수가 높은 방향으로 역코딩 과정을 거친 후 네 문항에 대한 응답을 평균을 내어 하나의 변인으로 사용했다. 크론바흐 알파는 0.64였다.

7) 기타 통제 변인

코로나19 관련 정보 노출

참가자들에게 7개의 정보 출처(종이 매체, 텔레비전, 온라인 뉴스, 소셜 미디어, 의료 정보 사이트, 가족과 친구, 의사 및 보건 전문가) 각각으로부터 얼마나 자주 코로나19에 대한 뉴스와 정보에 노출되었는지 4점 척도로 측정했고, 노출 정도가 높을수록 점수가 큰 방향으로 역코딩했다(1='전혀 접하지 못했다', 4='자주 접했다'). 7개의 정보 출처로부터의 노출을 평균 내어 하나의 통제 변인으로 활용했다. 크론바흐 알파는 0.70이었다.

미디어 사용

TV와 종이 매체, PC와 모바일 미디어 각각에 대해 평균적으로 하루에 몇 시간 사용하는지를 질문했다. 각각의 매체에 대해 평일, 주말을 별도로 측정해 평균값을 도출한 후 통제 변인으로 활용했다. 크론바흐 알파는 TV 0.84, 종이 매체 0.76, PC 0.61, 모바일 0.86이었다.

2. 주요 결과

| 부표 3 | 오정보에 대한 정확도 인식과 팩트체크에 대한 노출 및 태도 변인들 간의 상관관계

	1	2	3	4
1. 오정보 정확도 인식	—			
2. 코로나19 팩트체크에 대한 노출	-0.065	—		
3. 팩트체크에 대한 친숙도	-0.117**	0.295***	—	
4. 팩트체크에 대한 태도	-0.225***	0.121***	0.305***	—

- 변인 간 상관관계는 피어슨 상관계수(Pearson's correlation coefficient)
- *$p<0.05$, **$p<0.01$, ***$p<0.001$

| 부표 4 | 코로나19 관련 팩트체크에 대한 노출과 팩트체크에 대한 친숙도, 팩트체크에 대한 태도에 대한 최소자승법(OLS) 다중회귀분석 결과

	코로나19 관련 팩트체크에 대한 노출		팩트체크에 대한 친숙도		팩트체크에 대한 태도	
	B	*SE*	*B*	*SE*	*B*	*SE*
코로나19 정보 노출	0.481***	0.059	0.325***	0.086	0.093	0.065
TV 사용	0.023	0.016	-0.003	0.023	-0.006	0.017
종이 매체 사용	0.006	0.045	0.125*	0.063	0.005	0.051
PC 사용	0.020	0.014	0.007	0.019	0.008	0.015
모바일 사용	0.011	0.015	-0.034	0.021	-0.004	0.016
연령	0.010***	0.003	-0.005	0.004	0.004	0.003
성별	0.012	0.061	-0.087	0.087	0.095	0.066

	코로나19 관련 팩트체크에 대한 노출		팩트체크에 대한 친숙도		팩트체크에 대한 태도	
	B	*SE*	*B*	*SE*	*B*	*SE*
소득	0.015	0.015	0.015	0.022	0.023	0.017
교육 수준	-0.019	0.031	0.085	0.044	0.026	0.034
정치적 성향	-0.039*	0.016	-0.055*	0.022	-0.027	0.017
능동적 열린 사고	-0.003	0.052	0.172*	0.074	0.130*	0.056
근거의 필요성	-0.020	0.040	0.065	0.057	0.102*	0.043
직감에 대한 맹신	0.031	0.039	0.032	0.057	-0.051	0.042
진실의 정치성	-0.030	0.028	-0.055	0.040	-0.027	0.030
미디어 리터러시	0.094*	0.040	0.321***	0.057	0.142**	0.044
상수	0.678	0.377	0.690	0.548	-1.970***	0.410
사례 수	708		654		662	
결정계수 R^2	0.162		0.150		0.078	
수정된 결정계수	0.144		0.130		0.057	
잔차의 표준오차	0.771 (*df*= 692)		1.056 (*df*= 638)		0.803 (*df*= 646)	
F 값	8.948*** (*df*= 15; 692)		7.490*** (*df*= 15; 638)		3.663*** (*df*= 15; 646)	

• B는 비표준화계수(unstandardized coefficients), SE는 표준오차(standard error)
• *p<0.05, **p<0.01, ***p<0.001

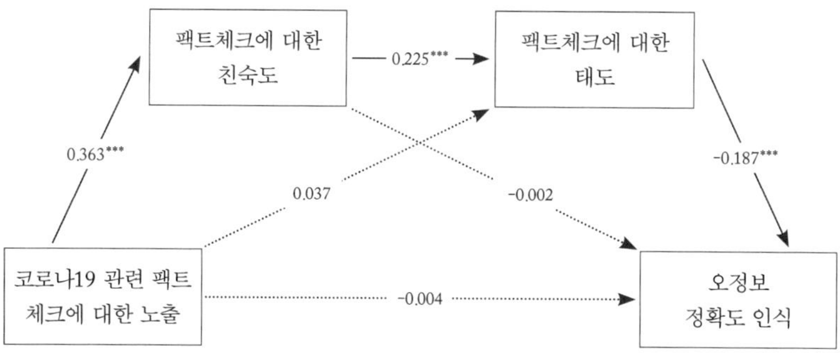

| 부록 그림 1 | 코로나19 팩트체크에 대한 노출과 오정보에 대한 정확도 인식 간의 관계에 있어서 팩트체크에 대한 친숙도와 팩트체크에 대한 태도의 이중매개모형

• 각 경로의 계수는 비표준화계수
• *p<0.05, **p<0.01, ***p<0.001

8 팩트체크 뉴스의 수용 과정 및 효과: 메시지 효과 관점 접근

이호근
(서울대학교 언론정보연구소 연구원)

김현석
(서울대학교 언론정보학과 부교수)

1. 팩트체크 뉴스

팩트체킹(fact-checking)은 뉴스 수용자에게 기사를 통해 사실을 전달하는 언론이 수행하는 가장 기본적인 활동이다. 언론은 뉴스를 보도하기에 앞서 기사 내용의 사실관계를 확인하는 과정, 즉 '내부(internal)' 팩트체킹을 거치는데, 이것이 바로 전통적 의미의 팩트체킹이다(Graves & Amazeen, 2019). 반면, 오늘날 한국 사회에서 흔히 '팩트체크 뉴스'라 지칭하는 것은 "이미 사회적으로 유통되고 있는 주장이나 텍스트의 정확성"을 뉴스의 형태로 검증하고 보도하는 "저널리즘의 새로운 장르"로(Graves & Amazeen, 2019: 2), 여기에서의 팩트체킹은 이미 모두에게 공개된 주장/텍스트에 대해 그 사실성을 확인한다는 점에서 언론사 내부에서 자사 보도에 앞서 보도 내용의 사실성을 자체적으로 확인하는 '내부' 팩트체킹과 구분되는, '외부(external)' 팩트체킹이라 할 수 있다(Graves & Amazeen, 2019). 최근 10~20년간 팩트체킹 전문 기관(예: FactCheck.org)이 생겨나고 언론사 및 통신사에서도 자체 전담팀을 마련하는 사례가 늘면서 이러한 새로운 의미의 팩트체킹[1]은 세계적으로 확산해 나갔다(Graves, 2018).

이 장은 팩트체킹 결과를 전달하는 커뮤니케이션 메시지가 수용자에게 미치는 영향과 그 심리적 기제를 메시지 효과(message effects)의 관점에서 접근해, 팩트체킹 메시지의 어떠한 내용적·형식적 특성이 수용자가 팩트체크 결과를 받아들일 가능성을 높게 만드는지 살펴보려 한다. 특히 인물, 집단, 기관 등 특정 대상에 관한 부정적인 오정보(misinformation)에 노출됨에 따라 형성된 오인식(misperception), 나아가 이러한 오인식으로 인해 형성된 해당 대상에 대한 부정적인 태도가 팩트체킹에 의해 얼마나 효과적으로 교정(correction)될 수 있는지 기존의 이론적·경험적 문헌을 바탕으로 조망하고 앞으로의 연구 방향을 탐색하고자 한다. 이 과정에서 국내에서는 대부분의 외부 팩트체킹이 언론사에 의해 이루어지고 있다는 점을 감안해 팩트체크 '뉴스'의 사례에 주목해 논의를 전개할 것이다.

이하에서는 먼저 팩트체크 뉴스의 메시지 특성을 검토한다. 저널리즘의 규범적 관점에서 팩트체크 뉴스의 품질을 결정짓는 메시지 특성은 물론, 공유하기, 댓글 달기 등 이용자의 뉴스 관여 행동에 영향을 미칠 수 있는 메시지 특성 또한 살펴본다. 다음으로, 팩트체크 뉴스를 포함한 팩트체킹 메시지의 내용적·형식적 특성이 오정보로 인해 형성된 오인식과 태도를 바로잡는 데 어떠한 영향을 미치는지, 어떠한 심리적 기제를 거쳐 그러한 효과를 유발하는지 논의한다. 특히 팩트체킹의 효과성을 높일 수 있는 메시지 특성으로서 이야기 포맷의 사용 그리고 이야기를 통한 간접적 자기 긍정(vicarious self-affirmation) 경험의 제공에 주목한다.

---

1 이하에서 '팩트체킹'은 별다른 언급이 없으면 모두 '외부' 팩트체킹을 일컫는다.

2. 팩트체크 뉴스의 메시지 특성

팩트체킹에 대한 언론계와 학계의 관심이 높아진 데 비해, 정작 실제 생산·소비되고 있는 팩트체크 뉴스가 어떤 메시지 특성을 보이는지 탐구한 내용분석 연구는 팩트체킹의 효과를 검증한 실험 연구에 비해 부족한 실정이다. 이는 메시지 효과 연구의 관점에서 봤을 때 다소 아쉬운 경향이다. 내용분석을 통해 현실에 실제로 유의미하게 존재하는 메시지 변수를 찾아내고, 이에 기반해 어떤 메시지 변수의 효과를 검증할 것인지 그리고 어떤 메시지 자극물을 연구에 사용할 것인지를 판단하는 단계를 밟아가는 것이 메시지 효과 연구의 이론적·실천적 함의를 제고하는 데 있어 핵심적으로 중요하기 때문이다(Cappella & Jamieson, 1997; Slater, 2013).

현재까지 보고된 팩트체크 뉴스의 메시지 특성에 대한 주요 연구 결과를 소개하면 다음과 같다. 먼저, 험프렉트(Humprecht, 2020)는 미국, 영국, 독일, 오스트리아 4개국의 언론사 및 팩트체크 전문 기관의 팩트체크 메시지의 정보원 투명성(source transparency)을 분석했다. 구체적으로, 팩트체크 근거자료를 (1) 외부 문서 및 자료(통계치, 공식 보고서, 데이터베이스), (2) 뉴스 웹사이트, (3) 인포그래픽 내지는 표, (4) 지도/사진 등의 비주얼 등 4개 유형으로 나눈 후 이 중 몇 개를 제공했는지를 정보원 투명성 정도로 조작화(operationalize)했다. 651개 팩트체크 메시지에 대한 분석 결과 대부분의 언론사·기관은 평균 약 2개 유형의 정보 출처를 제시하면서 팩트체크를 수행한 것으로 나타났다.

이나연(2018)은 제19대 대통령 선거 기간 언론사에서 보도한 팩트체크 뉴스 기사가 '국제팩트체킹연맹(International Fact Checking Network, IFCN)'의 준칙(Code of Principles)을 얼마나 잘 준수하고 있는지 내용분석했다. IFCN의 준칙은 (1) 비정파성과 공정성, (2) 취재원 투명성, (3) 재정과 조직의 투명성, (4) 검증 방법의 투명성, (5) 공개적이고 정직한 수정 등 다섯 가지[2]로, 이나연(2018)은 이를 투명성과 불편부당성(공정성)의 두 가지로 다시 구분할 수 있다고 보고, 이 두 기준을 중심으로 대통령 선거 맥락에서의 국내 팩트체크 기사를 검증했다(105-109). 서울대학교 팩트체크센터(SNU팩트체크)를 통해 수집한 174건의 19대 대선 관련 기사에 대한 내용분석 결과, 팩트체크 뉴스의 투명성은 높은 수준이 아닌 것으로 나타났다. 팩트체크 기사에 등장하는 투명 취재원과 익명 취재원의 평균 숫자는 각각 약 2.7건, 약 0.9건으로, 기존 연구에서 보고한 국내 일간지의 일반 기사(투명 취재원 평균 약 2.6건, 익명 취재원 평균 약 0.7건)와 큰 차이를 보이지 않았다(김경모 등, 2018). 익명 취재원을 사용한 경우, 그 이유·배경을 언급한 기사는 약 2.2%에 그쳤다. 기사의 초고가 수정된 경우 어떤 내용이 수정되었는지 명시한 기사는 약 3.2%에 불과했다.

이에 비해 불편부당성 준칙은 상대적으로 잘 준수하고 있는 것으로 나타났다. 같은 발언에 대해 두 곳 이상의 언론사가 팩트체킹을 했을 때 판정 결과가 서로 얼마나 일치하는지 살펴본 결과, 22개 사실 중 10개에 대해서는 완전히 일치했으며, 10개에 대해서는 대체로 일치했다(한 단계 이내의 차이를 보이는 경우; 예: 사실 vs. 대체로 사실). 판정 결과가 언론사별로 완전히 불일치하는 경우, 즉 언론사에 따라 판정의 방향(사실 vs. 거짓)이 다른 경우는 전체 22개 발언 중 2개였다. 언론사별로 판정 결과가 완전 불일치하거나 대체로 일치하는 12개 발언에 대해, 정치적 성향이 보수적인 언론이 보수 후보자에게, 정치적 성향이 진보적인 언론인 진보 후보자에게 유리한 판정 결과를 내렸는지

2 https://ifcncodeofprinciples.poynter.org.

살펴본 결과, 이러한 경향은 전체 12개 중 4건에서만 확인되었다. 아울러 전체 분석 대상 기사의 95.4%에서 기사의 결론과 반대되는 의견을 밝힌 취재원을 포함했다.

정은령 등(2020)은 SNU팩트체크 플랫폼을 이용해 수집한 코로나19 관련 팩트체크 뉴스 기사 92개와 해설기사 92개의 투명성과 맥락성을 내용분석했다. 투명성은 취재원의 투명성(익명 vs. 준실명 vs. 실명 취재원)과 기사작성 과정의 투명성으로 나눠 측정했으며, 맥락성은 기술적 맥락성(시간 및 공간 정보 제공, 문제 제기의 주체 특정), 논증적 맥락성(배경설명 제시, 상충되는 의견 제시, 기자 평가 제시, 미래 예측·전망 제시), 취재원(인터뷰, 브리핑·보도자료, 법률자료 등 근거자료 활용빈도), 서술 형식(역피라미드), 기자의 해석 비중 등 다섯 가지로 나눠 분석했다. 분석 결과, 팩트체크 뉴스 기사는 해설기사에 비해 맥락성(배경정보 설명, 상충하는 의견 소개, 역피라미드 서술 탈피 등)이 대체로 더 높았다. 투명성 역시 팩트체크 기사가 일반 해설기사에 비해 근거자료(원자료) 링크 제공 측면에서 상대적으로 더 높긴 했지만(12% vs. 1%), 절대적인 수준에서는 높다고 볼 수 없었다. 비슷한 맥락에서, 앞서 언급한 이나연(2018)의 연구 결과와 마찬가지로, 팩트체크 기사에서(그리고 해설기사 또한 마찬가지로) 익명 취재원을 사용했을 경우 왜 취재원을 익명으로 처리했어야 했는지에 대해 설명하는 경우는 없었다.

이상에서 살펴본 3개의 연구는 저널리즘 분야에서 기사의 품질(김경모 등, 2018)과 관련해 중요하게 생각하는 변수들에 주목한 팩트체크 뉴스 내용분석 연구라 할 수 있다. 즉 이들 연구는 팩트체크 뉴스가 수용자에게 어떠한 영향을 미치는지 그 '효과'를 살피기 위한 기초단계로서 내용분석을 수행했다기보다는, 팩트체크 뉴스는 어떠해야 하는지, 어떤 메시지 속성을 갖춘 팩트체크 뉴스가 좋고 바람직한지, 즉 규범적 기준에 비추어 실제 뉴스는 어떤 양상을 보이는지에 집중하고 있다.

김현석 등(Kim et al., 2022)은 팩트체크 뉴스의 메시지 특성이 온라인 뉴스 포털사이트(네이버 뉴스)에서 수용자의 관여 행동('좋아요' 누르기, 공유하기, 댓글 달기 등)에 어떠한 영향을 미치는지 살펴보는 것을 중요한 연구목표로 상정한 상태에서 내용분석을 설계하고 실시했다. 따라서 규범적 측면에서 중요한 함의를 갖는 기사 품질 변수는 물론 수용자의 관여를 유발할 수 있는 변수 또한 주요 내용분석 변수로 포함했다. 구체적으로, 정보원 투명성(통계치, 공식 보고서 등 팩트체크 근거자료 제시 여부), 맥락 정보(팩트체크 대상 발언을 누가 왜 했는지에 대한 정보 제공 여부, 팩트체크의 중요성 언급 여부), 생생함(팩트체크 대상 발언이 언제 어디서 이루어졌는지에 대한 정보 제공, 판정 결과 시각화 여부, 예시화 사용, 감정 유인가[valence; 긍정 vs. 부정] 및 강도 등)의 세 가지 범주의 변수군에 주목했다. 2018년 1월부터 2019년 4월까지 네이버 뉴스에 게재된, 당시 SNU팩트체크와 제휴 중이던 25개 언론사의 모든 팩트체크 뉴스 기사 914개에 대한 내용분석을 실시했다. 주요 분석 결과를 살펴보면 다음과 같다. 국내 팩트체크 뉴스 기사는 인터뷰를 사실관계 판단을 확인하기 위한 근거자료로 가장 빈번히 사용하며(기사당 평균 약 1.08개), 법률/규정을 그다음으로 많이 활용하는 것으로 나타났다(기사당 평균 약 0.77개). 팩트체크 대상 발언의 사실관계를 확인하는 것이 왜 중요한지 명시적으로 논의한 기사는 39.6%에 그쳤다. 전체 기사의 44.5%는 팩트체크 대상 발언의 주체 및 발언 배경에 대해 소개했지만, 30.1%는 발언 주체만을 밝혔으며, 25.4%는 발언 주체 또한 언급하지 않았다. 팩트체크 결과를 시각화해서 제공한 기사는 전체의 26.9%, 예시화를 사용한 기사는 8.2%였다.

후속 연구에서는 공적 발언의 사실성을 검증하는 팩트체크 뉴스의 특성에 보다 직접적으로 연관된, 즉 팩트체크라는 뉴스 장르에 보다 특정적인 메시지 특성(예: 논변 구조 및 논증 품질)을 체계적으로 분석할 필요가 있다. 아울러, 기사의 품질과 관련해서는 그동안 한국 저널리즘의 특수한 관행과 문제점으로 지적되어 온 사항들(김경모 등, 2018), 가령 인용구의 주관적 술어 사용(예: '강조했다', '우려했다' 등), 익명으로 처리된 부정적 내용의 직접 인용, 제목의 직접 인용구, 무주체 피동형 문장(예: '예상된다' 등)이 팩트체크 뉴스에서는 어떻게 나타나고 있는지 확인하는 것 또한 중요한 연구과제다. 그리고 이러한 메시지 특성들이 관여 행동을 비롯한 수용자의 반응에 어떤 영향을 미칠지에 대한 이론화 작업 또한 동시에 전개되어야 한다. 방법론적으로는 인간 코더를 활용한 전통적 내용분석에서 신뢰도와 타당도가 높은 코드북을 개발하는 것은 물론, 대량의 텍스트 데이터를 신속하고 효율적으로 분석하기 위해 주요 변수들을 컴퓨터 기반 내용분석 방법을 통해 측정하는 방안을 지속적으로 탐구해야 할 것이다.

3. 팩트체크 뉴스의 메시지 특성이 수용자에게 미치는 영향

수용자가 팩트체크 뉴스 기사를 읽었다고 해도 자동적으로 교정까지 이루어질 것이라 기대하기는 어렵다. 사람들은 팩트체킹 메시지에 노출되었다고 해서 무비판적으로 메시지의 영향을 받는 것이 아니라, 자신의 기존 신념, 팩트체킹의 대상이 되는 사안의 주제, 기사의 내용적·형식적 특성, 언론사나 팩트체크 기관 같은 정보원의 특성, 해당 메시지에 대한 다른 사람들의 반응까지 모두 고려하며 메시지를 처리하기 때문이다(황현정 등, 2020; Lewandowsky et al., 2012). 팩트체킹 메시지가 기대만큼 오인식을 교정할 수 있는지에 대한 논쟁은 지속적으로 이루어지고 있으며, 나아가 팩트체크 뉴스의 역효과(boomerang effects)를 발견한 경험적 연구 또한 존재한다(Gaines et al., 2007; Nyhan & Reifler, 2010; 2015; Skurnik et al., 2005).

1) 경험적 연구 결과

기존의 경험적 연구 결과를 메타분석한 연구들은 팩트체킹의 긍정적인 교정 효과를 일관되게 발견했다(Chan et al., 2017; Walter et al., 2020; 2021; Walter & Murphy, 2018). 보다 구체적으로 살펴보면, 단순히 오정보에 해당 정보가 틀렸다는 태그를 붙여주는 것에 비해 해당 오정보가 왜 틀렸고 사실관계는 어떠한지 설명해주는 교정 메시지가 더 효과적이었다(Chan et al., 2017). 특히 현상에 대한 오정보의 설명보다 교정 메시지가 제시하는 설명이 더 내적으로 정합하고(coherent) 일관성 있음을 보여줄 때 정보원의 전문성을 강조하거나 단순 사실 교정만 하는 경우에 비해 교정 효과가 더 컸다(Walter & Murphy, 2018). 한편 오정보 자체에 대해서는 사실이 아님을 인지했음에도 불구하고 관련된 판단에는 계속해서 오정보를 이용하는 경우도 있는데, 이를 오정보의 지속적 영향(continued influence)이라고 부른다. 일례로 에커 등(Ecker et al., 2010)의 경우, 실험 참여자들에게 요양원으로 향하던 노인들이 탄 버스가 전복되었다는 기사를 읽게 한 뒤, 이어서 이것이 오보이고 해당 버스에는 노인들이 타지 않았다는 정정 기사를 읽게 했다. 참여자들은 해당 오보가 정정되었음을 기억하고 있음에도 불구하고, "왜 전복된 버스의 탑승객이 탈출하는 데 어려움을 겪었을 것 같습니까?"와 같이 인과적 추론을 요구하는 질문에 대해 "탑승객들이 늙고 병약해서"와 같은 응답을 했다. 메타분석 결과, 오정보가 내적으로 정합할수록 이러한 지속적 영향이 강하게 나타났고, 이를 교정하기 위해서는 교정 메시지 또한 논리적이고 일관성 있는 설명을 제공해야 이를 줄일 수 있음을 발견했다(Walter & Tukachinsky, 2020). 반면,

흥미롭게도 건강 커뮤니케이션 연구에 대한 메타분석에서는 단순 반박과 구체적인 설명 사이의 효과에 유의미한 차이가 없는 것으로 나타났다(Walter et al., 2021). 이에 대해 월터 등(Walter et at., 2021)은 건강 분야는 과학적 사실에 대한 팩트체크가 대부분이므로 사람들이 정치 분야에 비해 상대적으로 적은 사전 지식을 가지고 있고, 따라서 사람들이 관련된 심성 모형(mental model)을 충분히 갖추고 있지 않기 때문에 단순 반박만으로도 충분했을 것이라고 해석했다.

정치 커뮤니케이션 맥락에서의 팩트체킹에 대한 메타분석 결과에 따르면, 텍스트로 판정 결과를 제시하면서 여기에 더해 '진실온도계(truth-o-meter)' 같은 시각적 보조자료를 제시하는 것은 시각 자료가 없는 경우에 비해 오히려 교정 효과를 낮추는 것으로 나타났다(Walter et al., 2020). 시각적 보조자료가 있는 경우와 없는 경우 모두 교정 메시지를 보지 않았을 때에 비해서는 교정 효과가 높았지만(즉 두 경우 모두 교정이 효과적으로 이루어졌지만), 이 효과는 시각적 보조자료를 추가적으로 제시했을 때 더 작았다. 아울러 간결하고 명료한 어휘를 사용하는 것에 비해 복잡한 어휘와 문장을 사용하거나, 오정보 전체에 대한 논박이 아닌 부분적인 논박을 제기하는 것 역시 교정 효과를 감소시키는 것으로 밝혀졌다. 또한 기존의 이론적·경험적 문헌에서 교정 효과가 있다고 간주되었으나 메타분석에서는 그 효과가 통계적으로 유의하지 않은 것으로 확인된 변수들도 있다. 가령, 교정 메시지의 길이는 교정 효과에 영향을 미치지 않았으며(Walter et al., 2020), 텍스트로만 구성된 메시지와 텍스트 및 이미지가 모두 포함된 메시지의 교정 효과 또한 서로 다르지 않았다(Walter et al., 2021). 오정보를 교정하는 과정에서 교정 메시지가 해당 오정보를 반복적으로 언급할 경우 교정 메시지가 사람들을 오정보에 친숙하게 만들어서 오히려 오정보에 대한 신뢰를 높인다는 우려도 있었으나(Schwarz et al., 2007),

이 역시 메타분석에서는 지지되지 않았다. 또한 부정성 편향(negativity bias)과 관련된 논의에 따르면 부정적 정보가 긍정적 정보에 비해 더 기억에 잘 남기 때문에(Rozin & Royzman, 2001) 오정보의 유인가가 부정적일 경우(예: 코로나19 백신을 맞고 부작용으로 사망할 확률이 코로나19 감염으로 사망할 확률보다 크다)가 긍정적인 경우(예: 코로나19 백신을 맞으면 독감이나 감기에도 면역이 생긴다)에 비해 지속적 영향이 더 클 것이라고 예상되었지만, 메타분석 결과 유의미한 차이는 나타나지 않았다. 교정 메시지의 유인가 또한 오정보의 지속적 영향에는 영향을 미치지 않았다. 마지막으로 교정 메시지를 긍정문으로 쓸 때(예: 전자담배는 유해하다) 부정문으로 쓰는 경우(예: 전자담배는 무해하지 않다)에 비해 효과적이라는 논의도 있지만(Mayo et al., 2012), 메타분석에서는 지지되지 않았다(Walter & Tukachinsky, 2020).

한편 팩트체킹에 의한 교정이 효과적일 경우, 그 효과가 얼마나 오래 지속되는지에 대해서는 엇갈린 결과가 도출되었다. 카나한 등(Carnahan et al., 2021)은 서류미비 이민자(undocumented immigrants) 관련 오정보에 대한 교정 메시지의 효과가 4주간 지속되었으며, 이러한 지속 효과는 교정 메시지에 이후 추가적으로 노출되었을 때 더 강화됨을 발견했다. 반면, 코로나19 관련 오인식에 대한 교정 효과를 검증한 캐리 등(Carey et al., 2022)의 연구에서는 교정 효과가 메시지 노출 직후에만 나타나고 한 달여 후에는 사라졌으며, 이는 교정 메시지에 반복적으로 노출된 경우에도 마찬가지였다.

이어서는 앞서 논의된 주요 메시지 변수들이 어떤 심리학적 메커니즘을 통해 설득 효과를 유발하는지 보다 구체적으로 논의하기 위해 대표적인 개별 연구들을 살펴보려 한다.

대안적 설명의 제시

단순히 오정보에 틀렸다는 태그를 붙여주는 것에 비해서, 해당 오정보가 어떠한 이유로 틀렸고 사실관계는 어떠한지 구체적으로 설명해주는 메시지의 교정 효과가 더 크다는 메타분석 결과(Chan et al., 2017)는 기존의 이론적 예측과 일관된다. 특정 사건이 발생한 이유에 대한 인과적 추론에 오정보와 교정정보가 영향을 미치는 메커니즘을 심성 모형으로 설명한 존슨과 사이퍼트(Johnson & Seifert, 1994)의 연구는 왜 대안적 설명을 제시하는 것이 중요한지 보여주는 대표적인 연구다. 이들은 실험 참여자들에게 창고 건물에서 발생한 화재에 대한 짧은 뉴스를 연속해서 보여주었다. 실험집단의 참여자들은 창고 내 캐비닛에 오일 페인트와 가스통이 보관되고 있었다는 뉴스에 노출된 후, 사실 이 뉴스는 잘못된 것이고 실제로는 캐비닛은 비어 있었다는 정정보도를 보았다. 참여자들은 캐비닛에 오일 페인트와 가스통이 없었다는 사실을 기억하고 있음에도 화재의 원인에 대한 추론을 할 때에는 "가연성 물질의 관리 소홀"이라고 응답하는 등 여전히 오정보의 영향을 받는 것으로 나타났다. 존슨과 사이퍼트는 사람들이 사건이나 현상을 이해할 때 인과관계에 대한 심성 모형을 형성하고, 이 심성 모형을 구성하는 정보가 철회 혹은 반증되더라도 여전히 이를 통해 사건이나 현상을 바라보기 때문에 오정보를 지속적으로 추론에 사용한다고 설명했다(Johnson & Seifert, 1994). 요컨대 사람들은 사실에 부합하지만 불완전한 모형을 갖는 것보다, 사실과 달라도 완전한 모형을 가지려는 경향성을 보인다는 것이다. 이러한 오정보의 지속적인 영향을 줄이기 위해서는 단순히 오정보를 심성 모형에서 빼내는 것만으로는 불충분하고, 그 빈자리를 대신해 새로운 완성된 모형을 만들 수 있는 대안적인 설명을 제공해야 한다. 예를 들어, 화재의 원인은 가연성 물질 때문이 아니라 방화 때문으로 밝혀졌다는 뉴스를 본 집단은 그렇지 않은 집단에 비해 오정보의 영향을 상대적으로 덜 받는 것으로 나타났다(Johnson & Seifert, 1994).

구체적인 대안 설명을 제공하는 것이 단순 반박에 비해 더 효과적이기는 하지만, 트위터나 페이스북 같은 소셜 미디어 환경에서는 상세한 교정 메시지를 제공하는 것이 현실적으로 쉽지 않다. 또한 폴리티팩트(PolitiFact)나 SNU팩트체크처럼 상세한 메시지를 제공하는 기관이라 할지라도, 수용자가 제목을 클릭해서 기사 본문을 읽기 전까지는 이 역시도 오정보에 태그가 붙어 있는 형식을 띤다. 따라서 일부 연구자들은 오정보에 단순히 '거짓' 태그를 붙여주는 것만으로도 약하게나마 교정 효과가 있는지 혹은 이것이 결국 오정보를 반복적으로 언급하게 되어 오히려 오정보에 대한 친숙도를 높여서 교정 효과가 상쇄되거나 심지어 역효과를 유발하지는 않는지에 관심을 가졌다. 연구 결과, 태그만 붙이는 것으로는 교정 효과가 발생하지 않음을 보고한 경우(예: Oeldorf-Hirsch et al., 2020)와 태그만으로도 충분히 교정 효과가 나타남을 보여주는 경우(예: Clayton et al., 2020; Ecker et al., 2020; Lee et al., 2022)가 혼재한다. 특히, 에커 등(Ecker et al., 2020)은 트위터와 유사한 소셜 미디어 맥락에서 오정보에 '거짓' 태그를 붙이는 경우와 짧은 반박 설명을 제시하는 경우를 비교했는데, 태그를 붙이는 것만으로도 오정보에 대한 신뢰를 낮출 수 있었으며, 교정 효과의 크기도 반박 설명을 제시할 때와 유의한 차이가 없음을 확인했다. 다만 일주일이 지나 오인식을 다시 측정했을 때에는 반박 설명을 제시한 경우가 태그만 붙인 경우에 비해 교정 효과가 높았다. 이렇듯 교정 메시지의 구체성과 대안적 설명 제시의 효과를 검증한 연구들은 일관성 있는 결과를 내고 있지 못하다. 어쩌면 이는 수용자가 이미 형성하고 있는 심성 모형이 얼마나 공고한지에 따라 단순 반박만으로도 충분한 경우도 있고, 단순 반박만으로는 부족하며 구체적인 설명과 논증이 필수적인 경우도 있음을 보여주는 것일 수 있다(Walter et al., 2021). 후속 연구에서는 심성 모형을 포함해 교정 메시지의 구체성과 대안적 설명 제시의 교정 효과를 조절할 수 있는 개인차 및 메시지 특성 변수들에 대해 탐구해야 할 것이다.

시각적 보조자료

앞서 논의한 바와 같이, 정치 커뮤니케이션 연구들에 대한 메타분석(Walter et al., 2020)에 따르면, 팩트체킹 판정 결과에 대해 시각적 보조자료를 제시하는 것은 교정 효과를 감소시키는 것으로 나타났다. 따라서 과연 이러한 패턴이 건강 커뮤니케이션이나 과학 커뮤니케이션 같은 다른 주제 영역에서도 나타날지 확인하는 것은 그 자체로 중요한 경험적 연구문제다. 시각적 보조자료의 효과를 탐구한 대표적인 연구로는 아마진 등(Amazeen et al., 2018)의 연구가 있다. 이 연구는 교정정보 없이 오정보만 보는 조건, 텍스트로 된 교정정보를 제시하는 조건, 텍스트와 더불어 진실온도계를 이용해 판정 결과를 요약하는 시각적 보조자료를 추가적으로 제시하는 조건을 비교했다. 연구 결과, 기업인의 발언에 대한 팩트체크 메시지는 시각적 보조자료를 추가할 때 텍스트만 제시하는 경우에 비해 교정 효과가 더 높았으나, 정치인의 발언에 대한 팩트체크 메시지는 시각적 보조자료를 제시하는 것이 교정 효과를 더 높이지 않았다. 이처럼 주제에 따라 팩트체크 메시지의 교정 효과 양상이 다르게 나타난 이유에 대해 저자들은 정교화 가능성 모형(elaboration likelihood model. Petty & Cacioppo, 1986)에 기반해 설명했다. 비정치 분야, 즉 기업인의 발언에 대한 팩트체킹의 경우, 특히 해당 연구에서 사용한 메시지가 시리얼 회사 사장의 발언을 팩트체크했다는 점에서, 사람들의 관여도(involvement)가 대체로 높지 않았을 것이고, 이로 인해 메시지가 주변경로(peripheral route)

를 통해 처리되어 시각적 보조자료 같은 주변 단서가 중요한 역할을 한 반면, 정치 이슈는 사람들의 관여도가 상대적으로 더 높기 때문에 관련 팩트체크 메시지가 중심경로(central route)를 통해 처리될 가능성이 높고, 따라서 시각적 보조자료의 영향이 작았을 것이라는 것이다(Amazeen et al., 2018). 후속 연구에서는 관여도를 직접 실험적으로 조작하거나 개인차 변수로 사전 측정함으로써 저자들의 설명대로 팩트체크 메시지에서의 시각적 보조자료 사용의 교정 효과가 관여도에 따라 달라지는지 경험적으로 검증할 필요가 있다.

한편, 앞서 언급한 정치 커뮤니케이션 분야 연구의 메타분석(Walter et al., 2020)에서는 시각적 보조자료가 교정 효과를 오히려 떨어뜨림을 발견한 데 비해, 아마진 등(Amazeen et al., 2018)의 연구에서는 정치적 이슈 관련 팩트체크 메시지에서 텍스트에 시각적 보조자료를 추가한다고 해서 교정 효과에 차이가 나타나지 않음을 발견했다는 점에 주목할 필요가 있다. 이는 아마진과 동료들의 연구에서 사용한 자극물이 현실의 정치인이 아닌 가상의 정치인에 대한 팩트체크 기사였기 때문일 수도 있다. 따라서 팩트체크 메시지가 다루는 대상이 실제 인물의 실제 발언인지 여부에 따라 시각적 보조자료의 교정 효과가 어떻게 달라지는지 직접적으로 검증하는 것 또한 이 분야에서의 중요한 연구문제일 것이다.

어휘의 복잡성

사람들은 인지적으로 쉽고 편안하게 처리할 수 있는 정보를 신뢰하는 경향이 있다(Alter & Oppenheimer, 2009). 이러한 처리의 수월함(processing fluency)은 알아듣기 쉬운 억양, 정확한 발음, 알아보기 쉬운 글씨체, 글씨의 굵기나 색채 대비를 통한 강조, 운율, 대구를 사용한 문장 등 많은 변수에 의해 유발된다(Alter & Oppenheimer, 2009; Marsh &

Yang, 2018). 이렇듯 인지적 수월함을 증진할 수 있는 변수는 다양하지만, 결국 그 핵심에는 이해하기 쉬운 정보일수록 믿음직스럽다고 여기는 인간의 심리적 경향이 작동한다. 따라서 이해하기 쉽도록 평이한 어휘와 간결한 문장을 사용할수록 교정 효과가 높아질 것이라 기대할 수 있다. 특히 메타분석에서도 팩트체크 메시지의 교정 효과가 수용자의 정치 지식에 따라 조절되지 않았다는 점(Walter et al., 2020)을 고려했을 때, 수용자의 교육 수준이나 메시지 주제와 관련한 지식 수준과 무관하게 교정 메시지는 이해하기 쉽게 쓸수록 효과적이라고 예측할 수 있다.

오정보 전체에 대한 논박

암묵적 진실 효과(implied truth effect. Pennycook et al., 2020)에 따르면, 만약 팩트체크 메시지를 통해 전체 오정보 중 일부에 대해서만 교정이 이루어질 경우 사람들은 교정이 이루어지지 않은 나머지 정보는 참일 것이라고 생각하게 된다. 페니쿡 등(Pennycook et al., 2020)은 통제집단에는 팩트체크 판정 없이 12개의 오정보를 보여주고, 실험집단에는 6개의 오정보는 거짓이라는 판정과 함께 보여주고 나머지 6개의 오정보는 거짓이라는 판정 없이 보여주었다. 연구 결과, 암묵적 진실 효과의 예측대로, 실험집단 참여자들이 통제집단 참여자들에 비해 거짓 태그가 붙어 있지 않은 오정보를 더 신뢰하는 것으로 나타났다(Pennycook et al., 2020).

이러한 연구 결과는 중요한 실천적 함의를 가진다. 일부 정보가 거짓이라고 판별되어 있는 환경에서 사람들이 거짓이라고 판별되지 않은 정보들은 참일 것이라고 암묵적으로 전제하게 됨에 따라 아직 팩트체크가 이루어지지 않았거나 사실관계를 파악하는 것이 어려운 오정보에 대해서는 오히려 신뢰가 높아지는 역효과가 발생할 수 있기 때문이다. 따라서 팩트체크 메시지는 가급적 검증 대상이 되는 발언의 부분보다는 전체에 대해 논박해야 한다(Walter et al., 2020). 문제는 가용한 자료의 제약 등의 이유로 오정보 전체에 대한 논박이 불가능할 경우다. 후속 연구에서는 이와 같이 완전한 논박이 불가능한 상황에서 어떻게 하면 역효과를 최대한 억제할 수 있을지, 어떠한 메시지 전략이 유효할지 탐구해야 할 것이다.

교정 메시지 내에서의 오정보의 반복

비록 메타분석에서 통계적으로 유의한 효과가 없는 것으로 나타나긴 했지만(Walter & Tukachinsky, 2020), 교정 메시지 내에서 오정보를 반복적으로 언급하는 것이 오히려 역효과를 낳는 것은 아닌지는 연구자들의 꾸준한 관심을 받아온 연구문제다. 이러한 역효과 발생의 심리적 기제(mechanism)로 흔히 제기되는 것 중 하나는 친숙함에 의한 역효과(familiarity backfire effect)다. 즉 사람들이 오정보가 거짓이라는 것을 인지할지라도 시간이 지남에 따라 오정보만 기억에 남고 이것이 참인지 거짓인지는 기억하지 못해 오히려 오정보에 대한 친숙함이 높아진다는 것이다(Schwarz et al., 2007). 이는 사람들이 잘못된 정보를 기억할 때 일단 긍정문으로 저장한 뒤 여기에 부정 태그를 붙이는 방식으로 인코딩하기 때문에 나타나는 현상이다(Gilbert et al., 1990). 예컨대 "살구씨가 암을 예방하지 않는다"라는 교정 메시지를 보았을 때 사람들은 "살구씨는 암을 예방"이라는 명제에 "아니다"라는 태그를 붙이는 방식으로 기억을 형성한다. 하지만 이 부정(negation) 태그에 대한 기억은 명제 자체에 대한 기억보다 빠르게 감퇴하고, 결국 "살구씨는 암을 예방"이라는 명제만 기억에 남고 이것의 진위 여부는 기억하지 못하게 된다(Schwarz et al., 2016). 또한 사람들은 수월하게 처리되는 정보일수록 참으로 받아들이는 경향이 있는데, 위와 같은 과정을 통해 어디선가 들어본 적 있지만 참인지 거짓인지는 기억이 나지 않는 상태가 된 오정보는 친숙하다는 이유로 추가적인 검토 없이 참으로 받아들여질 가능성이 높아진다. 요컨대, 이상의 논의는 팩트체킹의 역효과 가능성을 낮추고 궁극적으로 교정 효과를 높이기 위해서는 팩트체크 메시지 내에 오정보를 인용하는 것은 최대한 지양하고 대안적 표현을 찾아 사용해야 함을 시사한다.

그러나 이와 같은 친숙함에 의한 역효과에 대한 우려와는 달리, 이를 지지하는 경험적 근거는 아직 부족한 실정이다. 친숙함에 의한 역효과를 확인한 연구(Pluviano et al., 2017; 2019; Skurnik et al., 2005)도, 그렇지 않은 연구(Cameron et al., 2013; Ecker et al., 2020; Swire et al., 2017)도 존재한다. 요컨대, 적어도 지금까지의 경험적 연구 결과를 종합하면, 교정 메시지 내에서 오정보를 반복적으로 언급한다고 해서 친숙함에 의한 역효과가 일반적으로 발생한다고 보기는 힘들며, 따라서 후속 연구에서는 어떤 특정 상황에서, 어떤 내용적·형식적 특성을 갖춘 팩트체크 메시지에 대해, 어떤 특성을 지닌 사람들에게 이러한 역효과가 발생하는지, 곧 무엇이 조절 요인으로 작용하는지 탐구할 필요가 있다(Swire-Thompson et al., 2020). 가령, 친숙함에 의한 역효과가 청년들에 비해 기억력이 떨어지는 노인들 사이에서 더 잘 나타난다거나(Skurnik et al., 2005), 메시지를 집중해서 읽을 때보다 방해 요소가 있을 때(Troyer & Craik, 2000) 더 잘 나타난다는 기존 연구 결과에서 시작해 조절 기제를 파악해나갈 수 있을 것이다.

2) 설득의 실패

오정보에 기반한 신념의 지속

앞서 살펴본 바와 같이, 메타분석 연구들(Chan et al., 2017; Walter et al.,

2020; 2021; Walter & Murphy, 2018)은 팩트체킹 등의 교정 메시지가 대체로 유의미한 교정 효과를 가짐을, 즉 오정보로 인해 형성된 오인식을 낮추고 사실과 부합하는 인식을 높임을 일관되게 확인했다. 하지만 기존 경험적 연구들에서 발견한 교정 메시지의 효과성의 구체적인 양상에 대해 보다 면밀히 살펴볼 필요가 있다. 먼저 교정 메시지가 분명 오인식을 유의미하게 감소시키기는 하지만, 애초에 오정보에 노출되지 않은 사람들의 수준으로까지 회복시키기는 어렵다는 점이다(Ecker et al., 2011; Johnson & Seifert, 1994). 실제로 메타분석에서도 오정보의 지속적 영향은 작지만 유의미한 것으로 나타났다(Walter & Tukachinsky, 2020). 요컨대, 교정이 이루어지더라도 오정보로 인해 발생한 오인식을 완전히 제거하지 못한다는 것이다. 다음으로, 교정 메시지가 수용자들의 정치성향과 배치되거나 세계관(worldview)을 위협할 경우 교정 효과가 나타나지 않고, 더 나아가 기존에 갖고 있던 오인식을 더욱 강화시키는 역효과가 발생하기도 한다는 점이다. 예컨대, 공화당 지지자들은 민주당 지지자들과 달리 교정 메시지에 노출된 이후 이라크에서 대량살상무기가 발견되었다는 오인식이 더 높았다(Nyhan & Reifler, 2010). 백신(Nyhan & Reifler, 2015) 및 기후변화(Hart & Nisbet, 2012) 관련 오정보에 대한 교정 메시지에서도 비슷한 패턴의 역효과가 확인되었다.

그렇다면, 오정보의 지속적 영향이나 교정 메시지의 역효과는 왜 나타나는가? 이는 먼저 앞서 살펴본 심성 모형을 바탕으로 설명할 수 있다. 사람들은 인과적인 심성 모형을 통해 사건이나 현상을 이해하기 때문에 모형의 일부분인 오정보에 대한 교정이 이루어지더라도 모형 전체를 바꾸는 데 실패한다면 여전히 오정보의 영향이 남아 있게 되는 것이다(Johnson & Seifert, 1994). 이는 동기화된 추론(motivated reasoning. Kunda, 1990) 개념으로도 설명 가능하다. 교정 메시지 수용자들은 오정보에 의해 형성된 자신의 기존 믿음과 태도를 유지하려는 방향성 동기(directional goal)를 가지고 교정 메시지의 내용을 편향적인 방식으로, 즉 자신의 믿음과 태도를 방어하는 방식으로 처리할 수 있다는 것이다. 사람들은 자신의 기존 스키마에 맞지 않는 정보는 반박하기 위해 최대한의 인지적 자원을 투입해서 처리하는 반면, 스키마와 부합하는 정보는 별다른 검토를 거치지 않고 받아들인다(Taber & Lodge, 2006). 소위 '비판적 리터러시(critical literacy)'가 불균형하게 작동하는 것이다. 예를 들어, 파지오 등(Fazio et al., 2015)은 사람들이 특정 정보의 진위를 판별할 수 있는 사전 지식을 갖추지 못했기 때문에 오정보를 참으로 믿게 된다는 통념과는 달리, 충분한 사전 지식을 갖춘 경우에도 익숙하게 들리는 오정보에 대해 참이라고 잘못 응답함을 발견했다. 이들은 이를 바탕으로 익숙하게 느껴지거나 수월하게 처리되는 정보는 참일 것이라는 휴리스틱이 정밀한 정보 처리보다 먼저 사용된다고 주장했다. 비판적으로 정보를 검토할 사전 지식을 갖추지 못한 사람들만이 이 휴리스틱에 의존하는 것이 아니라, 사전 지식을 갖춘 사람들도 익숙하지 않거나 수월하게 처리되지 않는 정보에 대해서만 정밀하게 검토하려는 인지적 노력을 기울인다는 것이다(Fazio et al., 2015: 997-998). 이를 팩트체킹 맥락에서 논의해보면 오인식을 가진 사람들의 경우, 오정보는 익숙하기 때문에 별다른 생각을 거치지 않고도 참으로 받아들이고, 교정 메시지는 사전 지식을 인출해 비교하면서 비판적으로 검토할 가능성이 높다. 이때 교정 메시지를 보며 검토하고 숙고하는 과정은 기존의 태도를 더 공고하게 만들 수 있으며, 특히 사전 지식이 많은 사람일수록 반박(counterarguing)을 위한 자원을 더 많이 갖추고 있기 때문에 이들 사이에서 교정 효과는 더욱 감소할 수 있다(Edwards & Smith, 1996).

이상의 내용을 종합하면, 오정보의 지속적 영향과 교정 메시지의 역효과 발생 가능성을 낮추기 위해서는 교정 메시지로 인해 수용자들이 자신의 기존 믿음, 태도, 정파성, 세계관 등이 위협받는다는 인식을 최대한 덜 하도록 해야 하며, 동시에 기존의 심성 모형을 대체할 수 있으면서도 그만큼 수월하게 받아들여질 수 있는 대안적 설명을 제공해야 할 것이다. 후속 연구에서는 교정 메시지의 어떠한 내용적·형식적 특성이 이러한 역할을 수행함으로써 팩트체킹의 효과성을 높일 수 있을지 탐구할 필요가 있다.

신념의 메아리

교정 메시지를 통해 오인식이 온전히 개선되더라도, 즉 오정보에 노출되기 전과 같은 수준으로 오인식이 낮아지더라도 문제는 남는다. 오인식이 사후적으로 완전히 바로잡아지더라도, 오인식에 의해 형성된 대상에 대한 태도에는 여전히 오정보의 영향이 남아 있을 수 있기 때문이다. 선행 연구에서는 이를 '신념의 메아리(belief echos)'라 개념화했다(Thorson, 2016). 신념의 메아리는 오정보의 지속적 영향과는 맥락을 달리하는데, 후자가 인과적 추론 등의 인지적 차원의 영향이라면 전자는 태도와 정서적 차원의 영향이라는 점에서 차이가 있다(Thorson, 2016: 463). 구체적으로 이 연구에서는 정치인에 대한 부정적인 오정보를 실험 참여자들에게 보여준 뒤, 이것이 사실이 아님을 밝히는 교정 메시지를 보여주었다. 교정 메시지를 본 집단의 사람들은 처음부터 오정보에 노출되지 않았던 집단의 사람들과 비교했을 때 사실관계에 대한 오인식에서는 차이를 보이지 않았지만, 해당 정치인에 대한 태도는 더 부정적이었다. 즉 해당 정치인에 대한 의혹이 사실이 아님을 인지하고 있음에도 감정적으로는 그 정치인에 대한 부정적 태도가 남아 있는 것이다. 또한 이 효과는 오정보가 겨냥하는 대상이 자신의 지지 정당 정치인인지 상대 정당 정치인인지에 따라 달라지지 않았다(Thorson, 2016). 이와 같이 교정 메시지로 인해 오인식이 완전히 교정된 후에도 신념의 메아리가 발생하는 이유에 대해 저자는 오정보가 교정 메시지에 비해 감정적인 충격(affective impact)이 더 강하고, 따라서 오정보로 인해 촉발되는 부정적인 방향으로의 태도 변화가 교정 메시지로 인해 유발되는 원래 태도로 회복하는 방향으로의 변화보다 더 강하기 때문이라고 설명한다(Thorson, 2016: 464-465). 한편, 신념의 메아리는 의식적 과정을 거쳐서 발생할 수도 있다. 실험 참여자들의 태도를 측정하기 전에 사실관계에 대한 기억을 먼저 측정할 경우 자신의 지지 정당 정치인에게는 신념의 메아리 효과가 사라지는 반면, 상대 정당 정치인에게는 신념의 메아리 효과가 발생하는 상호작용 효과가 발견되었다(Thorson, 2016). 자신이 지지하는 정당의 정치인에 대해서는 기억 측정을 통해 사실관계를 환기하는 것만으로 오정보의 영향을 제거할 수 있지만, 상대 정당의 정치인에 대해서는 '아니 땐 굴뚝에 연기 나랴', '이 사안은 거짓이더라도 다른 뭔가가 있을 것이다'와 같은 의식적인 추론과 판단을 통해 교정 이후에도 여전히 오정보의 영향이 남아 있는 것이다. 비슷한 맥락에서 스와이어 등(Swire et al., 2017)은 트럼프 지지자들에게 트럼프의 잘못된 발언을 교정해줄 경우, 그 사안에 있어서는 트럼프가 잘못 말했다는 사실을 인정하며 신념의 교정은 일어나지만, 트럼프에 대한 지지에는 변화가 없다는 것을 발견했다.

한편, 신념의 메아리가 발생하는 메커니즘이 오정보의 감정적 충격과 교정 메시지의 감정적 충격 사이의 비대칭성 때문인지는 후속 연구에서 다루어야 할 중요한 경험적 연구과제다. 콥 등(Cobb et al., 2013)은 정치인에 대한 오정보가 긍정적인 내용일 때, 교정이 이루어진(즉 긍정적인 내용이 사실이 아니라는 교정) 집단에서 그렇지 않은 집단에 비해 오히려 해당 정치인에 대해 더욱 부정적인 태도를 형성하게 되는 '응징 효과(punishment effect)'를 보고한 바 있다. 만약 신념의 메아리가 오정보와 교정 메시지의 감정적 충격의 차이에 의해 발생하는 것이라면, 긍정적인 오정보가 교정된다고 하더라도 사람들의 긍정적인 감정은 남아서 태도에 영향을 미쳐야 한다. 하지만 긍정적 오정보가 교정될 경우에는 반대의 현상이 나타났기에 신념의 메아리 현상의 발생 기제에 대한 대안적 설명이 요구된다. 콥과 동료들은 이를 부정적 정보와 긍정적 정보의 비대칭성, 곧 부정성 편향을 바탕으로 설명한다. 부정성 편향에 따르면 사람들은 긍정적 정보에 비해 부정적 정보에 더 큰 영향을 받는다(Rozin & Royzman, 2001). 또한 사람들은 자신이 오정보에 노출되었음을 알게 되면 오정보의 영향에서 벗어나기 위해 자신의 태도를 오정보의 반대 방향으로 조정하게 되는데, 이때 사람들은 부정적 정보와 긍정적 정보의 비대칭성을 고려하지 않는다. 따라서 부정적 오정보의 영향력을 실제보다 과소평가하고, 태도를 충분히 긍정적으로 조정하지 않아서 여전히 부정적 태도가 남게 되는 신념의 메아리 현상이 발생하게 된다. 반면, 긍정적 오정보의 영향력은 실제보다 과대평가되고, 따라서 사람들이 태도를 지나치게 부정적으로 조정하는 까닭에 응징 효과가 발생하게 된다(Cobb et al., 2013). 이러한 콥 등(Cobb et al., 2013)의 설명과 앞서 소개한 손슨(Thorson, 2016)의 설명 중 어느 것이 더욱 타당한 것인지는 추후 실증적 연구를 통해 검증되어야 할 중요한 이론적 과제로 남아 있다. 또한 메타분석(Walter & Tukachinsky, 2020)에서는 오정보와 교정정보의 유인가(긍정 vs. 부정)가 오정보의 지속적 영향에 별다른 차이를 불러오지 않는다는 결과를 얻었으나, 신념의 메아리 효과와 응징 효과의 요점은 인지적 부분이 교정되더라도 오정보의 대상에 대한 감정적 부분에 잔여가 있다는 것이기 때문에, 신념이 아닌 태도나 인상평가 등 감정적인 결과변수에 대해서는 오정보와 교정정보의 유인가가 유의미한 효과를 보이는지 여부도 경험적으로 확인해야 할 것이다.

3) 팩트체킹의 설득 효과를 높이기 위한 추가적인 메시지 전략

지금까지의 논의를 정리하면, 사실관계에 대한 교정은 교정 메시지가 수용자의 세계관을 자극하는 경우를 제외한다면 대체로 효과적으로 이루어진다고 볼 수 있다. 특히 단순히 팩트체크의 대상이 되는 발언·진술·명제가 틀렸다고 알려주는 것을 넘어서 그것이 왜 틀렸는지 오정보의 모순을 지적하고, 실제 사실관계는 어떠한지 논리적이고 정합한 대안적 설명을 제시해줄 때 더 큰 교정 효과를 기대할 수 있다. 다만 여기에서 문제가 되는 지점은 오정보로 인해 형성된 오인식을 성공적으로 바로잡는다고 해서 이것이 오인식의 영향을 받아 형성된 대상에 대한 태도나 행위 의도를 오정보에 노출되기 전의 상태로 온전히 돌려놓는 데까지 이어지지는 않는다는 점이다. 요컨대, 개인·집단·기관에 대한 오정보 혹은 고의로 만들어낸 허위정보(disinformation)가 사회에 미치는 부정적인 영향은 단순히 해당 정보의 사실관계를 성공적으로 바로잡는다고 해서 모두 사라지지는 않는다는 것으로, 이 문제를 해결할 수 있는 메시지 전략을 탐구하는 것은 이론적·실천적 측면 모두에서 중요한 함의를 갖는다.

이하에서는 이야기(narrative) 형식의 채택을 중심으로 사실관계·오인식 교정은 물론 태도 변화까지 이끌어낼 수 있는 교정 메시지 설계에 대해 논의하고자 한다. 이야기의 설득 효과에 관한 기존의 이론적·경험적 논의에 따르면, 이야기 형식으로 설득 메시지를 제시할 경우 수용자는 이야기에 몰입(transportation)하고 주인공과 자신을 동일시(identification)하며, 설득에 대한 저항과 반박이 감소하기 때문에 설득 효과가 커진다(De Graaf et al., 2012; Green & Brock, 2002). 또한 신념의 메아리가 발생하는 이유가 오정보의 감정적 충격이 교정 메시지의 감정적 충격보다 강하기 때문이라면(Thorson, 2016), 교정 메시지의 감정적 충격량을 높여서 태도를 변화시키는 방법을 생각해볼 수 있을 것이다. 이러한 맥락에서 상갈랑 등(Sangalang et al., 2019)은 '유기농 담배는 건강에 덜 유해하다'는 오정보와 관련해 부정적 정서(공포와 분노)를 담은 결말을 가진 이야기 형식의 교정 메시지의 효과를 검증했다. 실험 참여자들은 유기농 담배는 덜 해로우니 피워보라는 데이트 상대의 권유를 거절한 주인공의 경험에 대한 이야기 형식의 글을 읽었다. 이때 교정이 이루어지지 않는 통제 조건에서는 주인공이 집에 돌아와 데이트 상대와 이야기했던 예술 작품을 검색해보는 것으로 끝이 났고, 단순 교정 조건에서는 유기농 담배도 해롭다는 정보를 검색하는 것으로 끝이 났다. 부정적 정서를 포함한 교정 조건의 경우 주인공이 정보를 검색한 뒤, 유기농 담배는 해롭지 않다는 말에 속을 뻔했다는 것이 너무 두렵고 화가 난다는 감정 표현을 했다. 단순 교정 메시지를 본 집단과 부정적 정서를 담은 교정 메시지를 본 집단 모두 통제집단에 비해서는 오정보에 대한 신뢰가 낮았으나, 두 집단 사이에는 유의미한 차이가 없었다. 하지만 유기농 담배에 대한 태도의 경우, 부정적 정서를 포함한 교정 메시지가 단순 교정 메시지에 비해 유기농 담배에 대한 긍정적 태도를 더 낮추는 것으로 나타났다. 요컨대, 오정보로 인해 형성된 잘못된 믿음을 바로잡는 데 있어서는 두 형태의 메시지의 효과가 비슷했지만, 그에 부합하는 태도 변화를 유발하는 데 있어서는 부정적 정서를 포함한 메시지의 효과가 더 컸던 것이다.

이러한 이야기 포맷에 자기 긍정(self-affirmation. Steele, 1988) 요인을 접목시킨 간접적(vicarious) 자기 긍정의 효과성을 검증한 연구 또한 주목할 만하다. 자기 긍정이 오정보를 교정하는 메커니즘은 다음과 같다(Cohen & Sherman, 2014; Sherman & Cohen, 2006). 수용자로 하여금 자신의 긍정적 가치에 주목하게 할 경우, 비록 오인식을 갖고 있었음을 인정하더라도 자신은 다른 부분에서 충분히 가치 있는 사람이라고 생각하기 때문에 상대적으로 교정에 덜 저항하게 된다는 것이다(Carnahan et al., 2018; Cohen et al., 2000). 단, 자기 긍정 효과 연구를 실제 팩트체킹에 그대로 적용하기에는 어려움이 있다. 왜냐하면 기존 연구에서는 대부분 자기 긍정을 높이기 위해서 자신이 중요하게 여기는 가치들에 대해 묻는 설문지에 응답하거나 자신이 중시하는 가치와 그 이유에 대한 에세이를 쓰게 하는 방법을 사용했기 때문이다(McQueen & Klein, 2006). 즉 기존 연구들은 대부분 심리적 상태(psychological state)로서의 자기 긍정이 설득에 미치는 영향에 주목하고 있을 뿐 무엇이 그러한 심리적 상태를 유발할 수 있는지, 보다 구체적으로 어떠한 메시지 특성을 통해서 자기 긍정을 유발할 수 있는지에 대해서는 주목하지 않았다. 따라서 팩트체크 메시지를 어떻게 설계했을 때 자기 긍정을 높여 설득에 대한 저항을 낮추고 결과적으로 교정 효과를 높일 수 있는지에 대한 직접적이고 실천적인 함의를 도출하기 힘든 것이다.

바로 이러한 맥락에서 간접적 자기 긍정은 교정 메시지 내에서 자기 긍정을 유발할 수 있는 효과적인 방법을 제시한다. 이야기 속의 주인공이 자신의 가치를 인정받는 기분 좋은 상황을 묘사하는 것이다. 일례로 월터 등(Walter et al., 2019)은 이야기의 주인공이 훌륭한 학업 성적과 품행으로 상을 받게 될 것이라는 이메일을 받는 상황을 활용했다. 이후 주인공은 친구와의 점심 약속에서 전자담배에 대한 이야기를 나누게 되고, 이 대화 속에서 전자담배는 덜 유해하다는 오정보를 반박하는 교정정보가 제공되었다. 통제집단의 경우, 친구에게 전자담배의 위험성에 대한 이야기를 먼저 들은 이후에 수상을 알리는 이메일을 받는 내용으로 선후를 바꾸었다. 실험 결과, 실험집단의 참여자들이 통제집단의 참여자들에 비해 설득 저항의 한 지표인 메시지 폄하(derogation)는 덜한 반면, 자기 긍정은 더 높았다. 또한 실험집단 참여자들이 상대적으로 전자담배의 위험성을 더 높게 인식하고, 전자담배를 피우고자 하는 의도 또한 낮았다. 비록 해당 이야기의 수용자들이 직접적으로 본인의 가치를 인정받은 것은 아니지만, 이야기 주인공과의 동일시를 통해 자기 긍정을 간접적으로 경험하게 되고 이를 통해 연이어 접하게 된 교정정보를 더 잘 수용하게 된 것이다(Ott & Moyer-Gusé, 2022; Walter et al., 2019).

이상에서 살펴본 이야기 형식의 채택 그리고 이야기를 통한 간접적 자기 긍정 경험의 제공은 오정보 교정 메시지의 효과성을 높일 수 있는 유력한 메시지 특성이라 할 수 있다. 후속 연구에서는 이를 실제 팩트체크 뉴스 기사 작성 과정에서 구체적으로 어떤 방식으로 접목시킬 수 있을지 그리고 그러한 메시지 설계에 기반한 팩트체크 뉴스가 기존 연구에서 발견한 바와 같이 설득에 대한 저항을 낮춤으로써 교정 효과를 제고하는지 경험적으로 검증할 필요가 있다.

4) 팩트체킹의 확산 효과

팩트체크 뉴스 기사 또한 다른 커뮤니케이션 메시지와 마찬가지로 노출(exposure), 주목(attention), 태도변화(attitude change) 등의 일련의 과정(McGuire, 1989)을 거쳐 뉴스 이용자에게 설득적 영향을 미칠 것이라 가정할 수 있다. 아울러, 팩트체크 뉴스는 같은 과정을 거쳐 수용자로 하여금 기사와 관련해 주위 사람들과 대화하게 하거나 기사를 공유하게 하는 확산(diffusion) 효과 또한 유발할 수 있다(Berger, 2014; Kim, 2015). 따라서 각 단계와 연관된 주요 메시지 효과 이론들(Cappella, 2006; Cappella et al., 2015)을 바탕으로 팩트체크 뉴스가 어떤 과정을 거쳐 수용되고 또 어떤 효과를 유발하는지 분석할 수 있다.

기존 연구들은 거의 대부분 팩트체크 뉴스를 비롯한 팩트체크 메시지의 설득 효과에 주목해왔다. 즉 수용자들이 검증 대상 발언의 사실성 판정 결과를 얼마나 잘 받아들이는지, 특히 오정보에 대한 팩트체크 결과('거짓'이라는 판정)를 얼마나 잘 받아들이는지(오정보 교정) 집중적으로 살펴봤다(Walter et al., 2020). 이는 사실관계 판정 결과를 수용자가 받아들이도록 하는 것이 팩트체킹의 일차적인 목표라는 점에서 자연스러운 경향이라 할 수 있다.

하지만 이는 어디까지나 수용자가 해당 팩트체크 메시지에 노출되었다는 것을 전제로 한다는 점에 주목할 필요가 있다. 일반적인 커뮤니케이션 캠페인과 마찬가지로, 팩트체킹 역시 메시지가 일정 수준의 수용자 노출을 확보하지 못할 경우 애초에 의도한 효과를 실현할 수 없다(Hornik, 2002). 문제는 이러한 전제가 충족될 가능성이 현실적으로 높지 않다는 데 있다. 수용자들은 수많은 커뮤니케이션 채널과 메시지들 사이에서 매우 선택적으로 메시지를 소비하기 때문에 팩트체크 메시지를 생산했다고 해서 그것이 곧 노출로 이어질 것이라는 보장이 없는 것이다. 바로 이러한 맥락에서, 어떤 내용적·형식적 특성을 가진 팩트체크 메시지가 수용자로 하여금 판정 결과를 더 잘 받아들이게 만드는지(설득)의 문제를 넘어, 어떤 메시지가 수용자로 하여금 더 빈번하게 선택하고 소비하게 만들며(노출), 나아가 다른 사람들에게 공유하게 함으로써(확산) 다시 새로운 노출로 이어질 수 있게 하는지에 대한 탐구로 연구의 방향을 확장하는 것은 이론적·실천적 측면 모두에서 중요하다(Cappella et al., 2015; Kim, 2015 참조).

기존 연구들 역시 이 방향의 탐구를 시작하고 있다. 다만, 대체적으로 메시지 특성보다는 팩트체크 메시지에 대한 노출과 메시지 공유를 결정짓는 심리적 동기, 특히 그중에서도 방어적 동기에 의해 자신의 기존 입장과 일치하는 팩트체크 메시지를 선택하고 공유하는지에 주목하는 경향을 보였다. 예를 들어, 방어적 동기에 기반한 선택적 노출에 관한 연구의 경우, 사람들은 이민 주제와 관련해서는 자신의 입장과 어긋나는 내용의 뉴스를 반박하는 결과를 담은 팩트체크 메시지를 더 많이 선택한 반면, 기후변화와 관련해서는 이러한 경향을 보이지 않음을 발견했다(Hameleers & van der Meer, 2020). 방어적 동기의 역할은 메시지 확산 행위에 대한 연구에서 더욱 뚜렷하게 확인되었다. 가령, 트위터상에서 미국의 민주당에 유리한 내용의 팩트체크 결과는 민주당 지지자들에 의해(83.1%), 공화당에 유리한 팩트체크 결과는 공화당 지지자들에 의해(46.3%) 가장 자주 재공유된(retweeted) 것으로 나타났다(Shin & Thorson, 2017). 페이스북 이용자들의 메시지 공유 행위를 분석한 연구 또한 사람들은 자신의 태도와 일관된 결과를 담은 팩트체크 메시지를 공유하는 경향을 확인했다(Amazeen et al., 2019).

하지만 기존 연구에 따르면, 수용자의 메시지 선택(노출)과 공유 행위는 방어 동기 외에도 정확성 동기와 인상관리 동기에 의해서도 추동되며, 더욱 중요하게는 이 세 가지 심리적 동기와 연관된 다양한 메시지 특성(예: 정보 유용성, 감정 유인가 및 강도, 참신함, 이야기 형식 등)의 영향을 받는다(Berger, 2014; Cappella et al., 2015; Knobloch-Westerwick, 2015). 이 장에서는 이들 수용자 개인 및 메시지 차원의 요인들이 팩트체크 메시지의 선택과 공유에도 비슷한 방식으로 영향을 미칠 것이라고 본다. 가령, 앞서 언급한 국내의 팩트체크 뉴스에 대한 내용분석 연구는 정보원의 투명성이 높은 팩트체크 기사, 보다 구체적으로는 통계치와 공식 보고서를 팩트체킹의 근거자료로 많이 활용하는 기사일수록 더 많이 공유됨을 발견했는데(Kim et al., 2022), 이는 정보 유용성이 메시지의 확산력을 높이는 메시지 특성 요인이라는 기존의 이론적·경험적 연구 결과와 일치하는 것이라 할 수 있다(Berger, 2014;

Cappella et al., 2015). 후속 연구에서는 수용자의 팩트체크 메시지에 대한 선택적 노출과 선택적 공유 행위에 영향을 미치는 보다 다양한 심리적 동기 그리고 이와 연관된 다양한 메시지 특성을 경험적으로 검증해나갈 필요가 있다.

4. 맺음말

이 장은 기존의 이론적·경험적 문헌에 대한 검토를 바탕으로, 팩트체크 뉴스의 메시지 특성이 어떠한지 그리고 어떤 메시지 특성 변수가 팩트체크 기사의 효과성을 높일 수 있는지 살펴보았다. 이 과정에서 바람직한 팩트체크 뉴스 기사의 지표가 되는 메시지 특성, 즉 규범적 차원에서 중요한 메시지 특성은 물론, 기사의 효과성을 높일 수 있는 메시지 특성에도 주목할 필요가 있음을 강조했다. 기존 연구에서 주목해온 메시지 특성 변수가 왜 그리고 어떤 심리적 기제에 의해 교정 효과를 높이는지(혹은 낮추거나 교정 효과에 영향을 주지 않는지) 검토함으로써 후속 연구의 방향에 대해 논의했다. 또한 오정보로 인해 형성된 오인식에 대한 교정이 성공적일지라도 그로 인해 형성된 태도는 오정보 노출 이전으로 돌아가지 않게 하는, 소위 '신념의 메아리' 효과에 대해 살펴본 후, 이를 억제할 메시지 설계 전략으로 이야기 형식의 채택과 간접적 자기 긍정 경험의 제공에 대해 논의했다. 마지막으로, 팩트체크 뉴스의 효과성의 영역을 '설득'을 넘어 '노출' 및 '확산'으로까지 확장하는 것의 중요성을 강조하고, 이를 위해서는 선택적 노출 및 공유 행위를 결정짓는 심리적 동기 및 관련 메시지 특성에 주목할 필요가 있음을 제안했다.

다른 주제·장르의 메시지와 마찬가지로(예: 건강 메시지. Cappella,

2006), 효과적인 팩트체크 메시지의 '설계', 즉 어떻게 메시지를 만들면 팩트체크 메시지의 효과성을 높일 수 있는지의 문제는 예술(art)과 과학(science)의 교차로에 있으며, 메시지의 '효과'에 비해 과학의 비중이 상대적으로 낮다. 후속 연구에서 다양한 메시지 특성의 효과에 대한 이론화 작업을 꾸준히 진행하고, 이를 바탕으로 수립된 이론적 예측을 직접적으로 검증하는 작업을 체계적이고 누적적으로 시도할 때, 비로소 그 격차가 해소될 것이다(O'Keefe, 2012).

참고문헌

김경모·박재영·배정근·이나연·이재경 (2018). 〈기사의 품질: 한국 일간지와 해외 유력지 비교연구〉. 서울: 이화여자대학교출판문화원.

이나연 (2018). 한국 언론의 팩트체크: 19대 대통령선거에서의 후보자 검증 기사를 중심으로. 〈언론정보연구〉 55(4), 99-138.

정은령·최지수·박유진 (2020). 코로나19 팩트체크 기사와 해설 기사의 차이에 대한 탐색적 연구: 맥락성과 투명성을 중심으로. 〈사이버커뮤니케이션학보〉 37(3), 139-193.

황현정·김장원·이효은·서유지·고예나·양소은·김현석 (2020). 오정보(misinformation), 왜 믿는가? 어떻게 정정할 것인가?: 오정보와 그 정정에 대한 이론적 검토. 〈언론정보연구〉 57(4), 5-54.

Alter, A. L. & Oppenheimer, D. M. (2009). Uniting the tribes of fluency to form a metacognitive nation. *Personality and Social Psychology Review* 13(3), 219-235.

Amazeen, M. A., Thorson, E., Muddiman, A., & Graves, L. (2018). Correcting political and consumer misperceptions: The effectiveness and effects of rating scale versus contextual correction formats. *Journalism & Mass Communication Quarterly* 95(1), 28-48.

Amazeen, M. A., Vargo, C. J., & Hopp, T. (2019). Reinforcing attitudes in a gatewatching news era: Individual-level antecedents to sharing fact-checks on social media. *Communication Monographs* 86(1), 112-132.

Berger, J. (2014). Word of mouth and interpersonal communication: A review and directions for future research. *Journal of Consumer Psychology* 24(4), 586-607.

Cameron, K. A., Roloff, M. E., Friesema, E. M., Brown, T., Jovanovic, B. D., Hauber, S. et al. (2013). Patient knowledge and recall of health information following exposure to "facts and myths" message format variations. *Patient Education and Counseling* 92(3), 381-387.

Cappella, J. N. (2006). Integrating message effects and behavior change theories: Organizing comments and unanswered questions. *Journal of Communication* 56(1), S265-S278.

Cappella, J. N. & Jamieson, K. H. (1997). *Spiral of Cynicism: The Press and the Public Good*. New York: Oxford University Press.

Cappella, J. N., Kim, H. S., & Albarracín, D. (2015). Selection and transmission processes for information in the emerging media environment: Psychological motives and message characteristics. *Media Psychology* 18(3), 396-424.

Carey, J. M., Guess, A. M., Loewen, P. J., Merkley, E., Nyhan, B., Phillips, J. B., & Reifler, J. (2022). The ephemeral effects of fact-checks on COVID-19 misperceptions in the United States, Great Britain and Canada. *Nature Human Behaviour* 6(2), 236-243.

Carnahan, D., Bergan, D. E., & Lee, S. (2021). Do corrective effects last? Results from a longitudinal experiment on beliefs toward immigration in the U.S. *Political Behavior* 43(3), 1227-1246.

Carnahan, D., Hao, Q., Jiang, X., & Lee, H. (2018). Feeling fine about being wrong: The influence of self-affirmation on the effectiveness of corrective information. *Human Communication Research* 44(3), 274-298.

Chan, M.-P. S., Jones, C. R., Hall Jamieson, K., & Albarracín, D. (2017). Debunking: A meta-analysis of the psychological efficacy of messages countering misinformation. *Psychological Science* 28(11), 1531-1546.

Clayton, K., Blair, S., Busam, J. A., Forstner, S., Glance, J., Green, G. et al. (2020). Real solutions for fake news? Measuring the effectiveness of general warnings and fact-check tags in reducing belief in false stories on social media. *Political Behavior* 42(4), 1073-1095.

Cobb, M. D., Nyhan, B., & Reifler, J. (2013). Beliefs don't always persevere: How political figures are punished when positive information about them is discredited. *Political Psychology* 34(3), 307-326.

Cohen, G. L., Aronson, J., & Steele, C. M. (2000). When beliefs yield to evidence: Reducing biased evaluation by affirming the self. *Personality and Social Psychology Bulletin* 26(9), 1151-1164.

Cohen, G. L. & Sherman, D. K. (2014). The psychology of change: Self-affirmation and social psychological intervention. *Annual Review of Psychology* 65(1), 333-371.

De Graaf, A., Hoeken, H., Sanders, J., & Beentjes, J. W. J. (2012). Identification as a mechanism of narrative persuasion. *Communication Research* 39(6), 802-823.

Ecker, U. K. H., Lewandowsky, S., & Tang, D. T. W. (2010). Explicit warnings reduce but do not eliminate the continued influence of misinformation. *Memory & Cognition* 38, 1087-1100.

Ecker, U. K. H., Lewandowsky, S., Swire, B., & Chang, D. (2011). Correcting false information in memory: Manipulating the strength of misinformation encoding and its retraction. *Psychonomic Bulletin & Review* 18(3), 570-578.

Ecker, U. K. H., O'Reilly, Z., Reid, J. S., & Chang, E. P. (2020). The effectiveness of short-format refutational fact-checks. *British Journal of Psychology* 111(1), 36-54.

Edwards, K. & Smith, E. E. (1996). A disconfirmation bias in the evaluation of arguments. *Journal of Personality and Social Psychology* 71(1), 5-24.

Fazio, L. K., Brashier, N. M., Payne, B. K., & Marsh, E. J. (2015). Knowledge does not protect against illusory truth. *Journal of Experimental Psychology: General* 144(5), 993-1002.

Gaines, B. J., Kuklinski, J. H., Quirk, P. J., Peyton, B., & Verkuilen, J. (2007). Same facts, different interpretations: Partisan motivation and opinion on Iraq. *The Journal of Politics* 69(4), 957-974.

Gilbert, D. T., Krull, D. S., & Malone, P. S. (1990). Unbelieving the unbelievable: Some problems in the rejection of false information. *Journal of Personality and Social Psychology* 59(4), 601-613.

Graves, L. (2018). Boundaries not drawn: Mapping the institutional roots of the global fact-checking movement. *Journalism Studies* 19(5), 613-631.

Graves, L. & Amazeen, M. A. (2019). Fact-checking as idea and practice in journalism. In J. F. Nussbaum (Ed.), *Oxford Research Encyclopedia of Communication*. Oxford, UK: Oxford University Press.

Green, M. C. & Brock, T. C. (2002). In the mind's eye: Transportation-imagery model of narrative persuasion. In M. C. Green, J. J. Strange, & T. C. Brock (Eds.), *Narrative Impact: Social and Cognitive Foundations* (pp. 315-341). Mahwah: Lawrence Erlbaum Associates Publishers.

Hameleers, M. & van der Meer, T. G. L. A. (2020). Misinformation and polarization in a high-choice media environment: How effective are political fact-checkers? *Communication Research* 47(2), 227-250.

Hart, P. S. & Nisbet, E. C. (2012). Boomerang effects in science communication: How motivated reasoning and identity cues amplify opinion polarization about climate mitigation policies. *Communication Research* 39(6), 701-723.

Hornik, R. C. (2002). Exposure: Theory and evidence about all the ways it matters. *Social Marketing Quarterly* 8(3), 31-37.

Humprecht, E. (2020). How do they debunk "fake news"? A cross-national comparison of transparency in fact checks. *Digital Journalism* 8(3), 310-327.

Johnson, H. M. & Seifert, C. M. (1994). Sources of the continued influence effect: When misinformation in memory affects later inferences. *Journal of Experimental Psychology: Learning, Memory, and Cognition* 20(6), 1420-1436.

Kim, H. S. (2015). Attracting views and going viral: How message features and newssharing channels affect health news diffusion. *Journal of Communication* 65(3), 512-534.

Kim, H. S., Suh, Y. J., Kim, E.-M., Chong, E., Hong, H., Song, B. et al. (2022). Fact-checking and audience engagement: A study of content analysis and audience behavioral data of fact-checking coverage from news media. *Digital Journalism* 10(5), 781-800.

Knobloch-Westerwick, S. (2015). *Choice and Preference in Media Use: Advances in Selective Exposure Theory and Research*. New York: Routledge.

Kunda, Z. (1990). The case for motivated reasoning. *Psychological Bulletin* 108(3), 480-498.

Lee, J., Kim, J. W., & Lee, H. Y. (2022). Unlocking conspiracy belief systems: How fact-checking label on Twitter counters conspiratorial MMR vaccine misinformation. *Health Communication* 38(9), 1780-1792.

Lewandowsky, S., Ecker, U. K. H., Seifert, C. M., Schwarz, N., & Cook, J. (2012). Misinformation and its correction: Continued influence and successful debiasing. *Psychological Science in the Public Interest* 13(3), 106-131.

Marsh, E. J. & Yang, B. W. (2018). Believing things that are not true: A cognitive science perspective on misinformation. In G. S. Brian, A. T. Emily, & S. Laura (Eds.), *Misinformation and Mass Audiences* (pp. 15-34). Austin: University of Texas Press.

McGuire, W. J. (1989). Theoretical foundations of campaigns. In R. E. Rice & C. K. Atkin (Eds.), *Public Communication Campaigns* (2nd ed., pp. 43-65). Thousand Oaks, CA: Sage.

Nyhan, B. & Reifler, J. (2010). When corrections fail: The persistence of political misperceptions. *Political Behavior* 32(2), 303-330.

Nyhan, B. & Reifler, J. (2015). Does correcting myths about the flu vaccine work? An experimental evaluation of the effects of corrective information. *Vaccine* 33(3), 459-464.

Oeldorf-Hirsch, A., Schmierbach, M., Appelman, A., & Boyle, M. P. (2020). The ineffectiveness of fact-checking labels on news memes and articles. *Mass Communication and Society* 23(5), 682-704.

O'Keefe, D. J. (2012). From psychological theory to message design: Lessons from the story of gain-framed and loss-framed persuasive appeals. In H. Cho (Ed.), *Health Communication Message Design: Theory and Practice* (pp. 3-20). Thousand Oaks: Sage.

Ott, J. M. & Moyer-Gusé, E. (2022). Vicarious self-affirmation: Understanding key mechanisms. *Media Psychology* 25(1), 1-26.

Pennycook, G., Bear, A., Collins, E. T., & Rand, D. G. (2020). The implied truth effect: Attaching warnings to a subset of fake news headlines increases perceived accuracy of headlines without warnings. *Management Science* 66(11), 4944-4957.

Petty, R. E. & Cacioppo, J. T. (1986). *Communication and Persuasion: Central and Peripheral Routes to Attitude Change*. New York: Springer.

Pluviano, S., Watt, C., & Della Sala, S. (2017). Misinformation lingers in memory: Failure of three pro-vaccination strategies. *PLoS One* 12(7), e0181640.

Pluviano, S., Watt, C., Ragazzini, G., & Della Sala, S. (2019). Parents' beliefs in misinformation about vaccines are strengthened by pro-vaccine campaigns. *Cognitive Processing* 20(3), 325-331.

Rozin, P. & Royzman, E. B. (2001). Negativity bias, negativity dominance, and contagion. *Personality and Social Psychology Review* 5(4), 296-320.

Sangalang, A., Ophir, Y., & Cappella, J. N. (2019). The potential for narrative correctives to combat misinformation. *Journal of Communication* 69(3), 298-319.

Schwarz, N., Newman, E., & Leach, W. (2016). Making the truth stick & the myths fade: Lessons from cognitive psychology. *Behavioral Science & Policy* 2(1), 85-95.

Schwarz, N., Sanna, L. J., Skurnik, I., & Yoon, C. (2007). Metacognitive experiences and the intricacies of setting people straight: Implications for debiasing and public information campaigns. *Advances in Experimental Social Psychology* 39, 127-161.

Sherman, D. K. & Cohen, G. L. (2006). The psychology of self-defense: Self-affirmation theory. *Advances in Experimental Social Psychology* 38, 183-242.

Shin, J. & Thorson, K. (2017). Partisan selective sharing: The biased diffusion of fact-checking messages on social media. *Journal of Communication* 67(2), 233-255.

Skurnik, I., Yoon, C., Park, D. C., & Schwarz, N. (2005). How warnings about false claims become recommendations. *Journal of Consumer Research* 31(4), 713-724.

Slater, M. D. (2013). Content analysis as a foundation for programmatic research in communication. *Communication Methods and Measures* 7(2), 85-93.

Steele, C. M. (1988). The psychology of self-affirmation: Sustaining the integrity of the self. *Advances in Experimental Social Psychology* 21, 261-302.

Swire, B., Berinsky, A. J., Lewandowsky, S., & Ecker, U. K. H. (2017). Processing political misinformation: Comprehending the Trump phenomenon. *Royal Society Open Science* 4(3), 160802.

Swire, B., Ecker, U. K. H., & Lewandowsky, S. (2017). The role of familiarity in correcting inaccurate information. *Journal of Experimental Psychology: Learning, Memory, and Cognition* 43(12), 1948-1961.

Swire-Thompson, B., DeGutis, J., & Lazer, D. (2020). Searching for the backfire effect: Measurement and design considerations. *Journal of Applied Research in Memory and Cognition* 9(3), 286-299.

Taber, C. S. & Lodge, M. (2006). Motivated skepticism in the evaluation of political beliefs. *American Journal of Political Science* 50(3), 755-769.

Thorson, E. (2016). Belief echoes: The persistent effects of corrected misinformation. *Political Communication* 33(3), 460-480.

Troyer, A. K. & Craik, F. I. M. (2000). The effect of divided attention on memory for items and their context. *Canadian Journal of Experimental Psychology* 54(3), 161-171.

Walter, N., Brooks, J. J., Saucier, C. J., & Suresh, S. (2021). Evaluating the impact of attempts to correct health misinformation on social media: A meta-analysis. *Health Communication* 36(13), 1776-1784.

Walter, N., Cohen, J., Holbert, R. L., & Morag, Y. (2020). Fact-checking: A meta-analysis of what works and for whom. *Political Communication* 37(3), 350-375.

Walter, N., Demetriades, S. Z., & Murphy, S. T. (2019). Just a spoonful of sugar helps the messages go down: Using stories and vicarious self-affirmation to reduce e-cigarette use. *Health Communication* 34(3), 352-360.

Walter, N. & Murphy, S. T. (2018). How to unring the bell: A meta-analytic approach to correction of misinformation. *Communication Monographs* 85(3), 423-441.

Walter, N. & Tukachinsky, R. (2020). A meta-analytic examination of the continued influence of misinformation in the face of correction: How powerful is it, why does it happen, and how to stop it? *Communication Research* 47(2), 155-177.

9 허위정보 시대의 필수적 미디어 리터러시, 팩트체크 능력과 교육 방안

양소은
(서울대학교 언론정보연구소 선임연구원)

우리는 현재 확산을 거듭하는 스펙터클(spreadable spectacle)을 목격하며 살아가고 있다. 이는 미디어 이용자로서 우리가 매일 마주하는 현상으로, 실재하는 사실이 무엇이든지 간에 일반 사람들의 의견 및 정보 공유를 통해 특정한 방식으로 특정 사건이나 이슈가 확산되는 모습을 설명한다. 빠르게 공유되고 있는 정보들 중 일부는 자신이 믿고 있는 신념에 기반해 사실 검증 없이 공유된 허위정보들이다. 미하일리디스와 비오티(Mihailidis & Viotty, 2017)는 원래 '스펙터클'은 사회적 사건들이 주류 미디어를 통해 전달되면서 상징적으로 재현되는 것을 말하는데, 이제는 주류 미디어 없이 소셜 미디어와 같은 확산성을 지닌 미디어를 통해 일반 시민들에 의해(citizen-drive spectacle) 만들어지고 있다고 설명한다. 저자들은 양극화된 동질적 네트워크에서 다른 의견을 불신하며 만들어지는 광경에 우려를 표한다. 힐러리 클린턴에 대한 음모와 허위정보 확산으로 빚어진 피자게이트 사건과 대안 우파의 정치적 담론이 개구리 페페(pepe the frog) 밈을 통해 응집성을 가지면서 파급력을 보여준 사례가 대표적이다. 한국 사회에서도 온라인 공간을 중심으로 다양한 정치적·사회적 이슈에 대한 여론이 형성되고 사실이 구성된다. 사실 여부가 파악되지 않은 정황에 대해 서로가 믿고 싶은 이야기들을 공유한다. 같은 생각을 가진 그룹 안에서의 이야기를 하나의 진실로 만들어가고 있는 현상들이다.

보통의 시민들이 의견을 표현하고 여론을 확산시킬 수 있는 권한을 가지게 된 것은 디지털 미디어 시대의 핵심적인 사회적 변화로서 민주적 가치가 크다. 하지만 시민들의 현명한 의사 결정과 참여를 바탕으로 하는 민주주의의 측면에서 볼 때, 허위정보가 만연하다는 점에서 현재의 미디어 환경에 대한 우려도 크다. 따라서 시민으로서 다양한 정보와 의견을 접하되, 비판적으로 정보를 이용할 수 있는 미디어 리터러시가 중요하게 논의된다. 허위정보에 대한 대응으로 제기되는 것들로는 허위정보 생산자에 대한 법적 제재, 언론사 및 전문가의 사실 검증, 알고리즘을 활용한 기술적인 사실 검증, 사업자들의 허위정보에 대한 처리 및 모니터링 등 여러 방안이 있다. 하지만 대부분 허위정보 노출 또는 확산에 대한 사후 대응이라는 점에서 허위정보의 영향을 최소화하기 어렵다. 또한 허위정보가 일반 미디어 이용자들에 의해서도 확산된다는 점을 고려할 때, 위 대응은 완전하지 않다. 결국 미디어 이용자들의 능력 함양이 요구된다(Boyd, 2017; Jones-Jang et al., 2021; Lee & Shin, 2021; Lewandowsky et al., 2012).

팩트체크 저널리즘이 뉴스 생산자로부터의 허위정보에 대한 전문적인 대처 방안이라면, 미디어 리터러시는 뉴스 수용자들에게 요구되는 일상의 대처 방안이라 볼 수 있다. 유네스코에서는 이 허위정보를 분별할 수 있는 역량을 미디어 환경에서 생존하기 위해 시민들이 필수로 지녀야 할 삶의 기술이라 말한다(Grizzle et al., 2014). 이러한 배경 속에서 최근 국내에서도 미디어 리터러시를 증진하기 위한 다양한 실천적 노력들이 두드러지게 증가했다. 예를 들어, 지난 2020년 8월 '디지털미디어 리터러시 교육 종합계획'이 발표되면서 범정부 차원에서 시민 교육으로서의 미디어 리터러시가 강조되었다. 이 종합 계획에서는 미디어의 정보들을 비판적으로 습득하고 활용할 수 있는 팩트체크 교육을 비중 있게 다루고 있는데, 이를 위해 청소년 및 성인을 대상으로 하는 기본적인 팩트체크 교육 프로그램의 개발과 실시, 팩트체크 해커톤 같은 팩트체크 체험이 가능한 심화 교육 지원, 전문 팩트체크 양성 및 팩트체크 오픈 플랫폼 구축을 목표로 설정했다. 학교 교육에서도 허위정보 대응 교육이 논의되고 있다. 특히 최근 개정된 2022 교육과정에서는 디지털 소양 및 미디어 리터러시가 국어·사회 교과뿐 아니라 여러 교과목에서 중요한 내용으로 다루어진다(이지선 외, 2023). 정보의 사실 여부와 신뢰성, 타당성, 공정성을 판단할 수 있는 비판적 분석 능력을 키우는 것이 중요한 성취기준으로 설정되어 있다. 이와 같이 정부, 학계, 유관기관의 관심 속에서 허위정보에 대처하기 위한 미디어 리터러시 그리고 팩트체크는 일반 미디어 이용자들에게 익숙해지고 있는 개념이다.

새롭게 강조되고 있는 팩트체크 능력은 오랜 기간 축적되어온 미디어 리터러시의 한 세부 영역이라 볼 수 있다. 따라서 미디어 리터러시와 관련된 다양한 논의와 관점을 고려해서 접근할 때, 팩트체크 능력은 단순한 기술만을 말하지 않는다. 먼저, 허위정보에 대한 미디어 리터러시의 효과를 설명하는 가장 주된 이론은 의학적 예방접종을 설득 메시지에 저항하는 인지적 과정에 적용한 접종 이론(inoculation theory. McGuire, 1964)이다. 노출될 수 있는 위험 요인에 대해 사전에 약화된 수준으로 노출된 경우, 미래의 영향을 줄일 수 있다는 것이다. 특히 허위정보와 관련해서는 사후 교정이 아닌 사전 교정(pre-bunking)으로 역할하는데, 허위정보를 사후에 교정하기 어렵다는 점에서 더욱 강조되고 있다. 접종 이론을 적용한 최근 논의들은 가짜뉴스와 허위정보에 대한 사전 안내가 광범위하게 예방이 가능한 백신(broad-spectrum vaccine. Roozenbeek & van der Linden, 2019)이 되어준다는 점을 제시한다. 특정 허위정보에 대응하는 사전 경고가 아니라 일반적으로 허위정보가 가진 속성이나 전략을 알려주면 전반적인 허위정보를 가려내고 대항할 수 있다는 것이다(Cook et al., 2017). 이와 같이 미디어 리터러시가 허위정보라는 현재 미디어 환경의 위험 요소에 대한 중요한 예방책이 된다는 이론적 토대가 마련되어 있다.

하지만 현재 미디어 환경 속에서 요구되는 미디어 리터러시가 과연 악영향을 줄이는 '예방'이라고만 볼 수 있을까? 미하일리디스와 비오티(Mihailidis & Viotty, 2017)는 전통적인 미디어 시대에 현명한 시민은 매스미디어가 만드는 상징적 재현을 비판적으로 해체(deconstruct)해야 했는데, 이제는 우리가 만든 광경을 해체하는 능력이 요구된다고 말한다. 사람들은 주류 미디어의 보도를 믿지 않으며, 또한 때때로 주류 미디어도 이러한 광경에 기여할 때가 있기 때문이다. 이러한 허위정보 환경과 팩트체크를 염두에 둔 미디어 리터러시에 대한 재정립이 요구된다. 다음에서는 미디어 리터러시 전반의 논의들을 살펴 개인에게 요구되는 팩트체크 능력은 무엇인지, 이를 어떻게 증진할 수 있는지를 정리할 것이다. 이를 토대로 팩트체크 능력을 단어 그대로 단순히 사실과 거짓을 구분하는 능력으로 보는 것을 넘어 다양한 관점에서 고찰하고자 한다.

1. 미디어 리터러시 개념의 진화와 팩트체크 능력

미디어 리터러시는 허위정보와 가짜뉴스로 인해 강조되기 이전부터 대중 매체의 강효과에 대응하기 위한 수용자의 능력으로 오랜 기간 중요하게 논의되어왔던 개념이다. 인터넷의 등장 이후 최근 주목을 받게 되면서 굉장히 역동적으로 개념이 논의되고 활용되고 있다. 정보 분별 능력을 다루는 미디어 리터러시는 몇 가지 지형으로 나눌 수 있다.

첫 번째는 "다양한 형태의 메시지에 접근하고, 이를 분석 및 평가하며, 생산할 수 있는 능력"을 말하는 전통적인 미디어 리터러시(Aufderheide, 1993; Office of Communications, 2006)에서 출발해 미디어에 접근할 수 있는지, 메시지를 이해하고 비판적으로 분석할 수 있는지 그리고 미디어 콘텐츠를 생산할 수 있는지를 포괄적으로 설명하는 접근이다. 특히 미디어 리터러시 개념의 출발은 텔레비전 및 라디오 등 매스미디어로부터 정치적·상업적 목적을 지닌 메시지가 대중들에게 전달되는 것에 대항하기 위한 '비판적 해독 능력'에 있다(Livingstone et al., 2008). 그리고 메시지 속에 담긴 상징들을 어떻게 해석해야 하는지 대중 문화에 대한 비판적 관점을 담고 있다. 인터넷의 등장과 함께 미디어 리터러시는 다양한 하위 차원들을 세분화하는 개념화 시도가 거듭 축적되고 있음에도(김은미·양소은, 2017; Buckingham, 2005; Hobbs, 2010; Kim, 2018), 메시지를 평가하고 분별하는 능력은 미디어 리터러시 개념의 핵심적인 요소로 논의된다. 그렇기 때문에 허위정보 시대의 팩트체크 능력은 전통적인 미디어 리터러시와 연결된다. 르네 홉스는 사람들을 설득하고자 만들어진 허위정보들이 확산되고 또 개인화된 알고리즘을 통해 확증 편향이 강화되는 현재, 다시 프로파간다와 설득을 비판적으로 해석하는 미디어 리터러시를 주목해야 함을 강조한다(Hobbs, 2020).

두 번째는 뉴스 리터러시(또는 뉴스 미디어 리터러시)다. 뉴스 리터러시는 허위정보가 학문적으로 관심을 받게 된 계기가 가짜 '뉴스'이므로 뉴스에 대한 미디어 리터러시가 필요하다는 것을 강조하는 접근이다(Vraga et al., 2021). 특히 뉴스를 이해하고 분별하는 지식과 능력을 주목하기 때문에 미디어 리터러시의 다차원적인 개념에 대한 논쟁에서 벗어나 직접적으로 가짜뉴스 문제와 연결된다. 뉴스 리터러시는 "뉴스가 생산되고 전파되고 소비되는 과정에 대한 지식(knowledge)과 그 과정에 개입하고 통제할 수 있는 개인의 능력(skill)"(Tully et al., 2021: 5)을 의미한다. 이숙정과 양정애(2017)의 연구에서는 뉴스 리터러시를 폭넓게 살피며 그 하위 차원을 (1) 뉴스 미디어 및 공적 뉴스를 규칙적으로 이용하는지를 살피는 '뉴스 접근', (2) 뉴스를 선별적으로 이용하고 비판적으로 수용하는 능력으로서 '뉴스 분별', (3) 뉴스를 개인의 관심사 확대와 공동체 문제 해결에 적극적으로 활용하는지에 대한 '뉴스 활용', (4) 뉴스 생비자(prosumer)로서 다른 사람에게 미치는 영향을 고려하여 공유하고 생산하는지에 대한 '뉴스 책임'으로 구성했다. 뉴스 리터러시는 사회적으로 퍼져 있는 음모론을 덜 믿게 하며, 허위정보 분별 및 다양한 뉴스 출처로부터 정보를 습득하는 데 기여하는 것으로 확인된다.

허위정보에 대한 비판적 정보 분별 능력을 시민교육의 일환으로 접근하는 교육적 관점들이 존재한다. 먼저, 온라인에서의 추론 능력(Civic Online Reasoning, COR)은 스탠퍼드의 역사교육 연구진이 개념화한 것으로, 사회적·정치적 이슈에 대해 합리적인 결론에 도달할 수 있도록 온라인상에서 정보를 효과적으로 찾아내고, 평가하고, 검증할 수 있는 능력(McGrew et al., 2017)을 의미한다. 이 개념은 미디어 리터러시의 광범위한 논의와 초점을 벗어나 사회적·정치적 정보에 대한 분별과 논리적 사고에 주목한다. 단순히 거짓-사실의 이분적인 사고를 넘어서야 하며 (1) 출처의 문제를 파악하고, (2) 근거를 살피며, (3) 다른 출처들의 정보를 파악해나가면서 추론과 판단을 하는 과정을 강조한다. 이 세 가지 지침이 전문 팩트체크 언론인들의 습관을 살펴 미디어 이용자 차원에서 제시되었다는 점 역시 주목할 만하다. 이들은 정보를 평가하고 논리적으로 사고하는 능력을 측정할 수 있는 평가지와 교육자료, 교육지침, 연구 결과들을 방대하게 제시하고 있다(sheg.stanford.edu). 즉 팩트체크 교육에서 구체적으로 무엇을 어떻게 가르칠 것인지가 명확하게 마련되어 있다. 따라서 양적으로 연구를 시도할 수 있는 틀을 제시할 뿐 아니라, 이론과 실천을 잇고 있다는 점에서 큰 의의가 있다.

한편 다시 포괄적인 논의로 나아가는데, 미디어 리터러시에서 시민성을 강조하는 접근이 있다. 시민성 기반 미디어 리터러시(civic media literacy)는 앞서 확산을 거듭하는 스펙터클의 사회에서 필요한 미디어 리터러시를 고민해 발전시킨 개념이다(Mihailidis & Viotty, 2017). 이는 정보 자체에 대한 평가보다 정보가 끊임없이 순환되는 맥락과 과정을 중시하며 일상에서의 '시민'으로서의 역할(civic intentionality)을 강조한다(Middaugh, 2018; Mihailidis, 2018). 메시지 자체에 대한 객관적인 평가가 갖는 한계를 지적하며, 메시지를 둘러싼 다양한 사회적 맥락 그리고 그 메시지를 순환시키는 주체들에 대해 이해해야 한다는 것이다. 개인의 정치적 정향 및 사회적 신념들에 의해 감정적으로 또는 관계 속에서 전파되는 정보의 순환을 비판적으로 인지해야 하며, 정보를 수용하거나 평가하는 과정에서도 자신의 편견에 대한 성찰이 필요하다고 설명한다. 특히 미디어 이용자들이 단순히 정보의 수용자가 아닌 공유자임에 주목하면서, 다양한 관점의 존중 등 규범적 성격을 가진 미디어 리터러시로 재개념화하는 시도를 한다.

2. 미디어 리터러시와 팩트체크 능력의 효과

위와 같이 다양한 관점으로부터 제기된 미디어 리터러시는 실제로 효과적인가? 왜 팩트체크 교육이 필요한가? 선행 연구들을 살펴보면 허위정보 분별과 관련해 미디어 리터러시의 필요성을 확인하기 위한 다양한 시도가 있었고 그 경험적 근거를 마련해왔다. 이로부터 팩트체크 능력의 효과에 대한 유추가 가능하다.

디지털 미디어 환경에서의 인터넷 이용 능력이나 미디어 리터러시에 대한 초기의 연구들은 미디어 리터러시가 온라인상의 다양한 기회와 위험을 중재한다는 것을 설명해왔다(Kim, 2018 참고). 보호주의적 관점에서 미디어 리터러시가 온라인상의 여러 위험에의 노출과 피해를 줄여준다는 연구들과 더불어, 인터넷 이용 능력이 높은 경우 온라인상의 혜택을 더 얻을 수 있을 뿐 아니라 위험에 더 노출된다는 결과도 나타난다(Livingstone & Helsper, 2010). 이는 미디어 리터러시의 효과는 구체적으로 어떠한 능력을 의미하느냐에 따라 달라질 수 있다는 것을 시사한다. 이후 연구들은 기술적 차원의 미디어 리터러시와 비판적인 정보 분별의 미디어 리터러시를 구분하며 비판적인 정보 분별 능력이 유의미하게 시민성의 요소들과 관련이 있음을 밝힌다(Kim & Yang, 2016; Tugtekin & Koc, 2020). 온라인상의 정보들을 비판적으로 평가하고 관련된 담론과 소통에 참여함에 따라 민주적 가치가 증진될 수 있다는 것이다. 이러한 정보 분별 능력은 민주주의에 위협이 되는 허위정보에 대처하는 데에도 중요한 기여를 하는 것으로 논의되고 있다.

뉴스 리터러시 관련 연구에서는 허위정보 분별에 뉴스 리터러시가 핵심 능력이 될 수 있음을 보여주며 그 민주적 가치를 강조한다. 먼저, 크래프트 등(Craft et al., 2017)은 뉴스 리터러시가 허위정보와 편견에 기반한 음모론에 대한 지지(conspiracy theory endorsement)를 낮추며, 그 효과는 당파적으로도 일치하는 음모일 경우에도 작용한다는 것을 확인한다. 이러한 연구 결과는 뉴스 리터러시가 높을수록 정보에 대해 비판적으로 접근하고 회의적 태도를 가진다는 다른 연구들의 연장선상에 있다(Maksl et al., 2015). 또한 허위정보를 분별하는 개인적 특성을 살피는 연구(Amazeen & Bucy, 2019)에서는 뉴스 리터러시가 허위정보에 대해 저항하는 개인 간 격차(resistance gap)의 요인이자 시민적 자원임을 밝힌다. 뉴스의 작동 방식과 뉴스 생산 과정에 대한 이해인 절차적 뉴스 지식을 바탕으로 의심스러운 정보를 평가할 수 있게 된다는 것이다. 위 연구 결과에서는 뉴스 지식이 높은 사람들일수록 네이티브 광고를 상업적 목적을 지닌 것으로 구분해낼 뿐 아니라, 뉴스의 거짓 헤드라인과 사실 헤드라인을 더 잘 분별했다. 이로부터 연구자들은 뉴스 지식이 중요한 미디어 리터러시로서 허위정보에 대한 예방접종의 효과가 있음을 설명한다.

한편, 최근의 한 연구(Jones-Jang et al., 2021)는 다양한 미디어 리터러시 관련 개념 중 허위정보 분별에 가장 효과적인 능력은 무엇인지를 확인한다. 연구에서 제시한 네 가지 관련 능력은 다음과 같다: (1) 텔레비전과 신문 등의 대중 미디어와 레거시 미디어로부터 출발해 미디어에 대한 비판적 이해를 다루는 '미디어 리터러시', (2) 디지털 미디어 환경을 기반으로 구축되어 정보를 효과적으로 탐색하고, 비판적으로 평가하고, 분별하는 능력을 의미하는 '정보 리터러시', (3) 뉴스에 초점을 맞춰 뉴스 제작 과정과 효과에 대한 이해를 강조하는 '뉴스 리터러시', (4) 뉴미디어 및 디지털 미디어 환경에서 요구되는 기술적 지식에 대한 '디지털 미디어 리터러시'. 흥미롭게도 허위정보 분별에는 정보 리터러시만 유의미한 예측 요인이었다. 이에 대해 연구자들은 가짜뉴스 같은 허위정보를 식별하기 위해서는 빠르게 변화하는 미디어 환경에서 정보의 체계를 이해하고 그 정보를 잘 다룰 수 있는 역량이 필요함을 강조한다. 허위정보 분별의 핵심은 현재 디지털 미디어 환경에 대한 이해에 기반한 온라인 정보에 대한 이해라는 점을 주목해야 할 것이다.

3. 팩트체크 교육 방법론

한편, 위와 같은 연구들에서 밝혀진 미디어 리터러시의 중요성을 토대로 이를 증진하는 효과적인 방편을 고민하는 연구가 활발히 이루어지고 있다. 이를 바탕으로 팩트체크 교육의 방법들을 살펴보고자 한다.

1) 전통적 수업 기반 팩트체크 교육

2012년도의 메타분석 결과를 살펴보면(Jeong et al., 2012) 미디어 리터러시를 위한 개입(intervention)은 미디어에 대한 미디어 수용자들의 지식과 비판적 태도, 그리고 미디어 효과에 대한 인지를 증진시키고, 미디어에서 묘사하는 현실을 실제 현실로 받아들이는 정도를 낮추는 것으로 나타났다. 그리고 그 효과는 어떠한 위험 요소인지, 연령이 어떠한지, 몇 차례의 미디어 리터러시 교육을 받았는지와 상관없이 상당한 것으로 나타났다. 보다 직접적으로 정보 분별 교육의 효과를 본 칸과 보이어(Kahne & Bowyer, 2017)의 연구에서는 미디어 리터러시 교육을 받은 젊은 세대(15~27세)들은 정치적 내용이 담긴 게시글을 자신의 신념과 일치하는 허위정보인 경우에도 덜 믿으며, 증거에 기반한 주장을 더 신뢰하는 것으로 나타났다. 국내에서도 여러 미디어 리터러시 교육이 시도되었고 그 효과 역시 유의미하다. 이숙정과 양정애(2017)의 연구 결과에서는 학교에서 실시된 뉴스활용교육(News In Education, NIE)의 효과를 가늠할 수 있다. NIE 교육의 경험자는 뉴스 리터러시의 여러 하위 차원에서 비경험자에 비해 유의하게 높은 수준을 지니고 있음이 확인되었다. 예를 들어, NIE 경험자가 비경험자에 비해 정기적으로 뉴스를 이용하고, 뉴스 분별 능력이 높았으며, 자신의 관심사 확장을 위해 뉴스를 활용했으며, 책임 있는 뉴스를 공유하는 것으로 나타났다.

스탠퍼드 대학교의 시민적 온라인 추론 능력(COR) 연구자들은 현재 빠르게 변화하는 미디어 환경에서 교육을 할 수 있는 전문적 자원이 상당히 부족하며, 현재 이루어지는 교육 역시 교육적 효과를 보장하지 않기 때문에 연구 기반 접근이 필요하다는 점을 제시한다. 이들은 개발된 COR 프로그램으로 허위정보에 대처할 수 있는 시민적 능력을 기를 수 있음을 여러 차례 확인한다. 이를 바탕으로 교육의 필요성을 강조하는 동시에 구체적인 교육 방안과 자료들을 고안하며 교사들에게도 실질적인 도움을 제공한다. 이 연구진은 단순히 체크리스트를 가르치는 것 이상의 숙련된 기술의 학습이 필요하다는 것과 교육 효과를 정확히 살피기 위해서는 특정 게시물에 대한 사실-거짓 판단 같은 평가가 아닌 실제 온라인 환경에서 정보를 탐색하고 평가하고 분별해내는 과정에 대한 평가가 이루어져야 한다는 점을 제기한다.

COR 연구진들은 고차원적 능력의 학습을 위한 교육학의 기존 연구들에서 제시한 방법론적 모델을 토대로 팩트체크 관련 교육이 이루어져야 한다고 설명한다. 이에 따라 전문가를 모델링해 해당 기술을 학습하고, 이를 실제로 행해볼 수 있는 활동에 참여함에 따라 고차원적 능력을 익히는 수업을 구성했다. 즉 팩트체크 언론인들의 실질적인 기술을 모델로 삼아 배우고, 그 기술을 직접 연습해보는 것으로 허위정보를 분별할 수 있는 능력이 증진되는 것으로 나타났다(McGrew, 2020). 이들이 거듭 강조한 대로 시민 교육의 일환으로 온라인상의 허위정보를 분별하고 대처할 수 있는 능력을 기르는 것은 체계적인 프로그램을 통해 이루어지는 것이 가장 효과적임에 이견이 없을 것이다. 그 중요성에도 불구하고 이러한 체계적인 학급 기반의 수업이 학교 현장에서 이루어지기 쉽지 않은 실정이다. 일부 학교에서 이루어질지언정 그 수혜 대상은 매우 한정적일 것이며, 대상 역시 청소년으로 한정될 것이다. 이러한 교육의 시급함과 한계 속에서 다양한 온라인상의 교육 방안들이 고려되고 있으며 그 효과에 대한 연구가 활발히 이루어지고 있다.

2) 온라인 메시지 노출을 통한 팩트체크 교육

팩트체크 교육의 방편으로 짧고 간단한 메시지가 허위정보에 대처하는 데 기여할 수 있는지는 주로 접종 이론에 기반해 논의된다. 허위정보에 대한 사후 교정(debunking)이 언론사의 팩트체크 등으로 이루어지고 있지만, 사전 교정을 통해 허위정보의 효과를 낮추고 미디어 이용자들의 분별 능력을 길러야 한다는 점에서다(Vraga et al., 2022). 하지만 짧은 메시지로 미디어 이용자들의 정보 분별 능력을 높일 수 있을 것인지는 아직 그 효과를 일반화하기 어렵다. 대표적으로 뉴스 리터러시 메시지 연구에서는 어떠한 메시지를 담은 교육적 게시물인지에 따라 효과가 다르게 나타났다(Tully et al., 2020). '허위정보를 분별하는 것이 시민으로서 중요하다'는 것을 강조하는 메시지의 경우에는 허위정보 평가에 유의미한 영향을 미치지 못했으나, 직접적으로 '허위정보를 분별하는 방안'을 담은 메시지는 허위정보에 대한 신뢰도를 낮추는 것으로 확인되었다. 연구자들은 이를 토대로 온라인상에서 미디어 이용자의 허위정보 분별 능력을 높이고 뉴스 리터러시를 높이기 위해 교육 메시지가 체계적으로 고안되어야 한다고 설명한다. 즉 사실정보를 수용하며, 허위정보를 덜 믿을 수 있는 능력을 함양하기 위한 단기적이고 짧은 교육물이 무엇일지에 대한 고민이 필요하다.

팩트체크 교육으로서 미디어 리터러시 메시지의 효과를 팩트체크를 통한 교정 효과와 함께 살핀 연구들이 있다. 먼저, 미국과 네덜란드를 대상으로 반이민(anti-immigration)의 입장에서 제기된 허위정보에 대한 연구다(Hameleers, 2022). 연구 결과, 사전 개입으로서의 뉴스 리터러시 메시지도 사후 교정으로서의 팩트체크도 허위정보의 정확성에 대한 인식을 낮추는 것으로 나타났다. 특히 팩트체크를 접하기 이전에 뉴스 리터러시 메시지에 노출된 경우에는 허위정보를 덜 믿을 뿐 아니라, 허위정보가 주장한 의견에 대한 동의를 낮추는 데 가장 효과적인 것으로 나타났다. 즉 사후 교정과 더불어 사전 교육으로 뉴스 리터러시를 증진하는 것이 상당히 중요하다는 결과다. 한편, 또 다른 연구(Clayton et al., 2020)에서는 상반된 결과를 제시하며 생각해볼 문제를 제기한다. 이들은 사전에 '허위정보가 제시될 수 있으니 잘 평가해야 한다'는 일반적인 경고를 준 경우와 사후에 해당 정보가 허위정보라는 '논란이 있음(disputed)' 및 '거짓으로 평가됨(rated false)' 태그를 붙인 구체적인 경고를 준 경우 어떠한 효과가 있는지 실험 연구를 진행했다. 연구 결과, 사전의 일반적인 경고와 사후의 구체적인 경고 모두 허위정보의 정확성에 대한 평가를 낮추었으나, 사전의 일반적인 경고는 사실정보에 대해서도 정확성 평가를 낮추어 '허위정보에 대한 경고가 사실정보에도 의도치 않게 영향을 미친다'는 전이(spillover) 효과가 있는 것으로 나타났다. 허위정보에 대한 단순한 경고를 담은 사전 메시지가 모든 정보를 믿지 않는 냉소감을 유발할 수 있음을 보여준다.

따라서 팩트체크 교육을 목적으로 간단한 메시지를 개발할 경우 체계적인 설계가 필요하다. 이론에 기반해 다양한 시도를 통해 팩트체크 능력을 높일 수 있는 가장 효과적이고 효율적인 방법이 무엇인지 살펴야 할 것이다(Tully et al., 2020).

3) 디지털 게임 기반 팩트체크 교육

한편, 팩트체크 교육에 어떠한 내용을 담을 것인지뿐 아니라 교육 방법에 대한 고민과 시도들이 나타나고 있다. 대표적으로 미디어 리터러시를 위한 교육적 게임들이다. 해외에서는 'Factitious(AU game lab)', 'Newsfeed Defenders(FactCheck.org)', 'Media Literacy Mission(irex.mocotms.com)' 등의 게임들이 개발되었다. 그리고 Bad News Game의 효과 연구(Roozenbeek & van der Linden, 2019)도 온라인 게임을 통해 허위정보를 분별할 수 있는 능력을 높일 수 있다는 것을 밝힌 대표적인 연구다.

한편, 국내에서도 허위정보 분별에 대한 학습 내용으로 이루어진 교육적 게임의 프로토타입을 개발하고 그 효과를 살핀 바 있다(Yang et al., 2021). 디지털 게임 기반의 교육(Digital Game-Based Learning, DGBL)으로 제작된 게임 프로토타입 'Trustme!'는 게임 이용자들이 팩트체킹 파워인플루언서라는 시나리오를 토대로 한 정보 분별 퀴즈 게임이다. 내용의 차원에서는 매 퀴즈마다 해당 정보의 사실성을 평가하는 전략에 대한 해설(feedback)이 제시되어 미디어 리터러시를 높일 수 있도록 설계되었다. 또한 교육 방법의 차원에서는 게임 요소와 상호작용적 인터페이스를 활용해 게임 이용자들의 몰입도를 높일 수 있도록 디자인되었다. 연구 결과, 이 게임에 참여한 경우에는 참여하지 않은 경우보다 허위정보 분별의 점수가 높은 것으로 나타났다. 이 연구에서 퀴즈 참여 집단(동일한 해설을 담았으나 게임 요소가 없음)과 게임 참여 집단의 효과를 비교한 결과에 주목할 필요가 있다. 퀴즈 집단에서는 시민적 능력이 높은 참여자들에게만 퀴즈의 효과가 확인된 반면, 게임화된 퀴즈에 참여한 경우 시민적 능력과 관계없이 유의한 교육적 효과가 나타났다. 이는 온라인상의 교육물을 그대로 제공하는 것보다 게임을 통해 제공하는 것이 팩트체크 교육의 효과를 높인다는 것을 보여준다.

한편, 위의 'Trustme!' 관련 연구에서는 온라인상의 정보를 접할 때 그대로 수용하는 것이 아닌 의심을 하도록 하는 회의적 태도에 게임이 효과적인지를 함께 살폈다. 하지만 게임과 게임 요소가 없는 퀴즈 모두 회의적 태도에는 영향을 미치지 않는 것으로 나타났다. 이는 미디어 리터러시 개입의 효과가 태도 변화를 포함한 행동 관련 효과(behavior-relevant outcomes)보다 미디어 관련 지식 등의 미디어 관련 효과(media-relevant outcomes)에 더 효과적이라는 메타분석의 결과와 일치한다(Jeong, Cho & Hwang, 2012). 'Trustme!' 연구자들은 게임이 팩트체크 능력을 학습시키는 데 효과적일 수 있지만, 간단한 온라인상의 게임으로 쉽게 태도 변화가 이루어지기 어려울 것이라 설명한다. 게임의 교육적 효과에 한계가 있음에도 전문적인 교육을 위한 자원이 부족하고 허위정보의 사회적 문제가 심각한 현재, 교육적 게임의 활용은 중요한 대안이 될 수 있다. 동시에 장기적이고 체계적인 수업이 마련되어야 할 것이다.

4. 팩트체크 교육의 내용

지금까지 허위정보와 관련된 미디어 리터러시에 대한 논의 그리고 팩트체크 교육의 효과성을 살펴봤다. 다양한 연구의 관점과 시도로부터 팩트체크 능력을 다음의 단계로 정리해볼 수 있다. 이는 팩트체크 교육의 구체적 목표로도 볼 수 있다.

1) 회의적 태도의 필요성: 의심하기

먼저 일상에서 매순간 마주하는 허위정보에 대응하기 위해 가장 기본적인 태도로 회의적 태도(skeptical attitude)가 필요하다. 이전 연구들에서는 회의적인 태도를 지니거나 회의적 성향이 높을수록 허위정보나 루머에 영향을 적게 받는다는 것이 확인된 바 있다(DiFonzo et al., 2016; Lewandowsky et al., 2005). 특히 허위정보의 지속 효과(continued influence effect. Seifert, 2002)로 알려져 있듯이, 일단 허위정보에 노출되면 해당 내용을 사후에 완전히 정정하기가 상당히 어렵다. 따라서 일상적으로 회의적 태도를 가지고 온라인 정보를 접하고 이용해야 한다는 점이 강조되고 있다(Hodgin & Kahne, 2018; Lewandowsky et al., 2012). 중요한 점은 이 회의적 태도가 모든 정보를 부정하는 비관적인 냉소주의(cynicism)가 아니어야 한다는 점이다. 따라서 '건강한 회의주의'가 필요하며 이는 액면 그대로 정보를 받아들이는 것이 아니라 "정보를 더 찾아보면서 판단을 잠시 보류하는 행동"(Hurtt, 1999: 5)을 의미한다. 온라인상의 정보를 보면서 그대로 수용하는 것이 아니라 그 정보의 숨겨진 의도나 목적 등을 비판적으로 평가하고 다양한 정보를 찾는 토대로서 의심을 가지는 것이다.

2) 팩트체크 체크리스트 숙지: 따져보기

의심한 뒤에는 그 정보의 내용을 따져봐야 할 것이다. 해당 정보에서 주장하고 있는 내용이 사실인지 빠르게 살펴보는 것이다. 온라인 게시물의 사실성을 평가하기 위한 지침들은 주요 언론 기관 및 미디어 교육 기관 등을 통해 배포되고 있다. 대표적으로 SNU팩트체크센터에서 배포한 '온라인 허위정보 대응 방법'은 유럽위원회(European Commision)에 기반한 것으로, 〈그림 9-1〉과 같다.

이러한 지침은 해당 정보의 출처를 평가하고, 주장의 근거를 따져보는 것이 핵심이다. 앞서 선행 연구들에서 살펴봤듯이, 위와 같은 체크리스트의 제공은 '시민으로서의 책임'을 강조하는 뉴스 리터러시 메

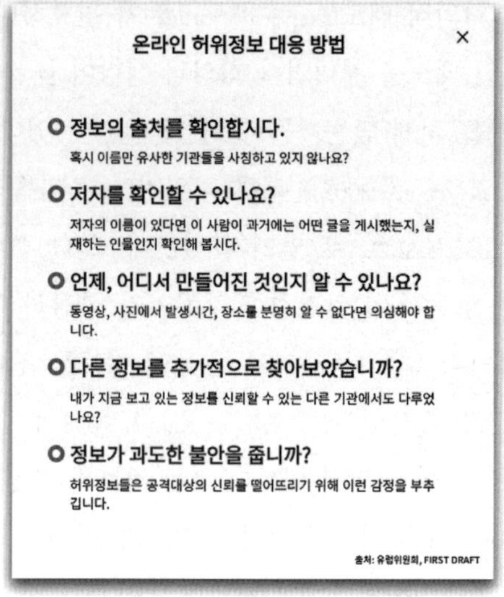
온라인 허위정보 대응 방법 ×

정보의 출처를 확인합시다.
혹시 이름만 유사한 기관들을 사칭하고 있지 않나요?

저자를 확인할 수 있나요?
저자의 이름이 있다면 이 사람이 과거에는 어떤 글을 게시했는지, 실재하는 인물인지 확인해 봅시다.

언제, 어디서 만들어진 것인지 알 수 있나요?
동영상, 사진에서 발생시간, 장소를 분명히 알 수 없다면 의심해야 합니다.

다른 정보를 추가적으로 찾아보았습니까?
내가 지금 보고 있는 정보를 신뢰할 수 있는 다른 기관에서도 다루었나요?

정보가 과도한 불안을 줍니까?
허위정보들은 공격대상의 신뢰를 떨어뜨리기 위해 이런 감정을 부추깁니다.

출처: 유럽위원회, FIRST DRAFT

| 그림 9-1 | SNU팩트체크센터에서 제공하는 온라인 허위정보 대응 방법

• 출처: http://factcheck.snu.ac.kr/documents/193.

시지와 비교할 때, 허위정보를 분별하는 데 효과적인 것으로 나타났다(Tully et al., 2020). 또한 온라인 게임을 통해 이 분별 지침을 학습하는 경험 역시 온라인 정보를 분별하고 비판적인 평가를 하는 데 유의미한 영향을 미치는 것으로 나타났다(Yang et al., 2021). 즉 이 체크리스트는 내용 요소도 어느 정도 합의가 이루어져 있으며 그 효과도 나타난다는 점에서 팩트체크 능력이자 그 기반이 되는 지식이라 볼 수 있다.

3) 수평적 읽기 및 클릭 통제: 검색하기

하지만 체크리스트만으로는 부족하다. 위와 같은 팩트체크 지침은 하나의 게시물의 표면적 요소에 대해 체크하는 방식이기 때문이다. 온라인상의 시민적 추론 능력을 제시한 COR 연구자들은 허위정보와 현재 미디어 환경이 단순하게 답을 내릴 수 없는 내용을 담고 있다고 보며, 따라서 체크리스트 방식을 적용한 거짓과 사실의 이분법적 구분을 비판한다(McGrew, 2020). 대안으로서 이들이 제시한 비판적 능력이 정보의 배후에 누가 있는지, 주장의 근거는 무엇인지, 다른 출처에서는 어떻게 말하는지를 추론하는 것이라면, 이들이 제안한 행동 차원의 지침은 수평적 읽기(lateral reading)와 클릭 통제(click restraint)이다(Wineburg & McGrew, 2019).

먼저 수평적 읽기는 주어진 정보를 평가하는 데 있어 그 정보를 벗어나 검색을 하는 행동을 말한다. 정보가 의심스러울 때는 해당 정보를 깊이 있게 읽고 따지는 것이 아니라, 바로 그 정보의 출처부터 검색하는 것이 필요하다. 이와 더불어 정보를 검색할 때, 자신의 클릭을 통제하는 것이 필요하다. 클릭 통제란, 정보를 검색할 때 가장 상단에 나타난 검색 결과를 클릭하고자 하는 욕구를 통제하고 다양한 정보를 살피는 것을 의미한다. 검색 결과의 상단이 가장 정확하고 신뢰할 만한 결과는 아니기 때문이다. 나의 검색 알고리즘에 따른 것이거나 다른 사람들이 많이 본 결과에 따라 추천된 것일 수 있으므로 상단에 올라온 검색 결과를 넘어 균형적으로 정보를 습득할 필요가 있다.

해당 정보의 사실성을 평가하는 데 정보의 표면에 보이는 것이 아닌, 정보의 배후와 정보와 관련된 다양한 관점을 모두 비판적으로 평가하기 위해 적극적인 정보 검색이 필요하다. 정보에 대해 깊고 폭넓게 추론하는 것이다. 이들 연구진은 온라인 정보를 평가하는 수업 이후에 학습자들의 정보에 대한 평가와 검색 능력에 진전이 있었지만, 성공적으로 수평적 읽기를 해내는 경우가 5%에 불과했다는 것도 밝힌다(McGrew & Byrne, 2020). 즉 정보 검색의 필요성을 알지라도 일상에서 정보 검색을 실천하는 것이 어려울 뿐 아니라 비판적인 정보 검색과 팩트체크에 성공하는 것은 더 어려운 과제임을 알 수 있다. 연구자들은 비판적으로 정보와 주장들을 평가하는 방법에 대한 교육이 지속적으로 필요함을 제기한다.

4) '사실 검증' 그 이상, 시민성 기반 미디어 리터러시: 성찰하기

팩트체크 교육의 목적은 결국 '현명하게 참여하는 시민'이 될 수 있도록 정보를 이용하게 하는 데 있다. 시민성 기반의 미디어 리터러시(civic media literacy)의 관점에서 위의 세 가지 지침들 즉, (1) 정보를 의심하고, (2) 정보를 따져보고, (3) 정보를 검색해보는 것은 해당 정보에 대한 분석에 머물기 때문에 완전하지 않다. 해당 정보가 확산되고 있는 정보 너머의 맥락에 대한 이해가 필요하며, 그 맥락에 자신을 위치시켜 참여하는 방향으로 나아가야 함이 강조된다. 정보에 대한 판단이 아닌, 정보를 둘러싼 사회문제에 대한 비판적 이해, 나에 대한 성찰 그리고 시민적 참여가 교육의 진정한 목적이라 볼 수 있다. 사실과 거짓의 구분에 대한 강조는 오히려 논쟁적 이슈에 대한 냉소와 무관심을 낳을 수 있다는 우려들이 제기된다.

이러한 관점에서 지식 또는 기술뿐 아니라 관용적이고 시민적인 태도를 포함하는 다양한 성찰이 중요한 교육 목표가 된다. 첫 번째는 정보에 대한 성찰로, 해당 정보에 대해 사회적 맥락을 고려해 비판적으로 생각해보는 것이다. COR의 핵심인 해당 정보 또는 게시물 등이 어떠한 관점에서 공유되고 왜 논쟁이 되고 있는지 그 사회적 사건과 이슈를 파악하는 것이다. 그리고 이를 둘러싼 다양한 관점이 있다는 것을 이해하고 해당 정보를 평가하는 것이다. 두 번째는 '나 자신'에 대한 성찰이다. 정보를 수용하고 사실성을 판단하는 주체로서 내가 어떠한 입장에 서 있는지, 편견이 작용하지는 않는지에 대한 것이며, 정보를 공유하고 확산하는 주체로서 책임을 다하는 것이다. 사실이 불분명한 정보에 대하여 편향적인 내용을 전파하고 있는 것은 아닌지 나를 돌아볼 필요가 있다. 결국, 성찰이라는 것은 정보에 대한 비판적 성찰이든 나의 편견에 대한 성찰이든 결국 다양한 관점과 다른 의견의 가능성을 인정하고 존중하는 데에 핵심이 있다.

5. 팩트체크 교육의 재설계 방안

정리하자면, 팩트체크 교육은 주어진 정보의 사실성을 판단하는 것 이상이 되어야 한다. 메시지의 주장을 넘어, 해당 메시지를 주고받는 사람들, 변화된 미디어 환경, 그리고 이슈를 둘러싼 사회적 상황들 전반에 대한 이해를 필요로 한다. 또한 정보의 사실성을 분별하기 위한 지식과 기술뿐만 아니라, 자신의 의견과 행동을 성찰하는 태도와 습관을 기르는 것이 필요하다. 지식 그리고 행동과 태도 등 다양한 능력이 미디어 리터러시를 통해 종합되어야 하는 어려운 과제다. 그렇기 때문에 디지털 미디어 환경에서 살아가는 사람들에 대한 새로운 시민 교육이라고도 볼 수 있다.

언론의 팩트체크의 목적은 검증 대상이 되는 발언을 타당하고 공정성 있게 팩트체크해 대중에 알리는 것이다. 하지만 미디어 이용자들이 팩트체크를 해야 하는 이유 그리고 교육의 목적은 특정 정보를 얼마나 효과적으로 검증해내는지보다 얼마나 일상적으로 정보를 현명하게 이용하게 하는지일 것이다. 우리는 일상의 매 순간에서 수많은 정보를 접하고 있다. 모든 정보마다 전문적인 언론인처럼 많은 시간을 할애해 정보를 검증해내는 것은 불가능한 목표가 될 것이다. 이뿐만 아니라 사실 판단의 '능력'이 결여되어서가 아니라 '동기나 관심'이 결여된 경우도 많다. 따라서 시민 대상의 팩트체크 교육은 다양한 내용과 목표를 포함한다. 하지만 현재 팩트체크 교육에 시민들이 노출되기 쉽지 않은 상황에서 어떠한 작은 시도의 교육이라도 중요한 기여가 될 것이므로 끊임없는 이론적·실천적 노력이 필요하다.

팩트체크 저널리즘은 허위정보를 정정하는 직접적인 목표뿐 아니라, 이용자들로 하여금 뉴스의 신뢰성을 비판적으로 평가하고, 사실 판정에 주의를 기울여 허위정보 수용을 방지할 수 있도록 하는 대중에 대한 교육적 목표를 포함한다(Graves et al., 2016). 이용자에 대한 팩트체크 교육은 결국 팩트체크 저널리즘을 시민 교육적 차원에서 재구성한 것이라 볼 수 있다. 팩트체크의 교육적 시도가 의도한 효과를 거두기 위해 고려해볼 점들은 아래와 같다.

1) 교육 목표의 설정

팩트체크 교육은 먼저 무엇을 교육 목표로 설정할지를 고민해야 한다. 좁게는 주어진 정보의 사실성을 판단할 수 있는 지침의 제공에서부터 효과적인 정보 검색 능력 등이 교육의 목표가 될 수 있을 것이다. 보다 넓게는 허위정보의 개념과 발생 과정, 그 영향에 대한 포괄적 이해가 필요할 것이다. 예를 들어, 뉴스 리터러시에 대한 교육은 뉴스를 비판적으로 소비하는 능력뿐 아니라 뉴스가 어떻게 생산되는지, 즉 그 구조와 역사에 대한 지식을 포괄한다. 이와 마찬가지로, 허위정보 분별을 위한 미디어 리터러시를 함양하기 위해서는 허위정보가 왜 만연하고 어떠한 과정을 통해 전파되는지, 왜 우리는 허위정보에 취약한지 등에 대한 이해가 있을 때, 허위정보를 더 효과적으로 분별하고, 이에 관여할 수 있는 동기 및 회의적 태도가 함양될 수 있을 것이다.

인터넷이 대중에게 보급되기 이전에 활발히 논의되던 미디어 리터러시는 상업적·정치적 의도를 담은 선전을 어떻게 비판적으로 해독하는지에 대한 교육이 핵심이었다. 하지만 2000년대 인터넷이라는 새로운 테크놀로지의 등장으로 미디어 리터러시의 논의는 어떻게 정보를 찾고 평가할 것인지, 더 많은 혜택을 얻을 수 있을 것인지와 관련되었다. 즉 정치적 문제가 개입되지 않는 미디어 이용 능력이 강조된 것이다. 정치적 의도를 담은 가짜뉴스가 팽배해진 현재와 같은 탈진실의 시대에는 다시 정치적 이슈와 당파적 문제를 염두에 두고 미디어 리터러시가 논의되어야 할 것이다. 대중 미디어 시대의 미디어 리터러시와 다른 점은 주류 미디어로부터 전해지는 메시지의 비판적 해독보다도 소셜 미디어로부터 전해지는 메시지의 비판적 해독이 필요하다는 점이다. 우리가 만들어나가는 스펙터클 사회에서는 우리에 대한 성찰이 필요하다. 따라서 정보 분별 능력뿐 아니라 시민 의식 또는 관용이 함께 강조되어야 한다. 다양한 차원과 내용의 교육 목표가 있음을 염두에 둔 교육 프로그램이 마련되어야 할 것이다.

2) 교육 주체와 교육 대상의 범위에 대한 고려

지식, 태도, 행동 전반의 교육 목표를 달성하기 위해서는 체계적으로 마련된 교육 프로그램이 필요하다. 하지만 팩트체크 교육을 수행할 수 있는 전문적인 강사나 교육 프로그램은 현재 부족한 실정이다. 한국언론진흥재단, 시청자미디어재단 등에서 다양한 교육 프로그램 및 강사 지원 사업이 이루어지며, 교사들을 위한 연수 프로그램도 마련되어 있다. 그럼에도 허위정보의 심각성에 비해 교육 프로그램을 접할 기회는 많지 않다. 따라서 광범위한 대상에게 빠르고 효과적으로 팩트체크 교육을 할 수 있는 방안이 마련되어야 할 것이다. 팩트체크 교육의 내용이 다양한 차원을 아우르듯이 어떠한 교육 내용과 방법이 가장 효과를 극대화할 수 있을지에 대한 고민이 필요하다. 앞서, 오프라인 교육 프로그램뿐 아니라 온라인상의 메시지 기반 처치 그리고 디지털 게임 등을 통해 미디어 리터러시를 증진할 수 있다는 가능성과 동시에 한계에 대해 정리했다. 교육 방법의 강점과 약점을 고민해 팩트체크 교육이 시도되어야 할 것이며 교육 효과에 대한 이론적 논의와 경험적 연구들이 필요하다.

이뿐만 아니라, 팩트체크 교육의 대상도 함께 고민할 필요가 있다. 팩트체크 교육 프로그램은 주로 청소년을 대상으로 논의되었다. 하지만 이는 학교 밖의 청소년 그리고 성인들에 대한 교육이 소외될 수 있다는 우려를 낳는다. 국내에서도 허위정보의 전파와 수용에 중장년층 역시 매우 취약한 것으로 알려져 있다. 하지만 미디어 리터러시의 교육 대상으로서 중장년층과 노인층이 선정되는 경우는 거의 없다. 디지털 네이티브이자 인지적·사회적 발달 시기에 있는 청소년들에게 정보에 대한 분별에 대한 능력을 증진시키는 것은 필수적이다. 하지만 이미 정치적 정향이 확립되고 자신의 신념과 일치하는 사람들과의 교류가 공고해진 성인층에게 오히려 팩트체크 교육은 더 도전적인 문제일 수 있다. 성인들은 면대면 수업을 접할 기회가 적다는 점에서 온라인 프로그램 또는 컴퓨터 게임 교육 등의 보급이 대안이 될 수 있다. 반대로 성인 대상의 팩트체크 교육이 기대한 효과를 낳고 변화를 가져오기 위해서는 더 체계적으로 고안된 수업이 필요할지 모른다. 교육 대상에 따른 팩트체크 교육 역시 더 탐색되어야 할 주제이다.

3) 교육의 지향점 고찰

마지막으로 팩트체크 교육은 역설적이게도 사실과 거짓의 구분을 최종 목표로 두어서는 안 된다. 시민 대상의 팩트체크 교육은 팩트체크 저널리즘과 미디어 리터러시가 만나는 지점에 있다. 팩트체크 저널리즘은 과학적 방법을 통한 사실 판정의 과정을 강조한다. 그렇기 때문에 팩트체크의 결과로서 사실인지, 거짓인지뿐 아니라 대체로 사실, 절반의 사실, 판정 보류 등의 지표에 모두 가치를 둔다. 팩트체크 교육 역시 '팩트체크' 단어의 직접적 의미가 아닌 '팩트체크 저널리즘'의 정신을 염두에 두어야 할 것이다. 앞서 논의했듯이, 비판적인 메시지 해독에 대한 미디어 리터러시 교육이 미디어 자체의 가치를 낮게 평가하고(Mihailidis, 2009), 온라인상의 적극적인 참여를 감소시킨다는(Kahne & Bowyer, 2019) 연구 결과는 우려를 낳는다. 미디어 리터러시 교육이나 개입은 미디어상의 정보를 대할 때 냉소감이 아닌 효능감을 증진시켜야 한다. 따라서 팩트체크를 해나가는 '과정' 중심의 교육이 되어야 할 것이다.

또한 정보 수용자뿐 아니라 정보 공유와 생산자에게 필요한 팩트체크 교육은 무엇인지 고민해야 할 것이다. 예를 들어, 브라가(Vraga, 2019)는 일상에서 현명한 정보 소비자이자 적극적인 참여자이기 위해서는 '좋은 정보'에 노출될 수 있도록 공신력 있는 계정뿐 아니라 다양한 관점과 다른 의견들을 가진 계정을 고루 접해야 함을 제안한다. 또한 소셜 미디어상에서도 허위정보에 대한 문제를 알리는 데 참여하고, 더 나아가 양질의 정치적 정보를 바탕으로 정치적 의견과 목소리를 내어보는 것이 필요하다고 설명한다. 일상에서의 현명한 정보 이용자이자 허위정보를 공유하지 않을 뿐 아니라 팩트체크를 실천하는 시민으로의 교육이 필요하다.

팩트체크 교육은 미디어 환경에 대한 이해, 정보 분별-팩트체킹 기술, 회의적 태도, 다양한 관점에 대한 존중 등 다면적인 교육을 담고 있다. 다양한 차원의 교육 목표를 달성하고 장기적인 교육 효과를 이끌어내기 위해서는 체계적 커리큘럼에 기반한 계획된 교육이 필요할 것이다. 2022 개정 교육과정에서 미디어 교육이 강조되고 있다. 어떻게 미디어 교육이 자리 잡을지 논의가 활발한 가운데, 학교에서도 허위정보에 대한 팩트체크와 미디어 리터러시에 대한 교육이 충실히 이루어질 수 있기를 바란다. 오랜 기간 제기된 필요성에도 불구하고 미디어 교육이 공교육으로 잘 자리 잡지 못했다는 점, 이에 비해 팩트체크 교육은 미디어 교육에서 상대적으로 역사가 짧을 뿐 아니라 정치적 담론이 담길 수 있다는 점에서 상당히 도전적일 것이다. 현시대를 살아가는 모든 사회 구성원에게 필요한 일상의 삶의 기술로서 무엇을 어떻게 가르쳐야 할 것인지 허위정보 시대의 핵심적 미디어 리터러시로서 팩트체크 능력에 대한 논의가 계속 발전되고 축적되어야 한다.

참고문헌

김은미·양소은 (2017). 관계망과 인터넷리터러시가 청소년의 온라인 참여행동에 미치는 영향. 〈한국언론학보〉 61(3), 121-154.

이숙정·양정애 (2017). 뉴스 리터러시가 의사소통 역량과 공동체 역량에 미치는 영향. 〈한국방송학보〉 31(6), 152-183.

Amazeen, M. A. & Bucy, E. P. (2019). Conferring resistance to digital disinformation: The inoculating influence of procedural news knowledge. *Journal of Broadcasting & Electronic Media* 63(3), 415-432.

Aufderheide, P. (1993). *Media Literacy. A Report of the National Leadership Conference on Media Literacy*. Washington, DC: Aspen Institute.

Boyd, D. (2017). Did media literacy backfire? *Journal of Applied Youth Studies* 1(4), 83-89.

Buckingham, D. (2005). *Media Literacy of Children and Young People Literature Review: A Review of the Research Literature on Behalf of Ofcom*. London: OFCOM.

Clayton, K., Blair, S., Busam, J. A., Forstner, S., Glance, J., Green, G. et al. (2020). Real solutions for fake news? Measuring the effectiveness of general warnings and fact-check tags in reducing belief in false stories on social media. *Political Behavior* 42(4), 1073-1095.

Cook, J., Lewandowsky, S., & Ecker, U. K. (2017). Neutralizing misinformation through inoculation: Exposing misleading argumentation techniques reduces their influence. *PloS One* 12(5), e0175799.

Craft, S., Ashley, S., & Maksl, A. (2017). News media literacy and conspiracy theory endorsement. *Communication and the Public* 2(4), 388-401.

DiFonzo, N., Beckstead, J. W., Stupak, N., & Walders, K. (2016). Validity judgments of rumors heard multiple times: The shape of the truth effect. *Social Influence* 11(1), 22-39.

Graves, L., Nyhan, B., & Reifler, J. (2016). Understanding innovations in journalistic practice: A field experiment examining motivations for fact-checking. *Journal of Communication* 66(1), 102-138.

Grizzle, A., Moore, P., Dezuanni, M., Asthana, S., Wilson, C., Banda, F. et al. (2014). *Media and Information Literacy: Policy and Strategy Guidelines*. UNESCO. http://unesdoc.unesco.org/images/0022/002256/225606e.pdf.

Hameleers, M. (2022). Separating truth from lies: Comparing the effects of news media literacy interventions and fact-checkers in response to political misinformation in the US and Netherlands. *Information, Communication & Society* 25(1), 110-126.

Hargittai, E. (2010). Digital na(t)ives? Variation in internet skills and uses among members of the "net generation". *Sociological Inquiry* 80(1), 92-113.

Hobbs, R. (2010). *Digital and Media Literacy: A Plan of Action*. Washington, DC: Aspen Institute.

Hobbs, R. (2020). Propaganda in an age of algorithmic personalization: Expanding literacy research and practice. *Reading Research Quarterly* 55(3), 521-533.

Hodgin, E. & Kahne, J. (2018). Misinformation in the information age: What teachers can do to support students. *Social Education* 82(4), 208-212.

Hurtt, R. K. (1999). Skeptical about skepticism: Instrument development and experimental validation (Unpublished Doctoral dissertation). Utah: The University of Utah.

Jeong, S. H., Cho, H., & Hwang, Y. (2012). Media literacy interventions: A meta-analytic review. *Journal of Communication* 62(3), 454-472.

Jones-Jang, S. M., Mortensen, T., & Liu, J. (2021). Does media literacy help identification of fake news? Information literacy helps, but other literacies don't. *American Behavioral Scientist* 65(2), 371-388.

Kahne, J. & Bowyer, B. (2017). Educating for democracy in a partisan age: Confronting the challenges of motivated reasoning and misinformation. *American Educational Research Journal* 54(1), 3-34.

Kahne, J. & Bowyer, B. (2019). Can media literacy education increase digital engagement in politics? *Learning, Media and Technology* 44(2), 211-224.

Kim, E. (2018). Media Literacy. In P. M. Napoli (Ed.), *Mediated Communication* (pp. 585-608). Berlin, Boston: De Gruyter.

Kim, E. & Yang, S. (2016). Internet literacy and digital natives' civic engagement: Internet skill literacy or Internet information literacy? *Journal of Youth Studies* 19(4), 438-456.

Lee, E. J. & Shin, S. Y. (2021). Mediated misinformation: Questions answered, more questions to ask. *American Behavioral Scientist* 65(2), 259-276.

Lewandowsky, S., Ecker, U. K., Seifert, C. M., Schwarz, N., & Cook, J. (2012). Misinformation and its correction: Continued influence and successful debiasing. *Psychological Science in the Public Interest* 13(3), 106-131.

Lewandowsky, S., Stritzke, W. G., Oberauer, K., & Morales, M. (2005). Memory for fact, fiction, and misinformation: The Iraq War 2003. *Psychological Science*

16(3), 190-195.

Livingstone, S. & Helsper, E. (2010). Balancing opportunities and risks in teenagers' use of the internet: The role of online skills and internet self-efficacy. *New Media & Society* 12(2), 309-329.

Livingstone, S., Van Couvering, E., & Thumin, N. (2008). Converging traditions of research on media and information literacies. In J. Coiro, M. Knobel, C. Lankshear, & D. Leu (Eds.), *Handbook of Research on New Literacies* (pp. 103-132). New York: Lawrence Erlbaum Associates.

Maksl, A., Ashley, S., & Craft, S. (2015). Measuring news media literacy. *Journal of Media Literacy Education* 6(3), 29-45.

McGrew, S. (2020). Learning to evaluate: An intervention in civic online reasoning. *Computers & Education* 145, 103711.

McGrew, S., Breakstone, J., Ortega, T., Smith, M., & Wineburg, S. (2018). Can students evaluate online sources? Learning from assessments of civic online reasoning. *Theory & Research in Social Education* 46(2), 165-193.

McGrew, S. & Byrne, V. L. (2020). Who is behind this? Preparing high school students to evaluate online content. *Journal of Research on Technology in Education* 53(4), 457-575.

McGrew, S., Ortega, T., Breakstone, J., & Wineburg, S. (2017). The challenge that's bigger than fake news: Civic reasoning in a social media environment. *American Educator* 41(3), 4-9.

McGuire, W. J. (1964). Inducing resistance to persuasion: Some contemporary approaches. In L. Berkowitz (Ed.), *Advances in Experimental Social Psychology* (pp. 191-229). New York: Academic Press.

Middaugh, E. (2018). Civic media literacy in a transmedia world: Balancing personal experience, factual accuracy and emotional appeal as media consumers and circulators. *Journal of Media Literacy Education* 10(2), 33-52.

Mihailidis, P. (2009). Beyond cynicism: Media education and civic learning outcomes in the university. *International Journal of Media and Learning* 1(3), 1-13.

Mihailidis, P. (2018). Civic media literacies: Re-imagining engagement for civic intentionality. *Learning, Media and Technology* 43(2), 152-164.

Mihailidis, P. & Viotty, S. (2017). Spreadable spectacle in digital culture: Civic expression, fake news, and the role of media literacies in "post-fact" society. *American Behavioral Scientist* 61(4), 441-454.

Office of Communications (2006). Media literacy audit: Report on adult media literacy. *Ofcom*. http://www.ofcom.org.uk/advice/media literacy/medlitpub/

medlitpubrss/medialit audit/medialit audit.pdf.

Roozenbeek, J. & van der Linden, S. (2019). Fake news game confers psychological resistance against online misinformation. *Palgrave Communications* 5(1), 1-10.

Seifert, C. M. (2002). The continued influence of misinformation in memory: What makes a correction effective? *Psychology of Learning and Motivation* 41, 265-294.

Tugtekin, E. B. & Koc, M. (2020). Understanding the relationship between new media literacy, communication skills, and democratic tendency: Model development and testing. *New Media & Society* 22(10), 1922-1941.

Tully, M., Maksl, A., Ashley, S., Vraga, E. K., & Craft, S. (2021). Defining and conceptualizing news literacy. *Journalism* 23(8), 1589-1606.

Tully, M., Vraga, E. K., & Bode, L. (2020). Designing and testing news literacy messages for social media. *Mass Communication and Society* 23(1), 22-46.

Van Deursen, A. & Van Dijk, J. (2011). Internet skills and the digital divide. *New Media & Society* 13(6), 893-911.

Vraga, E. K. (2019). What can I do? How to use social media to improve democratic society. *Political Communication* 36(2), 315-323.

Vraga, E., Tully, M., & Bode, L. (2022). Assessing the relative merits of news literacy and corrections in responding to misinformation on Twitter. *New Media & Society* 24(10), 2354-2371.

Vraga, E. K., Tully, M., Maksl, A., Craft, S., & Ashley, S. (2021). Theorizing news literacy behaviors. *Communication Theory* 31(1), 1-21.

Wineburg, S. & McGrew, S. (2019). Lateral reading and the nature of expertise: Reading less and learning more when evaluating digital information. *Teachers College Record* 121(11), 1-40.

Wilson, C., Grizzle, A., Tuazon, R., Akyempong, K., & Cheung, C. K. (2013). Media and information literacy curriculum for teachers. UNESCO. http://www.unesco.org/new/fileadmin/MULTIMEDIA/HQ/CI/CI/pdf/media_and_information_literacy_curriculum_for_teachers_en.pdf.

Yang, S., Lee, J. W., Kim, H. J., Kang, M., Chong, E., & Kim, E. M. (2021). Can an online educational game contribute to developing information literate citizens? *Computers & Education* 161, 104057.

4부

허위정보와 팩트체크 저널리즘에 대한 연구 현황과 과제

10 허위조작정보와 팩트체크 저널리즘 관련 국내 연구 동향

정영주
(서울대학교 언론정보연구소 선임연구원)

1. 들어가며

2017년 한국 대선을 거치며 '가짜뉴스'는 국내에서도 실재하는 사회 현상이 되었고 이에 대응하는 팩트체크 저널리즘 역시 커뮤니케이션 학문 분야의 주요 연구주제가 되었다. 이 장에서는 2017년 이후 5년여간 국내에서 이루어진 허위조작정보와 팩트체크 저널리즘 관련 연구 현황을 살펴보고 그 학문적·정책적 함의를 찾고자 한다. 허위조작정보의 생산과 유통, 수용자 인식과 태도 등에 대해 축적된 연구 성과는 허위조작정보를 과학적으로 이해하고, 그에 기반한 대처 방안을 모색하는 데 도움을 줄 수 있다. 또한 새롭게 조명받고 있는 팩트체크 저널리즘의 생산 현장에 대한 연구와 효과적인 팩트체크 보도 양식, 팩트체크 보도에 대한 수용자 인식 등을 탐색한 연구들은 허위조작정보의 대응 방안으로서 팩트체크 저널리즘의 의미와 방향성을 모색하는 데 기여할 수 있다. 이 장은 허위조작정보와 팩트체크 저널리즘에 대한 기존 논의들을 정리하고, 향후 연구주제를 비롯한 학문적 논의를 심화하는 데 목표를 둔다.

2. 허위조작정보와 팩트체크 저널리즘 관련 국내 학술 연구

1) 분석 대상 논문의 수집

허위조작정보와 팩트체크 저널리즘 관련 국내 학술 연구 경향을 살피기 위해 다음과 같은 방법으로 관련 연구들을 수집했다.

2016년 미국 대선과 함께 '가짜뉴스'에 대한 관심이 높아지면서 국내에서는 제19대 대통령 선거를 앞둔 2017년 초부터 가짜뉴스에 대한 논란이 커졌고, 학계에서는 2017년 2월부터 가짜뉴스 관련 세미나가 개최되는 등 논의가 본격화되었다(박아란, 2019). 2012년 오마이뉴스가 '오마이팩트'라는 팩트체크 코너를 국내에 선보였고, JTBC는 2014년부터 고정 코너로 '팩트체크'를 개설·운영했지만(문용필, 2017), 한국 언론에서 팩트체크 저널리즘이 본격적으로 나타난 것은 2017년 제19대 대선 시기라 할 수 있다(고예나 등, 2021; 김수정·정연구, 2021; 김형지 등, 2020; 최순욱·윤석민, 2017). 2017년 초, 포털사이트인 네이버의 대선 특집 페이지 팩트체크 코너에는 20여 개 언론사가 대선 후보자 발언 공약 검증 등을 게시했고(이나연, 2018), 서울대학교 언론정보연구소는 2017년 3월부터 언론사들과 협업해 팩트체크 기사를 취합·게시하는 'SNU팩트체크' 사이트를 개설했다. 이러한 논의를 배경으로 2017년 이후로 검색기간을 설정하고, 국내 학술정보 사이트 디비피아에서 분석대상 논문을 추출했다.

먼저, 허위조작정보 연구 논문을 수집하기 위해 키워드 검색에서 '가짜뉴스'로 2017~2022년에 발표된 학술저널 중 KCI 등재 및 우수 등재지를 조건으로 검색한 결과, 97건의 논문이 추출되었다. '가짜뉴스'의 명칭에 논란이 제기되면서 학계에서 '가짜뉴스'보다 '허위조작정보'라는 개념을 사용하기로 한 점을 감안해 키워드명을 '허위조작정보'로 해서 같은 기간 동안 학술저널 중 KCI 등재 및 우수 등재지를 조건으로 검색한 결과, 11건의 논문이 추출되었다. 관련 연구를 보다 많이 수집하기 위해 '논문명', '논문명+초록', '저자명', '키워드명'을 포함해 검색어 '가짜뉴스', 학술저널 중 KCI 등재 및 우수 등재지를 조건으로 검색한 결과, 178건이 추출되었으며, 같은 방식으로 검색어 '허위조작정보'로 검색한 결과, 41건이 추출되었다(검색일: 2022. 3. 14.). '키워드명' 검색과 '전체' 검색으로 추출된 논문 중 중복 논문을 제외하고 저널리즘과 직접적으로 관련이 없는 논문[1]이나 팩트체크 저널리즘 연구에 해당하는 논문을 제외[2]하는 등의 정제 작업을 거쳐 최종 분석 대상으로 추출된 논문은 모두 90건이다.

다음으로 팩트체크 저널리즘 관련 논문을 동일한 방법으로 수집했다. '키워드명' 검색에서 '팩트체크'로 2017~2022년에 발표된 학술저널 중 KCI 등재 및 우수 등재지를 조건으로 검색한 결과, 30건의 논문이 추출되었다. 보다 많은 연구들을 수집하기 위해 같은 기간 동안 '전체' 검색에서 검색어를 '팩트체크'로 해서, 학술저널 중 KCI 등재 및 우수 등재지를 조건으로 검색한 결과, 55건이 추출되었다(검색일: 2022. 3. 14.). 이 중 중복 논문과 저널리즘으로서 팩트체크 연구와 직접적인 관련이 없는 연구[3] 등을 제외하고, 가짜뉴스나 허위조작정보

---

1 예를 들어 금영진(2020), 일본 고전 속의 역병과 미신, 그리고 가짜뉴스: 질병과 공동체로 본 일본 사회 서벌턴; 김병홍(2019), 가짜뉴스의 언어학적 접근; 박정희(2020), 근대초기 '가짜뉴스'에 대한 인식 가능성과 그 의미: 『萬人傘』(1909) 등이 해당한다.

2 예를 들어 박진우(2021), 팩트체크 뉴스 정보원에 대한 우호도와 뉴스 품질인식이 가짜뉴스 인식과 신뢰, 구전의도, 확증 편향 인식에 미치는 영향에 대한 연구; 백강희(2020), 팩트체크 보도의 가짜뉴스 판단 기준 검토; 백영민·김선호(2017), 팩트체크 뉴스 노출, 영향력 인식, 공유 행동에 대한 탐색적 연구; 정성욱(2021), 팩트체크 뉴스의 영향력 확대를 위한 연구: 팩트체크 뉴스가 수용자에게 미치는 효과를 중심으로 등은 팩트체크 연구로 분류했다.

3 예를 들어 김봉순(2020), '사실(facts)' 정보에 대한 비판적 읽기; 현영섭(2019), 성인학습자의 비판적 사고기능 및 비판적 사고성향과 가짜뉴스 팩트체크 및 가짜뉴스

연구에 해당하는 논문은 허위조작정보 관련 연구로 분류[4]하는 등의 정제 작업을 거쳐 최종 분석 대상으로 추출된 논문은 모두 28건이다.

2) 분석 방법

특정 분야의 연구 경향을 살피기 위해 많이 사용되는 분석 방법은 메타분석이다. 메타분석은 전체 연구의 특성과 시대별 동향 혹은 선택된 개념이나 변인에 대한 연구 결과를 통합적으로 살펴보는 데 적절하고(김성태, 2005), 이전에 진행된 연구들을 역사적으로 검토함으로써 연구 성과에 대한 진단과 비판적 성찰을 하는 데 적합한 방법이라 할 수 있다(성욱제, 2012; 안수찬 등, 2015).

이 연구는 지난 5년여간의 허위조작정보와 팩트체크 관련 연구 결과를 살펴보고 연구 경향을 파악하는 데 연구 목적을 두고 있지만, 엄밀한 양적 메타분석을 수행하지는 않는다. 메타분석에 적합한 연구 기간이나 연구의 양에 대한 기준은 없지만, 커뮤니케이션학 분야에서 이루어진 기존의 메타분석 연구들에 비해 상대적으로 분석 대상 기간이 짧을 뿐 아니라 수집된 연구의 양적 측면에서도 통계적 유의미성을 논할 정도로 충분한 건수가 되기에는 부족하다고 판단했기 때문이다. 다만, 연구주제와 방법론 등에 있어 경향성을 살피기 위해 기초적인 유목을 설정하고 해당 연구들을 분류했다. 연구주제 유목은 생산자 연구, 메시지 연구, 수용자 연구, 채널 및 유통 연구, 법제

식별의 관계 등이 해당한다.

4 예를 들어 정두흠·박지혜(2021), 코로나19 가짜뉴스의 유형분석: 허위조작정보의 조작특징을 중심으로; 조재현(2020), 가짜뉴스와 공직선거법상 규제에 관한 고찰; 최지수·윤석민(2019), 가짜뉴스 거버넌스: 정부규제, 자율규제, 공동규제 모형에 대한 비교를 중심으로; 홍주현·설진아·이종임(2021), 유튜브 채널에서 코로나19 중국 관련 허위정보 확산에 관한 연구: 확산 주체와 정보유형 분석을 중심으로 등의 논문은 허위조작정보 연구로 분류했다.

연구, 기술 관련 연구로 구분했고, 방법론은 실험연구, 설문조사, 네트워크 분석, 내용분석, 담론분석, 심층인터뷰, 문헌 분석 등으로 구분했다. 이 장의 주목적은 엄밀한 양적 통계 분석 대신 허위조작정보와 팩트체크 저널리즘에 대해 그간 이루어진 국내 연구 내용을 가능한 한 망라해 소개하고 향후 연구과제를 제시함으로써 학문적 논의의 장을 제공하는 것이다.

3. 허위조작정보와 팩트체크 저널리즘 관련 국내 연구 동향과 특성

먼저 허위조작정보 관련 국내 연구 현황에 대한 기초적인 통계 결과는 〈표 10-1〉과 같다. 수집된 논문 90건 중 50% 이상이 법제 연구였다. 2017년 이후 허위조작정보를 규제하기 위해 국회에서 다수의 법률개정안이 발의되면서, 현행법상 허위조작정보 규제 현황과 개정 법률안들의 문제점을 분석한 연구들이 이에 속한다.

법제 연구에 비해 허위조작정보의 생산자나 유통 경로, 메시지 특성이나 수용자를 탐색한 연구들은 많지 않은 편이다. 이용자들의 허위조작정보 노출과 수용, 전파 행태와 그러한 행위에 영향을 미치는 변인들을 살피고자 한 수용자 연구가 13건, 허위조작정보가 어떠한 경로를 통해 전파·확산되는지를 분석한 유통 연구가 7건으로 나타났다. 이 외에 빅데이터와 텍스트 마이닝 등 자동화된 기술을 기반으로 허위조작정보의 탐지와 예측 가능성을 모색한 기술 관련 연구가 6건이었다. 기타 유목에는 언론보도 등에서 나타나는 허위조작정보의 담론이 갖는 특성 등을 살핀 연구(강주현, 2019; 2021; 박진우, 2020)와 '포스트 진실' 시대의 허위조작정보를 다루는 이론적 논의(김광기, 2020; 김수미, 2019)들이 포함된다.

이러한 학계의 논의 지형은 우리 사회가 허위조작정보를 어떻게 인식하며 대응하고 있는지를 그대로 보여주는 것이라고 할 수 있다. 한국에서 허위조작정보에 대한 논의는 누가, 왜 생산하며 어떤 경로를 통해 확산되는지, 허위조작정보를 실제로 얼마나 많은 이용자들이 경험하고 있는지, 그 영향력과 폐해는 어느 정도인지에 대한 구체적·실증적 분석에 앞서 정치권을 중심으로 처벌과 법적 대응 등 규제 방안을 모색하는 것에서 시작되었고, 언론에 대한 불신과 맞물리며 정치 쟁점화되었다. 이러한 현실은 법적 규제 도입의 문제점과 표현의 자유에 대한 우려, 정치화된 허위조작정보 대응 논의를 비판하는 다수의 학술적 논의를 촉발했다.

연구방법론으로 법제 연구들은 대부분 문헌연구를 통해 허위조작정보 규제 논의의 문제점을 제시하고 있으며, 수용자 연구의 경우 설문조사 방법론이 많이 활용되었다. 허위조작정보의 생산과 유통은 트위터와 유튜브를 연구 대상 매체로 해 네트워크 분석을 주로 이용하고 있었다(〈표 10-2〉 참조).

팩트체크 저널리즘 관련 국내 연구 현황에 대한 기초적인 통계 결과는 〈표 10-3〉과 같다. 팩트체크 뉴스를 접한 수용자들의 인식과 태도 변화, 수용자들의 댓글 등에 나타나는 특성을 살핀 연구가 11건으로 가장 많았다. 다음으로, 새롭게 등장한 저널리즘 양식으로서 팩트체크 뉴스의 형식적 특성과 함께 팩트체크 뉴스의 품질을 분석한 메시지 연구가 7건, 팩트체크 뉴스를 생산하는 언론인들의 인식과 검증 과정을 탐색한 생산자 연구가 5건이었다. 자동화된 사실확인 기술의 현황과 가능성을 모색한 기술 관련 연구가 3건, 언론 자유와 명예훼손의 관점에서 팩트체크 보도를 살펴본 법제 연구가 2건으로 나타났다.

팩트체크 저널리즘 수용자 연구는 방법론으로 실험연구를 많이

| 표 10-1 | 허위조작정보 연구주제의 연도별 현황

연구주제	연도 / 건수	2017	2018	2019	2020	2021	2022
생산자	4	1		1	1	1	
유통	7		2	2		3	
수용자	13	1		2	3	6	1
메시지	2				1	1	
기술	6	1	2	3			
법제	53	3	11	17	11	11	
기타	5			2	2	1	
계	90	6	15	27	18	23	1

| 표 10-2 | 허위조작정보 연구의 방법론 현황

연구주제	건수	실험연구	설문조사	네트워크 분석	내용분석	담론분석	문헌연구	기타
생산자	4			1			3	
유통	7			7				
수용자	13	4	9					
메시지	2				2			
기술	6							6
법제	53						53	
기타	5					3	2	
계	90	4	9	8	2	3	58	6

| 표 10-3 | 팩트체크 저널리즘 연구주제의 연도별 현황

연구주제	연도 / 건수	2017	2018	2019	2020	2021
생산자	5	1	2	1	1	
수용자(효과)	11	1	3	1	2	4
메시지	7		3		2	2
법제	2		1	1		
기술	3	1		1		1
계	28	3	9	4	5	7

| 표 10-4 | 팩트체크 저널리즘 연구방법론 현황

연구주제	건수	실험 연구	설문 조사	내용 분석	네트워크 분석	빅데이터 분석	심층 인터뷰	참여 관찰	문헌 연구	기타
생산자	5				1		3	1		
수용자	11	7	3			1				
메시지	7	1		5		1				
법제	2								2	
기술	3					1			1	1
계	28	8	3	5	1	3	3	1	3	1

활용하고 있었다. 이는 허위조작정보에 대한 수용자 연구가 주로 설문조사를 활용하는 것과 대비되는 점이다. 팩트체크 보도의 특성을 살핀 메시지 연구는 내용분석을, 생산자 연구는 심층인터뷰를 주로 활용하는 것으로 나타났다(〈표 10-4〉 참조).

4. 허위조작정보 관련 국내 연구 동향

1) 가짜뉴스의 개념 정의와 변화

허위조작정보에 대한 학술적 논의들은 그 개념을 정립하는 데 많은 노력을 기울였다(윤성옥, 2018; 최숙 등, 2021; 표시영·정지영, 2020; 황용석·권오성, 2017). 이는 단순한 오보(false report), 패러디(parodies) 혹은 풍자적 페이크 뉴스(satirical fake news), 루머(rumor) 및 유언비어 등과 '가짜뉴스'를 구별해야 할 필요성 때문이기도 하지만, 우리 사회의 특수한 논의 배경과도 무관하지 않다.

앞서 살펴본 바와 같이, 허위조작정보에 대한 국내 학술 연구의 가장 큰 특징은 법제 연구가 절반 이상을 차지할 정도로 많다는 점이다. 이는 2017년 제19대 대선을 치르면서 '가짜뉴스'에 대한 공방이 가열되고, 2017년 4월부터 국회에서 소위 '가짜뉴스' 규제법안들이 발의되기 시작한 것을 배경으로 한다. 정보통신망법, 공직선거법, 언론중재법 개정안부터 뉴스유통방지법 같은 신규 법률안 발의에 이르기까지 규제 논의가 본격화되면서 각 법률안들이 상정하고 있는 가짜뉴스의 정의와 처벌 범위 등에 대해 비판적인 시각의 학술 연구들이 집중적으로 이루어졌다. 가짜뉴스 규제 법안들에서 상정하는 가짜뉴스의 개념이 명확하지 않고, 명확하지 않은 규제 범위의 설정이 언론의 자유, 표현의 자유를 침해할 가능성이 높다는 우려 때문이었다.

가짜뉴스의 초기 학술적 정의로 가장 많이 인용되는 것은 황용석과 권오성(2017), 박아란(2017)의 정의다. 황용석과 권오성(2017)은 가짜뉴스의 속성을 "언론의 외양적 진실스러움을 훔친" 것으로, "1) 상업적 또는 정치적 목적에서 타자를 속이려는 의도가 담긴 정보, 2) 수용자가 허구임을 오인하도록 언론보도의 양식을 띤 정보, 3) 사실 검증이라는 저널리즘의 기능이 배제된 가운데 사실처럼 허위 포장된 정보"로 정의했고, 박아란(2017)은 "작성 주체에 상관없이 1) 허위의 사실관계를, 2) 고의적·의도적으로 유포하기 위한 목적으로, 3) 기사 형식을 차용해 작성한 것"으로 정의했다. 가짜뉴스에 대한 이 같은 개념 정의는 이후 연구들에서도 유사하게 나타난다. "① 작성 주체와 상관없이, ② 허위의 사실관계를, ③ 허위임을 인식함과 동시에 일정한 목적을 가지고(고의+목적), ④ 기사의 형식으로 작성된 것"(이성대, 2018), "일정한 정치적·경제적 목적을 달성하기 위하여 허위의 내용을 그것이 허위임을 알면서도 작성하여 유통하는 기사 형식의 정보"(이문한, 2021) 등이 대표적이다. 이처럼 가짜뉴스의 개념을 정의하고자 한 연구들은 공통적인 요소로 (1) 허위의 사실 (2) 의도와 목적 (3) 뉴스 보도 형식을 꼽는다(고명수, 2020; 유의선, 2018; 이문한, 2021; 이성대, 2018;

이원상, 2019; 지성우, 2019; 최지수·윤석민, 2019; 표시영·정지영, 2020).

의도와 목적은 가짜뉴스를 단순한 오보나 패러디 등과 구별하는 데 유용하다. '오인을 유발할 목적'은 단순한 거짓정보나 유언비어, 패러디 등 정치 풍자와 가짜뉴스를 구별하는 요인이 되고(노동일·정완, 2018), 오보의 경우는 고의성이 없다는 점에서 가짜뉴스와 결정적으로 구별되기 때문이다(김지연 등, 2020). 그러나 고의성 또는 의도·목적 여부에 대해서도 현실적인 이해가 필요하다는 지적이 제기된다. 고의성을 가지지 않은 '오정보(misinformation)'와 의도나 목적을 가진 '허위조작정보(disinformation)'를 구분하는 것은 이론적으로 의미 있는 작업이지만, 의도나 목적을 제3자가 판단하기 쉽지 않다는 점, 의도가 있든 없든 허위정보 자체가 미치는 해악이 크다는 점을 감안하면, 이러한 논리적 구분은 부차적 문제일 수 있다는 것이다. 의도가 없었다고 해서 허위정보의 생산과 유통이 사회적 문제가 되지 않는 것은 아니기 때문이다(성욱제·정은진, 2020). 따라서 고의든 과실이든 허위정보라면 모두 가짜 정보로 보아 규제 범위를 넓히는 것이 타당하다는 의견도 제기된다(최민식, 2018).

한편, 미디어 환경의 변화 속에서 뉴스 형식은 중요하지 않을 수 있으며(윤성옥, 2018), 가짜뉴스 여부는 형식이 아니라 내용을 기준으로 판단해야 한다는 인식(노동일·정완, 2018)에 기반해 "방송·신문 등 기존 미디어 매체 또는 인터넷 기반의 새로운 유형의 미디어 매체뿐만 아니라 음성·이미지·영상·문자 등 정보 유형을 불문하고 허위의 사실을 진실인 것처럼 포장하는 내용의 정보"와 같이 뉴스 형태의 정보에 한정하지 않는 정의도 등장했다(최종선, 2020). 조재현(2020)도 작성 주체가 언론에 한정되지 않으며, 언론이나 소셜 미디어 등의 특정 매체를 통해 전달·유포되지 않더라도 의도성과 허위성의 요건을 충족한다면 기사 형식으로 오인되는 정보도 가짜뉴스로 이해해야 한다고 주장한다.

이러한 논의들 속에 '뉴스 형식' 혹은 '언론 보도 형식'을 차용했다는 관점에서 사용되어온 '가짜뉴스'라는 용어가 부적절하다는 지적이 제기되었다. 정형화된 뉴스 형식이 파괴되고 다양한 뉴스 형식이 등장하는 현실에서 특정 형식을 지칭하는 것이 무의미하고, '뉴스'라는 용어가 기존 언론에 대한 신뢰도 저하를 유발한다는 점에서 '허위조작정보'라는 용어가 보다 적절하다는 것이다(김민정, 2019; 박아란, 2019; 이완수, 2018; 이향선, 2018; 조영승, 2020). 2018년 이후 연구들은 대부분 '가짜뉴스'를 대체하는 용어로 '허위조작정보(disinformation)'를 사용하고 있다.

허위조작정보의 개념에 대한 많은 논의에도 불구하고, 대부분의 연구들은 허위조작정보의 정의가 합의되지 않았다는 데 합의하고 있다. 법제 연구에서는 규제 대상이 되는 허위조작정보의 개념과 범위를 엄격하게 보고자 하는 경향이 두드러지지만, 허위조작정보의 유통이나 수용자 인식 등을 살펴보는 연구에서는 연구의 특성에 맞춰 느슨하게 정의를 내리기도 한다. 예를 들어 김미경(2019)은 가짜뉴스를 "단순 사실 전달에서의 착오, 과장 보도, 해석상 오류, 제작과정에서의 실수, 루머, 유언비어, 패러디, 풍자 등"을 모두 포함하는 개념이라고 보았고, 염정윤과 정세훈(2019)은 "인터넷이나 SNS상에서 출처가 불분명하거나 진위를 확인할 수 없는 정보"로 다소 느슨하게 정의하고 있다. 실제 수용자들이 인식하는 허위조작정보는 기사 형식이나 의도성과는 무관할 수 있음을 고려한 것이다. 법제적 측면에서 허위조작정보의 개념은 처벌과 규제의 범위를 정하는 것이 되므로 명확성을 요구하지만, 이러한 정의는 실제 허위조작정보가 유통·소비되는 현실과 괴리가 있을 수 있다. 허위조작정보의 개념에 대한 심도 깊은 논의를 위해서라도 허위조작정보의 생산과 유통, 수용자에 대한 연구가 더 많이 이루어져야 할 필요가 있음을 알 수 있다.

2) 허위조작정보의 생산과 유통 및 확산 연구

허위조작정보는 누가, 왜 생산하고 어떻게 확산되는가? 허위조작정보의 유통이 확산되고 특히 소셜 미디어 등이 주요 유통 경로로 지목되고 있지만 허위조작정보의 유통을 구체적으로 분석, 검증한 연구는 많지 않다(손승혜 등, 2018; 정정주 등, 2019; 조하진·김경호, 2019). 분석 대상으로 수집한 연구 중 허위조작정보의 생산과 유통에 대한 연구는 11건이었다. 이들 연구를 중심으로 지금까지 허위조작정보의 생산과 유통에 대해 밝혀진 내용들을 정리해본다.

허위조작정보는 출처나 정보원을 제공하지 않고 생산주체를 확인할 수 없는 경우가 대부분이다(성욱제·정은진, 2020). 일부 생산주체를 밝힌 연구들에 따르면, 정치인이나 혹은 특정한 정치적 성향을 가지고 있는 개인, 언론사의 형태를 가장한 유사 언론사 그리고 기존 언론사 등이 허위조작정보를 생산·유통하고 있는 것으로 나타난다(손승혜 등, 2018; 정두흠·박지혜, 2021).

'교통법규 개정설'이나 '9월 전쟁설' 같은 허위조작정보를 트위터에 유통한 주체들은 전통적 오피니언 리더가 아닌 활발하게 트윗, 리트윗을 하는 일반인들이었으며(손승혜 등, 2018), '귀 통증에 양파 효능' 뉴스를 동영상으로 게시한 네트워크상의 영향력자들은 건강, 식품과 관련성이나 전문성이 없는 일반 개인채널 운영자였다(이귀옥 등, 2018). 유튜브에서 코로나19와 관련해 중국에 대한 허위조작정보를 생산하는 주체들 역시 특정 개인이 운영하는 채널들이었고(홍주현 등, 2021), 백신 효능에 대한 허위정보와 백신 접종 반대를 다룬 유튜브 채널들도 개인 전문가들이 운영하는 것이었다(이미나·홍주현, 2021).

개인과 함께 유사 언론사도 주요한 허위조작정보 생산 주체로 확인되었다. 유튜브에서 확산되고 있는 허위조작정보 콘텐츠 89개를 분석한 표시영과 정지영(2020)에 따르면 이들 채널의 운영 주체는 모두 '미등록의 비언론사'인 것으로 확인되었다.

주목해야 할 지점은 허위조작정보를 전통 미디어들이 확산시키는 현상이 관찰된다는 것이다. 코로나19 관련 허위조작정보 106건을 대상으로 형식적 유형, 생산주체, 조작대상, 조작 방식, 조작 목적을 분석한 정두흠과 박지혜(2021)는 허위조작정보 생산주체는 신원미상인 경우가 가장 높게 나타나지만 신원이 확인된 경우에는 언론사와 정치세력이 유사한 수준으로 높은 비중을 차지한다는 것을 지적하고 있다. 언론사가 허위조작정보의 확산 주체가 되는 경우는 언론사가 의견을 주장하기 위한 근거로 허위조작정보를 사용하거나(정두흠·박지혜, 2021), 허위조작정보를 둘러싼 정치적·사회적 논란이 언론사의 뉴스가치 판단 기준(예: 신기성, 갈등, 저명성 등)에 부합해 언론사가 이를 뉴스 형태로 전달하는 매개자 역할을 수행하는 경우에서 발견된다(김춘식·홍주현, 2020). 북한 관련 이슈처럼 정보 접근과 사실확인이 어려운 경우에도 기존 언론사가 허위조작정보 생산주체가 될 수 있다. 유력 일간지가 사실관계에 대한 정확한 판단 없이 호기심이나 자극적인 특정 이슈를 제기하고, 이 같은 국내 보도가 외신을 통해 한국발 뉴스로 소개되었다가 국내에서 이를 다시 '해외의 정통한 소식통'이라는 이름으로 확산시키는 구조가 나타난다는 것이다(김종수·황수환, 2021).

언론이 사실확인 없이 허위조작정보를 정치적 공방의 일환으로 보도하는 관행은 허위조작정보의 확산을 부추길 수 있다. 언론사 채널은 조회 수가 높고 네트워크 분석 결과 개인 일반이나 기관/단체의 영상들보다 내향중심성 및 외향중심성이 통계적으로 유의하게 높게 나타나는 등 그 영향력이 크다(김춘식·홍주현, 2020; 이미나·홍주현, 2021). 이러한 언론사들이 외국 언론의 보도를 검증 없이 그대로 인용·전달하거나, 팩트체크 없이 출처를 명시하지 않고 주의를 요한다는 내용만 보도할 경우 언론이 허위조작정보를 알리는 전달자 역할을 하고, 오히려 유포 및 재생산과 확산에 일조할 수 있다(이미나·홍주현, 2021; 정두흠·박지혜, 2021). 언론이 허위조작정보를 정치적 사건으로 다루고, 이러한 관행이 정파성과 결합될 때 언론이 가짜뉴스를 확산시키는 주요 통로로 전락하는 것이다(김춘식·홍주현, 2020).

허위조작정보의 유통을 분석한 연구들은 대부분 트위터(손승혜 등, 2018; 조하진·김경호, 2019)와 유튜브(김영기 등, 2021; 이귀옥 등, 2018; 이미나·홍주현, 2021; 정정주 등, 2019; 표시영·정지영, 2020; 홍주현 등, 2021)를 대상으로 하고 있으며 방법론으로는 네트워크 분석을 활용하고 있다. 이러한 연구들은 소셜 네트워크 서비스가 허위조작정보 확산의 주된 통로 역할을 하고 있다는 것을 실증적으로 보여준다.

허위조작정보의 목적으로 고려되는 정치적 이득과 경제적 이득 역시 실증적으로 검증되었다. 허위조작정보는 구독자 등의 흥미를 유발하는 콘텐츠로 활용되고(이귀옥 등, 2018), 사람들이 관심을 가질 만한 이슈를 기반으로 정치적 견해를 전달하거나 관심사를 공유하고자 하는 목적으로 확산된다(손승혜 등, 2018). 콘텐츠 내용이 부정적이거나 허위정보일 경우 이용자들의 관심도를 높일 수 있는 자극적 소재라면 확산 정도가 크고, 파급력도 높기 때문이다(홍주현 등, 2021). 코로나19 허위조작정보는 정치적 이익을 얻으려는 목적으로 방역 연계 관련 내용을 왜곡하거나 날조하는 방식으로 제작된 것으로 밝혀졌다(정두흠·박지혜, 2021). 교통법규 개정설, 전쟁설 등 일상적인 메시지도 결국은 정치적 편향성을 지닌 특정 집단이 정치적 목적으로 활용하고 있었다(손승혜 등, 2018).

유튜브 채널은 구독자 수와 조회 수에 따라 수익이 창출되기 때문에, 운영자는 많은 이용자들이 시청하도록 콘텐츠를 제작하고자 하는 유인을 갖게 된다(표시영·정지영, 2020). '귀 통증에 양파 효능' 같은 허위조작정보가 유튜브의 건강 관련 공유 범주가 아닌 다양한 범주에서 유통되고 있다는 것은 조회 수나 구독자를 증가시키려는 흥밋거리 혹은 미끼의 소재로 허위조작정보가 사용되고 있음을 보여주는 것이다(이귀옥 등, 2018).

소셜 네트워크 서비스에서 허위조작정보 유통은 그 방식과 확산 효과, 파급력 측면에서 여러 가지 우려를 낳고 있다. 온라인 공간에서는 자신의 의견을 다른 사람들과 공유하기 위해 정치적 지향점이나 성향이 유사한 사람들이 모여 사회적 동조현상이 발생하고, 유튜브 개인채널들이 연결되면서 마이크로 플랫폼화가 쉽게 발견된다(정정주·김민정·박한우, 2019). 트위터에서도 비슷한 특정 성향의 트위터리안(Twitterian)들이 밀집되어 있는 현상이 관찰되었다(조하진·김경호, 2019). 다수의 네트워크 분석 연구는 허위조작정보의 원천이자 핵심적인 메시지를 중심으로 소셜 미디어상에서 매개와 확산이 거듭되는 양상을 보여준다(김영기 등, 2021). 특히 확산형 매체인 유튜브의 경우 동영상 추천 알고리즘이 필터 버블을 강화하기 쉽고, 이용자들로 하여금 같은 주제의 다른 동영상들을 시청하게 하는 확산 효과(spreadable effects)를 초래함으로써 사실보다 허위정보, 부정적·자극적 콘텐츠가 더 빨리 확산되는 특성이 있는 것으로 나타난다(손승혜 등, 2018; 홍주현 등, 2021). 또한 소셜 미디어상에서는 허위조작정보임이 확인된 이후에도 형태만 달리한 채 조회 수와 댓글 수가 올라가는 등 지속적으로 유통되는 현상이 관찰된다(손승혜 등, 2018; 이귀옥 등, 2018; 표시영·정지영, 2020).

허위조작정보의 출처나 생산자를 명확히 특정하기 어렵고, 특정할 수 있다 하더라도 생산 자체를 막기는 쉽지 않을 뿐 아니라 다양한 유통 경로를 통해 유포되는 특성상 특정인에 대한 처벌만으로는 허위조작정보의 생산과 유통 문제를 해결하기 어렵다. 그러나 네트워크 분석 연구들은 허위조작정보를 조직적으로 대량 생산하는 악성 생산자(성욱제·정은진, 2020)나 허위의 사실을 인지하고도 특정한 목적을 가지고 상습적으로 방치 및 유포하는 주체 또는 주된 출처 등을 밝혀낼 수 있음을 보여주고 있다(김영기 등, 2021; 표시영·정지영, 2020). 이러한 실증 연구 결과들은 허위조작정보에 대한 플랫폼 사업자의 자율규제 방안을 설계하는 데 함의를 제공한다. 허위조작정보의 최초 생산자를 가려내긴 어렵다 하더라도 허위조작정보를 반복적으로 유통하거나 영향력 있는 경로 역할을 하는 주체를 탐색하여 대응하는 방안을 모색할 수 있음을 보여주기 때문이다.

지금까지 생산 및 유통 연구들은 자료 수집이 용이한 트위터나 유튜브를 대상으로 이루어졌는데, 허위조작정보가 가장 많이 유통되는 카카오톡이나 네이버 밴드 같은 폐쇄형 소셜 서비스에 대해서도 수용자 조사 등을 수행할 필요가 있다(손승혜 등, 2018). 또한 좋아요 수, 댓글 수나 댓글의 정서 같은 이용자 반응 분석, 영향력 있는 허위조작정보의 헤드라인 및 내용의 특성에 대한 메시지 연구 등을 축적함으로써(이미나·홍주현, 2021) 허위조작정보의 유통과 확산 메커니즘을 보다 상세하게 설명하는 학술 연구들이 수행되어야 할 것이다.

3) 허위조작정보 수용자 연구

허위조작정보의 생산과 유통이 사회적 문제가 되는 것은 이러한 정보가 수용자들에게 잘못된 정보와 인식을 전파하고 나아가 자연 및 사회적 재난에 부적절한 대응을 하게 하거나 여론을 왜곡하는 등 사회적 폐해를 가져온다고 여겨지기 때문이다. 허위조작정보의 사회적 폐해가 실제로 얼마나 광범위하며 심각한지에 대해 검증이 요구되지만, 수용자들이 허위조작정보에 노출되는 경로나 왜 허위조작정보의 내용을 신뢰하고 남들과 공유하는 것인지, 허위조작정보를 판별하는 데 도움이 되는 요인들은 무엇인지 등을 탐색한 수용자 연구는 여전히 부족하고, 지금까지 나온 연구 결과도 수렴되지 않는 양상이다.

허위조작정보와 관련한 수용자 연구들은 확증 편향, 인지부조화, 둔감화 이론, 불확실성 관리이론, 동기화추론 등의 이론적 논의들을 배경으로 하고 있으며, 방법론으로는 주로 설문조사와 실험연구를 활용하고 있다.

허위조작정보의 수용 행태는 여러 가지 양상으로 나타난다. 수용자가 허위조작정보를 접하게 되는 '노출'부터 허위조작정보의 내용을 신뢰하는 '수용', 자신이 접촉한 정보를 확산하는 적극적인 행위로서의 '전파', 나아가 허위조작정보의 진위 여부를 '식별'하는 것까지 다양하다. 수용자 연구는 이러한 현상들을 구분하기도 하고 포괄적으로 고려하기도 하면서 그 행태에 영향을 미치는 요인들을 탐구해왔다. 수용자 연구들은 수용자의 허위조작정보 수용에 영향을 미치는 요인들로 (1) 인구통계학적 특성, (2) 성격 및 심리적 요인(외향성·내향성, 정보처리 성향, 사회불안감 등), (3) 정치적 성향(정치적 선유경향, 정치적 신념, 정치적 이견 회피행위, 정치 지식 등), (4) 미디어 요인(미디어 이용행태, 허위조작정보 노출 경험, 언론 신뢰도, 미디어 리터러시 등) 등을 제시하고 있다. 그러나 이 같은 요인들의 영향에 대해 지금까지의 연구 결과들이 일관되게 수렴되지는 않는다.

먼저 연령, 성별, 학력, 소득 같은 인구통계학적 요인들이 허위조작정보의 노출, 인식과 식별에 영향을 미치는지에 대한 연구 결과는 다양하게 나타난다. 성별, 연령, 학력이 허위조작정보 식별에 유의미한 차이를 보이지 않는 것으로 나타나는가 하면(류현숙·김경우, 2019), 인구통계학적 요인에 따라 노출이나 수용, 전파 행위에 차이를 보이기도 한다. 연령이 낮을수록, 학력과 소득이 높을수록 가짜뉴스에 노출된 경험이 많고(염정윤·정세훈, 2019), 연령이 낮고 학력이 높을수록 가짜뉴스가 담고 있는 정보를 신뢰할 수 없으며 사안을 이해하는 데 불충분하다고 여기고 있었다(최창식, 2021). 고연령, 고학력일수록 가짜뉴스 식별력이 높고(조은희, 2019; 조한슬 등, 2021), 연령대가 올라갈수록 기사의 진위 여부에 상관없이 해당 기사를 가짜뉴스라고 믿는 경향이 있는 것으로 나타났다(최숙 등, 2021). 저연령일수록 허위조작정보를 전파하는 경향은 높게 나타난다(염정윤·정세훈, 2019; 조은희, 2022).

심리적 요인과 관련해, 사회불안감이 높을수록 허위조작정보를 수용하는 경향이 높고(오지희, 2021), 정치적 이견을 회피하는 성향이 강할수록 허위조작정보의 내용을 수용하는 경향이 큰 것으로 나타난다(노성종 등, 2017). 그러나 사회적 동조나 사회불안 같은 사회 심리요인이 가짜뉴스 수용에 영향을 미치지 않는다는 연구 결과도 있다(신지민·이성식, 2020). 정보처리 성향의 경우에도 이성적·논리적 접근보다 본인의 경험과 직관에 의해 정보를 처리하는 성향이 강할수록 허위조작정보의 불확실성을 덜 느낀다는 연구 결과가 있는가 하면(최창식, 2021), 정보처리 성향은 허위조작정보 수용에 유의미한 영향을 미치지 못하는 것으로 나타나기도 한다(신지민·이성식, 2020).

개인의 정치적 신념이나 가치관이 허위조작정보의 수용에 영향을 미친다는 것은 확증 편향과 관련하여 주요한 논의주제였다. 염정윤과 정세훈(2018)은 뉴스 이용자들이 자신의 정치성향과 일치하는 가짜뉴스에 노출될 경우 가짜일 것이라는 인식을 덜하는 경향이 있고, 자신의 신념에 부합하지 않는 정보에 대해서는 의혹을 품거나 부정하는 경향이 높았으며, 전파하고자 하는 의지도 낮게 나타난다는 것을 밝혔다. 수용자들의 정치적 가치관은 뉴스의 선별적 수용 과정에서 적극적인 역할을 하고 정보의 신뢰도를 판단하는 데 영향을 미치며(김미경, 2019), 가짜뉴스의 정파적 유불리성 판단으로 이어진다(노성종·최지향·민영, 2017). 그러나 정치적 이슈가 아닌 재난재해 관련 가짜뉴스는 이러한 심리 요인의 영향을 덜 받을 수 있고(조한슬 등, 2021), 진보 혹은 보수와 같은 정치적 신념이 정보의 불확실성 인식에 유의미한 요인이 아닌 것으로 나타나기도 한다(최창식, 2021). 정치 지식이 높다고 해서 허위조작정보를 더욱 잘 분별하는 것도 아닌 것으로 나타난다. 정치 지식은 허위조작정보의 불확실성을 인식하는 데 도움을 주지 못할 뿐 아니라(최창식, 2021), 가짜뉴스의 효과를 제고할 수도 있다. 즉 정치 지식이 개인의 정치적 신념과 결합해 불확실성을 감수하거나 허위정보를 수용하도록 할 수도 있다는 것이다(노성종 등, 2017).

허위조작정보의 수용을 설명하는 또 다른 주요 요인은 미디어 이용행태, 허위조작정보 노출 경험, 언론 신뢰도, 뉴스 리터러시와 같은 미디어 관련 요인이다.

미디어 이용행태와 관련해, 다양한 뉴스 매체를 이용하는 수용자는 미디어 신뢰도가 낮고 가짜뉴스에 많이 노출되어 있다고 인식하지만 가짜뉴스의 심각성에 대한 우려는 크지 않았다(조은희, 2019). 전통적 뉴스 매체 이용량이 많을수록 가짜뉴스 식별 능력이 높은 반면, SNS, 인터넷 포털, 유튜브 등의 비전통적 뉴스 매체 이용량은 가짜뉴스 식별 능력과 관계가 없었다(최숙 등, 2021). 카카오톡, 라인 등의 모바일 메신저를 통해 선거 정보를 접할수록 가짜뉴스 노출과 수용 정도가 높았고(노성종 등, 2017), 뉴미디어를 선호하는 사람은 뉴스의 진위 여부 판단에 더 확신을 갖지 못하는 것으로 나타났다(최숙 등, 2021). 그러나 미디어 이용 형태가 가짜뉴스에 대한 인식과 식별력에 영향을 미치지 않는다는 연구 결과도 제시되었다(류현숙·김경우, 2019).

가짜뉴스 노출 및 피해 정도가 클수록 언론에 대한 불신은 높아졌다(조한슬 등, 2021; 최숙 등, 2021; 최창식, 2021). 언론 신뢰도가 낮은 집단은 전달된 정보를 더욱 비판적으로 평가하며 가짜뉴스를 식별하는 능력이 높았고(조은희, 2019; 최창식, 2021), 뉴스를 신뢰할수록 허위조작정보를 진짜 뉴스라고 믿는 경향이 나타났다(최숙 등, 2021). 그러나 언론 신뢰도가 일반뉴스나 가짜뉴스의 노출 및 수용에 영향을 미치지 않는다는 연구 결과도 제시되고 있다(노성종 등, 2017).

허위조작정보의 이용과 관련해 가장 일관된 결과를 보이는 요인은 뉴스 또는 미디어 리터러시였다. 뉴스와 미디어에 대한 비판적 이해와 수용 능력은 허위조작정보를 판별하고 이를 전파하는 데 주요한 역할을 하는 것으로 나타난다(김미경, 2019; 신지민·이성식, 2020; 염정윤·정세훈, 2019; 최숙 등, 2021; 최창식, 2021). 뉴스 리터러시는 허위정보가 자신보다 타인에게 영향을 미친다고 지각하는 제3자 효과와도 관련이 있었다. 뉴스 리터러시가 높을수록 본인은 비판적 이해 능력이 뛰어나 잘 속지 않거나 저항할 가능성이 크다고 지각하고, 타인에게 영향을 미치는 허위조작정보를 규제해야 한다고 인식하는 것으로 나타났다(허윤철, 2020).

허위조작정보의 노출과 수용을 넘어 뉴스를 전파하거나 '좋아요', '공유' 같은 소셜 커뮤니케이션 행위에 영향을 미치는 요인들에 대해서도 연구가 이루어졌다. 상대적으로 SNS나 인터넷 포털을 많이 이용하는 사람, 젊은 층, 고학력층이 뉴스를 활발히 전파하며, 가짜뉴스 식별능력이나 가짜뉴스에 대한 부정적 영향 인식 수준은 뉴스 전파 행동과 관계가 없었다(조은희, 2022). 또한 가짜뉴스에 대한 확증 편향이 큰 수용자일수록 반응하기, 댓글 달기, 공유하기 같은 소셜 커뮤니케이션 행위가 유의미하게 증가하는 경향을 보였다(김미경, 2019). 허위조작정보의 노출과 전파를 구분한 염정윤과 정세훈(2019)은 친구들과의 의사소통 등 관계 형성 동기, 자신이 유능한 사람이라는 인상을 주고 싶은 자기고양 동기가 가짜뉴스 전파 의도를 증가시키며, 이는 가짜뉴스 전파에 있어 정보적 가치만큼이나 사회적 행동을 위한 기능이 중요하게 여겨지고 있음을 보여준다고 설명한다.

허위조작정보의 내용은 실제 행위에도 영향을 미칠 수 있다. 진소연과 이지은(2021)은 전자투표 시스템의 해킹으로 인한 개인정보 유출을 다룬 가짜뉴스 노출 이후 실험참가자들이 전자투표 시스템을 이용할 생각이 있는지를 물었다. 해당 가짜뉴스를 접한 이후 전자투표 시스템에 대한 태도는 부정적으로 형성되었고, 가짜뉴스라는 점을 인지한 후에도 실험참가자들의 태도는 뉴스를 접하기 전 수준으로 회복되지 않았다. 가짜뉴스가 유통되면 잘못된 정보라는 정정에도 불구하고 원상태로의 복구가 어렵고, 해당 이슈에 대해 지속적으로 부정적인 태도와 의도를 강화할 수 있음을 보여주는 것이다.

허위정보가 문자 형태보다 영상 형태로 제작될 경우 진위 여부 판단이 더욱 어려워진다(염정윤·정세훈, 2019; 조한슬 등, 2021). 그러나 수용자들은 유튜브 동영상 콘텐츠에 대해 가짜뉴스와 팩트 뉴스를 판별하며(김미경, 2019; 함민정·이상우, 2020), 특히 증거자료, 뉴스에 대한 부가 설명 등 정보의 사실성과 입증 역량을 보일 경우 신뢰성을 부여하는 것으로 나타났다(김미경, 2019).

허위조작정보의 노출과 수용, 효과에 대한 연구는 아직 충분히 이루어지지 않았고, 지금까지의 연구 결과에서도 인구통계학적 특성이나 정치적 성향, 미디어 이용행태 등 다양한 요인들에 대해 합의된 결과가 도출되지 않은 상황이다. 더구나 가짜뉴스 노출을 감소시키는 요인이나 수용을 '견제'할 수 있는 요인들은 발견되지 않은 것으로 나타난다(노성종 등, 2017; 염정윤·정세훈, 2019). 다만, 기사의 출처를 확인하는 방법이 가짜뉴스 효과를 감소시키는 데 상대적으로 유효한 것으로 나타나는 등(노성종 등, 2017) 뉴스 리터러시나 미디어 리터러시가 허위정보를 판별하는 데 도움이 된다는 것은 다수의 연구에서 입증되었다.

수용자와 관련한 향후 연구과제는 적지 않다. 허위정보와 팩트뉴스에 대한 판별뿐 아니라 오정보와 허위조작정보를 차별적으로 구분할 수 있는지(허윤철, 2020), 허위정보의 노출과 인식 및 수용에 영향을 미치는 변인들에는 어떠한 것이 있으며 그 경향성은 어떻게 나타나는지에 대한 세부적인 탐색이 필요하다. 예를 들어 미디어 이용행태에 대해서도 소셜 미디어 유형별 이용량, 뉴스 이용량, 뉴스 접근경로, 주로 이용하는 콘텐츠의 특성(염정윤·정세훈, 2019; 오지희, 2021; 허윤철, 2020) 등 다양한 변인들을 검토할 수 있다. 또한 이미 발견된 변인들을 대상으로 반복적인 연구를 통해 경향성을 확인할 필요가 있다. 허위정보의 메시지 주제도 다양해져야 한다. 선거나 정치 관련 메시지, 코로나19 감염병 관련 허위정보 외에 금융이나 식품과 같이 개인의 재산 혹은 안전에 영향을 미칠 수 있는 이슈 등(최창식, 2021) 다양한 주제의 허위정보에 대한 수용자 연구가 진행되어야 할 것이다.

허위정보의 효과와 관련해서도 단순한 노출, 사실로 인식하는 수용, 타인에게 전파하는 행위 외에 신뢰도, 흥미, 긍정적/부정적 감정과 같은 태도 변인, 추가 정보를 탐색하거나 허위정보의 내용을 실제 행동으로 옮길 가능성 같은 다양한 행동 변인으로 세분화해 살펴볼 필요가 있다. 허위정보 판별에 가장 유의미한 요인으로 입증된 뉴스 리터러시 교육 효과에 대한 실증적 연구들을 포함해 어떤 요인들이 가짜뉴스 효과를 '견제'할 수 있는지도 밝혀야 할 것이다. 수용자의 실제 허위정보 노출과 피해 정도, 허위정보의 효과에 대한 연구들은 허위조작정보에 어떻게 대응해야 하는지에 대한 근거가 된다는 점에서도 더 많은 연구가 이루어져야 할 필요가 있다.

4) 허위조작정보 대응 방안

앞서 살펴본 바와 같이 국내에서 허위조작정보에 대한 연구 중 가장 많은 비중을 차지하는 것은 허위조작정보에 대한 법제 연구들이다. 법제 연구들은 대부분 규제 대상으로서 허위조작정보의 개념과 현행 법상 허위사실 표현에 대한 규제 현황, 허위조작정보 규제에 대한 해외 사례, 허위조작정보 규제 관련 국회 발의안 검토와 문제점, 바람직한 허위조작정보 규제 방안 등을 다루고 있다. 허위조작정보의 개념에 대한 부분은 앞선 절에서 살펴본 것으로 대신하고, 아래에서는 허위조작정보에 대한 국내외 법규제 현황과 규제 방안에 대한 논의들을 정리한다.

먼저, 대부분의 법제 연구는 허위조작정보에 대해 현행법으로 규제 가능하다는 시각을 공유한다. 형법상 허위사실 적시에 따른 명예훼손죄, 공직선거법상 허위사실 유포죄, 정보통신망 이용촉진 및 정보보호 등에 관한 법률(이하 정보통신망법)에 적시된 불법정보 유통 금지 조항과 임시조치 제도, 언론중재 및 피해구제 등에 관한 법률(이하 언론중재법)상 허위사실 보도의 피해자를 구제하기 위한 조항들이 대표적이다.

현행법으로 허위정보에 대한 규제가 대부분 가능하며, 추가적인 입법 조치에 신중할 필요가 있다는 의견은 소위 '미네르바' 사건으로 알려진 전기통신법 제47조 제1항에 대한 헌법소원심판(헌재 2010. 12. 28. 2008헌바157, 2009헌바88(병합))에서 허위사실의 표현도 표현의 자유 보호 영역 안에 있다고 한 헌법재판소의 결정을 기반으로 한다(강지현, 2019; 김현귀, 2021; 박아란, 2018; 윤성옥, 2019; 이문한, 2021; 이성대, 2018; 이인호·이준형, 2021; 최진웅, 2018; 황용석·권오성, 2017). 그러나 조영승(2020)은 '모든 표현'이 표현의 자유 보호 영역에 포함되는 것으로 보아 심대한 해악을 가진 가짜뉴스마저도 헌법상 보호된다고 해석하는 것에 신중해야 한다고 주장한다. 가짜뉴스를 '단순 허위정보'와 '헌법적 가치를 위협하는 허위정보(해악성 허위정보)'로 구분하고, '해악성 허위정보'는 헌법적 가치를 위협하는 정도에 따라 표현의 자유에 의해 '보호되는 가짜뉴스'와 '보호되지 않는 가짜뉴스'로 다시 구분해 보호되지 않는 가짜뉴스에 대한 헌법적 한계 설정이 필요하다는 것이다(조영승, 2020).

허위조작정보에 대한 규제가 현행 법률로 상당 부분 가능하다고 보는 연구들도 현행법 체계에서 모든 허위조작정보를 포섭할 수 없는 규제 공백이 존재한다는 것에 대부분 의견이 일치하고 있다(박아란, 2019; 유의선, 2018; 윤성옥, 2019; 이문한, 2021; 이향선, 2018; 최승필, 2020; 최종선, 2020; 최지수·윤석민, 2018; 황용석·권오성, 2017). 형법상 명예훼손과 언론중재법상의 피해구제는 허위사실로 인해 개인의 인격권이 침해되었을 때에만 한정된다. 언론중재법의 적용대상은 동법에서 정의한 언론[5]에 한정되므로 유튜브를 포함해 소셜 미디어 서비스는 동법의 적용을 받지 않는다. 공직선거법은 선거 기간, 선거와 관련한 허위조작정보만을 대상으로 한다. 정보통신망법은 허위사실에 의한 명예훼손 등 개인적 법익 보호와 함께 국가적·사회적 법익의 침해에 대해서도 일정 범위에서 규제를 두고 있지만, 피해자가 특정되지 않는 허위조작정보는 동법 제44조의7(불법정보의 유통 금지)에 열거된 불법정보에 포함되어 있지 않아 허위조작정보 중 일부만을 규율하는 한계를 갖는다. 즉 현행법 체계에서 허위조작정보에 대한 규제는 특정된 개인의 명예훼손 등 개인적 법익 침해를 기본 요건으로 하고 있어, 불특정 다수와 국가 및 사회적 법익 침해에 대한 규제 공백이 발생한다(유의선, 2018; 전훈 등, 2019; 지성우, 2019; 황용석·권오성, 2017). 피해자가

5 언론중재법에서 정의하는 언론은 방송법과 '인터넷 멀티미디어 방송사업법'에 따른 방송, '신문 등의 진흥에 관한 법률'에 따른 신문과 인터넷 신문, '잡지 등 정기간행물의 진흥에 관한 법률'에 따른 잡지 등 정기간행물, '뉴스통신 진흥에 관한 법률'에 따른 뉴스통신사업자 등이다.

특정되지 않는 사회 불안이나 혼란을 야기하는 허위조작정보, 혐오표현 등은 현행 법률로 대응하는 데 한계가 있는 대표적 영역이다.

현행법의 한계에 대응하고, 허위조작정보에 대한 사회적 우려가 높아지면서 21대 국회부터 다수의 허위조작정보 관련 법안들이 발의되었다. 허위조작정보 규제를 위한 언론중재법, 정보통신망법, 공직선거법 개정안과 가짜뉴스에 관한 독자적인 별도 법 제정안 등이 제출되었으며, 이들 법률안의 문제점과 한계를 검토한 연구들도 적지 않다(기현석, 2018; 김민정, 2019; 박상민, 2019; 박아란, 2019; 손형섭, 2021; 유의선, 2018; 윤성옥, 2018; 2019; 이권일, 2019; 이문한, 2021; 이상훈, 2020; 이원상, 2019; 이향선, 2018; 최승필, 2020; 최종선, 2020; 최지수·윤석민, 2019; 최진응, 2018; 홍완식, 2019; 황성기, 2018; 2021; 황용석·권오성, 2017; 황용석 등, 2018). 이들 연구는 법률 발의안에 대해 규제대상으로서의 '가짜뉴스' 혹은 허위조작정보의 불명확한 개념 문제, 과잉 규제의 가능성, 정보통신서비스 제공자에 대한 과도한 법적 책임 부여 등의 문제점을 공통적으로 지적하고 있다.

대부분의 법제 연구에서는 허위조작정보에 대한 규제가 필요하다고 해도 구체적으로 침해되는 법익이 없다면 표현의 자유를 규제하는 법률은 헌법적 정당성을 가지기 어렵고, 국가에 의한 처벌이 근본적인 해결책이 될 수 없으며 허위사실 표현에 대해 다양한 법적 대응 장치가 마련되어 있음을 강조한다. 따라서 추가적인 입법 대신 자율규제 강화와 팩트체킹, 미디어 리터러시 교육, 정보통신서비스 제공자의 책임을 강조하는 정책 대응을 제언하고 있다. 특히 정보통신서비스 제공자에 대해 자율규제 가이드라인 보완 및 강화, 허위조작정보 필터링을 위한 알고리즘 정책 변경과 알고리즘의 투명성 강화, 기술 개발의 필요성 등이 제안되었다(박상민, 2019; 박아란, 2019; 오일석 등, 2018; 유의선, 2018; 윤성옥, 2019; 이상훈, 2020; 지성우, 2019; 최승필, 2020;

표시영·정지영, 2020; 홍완식, 2019; 황성기, 2018). 정보통신서비스 제공자들의 자율규제를 촉진하고 협력을 독려하기 위해 일정한 지원을 제공하는 입법을 마련하거나 허위정보 등을 삭제할 경우 면책 규정을 두는 방안(오일석 등, 2018; 윤성옥, 2019; 이원상, 2019; 지성우, 2019; 최민식, 2018; 최승필, 2020; 최진응, 2018; 황용석·권오성, 2017) 등도 함께 제시되고 있다. 또한, 유럽위원회(European Commission)의 허위조작정보 대처 방안을 모델로 한 공동규제 방식 도입에 대한 논의도 다수 소개되었다(김민정, 2019; 김세환·황용석, 2019; 정은령·고예나, 2018; 최지수·윤석민, 2018).

한편, 현행법 규제가 포섭하지 못하는 허위조작정보에 대해 부득이한 경우 필요 최소한의 공적 규제를 병행해야 한다는 의견도 제시되고 있다(유의선, 2018; 이원상, 2019; 이정념, 2021; 한갑운, 2017). 특히 선거와 관련한 허위조작정보의 경우에는 민주주의에 명백한 위해를 가하는 것으로서 법적 규제의 필요성이 인정된다(권은정, 2019; 기현석, 2018; 이권일, 2019). 이 외에도 전시 테러 같은 특수한 상황에서 확인되지 않은 허위사실을 유포해 국민의 불안감과 공포심을 자극하는 행위(이원상, 2013), 국가 안보와 공공의 안녕(전쟁, 내란, 폭동, 테러, 재난)에 위해를 가할 수 있는 허위기만정보(이향선, 2018) 등에 대해서는 입법 조치가 필요하다는 의견들이 제시되었다. 코로나19 같은 감염병 등 특수하고 제한된 사회재난 상황에서 국민의 신체와 건강, 공동체의 안위에 명백하고 실질적인 위험을 초래하거나 초래할 가능성이 있는 심각한 허위조작정보에 대해서는 형사적 규제가 필요하다는 주장도 제기된다(이문한, 2021).

허위조작정보의 폐해를 일반화하기 어려운 점을 고려해 개별 법적 해결이 필요하다는 제언도 있다. 예를 들어 감염병과 관련한 허위조작정보의 생산과 유포에 대해 '감염병의 예방 및 관리에 관한 법률'

을 개정해 처벌할 수 있도록 하거나(정영주 등, 2021), '5·18민주화운동 등에 관한 특별법'에서 5·18민주화운동에 대해 부인·비방·왜곡·날조하거나 허위사실을 유포하는 행위를 처벌하도록 하는 방안(김영기 등, 2021; 김종수·황수환, 2021; 김희송, 2019),[6] 선거의 특수성을 고려해 공직선거법에 허위조작정보 관련 처벌 규정을 두는 방안(고명수, 2020; 기현석, 2018) 등이 이에 해당한다.

이처럼 전시·사변·재난 등 특수하고 제한된 상황을 열거하고, 허위조작정보의 내용을 감염병 예방 및 관리나 선거 관련 내용으로 한정한다 하더라도 허위조작정보로 인해 초래되는 즉각적이고 실질적인 위험을 입증하고, 명백하고 현존하는 위험에 대한 기준을 설정하는 것은 쉽지 않은 일이다. 그렇다고 잘못된 치료 정보를 맹신해 사망에 이르고 나서야 명백하고 현존하는 침해가 발생한 것이라고 할 수는 없다. 허위조작정보를 접한 사람의 수로 이러한 기준을 설정하기도 어렵다. 또한 시간적인 급박함만으로 판단하기도 어렵다. 급속도로 전파되는 허위조작정보뿐 아니라 서서히 퍼지면서 확산되는 정보가 누적되어 치명적인 효과를 낳을 수도 있기 때문이다. 허위조작정보의 현상에 대한 세밀한 관찰을 중심으로 명백하고 현존하는 침해 등 규제의 대상이 되는 내용과 기준에 대해 다양한 사례를 축적함으로써 세부적인 논의를 진행할 필요가 있다.

허위조작정보 규제에 대한 해외 사례로 가장 많이 소개된 사례는 독일의 네트워크 집행법(NetzDG)과 프랑스의 정보조작대처법이다. 독일의 사례를 다룬 연구(박신욱, 2019; 신상현, 2017; 안수길, 2019; 이권일, 2019)와 프랑스의 사례를 다룬 연구(이정념, 2021; 한동훈, 2019)가 많았

---

6 그러나 이인호와 이준형(2021)은 5·18민주화운동 허위사실유포죄는 역사적 사실에 대한 허위를 금지하고 진실을 말하도록 국가가 강요하는 것으로, 모호한 형벌 구성 요건을 갖추고 있다고 비판한다.

고, 유럽연합의 자율규제 사례를 소개한 연구(김민정, 2020; 김세환·황용석, 2019; 정세원, 2021), 중국의 법규제 현황을 살핀 연구도 있었다(박문령·주민, 2021).

독일과 프랑스의 입법 사례는 국내에서 가짜뉴스 규제법으로 소개되고 있고, 독일의 입법례를 따라 허위조작정보 규제가 강화되어야 한다는 입장의 근거가 되는 동시에 독일의 사례는 가짜뉴스 처벌법이 아닌 혐오 표현 처벌법이라는 점을 강조하며 별도 법이 불필요하다는 주장의 근거가 되기도 한다(기현석, 2018). 독일과 프랑스의 사례가 국내에서도 입법적 대응이 필요하다는 근거로 오용되는 것은 바람직하지 않지만 독일과 프랑스 입법에서 공통적으로 나타나는 인터넷 플랫폼 사업자의 법적 책임 부과 방식에 대해서는 참조할 필요가 있다. 온라인상에서 유통되는 불법정보와 허위조작정보에 대해 인터넷 플랫폼 사업자의 책임을 법적으로 규정하고 강화하는 것은 궁극적으로 인터넷 플랫폼 사업자의 자율 규제를 촉진하는 방안이 될 수도 있을 것이기 때문이다.

정보통신서비스 제공사업자의 자율규제를 촉진하고 강화하기 위한 정책적 개입으로는 유럽연합의 '온라인 허위사실에 대한 유럽의 대응(Tackling online disinformation: A European approach)'이 가장 모범적인 사례로 언급된다(김민정, 2020; 김세환·황용석, 2019; 최지수·윤석민, 2019). 유럽연합의 모델은 '규제된' 자율규제 혹은 공동규제 방식을 통해 정부가 국내외 인터넷 플랫폼 사업자들과 이해관계자들의 의견을 반영해 함께 실천강령을 제정하고, 실천강령의 이행 현황을 관리·감독하는 형태로 운영된다. 실천강령에 참여하는 인터넷 플랫폼 사업자들은 정기적으로 투명성 보고서를 발간하도록 의무화하고, 투명성 보고서는 제3의 독립기관이 검토해 실천강령 이행에 대해 평가하고 개선책을 제안할 수 있다(김민정, 2020).

한편, 새로운 기술의 등장은 허위조작정보 규제와 관련한 연구주제의 확장을 요구하고 있다. AI 아나운서와 딥페이크를 활용해 허위조작정보를 확산·유포하는 현실에 대응하기 위한 법제도 모색이나 AI를 활용한 인공지능 저널리즘의 법적 쟁점 논의(박진아, 2019; 이민영, 2020; 이윤영, 2021) 등이 이에 해당한다. 또한 저작권법은 가짜뉴스의 제작과 배포 자체에 법률적 정당성을 부여하는 측면이 있으므로, 저작권법의 영역에서 새로운 연구주제로 허위조작정보를 살펴볼 필요성도 제기된다(계승균, 2018).

허위조작정보에 대응하는 법제 연구들은 양적으로도 풍부할 뿐 아니라 현행 법제의 한계를 바탕으로 법적·행정적 대응방안과 자율규제 방식, 팩트체크, 미디어 리터러시 등 다양한 논의들을 축적해왔다. 다만, 현행 법제에서 허위조작정보로 인한 사회적·국가적 법익의 침해에 대한 규제 공백이 발생하는 것이 부정할 수 없는 현실이라면, 기존 입법안들의 문제점과는 별개로, 그 입법적 보완은 어떠한 방식으로 이루어져야 하는지에 대한 논의가 좀 더 필요한 상황이다(박상민, 2019; 지성우, 2019).

5. 팩트체크 저널리즘 관련 국내 연구 동향

허위조작정보 대응을 위한 가장 바람직한 방안으로 이견이 없는 것은 이용자의 미디어 리터러시 증진과 팩트체크 저널리즘의 활성화다. 그러나 허위조작정보의 개념과 규제방안을 다룬 법제 연구, 노출 및 전파와 수용에 대한 학술적 논의가 이루어져온 것에 비해 팩트체크 저널리즘에 대한 연구는 이제 시작 단계에 있다. 팩트체크 저널리즘이 국내에서 2017년에야 본격적으로 등장했고, 주류적 보도 관행이라 할 수 없으며, 팩트체크 기사의 양적인 측면이나 유통 경로 면에서 수용자가 일상적으로 접할 수 있을 만큼 충분치 못한 점을 감안하면 당연한 것일 수 있다. 한편으로는 새로운 현상을 관찰하는 것으로부터 시작되는 학문 영역의 속성상 어쩔 수 없는 지체 현상이기도 할 것이다. 이하에서는 2017년 이후 수행된 팩트체크 저널리즘 관련 28건의 연구를 중심으로 학술적 논의 현황과 향후 연구과제들을 살펴본다.

1) 팩트체크 저널리즘의 등장

대부분의 연구자들은 한국에서 팩트체크 저널리즘이 본격적으로 등장한 시기를 2017년으로 꼽는다(고예나 등, 2021; 김선호·김위근, 2017; 김수정·정연구, 2021; 김형지 등, 2020; 류승희·정정주, 2020; 정은령, 2019; 정은령 등, 2020; 최지수·윤석민, 2017). 2017년에 한국에서는 19대 대통령 선거가 있었고, 이 시기 서울대학교 언론정보연구소는 포털 사업자 네이버의 후원을 받아 언론사들과 함께 'SNU팩트체크센터'를 설립했다.

김선호와 백영민(2017)은 "팩트체크 저널리즘이란 언론이 사실적 정보를 전달하는 데 그치지 않고 선거 캠페인 과정에서 제기되는 주장이나 가짜뉴스 혹은 허위로 의심되는 정보에 대해 내용상 진위 여부를 판정해줌으로써 공중의 현명한 판단을 돕고 정치인의 책무성을 강화하는 것을 목표로 삼는 새로운 저널리즘 양식"이라고 정의했다. 팩트체크 저널리즘이 한국에서도 실험적인 시도를 넘어 본격적인 저널리즘 양식으로 부상하게 되었다는 평가도 있지만(백영민·김선호, 2018), 아직 팩트체크가 우리 언론을 대표하는 주류의 보도 관행이라 보기는 어렵다(홍원식, 2018). 언론이 당연히 수행해야 하는 사실 검증(fact check)을 수식어로 내세운 저널리즘 양식이 뉴스 수용자나 뉴스의 생산자인 언론인들, 연구자들에게도 새로운 현상인 것은 분명하다

(정은령, 2018). 팩트체크 저널리즘은 전통적인 저널리즘과 차이를 보이는 새로운 행태(류승희·정정주, 2020)로 구분되는데, 이는 기존 언론이 기본적으로 행해온 사실확인과 팩트체크 저널리즘이 추구하는 사실이 다르다는 것을 전제한다.

최근 들어 팩트체크 저널리즘에 대한 관심이 높아진 한국과 달리 미국에서는 1980년대 후반부터 저널리즘 혁신 운동의 일환으로 팩트체크 저널리즘이 시작되었고, 이는 저널리즘의 오랜 전통이었던 객관주의에 대한 비판과 반성, 회의에서 비롯되었다. 이나연(2018)은 19세기 미국에서 시작된 저널리즘의 객관주의 전통과 팩트체크 저널리즘을 비교하면서 팩트체크 저널리즘은 취재 및 보도에서의 투명성, 특정 정파에 유리하지 않은 불편부당성 그리고 무엇보다 근거에 입각한 검증을 중시함으로써 다른 방식의 객관주의를 수행한다고 설명한다. 팩트체크 저널리즘은 사실적 정보를 전달하는 데서 그치는 것이 아니라 진실성 여부에 대한 판단을 내린다는 점에서 객관주의 저널리즘과 구분되는 것이다(김선호·백영민, 2018).

그렇다고 팩트체크 저널리즘이 객관성을 배제하는 것은 아니다(정은령 등, 2020). 팩트체크 저널리즘은 사실과 의견의 분리가 가능하다는 객관주의 저널리즘의 신념체계를 견지하기 때문에 의견은 검증의 대상에서 배제한다. 팩트체크 저널리즘은 해석적 저널리즘과 객관주의 관행의 긴장과 교차점에 서 있으며 절충적인 위치에 있다고 평가된다(정은령 등, 2020). 이 과정에서 투명성은 객관성의 이상을 실질적으로 구현할 수 있는 가치로써 중시되기 시작한다(오세욱·황구현, 2018). 투명성은 사실의 전달이라는 객관성의 한계를 극복하면서 진위 여부를 판정할 검증 대상의 선택과 검증 과정, 검증 결과에 이르는 팩트체크 저널리즘의 전 과정에 요구되는 중요한 원칙이 되었다.

그러나 새로운 저널리즘 양식으로서 팩트체크 저널리즘을 둘러싼 논란도 적지 않다. 이러한 논란은 크게 팩트체킹 검증 대상의 선정, 검증 과정의 한계, 검증 결과에 대한 의혹, 팩트체크 기사의 효과 등에 대한 것으로 정리할 수 있다.

먼저, 팩트체킹 대상 선정과 관련한 편향성 논란이다. 사실 여부를 검증해야 할 수많은 사안 중에 일부만 검증할 수밖에 없는 현실에서 검증 대상을 선정하는 데 언론인 및 언론사의 주관성과 자의성이 작용할 수 있다는 지적과 정치적 편향성에 대한 논란이다(김선호·백영민, 2018; 김수정·정연구, 2021; 류승희·정정주, 2020; 정은령, 2018). 두 번째는 검증 과정에 대한 비판이다. 사실 여부를 검증하기 위한 근거 자료의 수집과 선택에도 편향이 발생할 수 있고, 이렇게 수집한 자료가 사실 여부를 검증하는 데 충분치 못할 수 있으며, 과학적 검증이 갖추어야 할 엄정성을 견지하지 못한다는 것이다(김선호·백영민, 2018; 류승희·정정주, 2020; 정은령 등, 2020). 세 번째는 검증 결과를 둘러싼 논란이다. 무엇을 기준으로 어떻게 해석하는지에 따라 사실 여부 판정이 달라질 수 있고, 검증 결과가 정치 편향적이라거나 검증의 목적이 정치적 논란을 불러일으키기 위한 것이라는 의혹이 제기되기도 한다(김선호·백영민, 2018; 김수정·정연구, 2021; 정은령, 2018). 네 번째는 팩트체크 뉴스의 효과에 대한 논란이다. 팩트체크 기사를 접한 이용자들이 팩트체크 결과와 일치하는 방향으로 자신의 의견이나 태도를 바꾼다는 '설득 효과' 가설과 이용자의 선유 경향에 따라 팩트체크 기사의 검증 결과를 수용하거나 거부하는 '부메랑 효과' 혹은 '역효과' 가설이 대립한다(김선호·백영민, 2018; 정성욱, 2021). 팩트체크 기사의 검증 결과가 자신의 정치적 의견과 일치하면 팩트체크 결과에 동의하지만, 자신의 정치적 의견과 상이할 경우 검증 결과를 거부하고 원래 자신이 가지고 있던 태도와 신념을 강화하는 결과로 이어지기도 한다는 것이다.

팩트체크 저널리즘 연구들은 팩트체크 저널리즘에 제기되는 논란에 대한 답을 찾고자 한 결과물들이라 할 수 있다. 팩트체크 기사 생산자들이 실제 어떻게 검증 대상을 선정하고 검증 과정을 수행하는지, 현재 한국 팩트체크 저널리즘에서 나타나는 특성은 무엇인지, 이용자들은 팩트체크 기사를 어떻게 수용하고 있는지 등을 살펴본 연구들을 통해 이러한 논란의 현주소를 짚어본다.

2) 팩트체크 저널리즘 생산자 연구

국내 팩트체크 기관과 매체의 팩트체크 현황을 분석한 류승희와 정정주(2020)의 연구에 따르면, 2020년 기준 국내 팩트체크 관련 서비스를 제공하는 기관과 매체는 총 73개인 것으로 나타났다. 73개 기관과 매체에는 유일한 학계 기관으로 서울대학교 언론정보연구소가 운영하는 SNU팩트체크와 함께 방송사 9개, 신문사 26개, 통신사 6개, 인터넷뉴스매체 27개, 잡지 서비스 4개가 포함되었다. 코로나19에 한해 팩트체크 현황을 분석한 결과, 2020년 1월 23일부터 8월 27일까지 53개 기관과 매체가 538건의 이슈에 대해 1,002회의 팩트체크를 수행한 것으로 나타났다. 국내에 팩트체크를 수행하는 매체 및 기관의 수도 적지 않을 뿐 아니라 코로나19라는 사회적 재난 상황에서 팩트체크 행위가 활발히 이루어졌음을 알 수 있다.

그러나 이러한 팩트체크 저널리즘을 직접 수행하는 언론인들을 대상으로 한 생산자 연구는 거의 이루어지지 않았다. 심층 인터뷰를 통해 팩트체크 저널리즘 생산 현장을 살핀 연구는 3건이었다(정은령, 2018; 2019; 홍원식, 2018).

팩트체크 뉴스가 전통적인 객관주의와 구분된다는 것은 팩트체크를 수행하는 언론인들의 인식에서도 관찰된다. 팩트체크 언론인들은 '팩트체크에서 다루는 팩트와 일반적인 기자들이 다루는 팩트는 다르다'고 인식한다(정은령, 2018). 팩트체크 보도 현장에서 객관적 진실은 객관주의에서 주장하는 취재나 보도의 관행 자체가 아니라 취재활동의 결과로 발견할 수 있는 목표로 정의되며(홍원식, 2018), 최종적이며 불가역적이기보다는 검증 과정에서 동원할 수 있는 모든 증거를 동원해서 찾아낸 제한적이며 잠정적 진실(정은령, 2018)로서 의미를 갖는다. 홍원식(2018)은 객관성에 대한 이 같은 해석이 "궁극적 사실을 지향하는 플로우의 한 단계"로서 언론인들에게 진리 탐구의 윤리 규범으로 작동하며 실용성을 획득한다고 의미를 부여했다.

한국에서 팩트체크 저널리즘이 출현하게 된 계기에 대해 언론인들은 '받아쓰기 보도'에 대한 성찰과 총체적인 '신뢰의 위기'에 덧붙여 인터넷으로 인한 미디어 환경의 변화를 꼽고 있다(정은령, 2018; 2019). 이러한 인식은 온라인 환경 이전부터 팩트체크 저널리즘이 등장한 미국과 달리 한국에서 팩트체크 저널리즘은 기존의 보도 관행에 대한 반성이라는 내부적 동인과 함께 인터넷과 모바일, 포털을 통한 뉴스 소비 환경에서 형성된 무한 경쟁이라는 외부적 동인에 의해 촉발된 측면도 있다는 것을 보여준다.

팩트체크 저널리즘에 제기되는 논란 중 하나는 검증 대상의 선정과 검증 과정, 판정 결과에 편향성이 작동한다는 것이다. 언론인들은 검증 대상의 선정에 있어 소속사와 기자의 정치적 경향성이 일정 부분 작동한다는 것을 부정하지 않았다. 방송 뉴스의 경우에는 방송 가능성도 고려된다(정은령, 2018; 2019). 다만, 검증 과정이나 판정에는 정치적 편향성이 개입할 여지가 적다고 인식한다(정은령, 2018).

언론인들은 팩트체크 기사의 보도 양식이 기존의 취재보도 양식과 상이하고, 팩트체크 저널리즘이 한국의 기존 보도 관행에 긍정적 변화를 가져올 수도 있지만, 언론사 간 갈등을 심화시킬 수도 있다고 인식했다. 내부적으로는 뉴스룸 내 인력난이나 부서 간 장벽의 문제를 극복해야 하고, 외부적으로는 팩트체크 대상이 되는 정치적 주체들로부터의 압력과 시청률이나 조회 수 등 상업적 가능성에 대한 압박도 넘어서야 한다(정은령, 2018; 2019).

팩트체크 기사를 생산하는 언론인과 생산 현장에 대한 연구는 아직 충분히 이루어지지 못했고, 많은 후속 연구과제가 남겨져 있는 상황이다. 예를 들어, 언론인들이 검증 대상 선정에 정치적 편향성을 배제할 수 없다고 인식하고 있다면, 검증 대상 선정에 편향성이 어떠한 방식으로 개입하고 있는지, 뉴스룸 내부의 아이템 선정 경로는 어떠한지 등을 살펴봐야 할 것이다(정은령, 2018). 또한 팩트체크 언론인이 아닌 뉴스룸의 다른 구성원들이 팩트체크 저널리즘을 어떻게 인식하고 있는지에 대한 비교 연구도 수행할 필요가 있다(정은령, 2018). 이 외에도 실제 검증 과정이 어떻게 이루어지는지, 팩트체크 기사 작성에서 중요하다고 인식하는 요소나 팩트체크를 수행하면서 겪는 애로사항 등을 포함해 팩트체크 저널리즘의 양적 확산과 질 제고를 위해 고려되어야 하는 요인들을 현장 연구로부터 도출할 수 있을 것이다.

3) 팩트체크 저널리즘 메시지의 특성

팩트체크 저널리즘 생산자 연구에 이어 현재 국내 팩트체크 검증 대상과 주제는 어떤 분야에서 나타나며, 기사의 형식적·내용적 특성은 무엇인지 등을 통해 국내 팩트체크 뉴스의 현주소를 진단한 연구들을 살펴본다.

국내 팩트체크 보도의 검증 대상과 주제는 정치 분야가 가장 많은 것으로 나타난다(김수정·정연구, 2021; 백강희, 2020; 오세욱·황구현, 2018; 이나연, 2018). 팩트체크 저널리즘이 정치인들의 부정확한 발언을 검증 없이 인용 보도하는 것에 대한 반성으로부터 출발했고, 정치적 논쟁에 대해 언론이 판단의 근거를 제시한다는 팩트체크 저널리즘의 특성을 감안하면 정치인의 발언이나 정치 주제가 가장 많은 검증 대상이 되는 것은 당연하다. 그러나 앞서 살펴본 허위조작정보의 생산과 유통 현황에서도 드러나듯이, 허위조작정보는 비정치인 주체들이 생산하는 경우도 적지 않고, 주제 역시 정치적 정보 외에도 건강이나 의료, 식품, 북한 등 광범위한 영역에 걸쳐 있으며, 유통 경로 역시 인터넷 기반의 플랫폼과 소셜 미디어 등으로 다변화되고 있음을 감안하면, 현재 우리나라의 팩트체크가 정치 이슈에 편중된 면이 있고 실제 허위조작정보의 양상과는 일견 괴리가 있음을 보여주는 것이기도 하다.

팩트체크의 검증 대상 선정에 '선택 편향'이 나타나는지에 대한 연구 결과는 엇갈린다. 이나연(2018)은 언론사가 정파성에 따라 특정 후보자를 더 많이 검증했는지를 분석했는데, 언론사별로 선택 편향의 가능성은 높지 않았다고 결론내렸다. 반면, 최영준(2018)은 보수 성향의 신문사에서 팩트체킹을 더 많이 수행하면서 보수진영 후보에 대한 팩트체킹은 적게 수행하는 방식으로 보수후보 살리기 프레임을 드러냈다고 지적한다.

팩트체크의 결과에 대해서도 상이한 연구 결과가 제시되고 있다. 김수정과 정연구(2021)는 JTBC의 '팩트체크'와 TV조선의 '따져보니' 코너에서 11건의 검증 주제가 겹쳤지만 판정 결과는 대체로 유사한 것으로 나타났다고 밝혔다. 이나연(2018)의 연구에서도 2개 이상의 언론사가 같은 발언을 검증한 55건의 기사 중 22건의 판정 결과가 완전히 일치하는 것으로 나타났다. 그러나 복수 언론사의 교차 검증 팩트체크 기사 50건을 분석한 백강희(2020)에 따르면 언론사 간 교차 검증 결과가 전혀 일치하지 않는 정보는 27건이었으며, 10건이 60% 이상의 일치율을, 3건이 50%의 일치율을 보이는 등 불일치 비율이 높은 것으로 나타난다.

형식적 측면에서 팩트체크 기사는 일반 기사와 차이를 보인다. 보통 짧은 방송뉴스가 90초인 것에 비해 팩트체크 방송뉴스의 평균

방송시간은 211.79초였고(김수정·정연구, 2021), 팩트체크 기사의 평균 길이는 2,002자(최소 540자, 최대 4,948자)로 국내 언론사의 평균적인 기사 길이에 비해 다소 길었다(이나연, 2018). 또한 서두에 핵심적인 내용을 제시하는 역피라미드식 서술보다 피라미드에 가까운 기승전결의 구조를 취하는 특성이 뚜렷하다(정은령 등, 2020).

한국의 팩트체크 기사에 공통적으로 지적되는 문제는 투명성이다. 팩트체크 기사의 투명성을 투명 취재원 사용, 익명 취재원 사용 및 이유 공개, 수정 내용의 공개 등 3개 항목으로 측정한 이나연(2018)에 따르면 팩트체크 기사의 투명 취재원은 평균 2.69건, 익명 취재원은 평균 0.89건이었다. 정은령 등(2020)의 연구에서 팩트체크 기사에서 활용된 투명 취재원은 1.51건이었다. 이 같은 결과는 국내 주요 일간지 1면을 분석해 밝힌 선행연구의 2.6건(박재영·이나연, 2018)보다 적거나 비슷한 숫자다. 대부분의 팩트체크 기사에서 익명 취재원을 사용한 이유나 배경을 밝히지 않았고, 팩트를 뒷받침하는 근거자료, 원문 출처 URL 등의 표기를 제대로 하지 않고 있으며, 검증 결과를 수정한 경우 어떤 내용이 수정되었는지 수정 내용이나 이유도 명시하지 않는 것으로 나타난다(오세욱·황구현, 2018; 이나연, 2018; 정은령 등, 2020).

국내 팩트체크 기사는 최근 몇 년간 양적으로 성장했지만, 신뢰받는 언론의 대표적 양식으로 성장을 지속하기 위해서는 팩트체크 기사의 품질에 대한 고민이 필요한 시점이다. 충실성과 투명성의 제고, 기사 서술 형식의 다양성 등 팩트체크 기사의 질 제고와 관련한 연구들이 이루어져야 할 필요가 있다. 정성욱(2021)은 팩트체크 뉴스가 영향력 있는 뉴스가 되기 위해 어떤 서술 방식을 택하는 것이 보다 효과적인지를 실험연구를 통해 탐색했는데, 가능한 명시적인 판정 문구와 시각적 이미지를 추가하는 것이 도움이 된다는 것을 밝혔다. 정성욱과 윤석민(2021)은 팩트체크 뉴스의 판정 결과에 대한 수용자들의 '동의 정도(extent of agreement)'를 증가시키기 위해서는 수준 높은 팩트체크 뉴스, 즉 설득 효과를 높일 수 있는 고품질의 팩트체크 뉴스 제작이 요구된다고 설명한다. 공인된 기관의 자료, 해당 분야 전문가나 기관을 대표할 수 있는 인물의 인터뷰 등을 활용해 근거자료의 신뢰성을 높이고, 수용자가 판정 결과를 이해하는 데 어려움이나 혼란을 느끼지 않도록 처음부터 끝까지 일관되게 만드는 뉴스 작성 기술이 요구된다는 것이다.

팩트체크 기사를 어떻게 구성하는 것이 독자의 이해와 동의 등을 이끌어내는 데 효과적인가 하는 문제를 비롯해 팩트체크 저널리즘의 품질 제고를 위한 후속 연구과제가 적지 않다. 팩트체크 기사의 충실성과 신뢰도, 투명성 등을 제고하기 위해서는 검증을 수행하는 기자들을 대상으로 현장의 한계를 살펴 개선 방안을 모색해야 할 것이다. 또한 국내 팩트체크 기사의 현황과 수준을 파악하기 위해 한국보다 팩트체크 저널리즘이 먼저 시작된 해외 팩트체크 기사들과 비교 분석을 수행하거나 국제팩트체킹연맹(International Fact Checking Network, IFCN)의 준칙을 중심으로 국내 팩트체크 기사들을 내용분석할 필요도 있을 것이다(이나연, 2018). 이와 함께 검증 방식의 차이나 팩트체크 뉴스의 품질 차이가 수용자의 오지각을 교정하는 데 실제 효과가 있는지를 살펴보는 경험적 연구들도 이루어져야 할 것이다(윤석민, 2020; 정은령 등, 2020).

4) 팩트체크 저널리즘은 수용자에게 어떤 영향을 미치는가

팩트체크 뉴스는 수용자가 접한 잘못된 정보에 대한 인식과 태도를 바꾸는 데 효과가 있는가. 팩트체크 저널리즘의 확산에도 불구하고 수용자의 특징과 팩트체크 뉴스의 영향 등에 대한 연구는 아직 충분히 이루어지지 않았으며(고예나 등, 2021; 백영민·김선호, 2017; 정성욱·윤석민, 2021), 연구 결과도 일정한 방향으로 수렴되지 않는다. 팩트체크 뉴스는 주로 어떤 수용자들이 접하는지, 팩트체트 뉴스를 접한 수용자들의 허위조작정보 인식과 태도에는 어떤 변화가 있는지, 팩트체크 뉴스의 판정 결과에 대해 수용자들이 얼마나 동의하고 이를 공유하는지 등은 팩트체크 저널리즘의 지속 가능성과 방향을 가늠하는 데 핵심적인 연구주제들이라 할 수 있다.

지금까지 국내에서 이루어진 팩트체크 수용자 연구는 방법론적으로 대부분 실험연구를 활용하는 경향을 보인다(김민경, 2020; 김선호·백영민, 2018; 박진우, 2021; 염정윤·정세훈, 2018; 정성욱·윤석민, 2021). 이론적으로는 적대적 매체지각(박진우, 2021; 염정윤·정세훈, 2018), 동기화된 추론(박진우, 2021; 염정윤·정세훈, 2018; 정성욱·윤석민, 2021), 정교화 가능성 모델(고예나 등, 2021; 염정윤·정세훈, 2018; 정성욱, 2018), 제3자 효과 이론(백영민·김선호, 2017) 등을 토대로 하고 있다.

팩트체크 뉴스를 접하는 수용자들을 이해하려는 시도는 우선 누가 팩트체크 뉴스를 보는지에서부터 시작되어야 할 것이다. 팩트체크 뉴스 이용자의 특성을 인구통계학적 차원에서 파악하고자 한 백영민과 김선호(2017)는 젊은 유권자일수록 팩트체크 뉴스를 접할 가능성이 더 높게 나타났지만 성별과 교육 수준, 소득 수준은 팩트체크 노출여부에 큰 영향을 미치지 않는다고 밝혔다. 김형지 등(2020)의 연구에서도 연령은 중요한 변인이었다. 나이가 많아질수록 가짜뉴스와 팩트체크 뉴스를 모두 접할 가능성이 낮았다. 정치성향의 경우 진보적이고 정치 지식 수준이 높으며, 정치 참여 수준이 높을수록 팩트체크 뉴스를 접했을 가능성이 더 높았다(백영민·김선호, 2017). 또한 TV, 인터넷, SNS 같은 다양한 미디어 채널을 통해 뉴스를 이용할 때 팩트체크에 노출될 가능성이 높은 것으로 나타났다(김형지 등, 2020). 가짜뉴스를 심각하게 인식할수록 팩트체크 뉴스에 노출될 가능성이 더 높게 나타나며(백영민·김선호, 2017) 팩트체크 뉴스의 유용성에 대한 인식도 높았다(김형지 등, 2020). 그러나 팩트체크 뉴스를 경험한 이용자들은 팩트체크의 교정 효과를 상대적으로 높게 평가하지는 않았다(김형지 등, 2020). 팩트체크 뉴스가 신뢰할 만한 정보로서 이용자들을 설득하기에 여전히 역부족이고, 팩트체크 뉴스의 노출은 뉴스와 사회에 대한 회의주의(skepticism)를 유발해 오히려 불신하는 태도를 가져올 수도 있다는 것이다(김형지 등, 2020).

그렇다면 팩트체크 뉴스의 효과는 무엇인가. 팩트체크의 판정 결과에 동의하는 것이 효과인지, 자신이 알고 있었던 오정보를 교정하는 것이 효과인지 혹은 자신의 입장을 바꾸지 않는 보강 효과도 효과로 봐야 하는 것인지 지금까지의 논의만으로는 정리하기가 쉽지 않다. 김선호와 백영민(2018)은 팩트체크 뉴스의 판정을 접한 이용자가 정치적 선유경향과 무관하게 팩트체크 뉴스의 판정 결과로 자신의 입장을 바꾸는 '설득 효과'와 정치적 선유경향과 부합할 경우에만 팩트체크 뉴스의 판정을 수용하는 '부메랑 효과'로 구분했고, 정성욱(2018)은 팩트체크 판정 결과에 대한 동의 정도가 감소하는 것을 '역효과'로 지칭했다. 언론이 팩트체크 보도를 통해 가짜뉴스를 다룸으로써 뉴스를 보는 사람들의 머릿속에는 팩트체크의 결과가 아닌 가짜뉴스의 자극적 내용만 남는다는 '부정적 효과'를 언급하는 연구(김민경, 2020)도 있다.

팩트체크 효과의 개념을 조작적으로 정의하는 연구들은 팩트체크 효과를 다양하게 측정하고 있다. 가짜뉴스에 대한 동의 정도나 가짜뉴스의 심각성 인식(김선호·백영민, 2018; 정성욱, 2018), 아나운서 및 방송사에 대한 신뢰도(안지수, 2019; 정성욱·윤석민, 2021), 정보 유용성 평가(김민경, 2020; 안지수, 2019), 팩트체킹 효과성 인식(염정윤·정세훈, 2018), 이해와 동의 정도, 추가 정보 확인 욕구(김민경, 2020; 정성욱,

2021), 가짜뉴스에 대한 감정적 태도나 메시지 관련 행동 의도(김민경, 2020), 뉴스 공유 행위(백영민·김선호, 2017) 등 인지적·감정적·행동적 차원에서 팩트체크 효과를 측정하고자 하는 연구들이 수행되었다.

김민경(2020)은 인지적 차원에서 팩트체크 뉴스는 뉴스 소비자들에게 상당한 효과를 발휘한다는 사실을 확인했지만 이러한 효과가 뉴스 소비자들의 태도나 행동 차원으로까지는 이어지지 않는다고 설명한다. 신념과 일치하는 가짜뉴스에 대한 팩트체크 기사의 정정 가능성에 대한 해석은 엇갈린다. 염정윤과 정세훈(2018)은 신념과 일치하는 가짜뉴스라도 팩트체크 결과에 대한 근거 제시와 강한 주장 등 적절한 조건하에서는 잘못된 인식이 정정될 수 있는 가능성을 제시한다. 반면, 박진우(2021)는 가짜뉴스가 기존 신념과 일치하는 수용자의 경우, 팩트체크 뉴스의 효과는 정보원이 우호적이고 품질이 높은 경우에만 매우 제한적으로 나타날 수 있다고 주장한다. 팩트체크 뉴스가 가짜뉴스의 이용과 부정적 확산을 방지하는 근본적인 해결책이 되기는 어려우며, 때에 따라서는 가짜뉴스 확산을 오히려 증폭하는 기제로 작용할 수도 있다는 것이다(박진우, 2021). 한편, 정성욱(2018)은 팩트체크 뉴스의 판정 결과에 동의 정도가 감소하는 역효과가 일어날 수 있다는 것을 확인했다. 흥미로운 지점은 팩트체크 뉴스의 판정과 자신들의 의견이 일치하는 수용자 집단에서 역효과가 발생했고, 팩트체크 결과 '대체로 사실'이라는 판정을 받은 메시지에서 역효과가 나타났다는 점이다. 이에 대해 연구자는 팩트체크 뉴스 판정과 일치하는 의견을 가졌던 수용자들이 '완전한 사실'로 판정할 수 없는 근거를 알게 됨으로써 자신의 동의 정도를 줄이게 된 것이라고 설명한다.

팩트체크 뉴스의 효과는 자신보다 남에게 더 클 것이라고 인식하는 제3자 효과도 관찰된다. 팩트체크 뉴스를 접한 수용자들은 자신보다 남들이 팩트체크 뉴스로부터 더 큰 영향력을 받았을 것으로 인식하고, 자신에게 영향을 미쳤다는 제1자 인식이 강할수록 팩트체크 뉴스 공유 행동을 더 빈번하게 수행했다. 이는 팩트체크 뉴스 공유 행위가 타자에 대한 우려보다는 정치적 자기표현의 형태임을 의미한다(백영민·김선호, 2017). 그러나 왜 팩트체크 수용자들이 '제3자 효과'를 보였는지에 대해서는 설명이 쉽지 않다. 허위조작정보에서 입증된 제3자 효과처럼(김유미, 2021; 허윤철, 2020) 제3자 효과는 사회적으로 바람직하지 않은 커뮤니케이션 메시지에서 강하게 나타나는 경향이 있는데, 팩트체크 뉴스에서 제3자 효과가 나타난 것이 팩트체크 뉴스를 부정적인 메시지로 인식한다는 근거라고 보기는 어렵기 때문이다.

팩트체크 뉴스의 효과 중 하나로 언론의 신뢰도에 대한 영향을 탐색한 연구들은(안지수, 2019; 정성욱·윤석민, 2021) 팩트체크 뉴스가 직간접적으로 매체 신뢰도에 영향을 줄 수 있다는 것을 보여준다. 팩트체크 코너가 있는 뉴스를 시청한 소비자들은 그 뉴스의 내용이 더 유용하다고 느꼈고, 뉴스를 전달하는 아나운서와 뉴스를 제작한 방송사 역시 더 신뢰할 만하다고 느끼는 것으로 나타났다(안지수, 2019). 그러나 팩트체크 뉴스에 노출되었다는 이유만으로 매체 신뢰도가 증가하는 것은 아니며, 팩트체크 뉴스에 노출된 후 판정 결과에 대한 수용자의 '동의 정도'가 증가할 때 매체 신뢰도가 증가했다(정성욱·윤석민, 2021). 따라서 팩트체크 뉴스를 수용자에게 가급적 많이 노출하는 것이 1차적 목적이지만, 팩트체크 뉴스의 판정 결과에 대한 수용자들의 '동의 정도'를 증가시키는 것이 실질적으로 더욱 중요한 과제가 된다.

팩트체크 뉴스 효과에 영향을 미치는 변인들로는 수용자의 기존 신념, 정보원 우호도, 팩트체크 뉴스의 품질 등이 제시되고 있다(박진우, 2021; 염정윤·정세훈, 2018; 정성욱, 2018; 정성욱·윤석민, 2021). 정보원 우호도는 기존 신념과 결합해 팩트체크 기사의 효과에 영향을 미친다. 자신의 신념과 일치하는 가짜뉴스의 경우 비우호정보원이라도 팩트체크 결과에 대한 근거를 제시하면 긍정적인 평가가 증가했고, 우호정보원이라도 적절한 근거를 제시하지 않으면 팩트체크에 대한 평가가 낮아졌다. 신념과 불일치하는 가짜뉴스에 대해서는 우호정보원이 비우호정보원에 비해 긍정적으로 평가받는 경향이 나타났다(염정윤·정세훈, 2018). 박진우(2021)의 연구에서는 팩트체크 뉴스가 기존 신념과 일치하지 않을 때 팩트체크 뉴스의 품질보다 팩트체크 정보원 우호 여부에 보다 더 큰 영향을 받는 것으로 밝혀졌다.

팩트체크 뉴스의 품질은 팩트체크 뉴스의 효과에 매우 중요한 요인이다. 염정윤과 정세훈(2018)은 정보원 우호도와 상관없이 약한 근거를 지닌 팩트체크 판정보다 강한 근거를 포함하는 팩트체크의 주장에 대해 검증 결과를 수긍하는 정도가 높았다는 연구 결과를 제시했다. 매체에 대한 정파성 인식의 차이(예: JTBC와 TV조선)보다 팩트체크 품질 자체에 의해 응답자들의 동의 정도가 높을 수 있다는 것이다. 이러한 결과는 팩트체크 뉴스의 존재만으로는 가짜뉴스 인식을 교정하기에 충분치 않고, 논리적이고 근거가 타당하며 설득력 있는 강한 주장의 고품질 팩트체크 뉴스가 필요하다는 것을 보여준다(박진우, 2021; 정성욱·윤석민 2021).

팩트체크 뉴스의 효과를 실증적으로 검증하고자 한 연구들은 대부분 실험연구 방법을 택하고 있다. 실험에 참여한 미디어 이용자들은 무작위로 배치된 팩트체크 뉴스에 강제 노출되는데 이는 이용자들의 평소 미디어 이용행태와 다른 환경이라는 점에서 실험연구의 한계가 지적된다(고예나 등, 2021; 김선호·백영민, 2018; 김형지 등, 2020; 임한 등, 2021; 정성욱, 2018). 이러한 문제의식하에 설문조사나 이용자 댓글 분석 연구 등도 수행되었다.

팩트체크 뉴스에 대한 댓글 행위는 가짜뉴스나 일반 뉴스와 차이를 보인다. 수용자들은 가짜뉴스보다 팩트체크 뉴스에 '댓글' 행위를 더 많이 수행하는 것으로 나타났는데(김미경, 2020), 이는 수용자들이 팩트체크 뉴스를 더 신뢰하고 직접적인 의견표명을 통해 적극적이고 의미 있는 상호작용을 하고 있음을 보여주는 것이다. 이러한 결과는 또 다른 연구에서도 확인된다. 뉴스 이용자들이 실제로 팩트체크 뉴스를 어떻게 받아들이고 있는지, 각 뉴스의 댓글 공간에서는 어떤 상호작용이 일어나고 있는지를 탐색한 고예나 등(2021)은 팩트체크 뉴스가 일반뉴스보다 댓글도 많고 감정적 반응도 많다는 것을 밝혔다. 또한 팩트체크 뉴스의 댓글란에서는 지속적인 논쟁을 통해 의견이 서서히 수렴되는 반면, 일반 뉴스의 댓글란에서는 논쟁이 순식간에 발생하고 해소되기 때문에 의견이 제대로 수렴되지 않고, 따라서 논쟁이 재발화하는 양상을 보이는 것도 특징이다. 이러한 결과는 팩트체크 뉴스의 댓글 공간이 난장으로서의 성격도 가지고 있지만 공론장으로서의 잠재력 역시 동시에 가지고 있음을 의미한다. 팩트체크 뉴스에 달린 이용자의 댓글들은 팩트체크 뉴스가 유발하지 못하는 행동 차원의 영향력을 갖기도 한다. 팩트체크 뉴스는 이용자의 인지적 판단 교정에 효과가 있지만 그 이상의 행동을 이끌어내지는 못하는 반면, 댓글을 통한 타인의 힘은 주위와 정보를 교류하거나 더 적극적으로 정보를 탐색하는 실제 행동을 유발하는 것으로 나타났다(김민경, 2020).

한편, 미디어의 팩트체크 행위가 아닌 개인 차원의 팩트체크 효과를 탐색한 연구도 있었다(임한 등, 2021). 연구 결과, 개인이 팩트체크 행위를 수행한 이후 자신과 일치하는 정치 성향을 가진 사람들과 동질적 대화를 적극적으로 할수록 정치적 양극화가 더 증가하고, 자신과 다른 정치 성향을 가진 사람들과 이질적 대화를 할수록 정치적 양극화를 감소시키는 것으로 나타났다. 팩트체크 행위를 통해 접하게 된 정보는 누구와의 커뮤니케이션에서 어떻게 활용하는지에 따라 정치적 양극화에 긍정적 또는 부정적인 영향을 미치는 '양날의 검(double-edged sword)'이 될 수 있다는 것이다.

팩트체크 뉴스를 접한 수용자의 인식과 태도 변화 등에 대한 연구는 아직 충분히 이루어지지 않았고, 후속 연구과제도 적지 않다. 어떤 수용자들이 어떤 팩트체크 뉴스를, 어떤 경로를 통해 접하는지, 팩트체크 뉴스가 다루는 검증 대상의 성격이나 사실 여부 판정 방식에 따라 팩트체크 뉴스를 접한 수용자들의 인식 및 반응에 어떠한 차이가 나타나는지, 팩트체크 뉴스의 효과는 실재하는지, 팩트체크 뉴스의 효과에 영향을 미치는 변인에는 어떠한 것들이 있는지 등은 여전히 미지의 영역이다. 팩트체크 뉴스의 설득 효과에 대한 세분화된 개념 정의부터 효과에 영향을 미치는 변인, 팩트체크 주제에 따른 효과의 차이 등에 대해 실험연구와 설문조사, 빅데이터 분석 등 다양한 연구방법을 통해 논의들이 축적되어야 할 것이다. 예를 들어 팩트체크 뉴스의 효과는 허위정보에 대한 인식이 교정되는 경우부터 팩트체크 결과 대신 허위정보 내용만 기억하는 경우, 팩트체크 판정 결과와 무관하게 자신이 가지고 있던 신념을 강화하는 경우 등 다양한 방향에서 나타날 수 있다. 또한 오정보에 대한 교정 같은 인지적 효과 외에 부정적 감정 등 태도와 관련된 측면, 뉴스 공유나 댓글 달기 같은 미디어 행위, 투표 여부나 감염병 예방을 위한 실제 행위 등 행동 측면에서의 효과 등을 구분해 살펴볼 필요가 있다. 이와 함께 팩트체크 뉴스의 효과에 영향을 미치는 변인들을 탐구하고 밝힘으로써 팩트체크 뉴스의 긍정적 효과를 제고할 수 있는 방안을 모색할 수 있다. 팩트체크 주장의 품질이 팩트체크 뉴스의 효과에 영향을 미친다는 것을 고려하면, 팩트체크 뉴스의 품질을 구성하는 요소들과 품질 제고 방안에 대한 연구가 추가적으로 수행되어야 할 것이다(염정윤·정세훈, 2018). 한편, 팩트체크 뉴스의 주제에 따라 영향을 미치는 변인들과 설득 효과가 상이하게 나타날 수 있는지를 살피는 연구들도 진행될 필요가 있다. 정치적 성향이 개입할 가능성이 있는 정치 분야의 팩트체크 뉴스와 건강 및 공중보건과 관련되는 팩트체크 뉴스에서 나타나는 효과의 정도나 방향성 등은 다를 수 있고, 효과에 영향을 미치는 변인도 상이할 수 있다.

팩트체크 뉴스의 효과에 영향을 미치는 변인들에 대한 연구는 팩트체크 뉴스의 교정 효과를 촉진하는 방안을 모색하는 데 함의를 제공할 수 있다. 연령이 팩트체크 노출과 효과의 주요한 변인이라면 연령을 고려한 팩트체크 뉴스의 작성과 유통 경로를 고민해야 할 것이다. 개인의 선유경향, 정치적 성향이 팩트체크 뉴스의 수용에 영향을 미친다면 정치적 성향을 극복할 수 있는 팩트체크 뉴스의 검증 방식은 무엇인지 탐색할 필요가 있다. 팩트체크 저널리즘은 허위조작정보에 대응하는 가장 바람직한 방안 중 하나이고, 그 효과적인 측면에서도 의미를 갖지만, 계층 간 정보격차 및 정치성향에 따른 정치적 양극화를 심화할 위험 또한 내재한다는 지적(백영민·김선호, 2017)은 팩트체크 뉴스 이용자에 대한 심층적인 이해와 세밀한 연구가 이루어져야 함을 시사한다.

5) 자동화된 팩트체크의 의의와 한계

팩트체크 저널리즘에 제기되는 검증 대상 선정의 편향성이나 검증 과정의 편향에 대한 논쟁들은 기술적 해결책을 모색하고자 하는 논의들로 이어졌다. 기존 언론을 통해 보도되는 정치인들의 발언 외에도 소셜 미디어를 통해 '사실확인'이 필요한 텍스트가 급격히 증가하고, 검증 대상을 선정할 때 개입되는 편견과 '사실확인'이 갖고 있는 정치적 속성으로 인해 사실을 자동으로 확인하고자 하는 기술적 시도들이 등장하게 된 것이다(오세욱, 2017). 오세욱(2017)은 자동화된 사실확인 기술을 지식 기반(knowledge based) 방식, 맥락적(contextual) 방식, 형식 기반(style based) 방식, 기계학습(machine learning) 방식 등 네 가지로 구분하고, 구글의 '지식 금고(Knowledge Vault)', 미국 인디애나 대학교의 복잡 네트워크와 시스템연구센터(Center for Complex Networks and Systems Research) 연구팀이 제시한 '지식 그래프', 구글 뉴스의 '팩트체크', 미국 텍사스 대학과 듀크 대학, 스탠퍼드 대학 연구진과 구글 리서치 팀이 공동으로 진행 중인 '클레임버스터(ClaimBuster)' 등을 소개했다. 그러나 이러한 자동 사실확인 기술들은 사실 여부를 최종적으로 확인하기보다는 사실 여부 확인이 필요한 정보를 빠르게 찾아주는 수준이라는 지적이다(오세욱·황구현, 2018).

우리나라에서 자동화된 '사실확인' 기술이 아직 초기 단계에 머물러 있는 이유는 한국어 자연어 처리 기술의 어려움 때문이다. 정성욱과 이준환(2019)은 한국어 자연어 처리의 어려움을 고려해, 내용분석이 아니라 SNS에 메시지를 올리는 사용자의 다양한 특성과 트윗이 가지고 있는 특이점 등을 활용해 거짓정보를 판단할 수 있는지 확인해보고자 했다. 연구 결과 '거짓정보에만 좋아요를 누른 사용자 개수', '사실정보에만 좋아요를 누른 사용자 개수', '거짓정보에 가장 많이 좋아요를 누른 사용자', '사실이나 의견 트윗에만 좋아요를 누른 사용자', 48시간 안에 같은 내용으로 또다시 올려진 트윗, 트윗의 글자 수, 거짓정보를 올릴 가능성이 높은 사용자 변인 등이 거짓정보 판별에 유의미한 영향을 미치는 것으로 나타났다. 이러한 연구 결과는 확증 편향이 거짓정보를 찾아내는 데 결정적 단서가 될 수 있다는 것을 의미하는데, 거짓정보에 '좋아요'를 누른 트윗 사용자들은 비슷한 내용의 거짓정보를 담고 있는 트윗에 또다시 '좋아요'를 누를 가능성이 높음을 보여주기 때문이다.

자동화된 사실확인 기술 사례는 앞으로도 계속 개발될 것이지만,

이 같은 기술은 사람의 판단을 돕는 유용한 도구이지(오세욱, 2017) 최종적인 결정을 내릴 수 없다는 한계를 갖는다(김수정·정연구, 2021). 사람의 행위를 학습해 결과로 제시하는 기계의 속성상 자동화된 '사실 확인' 기술의 기준이자 학습 대상이 되는 것은 기존 기사이고, 따라서 기존 기사의 신뢰도 제고가 선행되어야 하는 것이다. 다만, 자동화된 기술이 언론의 투명성을 높이고 검증 대상의 선정에 개입될 수 있는 편견을 배제할 수 있는 유용한 도구로 활용될 가능성을 부정할 필요는 없을 것이다.

6. 나가며

허위조작정보의 확산과 팩트체크 저널리즘의 출현은 커뮤니케이션학에 새로운 연구 문제와 학술적 고민을 던졌다. 오정보와 허위정보 자체는 인간 사회와 함께해온 현상이었지만, IT의 발전과 변화하는 미디어 환경은 그 생산과 유통을 획기적으로 바꿔놓았고, 정치적 사건들과 결합하면서 허위조작정보를 둘러싼 논의의 양과 범위는 증폭되었다.

국내에서 지난 5년여간 이루어진 학술적 논의들은 한국 사회에 문제적 커뮤니케이션 현상으로 제기된 허위조작정보의 실태를 파악하고 관찰하며 설명하고자 하는 시도들이라 할 수 있다. 사회과학은 태생적으로 그 사회의 맥락에서 자유로울 수 없다. 허위조작정보가 도대체 무엇인지, 확산 경로와 영향력은 어느 정도인지에 대한 면밀한 논의보다 허위조작정보의 법적 규제 논란에 대응하고자 하는 연구들이 더 많이 이루어진 것은 허위조작정보를 대하는 우리 사회의 관점을 방증하는 것이기도 하다.

허위조작정보에 대한 학술적 논의들은 허위조작정보를 누가, 왜 생산하며, 어떠한 경로를 통해 확산, 전파되고, 허위조작정보를 접한 수용자들의 인식과 태도, 식별 능력과 그에 영향을 미치는 요인들은 무엇인지에 대한 연구를 축적해왔지만, 여전히 갈 길이 멀다. 한편에서는 허위조작정보의 확산과 영향이 지나치게 과장되어 있고, 과도한 사회적 불안감이 입법안으로 반영되고 있다고 보는 반면(황용석 등, 2018), 다른 한편에서는 허위조작정보가 특정 개인과 집단을 공격하고 혐오를 조장하며 이념, 지역, 종교, 성별, 세대 간의 갈등을 증폭해 사회 통합을 방해할 가능성이 높아 법적·제도적 해결책을 모색해야 한다고 제언한다. 이러한 논쟁에 합리적인 답을 찾기 위해서는 허위조작정보의 실태와 해악에 대한 경험적·실증적 연구가 더 많이 축적되어야 한다. 학문적으로 허위조작정보를 과학적으로 설명하려는 시도는 우리 사회에서 정치적 논란과 맞물려 정치과잉화되고 있는 허위조작정보 논의의 지형을 합리적인 논의의 장으로 바꿔놓는 데 유용할 것이기 때문이다.

허위조작정보에 대한 논의에서 빼놓을 수 없는 것은 기존 언론에 대한 불신과 저널리즘의 위기가 허위조작정보의 등장 및 부상과 깊이 관련되어 있다는 점이다. 허위조작정보 현상은 궁극적으로 전문직 저널리즘이 제공하는 뉴스가 그만큼 정확하지 못하기 때문에 역설적으로 벌어지는 논란이라는 측면에서 저널리즘 위기 담론과 맞닿아 있다(김수미, 2019; 박진우, 2021). 정치적 양극화 속에 언론이 자신의 정파성과 정치적 이해관계에 따라 허위조작정보 담론을 양산하기도 한다(강주현, 2019). 허위조작정보에 대한 논의는 전통적 미디어의 위기, 저널리즘 제도의 위기에 대한 대응으로 치환될 필요가 있다. 정치와 미디어, 대중의 관계에 대한 탐색과 성찰, 허위조작정보가 초래한 정보질서의 혼란을 타개할 뉴스와 저널리즘의 역할에 대한 논의가 필요한 시점인 것이다(박진우, 2021).

이러한 관점에서 팩트체크 저널리즘은 허위조작정보에 대한 대응 방안으로서 저널리즘적 실천을 대표한다. 팩트체크 저널리즘에 대한 학술적 논의들은 새로운 대안적 양식으로서 팩트체크 저널리즘의 등장 배경과 팩트체크 뉴스를 생산하는 현업 언론인들에 대한 관찰, 팩트체크 뉴스의 특성과 수용자들의 인식 및 교정 효과 등을 살펴왔다. 그러나 팩트체크 저널리즘에 대한 연구는 팩트체크 저널리즘의 짧은 역사만큼이나 시작 단계에 불과하다. 팩트체크 뉴스 생산 현장에 대한 밀착 연구, 어떻게 기사를 구성하는 것이 팩트체크 뉴스의 교정 효과를 견인할 수 있을지에 대한 탐색, 수용자들이 팩트체크 뉴스를 접하는 경로와 인식 및 태도 변화에 영향을 미치는 요인에 대한 연구들은 팩트체크 저널리즘의 질을 제고하고 한국 언론의 신뢰를 회복하는 데 기여할 것이다.

또 한 가지 언급하지 않을 수 없는 것은 학계의 유일한 팩트체크 기관인 SNU팩트체크센터의 위상이다. 코로나19 사태를 중심으로 국내 팩트체크 기관 및 매체에 대한 네트워크 분석을 수행한 류승희와 정정주(2020)는 지금의 팩트체크 생태계에서 SNU팩트체크가 차지하는 위상과 역할은 상당하다고 평가했다. 2017년 3월 서울대학교 언론정보연구소가 16개 언론사와 연합해 시작한 'SNU팩트체크(SNU FactCheck)'는 2023년 4월 기준 참여 언론사가 32개로 늘어나고 이들 언론사가 수행한 팩트체크 기사가 4,527건에 이르는 등 국내 팩트체크 저널리즘의 산실이자 구심점으로 자리 잡았다.

이뿐만 아니라 SNU팩트체크 플랫폼에 게시된 팩트체크 기사들을 분석 대상으로 하거나 팩트체크 기사에서 검증한 허위조작정보를 연구 대상으로 하는 등 관련 데이터 수집의 원천으로 삼은 연구들이 적지 않아(예: 고예나 등, 2021; 김선호·백영민, 2018; 백강희, 2020; 오세욱·황구현, 2018; 이나연, 2018; 정성욱, 2018; 정은령 등, 2020) 허위조작정보와 팩트체크 저널리즘 연구의 중심이자 근거지가 되고 있음을 확인할 수 있었다. 허위조작정보에 대응하는 팩트체크 저널리즘 활성화를 위한 대학 연구소와 언론사의 협업은 현실의 저널리즘과 학문적 논의를 연계하고 현장과 학계의 상승적 상호작용을 도모할 수 있는 기제로 작동할 수 있다. 이를 통해 저널리즘의 질을 제고하고, 학문의 실천적 역할을 수행함으로써 건강한 민주주의의 토대로서 한국 언론의 신뢰도 회복에 기여할 수 있기를 기대한다.

참고문헌

김성태 (2005). 국내 내용분석 연구의 방법론에 대한 고찰 및 제언. 〈커뮤니케이션이론〉 1(23), 39-67.

문용필 (2017. 1. 26.). '가성비' 떨어지는 팩트체크의 하루. 〈THE PR TIMES〉. http://www.the-pr.co.kr/news/articleView.html?idxno=16016.

박재영·이나연 (2018). 기사의 품질 평가. 김경모·박재영·배정근·이나연·이재경 저. 〈기사의 품질〉(81-164쪽). 서울: 이화여자대학교출판문화원.

성욱제 (2012). 국내 미디어 다양성 연구에 대한 메타분석: 미디어 다양성에 대한 개념 및 접근방식을 중심으로. 〈방송통신연구〉 79, 101-139.

성욱제·정은진 (2020). 코로나19 관련 허위정보의 유형 및 대응방안 분석. 〈방송문화연구〉 32(2), 7-54.

안수찬·민혜영·장바울·박재영 (2015). 한국 저널리즘 연구의 메타분석. 〈한국언론학보〉 59(6), 246-280.

부록 1. 허위조작정보 연구 동향 분석 대상 논문 현황

〈생산자 연구〉

김동원·김지연 (2017). 디지털시대의 게이트키핑에 관한 탐색적 연구. 〈문화산업연구〉 17(3), 29-37.

김종수·황수환 (2021). 북한 관련 '가짜뉴스'와 남북관계: 진단과 대응방안. 〈동북아논총〉 26(2), 95-112.

김춘식·홍주현 (2020). 유튜브 공간에서 '가짜뉴스의 뉴스화': 〈고성산불〉 관련 정치적 의혹 제기와 청와대 반응 사례 연구. 〈정치정보연구〉 23(2), 403-439.

김희송 (2019). 5·18관련 가짜뉴스의 기원과 실태에 관한 연구. 〈NGO 연구〉 14(2), 45-72.

〈유통 연구〉

김영기·채종훈·주정민 (2021). 5·18 민주화운동에 대한 유튜브 왜곡영상 네트워크 분석. 〈민주주의와 인권〉 21(1), 5-40.

손승혜·이귀옥·홍주현·최지향·정은정 (2018). 트위터는 어떻게 가짜뉴스를 유통시키는가?: 〈교통법규 개정설〉과 〈9월 전쟁설〉의 트위터 유통 패턴과 유력자, 빈출단어 분석. 〈사이버커뮤니케이션학보〉 35(4), 203-251.

이귀옥·손승혜·정은정 (2018). 유튜브를 통한 식품관련 가짜 의학정보의 확산에 관한 사례 연구: '귀 통증에 양파' 뉴스의 네트워크분석. 〈헬스커뮤니케이션연구〉 7(2), 97-129.

이미나·홍주현 (2021). 팬데믹 시기 소셜미디어 상의 메시지 확산에 관한 연구: 코로나19 백신 관련 유튜브 영상 분석. 〈영상문화콘텐츠연구〉 23, 331-369.

정정주·김민정·박한우 (2019). 유튜브 상의 허위정보 소비 실태 및 확산 메커니즘 생태계 연구: 빅데이터 분석 및 모델링을 중심으로. 〈사회과학담론과 정책〉 12(2), 105-138.

조하진·김경호 (2019). 제19대 대통령 선거의 SNS 가짜뉴스(fakenews) 네트워크 분석, 〈한국디지털콘텐츠학회논문지〉 20(8), 1553-1565.

홍주현·설진아·이종임 (2021). 유튜브 채널에서 코로나19 중국 관련 허위정보 확산에 관한 연구: 확산 주체와 정보유형 분석을 중심으로. 〈한국콘텐츠학회논문지〉 21(2), 652-666.

〈수용자 연구〉

김미경 (2019). 뉴스신뢰도, 뉴스관여도와 확증편향이 소셜 커뮤니케이션 행위에 미치는 영향: 가짜뉴스와 팩트뉴스 수용자 비교. 〈정치커뮤니케이션연구〉 52, 5-48.

김유미 (2021). 소셜미디어의 가짜뉴스(Fake News)에 대한 제3자 효과: 감염병 관련 허위정보를 중심으로. 〈한국방송학보〉 35(1), 5-32.

노성종·최지향·민영 (2017). '가짜뉴스 효과'의 조건: 2017년 대통령 선거에서 나타난 '가짜뉴스 효과'의 견인 및 견제 요인. 〈사이버커뮤니케이션학보〉 34(4), 99-149.

신지민·이성식 (2020). 가짜뉴스의 수용 그 설명요인에 관한 탐색적 연구. 〈인문사회21〉 11(3), 1335-1348.

염정윤·정세훈 (2019). 가짜뉴스 노출과 전파에 영향을 미치는 요인: 성격, 뉴미디어 리터러시, 그리고 이용 동기. 〈한국언론학보〉 63(1), 7-45.

오지희 (2021). 사회불안감이 가짜뉴스 수용태도에 미치는 영향: SNS 이용정도를 중심으로. 〈한국엔터테인먼트산업학회논문지〉 15(6), 179-191.

유현중·정현주 (2020). 이용자의 확증편향과 설득지식 수준이 가짜뉴스 허구성 판단에 미치는 영향. 〈광고PR실학연구〉 13(4), 130-156.

조은희 (2022). SNS 뉴스 전파행동의 특성: 가짜뉴스 식별, 인식, 대응행동을 중심으로. 〈사회과학연구〉 33(1), 307-328.

조한슬·오명진·신정우·이창준 (2021). 재난상황에서의 가짜뉴스 식별: 영상 vs 문자. 〈사이버커뮤니케이션학보〉 38(2), 83-120.

진소연·이지은 (2021). 뉴스서비스별 전자투표시스템 관련 가짜뉴스가 뉴스 이용자의 이용 태도, 선거 참여 의도, 뉴스서비스 신뢰도에 미치는 영향. 〈한국콘텐츠학회논문지〉 21(1), 105-118.

최숙·김성중·조성겸 (2021). 뉴스리터러시와 가짜뉴스 식별능력 간 관계에 대한 연구. 〈커뮤니케이션학연구〉 29(2), 5-28.

최창식 (2021). 가짜뉴스에 대한 감정이 사실 확인 노력에 미치는 영향: 불확실성 관리 이론을 바탕으로. 〈커뮤니케이션 이론〉 17(1), 5-53.

허윤철 (2020). 뉴스 리터러시가 가짜뉴스의 영향력 지각과 규제 태도에 미치는 영향: 가짜뉴스 범위 인식의 조절 효과. 〈한국언론정보학보〉 101, 506-534.

〈메시지 연구〉

정두흠·박지혜 (2021). 코로나19 가짜뉴스의 유형분석: 허위조작정보의 조작특징을 중심으로. 〈지역과 커뮤니케이션〉 25(4), 216-258.

표시영·정지영 (2020). 가짜뉴스의 형식적·내용적 특징과 여론 형성력: 가짜뉴스가 가지고 있는 위험요소에 대한 실증적 분석을 바탕으로. 〈정보통신정책연구〉 27(4), 25-62.

〈기술〉

박성수·이건창 (2019). 효과적인 가짜뉴스 탐지를 위한 텍스트 분석과 네트워크 임베딩 방법의 비교 연구. 〈디지털융복합연구〉 17(5), 137-143.
윤태욱·안현철 (2018). 텍스트 마이닝과 기계 학습을 이용한 국내 가짜뉴스 예측. *Journal of Information Technology Applications & Management* 25(1), 19-32.
좌희정·오동석·임희석 (2019). 자동화기반의 가짜뉴스 탐지를 위한 연구 분석. 〈한국융합학회논문지〉 10(7), 15-21.
주성빈 (2017). 빅데이터를 활용한 안전분야 트렌드 분석: 가짜뉴스(fake news)를 중심으로. 〈융합보안논문지〉 17(5), 111-119.
현윤진·김남규 (2018). 뉴스와 소셜 데이터를 활용한 텍스트 기반 가짜뉴스 탐지 방법론. 〈한국전자거래학회지〉 23(4), 19-39.
Shim, Jae-Seung, Won, Ha-Ram, & Ahn, Hyunchul (2019). A study on the effect of the document summarization technique on the fake news detection model. 〈지능정보연구〉 25(3), 201-220.

〈기타〉

강주현 (2019). 언론 보도에 나타난 가짜뉴스 담론의 속성과 사회적 실천 방향. 〈한국언론학보〉 63(6), 27-64.
강주현 (2021). 상반된 정치 진영의 가짜뉴스 담론과 사회적 사실. 〈한국언론학보〉 65(6), 372-415.
김광기 (2020). 포스트 트루스시대의 도래와 가짜뉴스, 그리고 베버의 효용. 〈사회이론〉 58, 199-247.
김수미 (2019). "포스트-진실" 시대의 진실에 대하여: 저널리즘과 진실의 정치에 대한 소고. 〈언론과 사회〉 27(4), 49-103.
박진우 (2020). '가짜뉴스'라는 기호를 다루는 사람들: 저널리즘, 정보기술, 그리고 대중들의 문화정치. 〈사이버커뮤니케이션학보〉 37(4), 149-195.

〈법제〉

강지현 (2019). 인터넷상 여론조작의 실태와 규제에 대한 형사법적 고찰. 〈비교형사법연구〉 21(1), 287-315.
계승균 (2018). 가짜뉴스와 저작권. 〈계간 저작권〉 31(4), 39-65.
고명수 (2020). 사이버 명예훼손죄에 관한 법제 개선방안: 허위조작정보(이른바 페이크 뉴스) 및 온라인 타인사칭을 중심으로. 〈법제〉 691, 185-224.
기현석 (2018). 가짜뉴스의 확산에 따른 공직선거법의 개정 방향. 〈아주법학〉 12(3), 237-259.
김민정 (2019). 가짜뉴스(fake news)에서 허위조작정보(disinformation)로. 〈미디어와 인격권〉 5(2), 43-81.
김민정 (2020). 유럽연합의 온라인 허위조작정보(disinformation) 자율규제 사례 고찰. 〈언론과 법〉 19(1), 193-231.
김민호·소병수 (2019). 1인 미디어와 가짜뉴스 규제. 〈법조〉 68(5), 7-41.
김세환·황용석 (2019). 가짜뉴스에 대한 한국과 EU의 비교정책 연구: 정책형성 담론을 중심으로. 〈언론정보연구〉 56(2), 156-187.
김연진 (2021). 징벌적 손해배상책임에 관한 비교법적 고찰: 미국과 한국의 비교를 중심으로. 〈미국헌법연구〉 32(3), 151-186.
김지연·심재철·김규태·김유황 (2020). 시민과학 기반 가짜뉴스 관리 플랫폼 연구. 〈과학기술학연구〉 20(1), 39-85.
김해웅·고제욱·김동희·전삼현 (2019). 온라인상의 가짜뉴스와 법적제재에 관한 이론적 연구. 〈한국IT정책경영학회 논문지〉 11(2), 1173-1178.
김현귀 (2021). 허위사실의 표현에 대한 법적인 분석: 가짜뉴스에 대한 규제의 조건. 〈언론과 법〉 20(3), 265-299.
노동일·정완 (2018). 가짜뉴스의 합리적 규제에 관한 고찰. 〈경희법학〉 53(4), 215-246.
노동일·정완 (2020). 소셜미디어 중개자의 법적 책임. 〈경희법학〉 55(1), 3-33.
박문령·주민 (2021). 가짜뉴스에 대한 중국 법적 규제의 특징과 향후 과제. 〈법학연구〉 24(3), 419-448.
박상민 (2019). 인터넷상 허위조작행위에 대한 합리적 규제방향: 관련 현행법 및 입법안 검토를 중심으로. 〈법학연구〉 19(3), 1-24.
박신욱 (2019). 온라인서비스제공자의 책임 및 그 확장과 관련된 독일 네트워크 법집행법(NetzDG) 연구. 〈법학연구〉 21(2), 269-304.
박아란 (2019). '가짜뉴스'와 온라인 허위정보(disinformation) 규제에 대한 비판적 검토. 〈언론정보연구〉 56(2), 113-155.
박진아 (2019). 인공지능 저널리즘의 법적 쟁점. 〈과학기술과 법〉 10(2), 119-154.
성낙인 (2020). 사회변동과 표현의 자유. 〈공법학연구〉 21(2), 3-61.
손형섭 (2021). 2021년 언론중재법 개정안의 비판과 개선에 관한 연구. 〈공법학연구〉 22(4), 179-205.
신상현 (2017). 위법한 명예훼손 게시물의 삭제 및 차단의무에 관한 소셜네트워크 운영자의 형법적 책임: NetzDG에 대한 비판적 검토. 〈법학연구〉 20(3), 61-92.
안수길 (2019). 가짜뉴스에 맞서는 독일 '사회관계망법집행법'의 내용과 쟁점. 〈법학논총〉 36(1), 121-147.

오일석·지성우·정운갑 (2018). 가짜뉴스에 대한 규범적 고찰. 〈미국헌법연구〉 29(1), 157-193.

유의선 (2018). 가짜뉴스의 법적 규제: 사회적 법익 보호를 중심으로. 〈언론과 법〉 17(2), 39-68.

윤성옥 (2018). 가짜뉴스의 개념과 범위에 관한 논의. 〈언론과 법〉 17(1), 51-84.

윤성옥 (2019). 가짜뉴스 규제 법안의 특징과 문제점. 〈언론과 법〉 18(1), 103-138.

이권일 (2019). 소셜 네트워크 시대에 가짜뉴스(fakenews) 규제에 관한 헌법적 고찰: 독일의 소셜네트워크법(Netzwerkdurchsetzungsgesetz)에 대한 분석을 중심으로. 〈공법학연구〉 20(1), 81-109.

이문한 (2021). 가짜뉴스 등 허위사실 표현에 대한 형사적 규제와 그 헌법적 한계. 〈한양법학〉 32(3), 3-45.

이민영 (2020). 딥페이크와 여론형성: 알고리즘의 권력화와 탈진실의 규제담론. 〈미국헌법연구〉 31(1), 199-241.

이성대 (2018). 가짜뉴스에 대한 형사법적 규제가능성과 보완필요성 검토. 〈형사정책〉 30(1), 65-93.

이완수 (2018). 가짜뉴스(fake news)란 무엇인가? 〈미디어와 인격권〉 4(2), 173-214.

이원상 (2019). 허위사실유포에 대한 형법의 대응방안 고찰: 소위 '가짜뉴스(fake news)'를 중심으로. 〈형사법의 신동향〉 62, 35-68.

이윤영 (2021). AI 아나운서 확산에 따른 법적 논란에 관한 영역별 쟁점의 고찰. 〈커뮤니케이션학연구〉 29(2), 83-111.

이인호·이준형 (2021). 허위조작정보 규제의 헌법적 한계: 언론중재법 개정안(대안) 및 5·18민주화운동특별법을 중심으로. 〈언론과 법〉 20(3), 223-263.

이정념 (2021). 인터넷 가짜뉴스의 규율을 위한 형사입법모델 연구: 프랑스의 입법례를 분석하여. 〈서강법률논총〉 10(1), 129-152.

정세원 (2021). EU의 COVID-19 대응 사례연구: 허위정보 대응을 중심으로. 〈유럽연구〉 39(2), 141-161.

정영주·홍종윤·박유진 (2021). 사회적 법익을 침해하는 허위조작정보 대응을 위한 시론적 논의: 코로나19 관련 허위조작정보를 중심으로. 〈언론과 법〉 20(1), 73-114.

조영승 (2020). 가짜뉴스의 개념과 헌법적 한계에 관한 고찰: 표현의 자유의 보호영역을 중심으로. 〈공법학연구〉 21(1), 85-113.

조재현 (2020). 가짜뉴스와 공직선거법상 규제에 관한 고찰. 〈공법학연구〉 21(1), 57-83.

지성우 (2019). 허위조작정보(소위 '가짜뉴스') 규제에 대한 헌법적 문제점에 관한 연구. 〈공법연구〉 48(2), 157-192.

최민식 (2018). 온라인서비스제공자의 가짜 정보 대응과 법제 개선 방안 연구. 〈교육법학연구〉 30(3), 155-184.

최승필 (2020). 가짜뉴스에 대한 규제법적 검토: 언론관련법 및 정보통신망법상 규제를 중심으로. 〈법학연구〉 21(1), 115-147.

최종선 (2020). 허위조작정보 규제 시도에 대한 비판적 고찰. 〈홍익법학〉 21(1), 363-391.

최지수·윤석민 (2019). 가짜뉴스 거버넌스: 정부규제, 자율규제, 공동규제 모형에 대한 비교를 중심으로. 〈사이버커뮤니케이션학보〉 36(1), 127-180.

최진응 (2018). 제20대 국회의 가짜뉴스 관련 입법안 분석. 〈의정연구〉 24(3), 153-162.

한갑운 (2017). 가짜뉴스의 규율방법에 대한 법적 고찰. 〈과학기술과 법〉 8(1), 59-90.

한동훈 (2019). 프랑스의 정보조작대처법률에 대한 헌법적 검토. 〈세계헌법연구〉 25(1), 25-48.

함민정·이상우 (2020). 유튜브 정보 규제에 대한 이용자들의 인식 연구. 〈한국콘텐츠학회논문지〉 20(2), 36-50.

홍완식 (2019). 가짜뉴스 규제 법안에 대한 입법평론. 〈법과정책〉 25(1), 329-357.

황성기 (2021). 2021년 언론개혁법에 관한 헌법적 고찰: 정보통신망법 개정안을 중심으로. 〈언론과 법〉 20(1), 1-29.

황용석·권오성 (2017). 가짜뉴스의 개념화와 규제수단에 관한 연구: 인터넷서비스사업자의 자율규제를 중심으로. 〈언론과 법〉 16(1), 53-101.

황용석·정재관·정다운 (2018). 가짜뉴스 관련 국내 입법안 분석과 그 한계 위헌성 여부를 중심으로. 〈사회과학연구〉 25(2), 101-123.

부록 2. 팩트체크 저널리즘 연구 동향 분석 대상 논문 현황

⟨생산자 연구⟩

류승희·정정주 (2020). 팩트체크 현황과 이슈에 대한 네트워크 분석: 코로나19를 중심으로. ⟨사회과학 담론과 정책⟩ 13(2), 271-298.

정은령 (2018). 한국 팩트체크 저널리즘의 특징: 팩트체크 언론인들의 사실 인식과 사실 검증과정 탐색을 중심으로. ⟨언론정보연구⟩ 55(4), 15-53.

정은령 (2019). 팩트체크 뉴스와 한국 방송 저널리즘의 신뢰 회복: 방송 기자들의 팩트체크 뉴스 양식과 뉴스가치에 대한 인식을 중심으로. ⟨방송문화연구⟩ 31(1), 47-101.

최순욱·윤석민 (2017). 협업형 사실 검증 서비스의 의의와 과제: ⟨SNU팩트체크⟩의 사례. ⟨사이버커뮤니케이션학보⟩ 34(2), 173-205.

홍원식 (2018). 언론 객관성의 실천적 이해를 위한 사례 연구: '팩트체크'를 중심으로. ⟨커뮤니케이션 이론⟩ 14(4), 183-226.

⟨수용자 연구⟩

고예나·김우정·한경식·홍화정 (2021). 팩트체크 뉴스에 대한 이용자 반응 분석: 언어적 특성, 인지·정서적 반응 및 논쟁 댓글의 출현 양상을 중심으로. ⟨언론정보연구⟩ 58(1), 25-71.

김민경 (2020). 코로나19 가짜뉴스(fake news) 인식 및 태도에 미치는 팩트 체크 저널리즘의 효과: 팩트 체크 뉴스 유형과 댓글 유형을 중심으로. ⟨헬스커뮤니케이션연구⟩ 19(2), 1-60.

김선호·백영민 (2018). 19대 대선 기간 후보자 간 의혹제기에 대한 팩트체크 뉴스의 설득효과: 팩트체크 뉴스 판정결과와 지지후보를 중심으로. ⟨언론정보연구⟩ 55(1), 161-194.

김형지·정은령·김은미·양소은·이재우·강민지 (2020). 가짜뉴스와 팩트체크 뉴스 노출 집단의 미디어 이용과 뉴스 인식, 그리고 리터러시 관계. ⟨한국언론정보학보⟩ 101, 231-267.

박진우 (2021). 팩트체크 뉴스 정보원에 대한 우호도와 뉴스 품질인식이 가짜뉴스 인식과 신뢰, 구전의도, 확증 편향 인식에 미치는 영향에 대한 연구. *OUGHTOPIA* 36(2), 37-67.

백영민·김선호 (2017). 팩트체크 뉴스 노출, 영향력 인식, 공유 행동에 대한 탐색적 연구. ⟨한국언론학보⟩ 61(6), 117-146.

안지수 (2019). 텔레비전 뉴스에서 팩트체크 코너가 미디어 신뢰에 미치는 영향: 정보 유용성의 매개 효과. 〈언론정보연구〉 56(4), 282-312.
염정윤·정세훈 (2018). 가짜뉴스에 대한 인식과 팩트체크 효과 연구: 기존 신념과의 일치 여부를 중심으로. 〈한국언론학보〉 62(2), 41-80.
임한·이장근·김진완·이재완·김용환 (2021). 팩트체크 행위가 정치적 양극화에 미치는 영향: 동질적 대화와 이질적 대화의 매개효과를 중심으로. 〈사회과학연구〉 28(3), 7-32.
정성욱 (2018). 팩트체크 뉴스를 접한 수용자의 '역효과'나 '태도 변화'는 어떤 상황에서 나타나는가?: 정교화 가능성 모델을 바탕으로 한 메커니즘 연구. 〈한국방송학보〉 32(4), 103-145.
정성욱·윤석민 (2021). 팩트체크 뉴스가 매체 신뢰도에 미치는 영향. 〈한국언론학보〉 65(4), 5-69.

〈메시지 연구〉

김수정·정연구 (2021). 한국 팩트체크 저널리즘의 지향성 연구. 〈한국언론정보학보〉 107, 7-42.
백강희 (2020) 팩트체크 보도의 가짜뉴스 판단 기준 검토. 〈한국콘텐츠학회논문지〉 20(2), 172-181.
오세욱·황구현 (2018). '팩트'의 형식적 구성 요건에 대한 탐색적 연구: 'SNU FactCheck' 메타데이터 분석을 통한 제언. 〈언론정보연구〉 55(4), 54-98.
이나연 (2018). 한국 언론의 팩트체크: 19대 대통령선거에서의 후보자 검증 기사를 중심으로. 〈언론정보연구〉 55(4), 99-138.
정성욱 (2021). 팩트체크 뉴스의 영향력 확대를 위한 연구: 팩트체크 뉴스가 수용자에게 미치는 효과를 중심으로. 〈한국방송학보〉 35(1), 235-282.
정은령·최지수·박유진 (2020). 코로나19 팩트체크 기사와 해설 기사의 차이에 대한 탐색적 연구: 맥락성과 투명성을 중심으로. 〈사이버커뮤니케이션학보〉 37(3), 139-193.
최영준 (2018). 19대 대선관련 뉴스에 대한 언론사별 팩트체킹 분석: 2017년 저널리즘 공정성에 관한 탐색적 고찰. 〈정치커뮤니케이션연구〉 49, 131-177.

〈법제〉

박아란 (2018). 팩트체크와 명예훼손: 진실 오신(誤信) 상당성 법리와 중립보도 면책특권을 중심으로. 〈언론정보연구〉 55(4), 139-174.
장영수 (2019). 언론의 자유와 '팩트체크'. 〈공법학연구〉 20(1), 211-240.

〈기술〉

오세욱 (2017). 자동화된 사실 확인(fact checking) 기술(technology)의 현황과 한계. 〈사이버커뮤니케이션학보〉 34(3), 137-180.

정성욱·이준환 (2019). SNS 사용자 특성과 확증 편향을 통한 자동화된 팩트체킹의 가능성: 정치인 관련 트윗 데이터를 중심으로. 〈방송통신연구〉 108, 78-117.

Yun, Hee Seung & Jung, Jason J. (2021). 효율적인 트랜스포머를 이용한 팩트체크 자동화 모델. 〈한국정보통신학회논문지〉 25(9), 1275-1278.

11 팩트체크 저널리즘 해외 연구 동향

홍종윤
(서울대학교 언론정보학과 BK교수)

1. 들어가며

팩트체크 저널리즘은 단순한 사실 전달을 넘어 사실성 자체에 관한 판단을 추구한다. 이런 측면에서 루카스 그레이브스(Graves, 2017)는 현대 팩트체크 저널리즘을 전통적인 객관주의 저널리즘과 구별한다. 그는 팩트체크 저널리즘을 '그는 이렇게 말했고, 그녀는 이렇게 말했다(he said, she said)' 스타일의 단순 인용 보도를 고수하는 전통적인 객관주의 저널리즘과 달리, 누구의 주장이 맞고 틀린지를 공개적으로 표명하면서 사실 논쟁에 대해 직접적으로 판단하는 저널리즘으로 정의한다. 이처럼 팩트체크 저널리즘은 사실성에 기반한 새로운 저널리즘 담론을 생성하면서, 저널리즘의 전문성을 회복하고 일종의 설명책임(accountability) 저널리즘을 구현하는 장르이자 실천으로 자리매김하고 있다(Rodríguez-Pérez et al., 2022).

최근 몇 년간 허위정보 대응 문제가 국제 사회의 중요한 화두로 부상하면서 팩트체크 저널리즘에 대한 관심이 증폭되고 있다. 몇 가지 중요한 사건들이 중요한 계기가 되었다. 첫 번째 사건은 2016년 미국 대통령 선거다. 공화당의 도널드 트럼프 후보가 민주당의 힐러리 클린턴 후보를 누르고 대통령에 당선되었는데, 여론조사 기관 및 언론사들의 여론조사 결과가 실제 투표 결과와 큰 차이를 보여서 논란이 일기도 했다. 그러나 더 큰 논란은 선거가 끝난 다음 일어났다. 2016년 11월 16일 〈버즈피드(*BuzzFeed*)〉의 크레이그 실버먼(Craig Silverman) 기자가 작성한 기사가 시발점이었다. 실버먼 기자는 2016년 미국 대통령 선거를 앞두고 페이스북에서 유통되던 가짜뉴스와 진짜 뉴스에 대한 이용자 반응을 집계했는데, 놀랍게도 선거 직전 3개월 동안 가짜뉴스에 대한 이용자 반응(공유, 반응, 댓글 등)이 주요 언론사들의 진짜 뉴스를 능가한 것으로 나타났다. 실버먼의 기사는 선거 시기 소셜 미디어나 웹사이트를 통한 허위정보 유통 문제의 심각성을 실증하는 사례가 되었다.

두 번째 사건은 '러시아게이트(Russiagate)'로 불리는 러시아의 조직적인 미국 대선 개입 사건이다. 〈뉴욕 타임스〉 특종 보도로 세상에 드러난 이 사건은 2016년 미국 대통령 선거 시기 러시아가 페이스북, 트위터, 유튜브, 인스타그램, 텀블러 등 소셜 미디어상에서 힐러리 클린턴에 대한 허위정보를 조직적으로 유포하는 여론조작 활동을 했다는 것이다. 이 과정에서 러시아는 수천 개 이상의 가짜 미국인 소셜 미디어 계정과 수백만 명의 사용자를 이용한 것으로 알려졌다. 러시아게이트 사건은 허위정보 문제가 한 국가의 차원을 넘어서 국제적 차원으로 확장된 대표적인 사례다.

세 번째 사건은 영국 브렉시트(Brexit) 국민투표 시기의 허위정보 캠페인이다. 2016년 6월 영국은 국민투표를 통해 유럽연합으로부터 탈퇴를 결정했다. 당시 유럽연합 탈퇴 찬성 51.9%, 반대 48.1%의 근소한 차이로 탈퇴가 결정되었는데, 투표 이후에 당시 캠페인 중 상당수가 허위정보였다는 것이 밝혀져 논란이 되었다.

네 번째 사건은 2020년 코로나19의 세계적 대유행이다. 코로나

19 대유행 국면에서 허위정보의 유통 문제가 심각한 사회 문제로 부상했다. 각종 허위정보가 범람하면서 국가의 방역 체계 구축이나 백신 접종 대응 등에 차질이 빚어진 것이다. 코로나19 관련 허위정보가 개인의 신체적 건강뿐 아니라 국가의 효율적인 예방과 사회적 대응을 저해함으로써 정치·경제·사회·문화 등 전방위에 걸쳐 악영향을 미친 대표적 사례로 볼 수 있다.

이와 같은 일련의 사건들은 모두 허위정보의 유통이 국가와 사회에 얼마만큼 큰 해악을 끼칠 수 있는지를 보여주는 동시에 이에 대한 국가적·사회적 대응이 중요함을 일깨워준다. 전 세계적으로 팩트체크 전문기관 수가 급증하고 팩트체크 저널리즘의 중요성이 부상하고 있는 것은 이러한 시대적 맥락을 배경으로 한다. 또한 커뮤니케이션·미디어학 분야뿐만 아니라 정치학, 사회학, 심리학, 교육학, 공학 등 다양한 학문 분야에서 관심을 가지고 연구가 활발히 전개되고 있다. 이 장은 2000년대 이후 커뮤니케이션·미디어학 분야에서의 팩트체크 저널리즘 관련 해외 연구 동향을 살펴보고 그 함의와 과제를 점검하고자 한다.

2. 연구 동향 분석 방법

1) 분석 대상 논문의 수집

분석 대상 논문 선정을 위해 우선 Web of Science 데이터베이스에서 주제, 제목, 키워드 등 모든 필드에서 'fact-check'를 검색어로 하고 2010년부터 2022년까지로 기간을 설정해 검색을 실시했다(검색일: 2023. 1. 1.). 팩트체크 관련 연구는 사회학, 정치학, 교육학, 보건의료학, 공학 등 다양한 학술 분야에 걸쳐 이루어지고 있다. 검색 결과 중

'커뮤니케이션(communication)' 분야와 '학술논문(article)'에 한정해 필터링을 하여 1차적으로 314건의 논문 목록과 초록을 수집했다. 논문 초록과 내용 검토를 통해 팩트체크 저널리즘과 관련 없는 논문을 제외하고,[1] 비영어권 텍스트로 된 논문을 제외한 결과 192건이 남았고, 이를 최종 분석 대상으로 삼았다.

2) 연도별 연구 동향

팩트체크 관련 연구 건수는 2018년을 기점으로 급증했다. 2012년 1건을 시작으로 2013년 4건, 2014년 1건, 2015년 6건, 2016년 3건, 2017년 8건으로 한 자릿수에 머물던 연구 건수가 2018년에 22건으로 늘어났다. 이후 2019년 13건, 2020년 42건, 2021년 35건으로 증가 추세를 보였고, 2022년에는 57건까지 확대되었다. 이는 2016년 일련의 사건들(미국 대통령선거, 러시아게이트, 영국 브렉시트)과 코로나19 대유행 사건을 계기로 관련 연구가 급증한 것으로 볼 수 있으며, 팩트체크 저널리즘 관련 연구가 커뮤니케이션 분야의 주요 연구주제로 자리매김하고 있다는 것을 보여준다.

| 표 11-1 | 연도별 팩트체크 연구 건수

연도	2012	2013	2014	2015	2016	2017
건수	1	4	1	6	3	8
연도	2018	2019	2020	2021	2022	합계
건수	22	13	42	35	57	192

1 커뮤니케이션 분야 논문에 대해서는 명확한 판단 기준이 존재하지 않는 게 현실이다. 이 장에서는 분석의 수월성을 위해 전통적인 커뮤니케이션·미디어 분야로 판단되는 논문들만 대상으로 선정했다. 법제(대응), 교육(리터러시), 기술(팩트체크 자동화) 분야는 팩트체크 관련 중요 연구주제이지만 분석에서 제외했다.

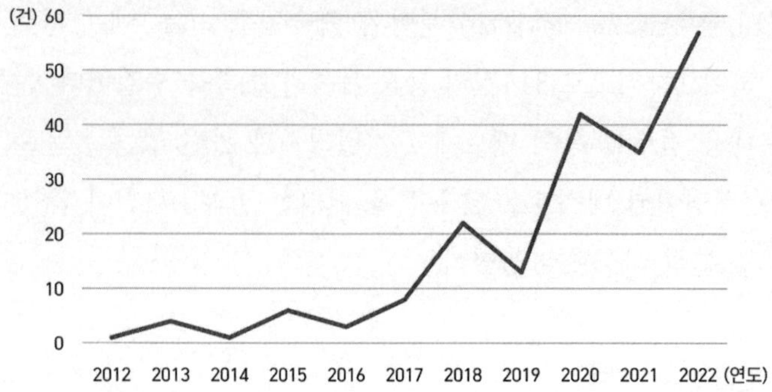

| 그림 11-1 | 팩트체크 연구 건수의 연도별 증가 추세

3. 팩트체크 저널리즘 연구주제와 연구방법

1) 연구주제

연구주제 분야를 알아보기 위해 총 192건의 논문을 생산, 유통, 수용/효과 분야로 대분류했다. 생산 분야는 다시 이론(저널리즘 이론으로서 팩트체크를 다룬 연구), 실천(팩트체크 보도의 실제 제작 및 실무를 다룬 연구), 기관(팩트체크 기관 자체를 다룬 연구)으로 세분했다. 연구 분야가 2개 이상 중첩된다고 판단되는 경우는 복수로 코딩했다. 연구주제 분야를 분석한 결과, 생산 관련 연구가 98건(49%)으로 가장 많았고, 수용/효과 연구가 77건(38.5%), 유통 관련 연구가 25건(12.5%)이었다. 생산 관련 연구를 세부 분석한 결과는 이론 연구 11건(5.5%), 실천 연구 43건(21.5%), 기관 연구 44건(22%)으로 나타났다.

| 표 11-2 | 팩트체크 관련 세부 연구주제 및 연도별 건수

분류 \ 연도		2012	2013	2014	2015	2016	2017	2018	2019	2020	2021	2022	합계
생산	이론		1		2		1	1		3	1	2	11
	실천	1		1	1	1	1	4	2	10	9	13	43
	기관				1	1	3	5	3	7	8	16	44
유통							2	2	2	7	7	5	25
수용/효과			3		3	1	3	9	5	19	9	25	77
합계		1	4	1	7	3	10	21	12	46	34	61	200

2) 연구방법

팩트체크 논문들의 연구방법을 살펴본 결과(복수 코딩), 양적 연구방법을 적용한 연구가 112건, 질적 연구방법을 사용한 연구가 57건, 양적 연구방법과 질적 연구방법을 혼합한 연구가 17건으로 나타났다. 연도별 추세를 살펴보면, 2015년에서 2019년까지 양적 연구와 질적 연구가 비슷한 비중을 차지하다가 2020년을 기점으로 양적 연구가 급증한 것으로 나타났다.

세부 연구방법을 살펴보면 실험연구가 51건으로 가장 많았다. 이

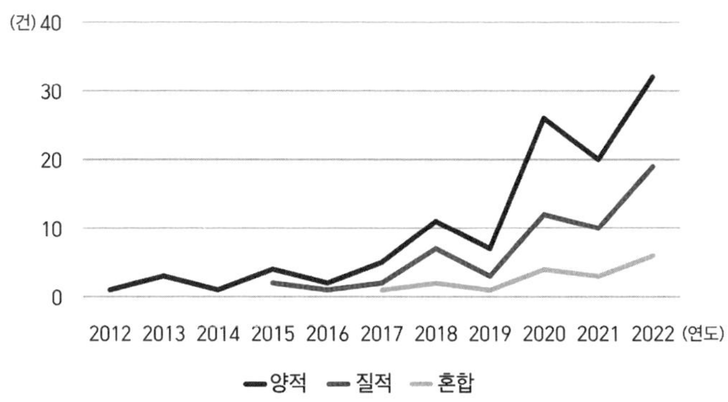

| 그림 11-2 | 연도별 연구방법 추세

| 표 11-3 | 연구방법 분류

구분	내용분석	담론분석	문헌연구	민속지학
건수	46	4	29	5
구분	빅데이터 분석	설문조사	실험연구	인터뷰
건수	21	32	51	29

는 연구주제 측면에서 가장 큰 비중을 차지한 팩트체크의 효과 관련 연구의 대다수가 실험연구 방법을 사용한 결과였다. 그다음으로 내용분석(질적·양적) 46건, 설문조사 32건, 문헌연구 29건, 인터뷰(심층, 포커스) 29건, 빅데이터 분석 21건, 민속지학 5건, 담론분석 4건 순이었다.

4. 팩트체크 저널리즘의 생산: 이론, 실천, 주체

1) 팩트체크 이론: 인식론적 논쟁

팩트체크 저널리즘의 사실 판단 관행은 저널리즘 이론 차원의 논쟁을 불러왔다. 우선 인식론적 차원에서 '객관적인 진실 판정이 가능한지'의 여부다. 팩트체크 저널리즘 비판론자들은 팩트체크 저널리즘의 사실 판단 관행이 '사실이 모호하지 않고, 해석의 대상이 아니며, 사실 판단에 대한 정치적 논쟁이 있을 수 없다'는 암묵적 전제를 공유함으로써 순진한 정치적 인식론에 기반하고 있다고 비판한다(Uscinski & Butler, 2013). 실제로 현실은 다양한 진실 경쟁 상황만이 존재할 뿐이며, 단 하나의 객관적 진실은 존재하지 않고, 저널리스트들이 그러한 객관적 진실을 판단할 자격이 없을 뿐만 아니라 그러한 자격 자체가 필요하지도 않다는 것이다(Uscinski, 2015).

한편 팩트체크 저널리즘의 방법론에 대한 비판도 제기된다(Uscinski & Butler, 2013). 제일 많이 제기되는 것은 팩트체크 대상 선정의 당파성이다. 검증 진술문을 선택하는 기준이 불분명해 검증문 선택에서 팩트체커의 관점과 일치하는 진술문만 선택되는 이데올로기적 편향이 발생할 수 있다는 것이다. 두 번째는 사실 판단 시 여러 진술을 하나의 사실 주장으로 통합하거나, 반대로 단일 진술을 별개의 사실 주장으로 분리해서 판단하는 경우가 발생한다는 것이다. 이러한 결합과 분리에는 본질적으로 주관적 판단이 개입될 수밖에 없으며, 특히 진술의 원래 맥락에서 벗어난 판정이 이루어지는 결과를 낳는다고 비판한다. 세 번째는 판정 기준의 불명확성이다. 이는 진실 판정에서 팩트체커의 재량권이 존재한다는 의미로 동일 사안에 대해 팩트체커 간 판정이 불일치하는 경우가 있음을 근거로 제시한다.

이에 대한 팩트체크 저널리즘 진영의 반론은 팩트체크 저널리즘이 추구하는 진실이 기존 저널리즘 관행이나 과학적 방법론의 연장선상에 있다는 주장이다. 정치적 주장의 진실을 평가하는 팩트체크 저널리즘은 진실 경쟁 상황에서 최선의 진실을 찾으려는 노력의 일환이며, 과학적 진실 탐구와 저널리즘을 연결하는 대안적인 실천적 인식론에 기반하고 있다는 주장이다(Graves, 2017). 실제로 팩트체커들은 판정의 정확성을 기하기 위해 사회과학적 방법과 유사하게 신뢰할 수 있는 판정 근거들을 찾아 제시하며, 이러한 실천을 관행화하고 제도화하는 방식을 통해 판정의 일관성을 확보할 수 있다는 것이다. 여기에는 출처와 출처 자료의 실질적인 평가를 위한 지침, 검증문 판정을 생산하는 데 필요한 전문적 태도 등이 포함된다. 즉 팩트체커들은 진실 판정자 관점에서 완벽한 하나의 진실만을 주장하지 않으며, 진실 주장을 겸허하게 활용하고, 판단에 대한 해석적 투명성을 제시하고, 자기성찰적인 진실 주장을 실천하고 있다는 것이다(Steensen et al., 2022), 실제 팩트체크 결과물에 있어서도 동일 사안에 대해 팩트체커 간 높은 수준의 판정 일치도를 보여준다는 점이 근거로 제시된다(Amazeen, 2015).

2) 팩트체크 실천: 새로운 저널리즘 관행의 제도화

팩트체크 저널리즘은 전통적인 뉴스 조직의 사실확인 관행을 넘어 정치적 주장의 정확성이나 진실성을 판단하는 것을 목표로 한다. 로우리(Lowrey, 2017)는 이러한 팩트체크 저널리즘이 태동하고 발전한 이유를 디지털 미디어 환경 속에서 기존 저널리즘 형식과 관행을 재구성할 필요성이 대두되었다는 관점에서 설명한다. 그에 따르면 객관성을 추구하는 전통적 저널리즘의 형식과 관행은 합법적이고 제도적인 차원에서 권위를 지닌 한정된 정보원(정부, 기업)과의 관계 속에서 공식적인 뉴스를 생산하고 전달하는 중립적 전문기관으로서 정체성과 정당성에 기반하고 있었다. 그러나 누구든지 수많은 정보원과 정보에 평등하게 접근할 수 있는 디지털 사회의 제도적 논리가 기존 저널리즘 논리와 충돌했고, 언론인들이 잃어버린 정당성을 찾기 위해 기존 저널리즘 형식과 관행을 재구성해야만 했다는 것이다. 그는 이러한 시대적 요구가 뉴스 수집 및 중립적 전달이라는 기계적 균형성에서 벗어나 사실 검증을 통해 독자들에게 명확한 비교 및 판단 근거를 제공하는 팩트체크 저널리즘의 태동으로 이어졌다고 주장한다.

이처럼 뉴스나 정보의 참, 거짓 여부를 명확히 가르는 팩트체크 저널리즘은 중립성을 표방하는 기존 객관주의 저널리즘과 달리 원천적으로 판단의 편향성이라는 문제 제기에 직면할 수밖에 없다. 따라서 팩트체크 저널리즘은 스스로가 기존 저널리즘 규범 원칙에 어긋나지 않는다는 점을 증명할 필요가 발생한다. 그레이브스(Graves, 2018)는 팩트체커들이 팩트체크를 편견 없는 저널리즘으로 정당화하기 위해 공통된 표준과 관행을 확립하고, 신뢰할 수 있는 자금 확보를 위해 노력했다고 주장한다. 이를 통해 팩트체크를 새로운 저널리즘 관행이자 문화로서 정착시켰다는 것이다. 팩트체크 현장의 실천에 천착하는 연구들은 팩트체커들이 저널리즘의 객관성과 사실성을 담보하기 위해 어떠한 저널리즘적 실천을 수행했는지, 기존 저널리즘과의 차별성은 무엇인지를 고찰해왔다.

많은 팩트체크 생산자 연구는 팩트체크 저널리즘 역시 저널리즘이 추구하는 객관성 규범을 실천한다는 점을 보여주었다. 예를 들어, 그레이브스(Graves, 2017)는 참여관찰을 통해 미국의 전문 팩트체커들 사이에서 객관성 규범이 어떻게 실천되고 있는지를 민족지학적 방법으로 설명한다. 그는 팩트체크 저널리즘, 탐사 보도 저널리즘 그리고 학계가 추구하는 사실 탐구 방식의 유사성을 지적하면서 팩트체커들이 수행하는 문제 제기(검증문 선정), 검증 방법, 증거 제시 등의 저널리즘 실천이 기존 공동체가 공유하는 사실확인 규범 내에 존재한다고 주장한다. 이와 유사하게 체루이요트와 페러코닐(Cheruiyot & Ferrer-Conill, 2018) 역시 아프리카 지역의 팩트체크 기관 사례 분석을 통해 시민단체나 팩트체크 전문기관의 팩트체크 관행이 일차적으로 기존 저널리즘이 추구하는 사실확인, 검증, 설명책임과 저널리즘 규범에 따라 이루어지고 있다고 주장한다.

팩트체크 생산자 연구들은 팩트체크 저널리즘이 기존 저널리즘의 사실확인 관행을 준수하는 한편, 기존 저널리즘과 차별화된 팩트체크 저널리즘 고유의 특성을 구현하고 있음을 밝혀냈다. 첫 번째 차별성은 사실확인 과정에서의 데이터 중심성이다(Cheruiyot & Ferrer-Conill, 2018). 팩트체크 저널리즘은 전통적인 저널리즘보다 더 철저하게 사실확인의 증거를 확보하고 제시하고자 노력한다. 사실 판단을 뒷받침하는 데이터의 확보 및 제시는 팩트체크 저널리즘 성공 여부를 판단하는 요체일 만큼 중요성을 지닌다. 이는 각종 통계 보고서, 공적 인물이나 전문가의 견해를 양적으로 자주 인용하는 것에서 드러난다(Kim & Buzzelli, 2022).

팩트체크 저널리즘의 두 번째 차별성은 출처 및 검증 과정의 투명성 확보다(Humprecht, 2020; Jurado et al., 2020; Kumar, 2022). 팩트체커들은 사실확인 과정에서 전문가의 진술, 공식 문서, 배경 정보 등 신뢰할 수 있는 출처를 활용하는 데 그치지 않고, 이러한 출처들에 대한 독자들의 접근권을 제공함으로써 독자들이 직접 검증 과정을 되짚어보고 평가할 수 있는 기회를 제공한다(Humprecht, 2020). 이는 팩트체크 기사 작성 방식에 있어 검증 과정을 공개적이고 상세하게 설명하는 관행과도 연결되며, 이러한 투명성 추구는 시민 독자들이 직접 미디어 조직의 사실확인 과정을 재검증할 수 있는 권한을 부여한다(Cheruiyot & Ferrer-Conill, 2018).

세 번째 차별성은 재원의 투명성 확보다(Esteban-Navarro et al., 2021; López-Marcos & Vicente-Fernández, 2021; Moreno-Gil et al., 2022). 팩트체크 저널리즘은 사실확인을 편견 없는 저널리즘으로 정당화하고, 공통된 표준과 관행을 확립하는 동시에 이러한 새로운 저널리즘 장르에 대한 신뢰성 있는 자금을 확보하기 위해 노력한다(Graves, 2018). 예를 들어 로페즈-마르코스와 비센테-페르난데즈(López-Marcos & Vicente-Fernández, 2021)는 스페인과 영국의 주요 팩트체크 웹사이트 분석을 통해 그들이 재원 조달 방식을 공개하는 것과 함께 투명성과 정직성에 관심이 있다는 것을 강조한다.

3) 팩트체크 주체: 기관 유형과 특성

2003년 현대적 의미의 팩트체크 전문 기관인 팩트체크닷오르그(Fact Check.org)가 출범한 이후 20여 년의 시간이 흐른 지금, 전 세계 팩트체크 기관의 수는 기하급수적으로 급증했다. 듀크 리포터스랩(Duke Reporters' Lab)에 따르면 2022년 6월 기준으로 전 세계에서 378개의 팩트체크 기관이 활동 중인 것으로 나타났다. 지역별로는 유럽이 111개, 아시아 103개, 북미 83개, 남미 39개, 아프리카 36개, 호주 6개 등으로 분포되어 있다. 팩트체크 기관들의 수가 늘어나면서 이들의 성격 및 특성을 비교·고찰하는 연구들이 발표되고 있다. 이 연구 동향은 크게 두 가지로 분류될 수 있다.

첫 번째는 팩트체크 기관의 유형 분류 연구들이다. 팩트체크 기관들은 팩트체크 서비스를 제공하는 공통점을 지니지만 실제 조직 구조와 운영 차원에서는 매우 다양한 형태로 존재하고 있다. 이러한 다양성을 검토하고 유형화하는 작업이 첫 번째 동향이다. 그레이브스와 체루비니(Graves & Cherubini, 2016)는 팩트체크 기관들을 크게 기존 언론사 중심의 '뉴스룸(Newsroom) 모델'과 시민단체 중심의 '비영리단체(NGO) 모델' 유형으로 나눈다. 뉴스룸 모델은 '기존 언론사' 또는 '팩트체크 전문 언론사'가 주도하는 형태다. 전통적인 저널리즘의 연장선상에서 기자들이 중심이 되고 기존 뉴스 생산 활동에 추가적으로 팩트체크 서비스를 특화된 업무로 제공한다. 반면 비영리단체 모델은 일반적으로 언론인이 아닌 시민단체 활동가나 전문가들이 전통적인 저널리즘의 대안적 관점에서 팩트체크를 실천하는 유형이다. 빈하스와 바스토스(Vinhas & Bastos, 2022)에 따르면 미국의 경우 뉴스룸 모델이 일반적인 반면, 유럽에서는 비영리단체 모델이 우세한 상황이다.

두 번째는 운영적 관점이나 제도적 관점에서 팩트체크 기관들의 유사점과 차이점을 탐구하는 비교 연구들이다. 팩트체크 기관이 기존 언론사, 전문 언론사, 시민단체, 언론사 협업 등의 다양한 유형으로 존재함에 따라 조직, 작업 관행, 재원 조달 측면에서도 어떤 특성적 차이가 있는지를 고찰한다. 팩트체크 기관 특성 비교는 크게 네 가지 방식으로 이루어지고 있다. 우선 '개별 팩트체크 기관'에 대한 연구들이다. 대체로 팩트체크 저널리즘에 선구적인 역할을 수행했거나 특정 국가를 대표하는 팩트체크 기관들이 주된 연구대상이 되었다. 미국의 PolitiFact(Graves, 2017; Nieminen & Sankari, 2021), 영국의 FullFact(Sippitt & Moy, 2020), 아르헨티나의 Chequeado(Riera & Zommer, 2020), 콜롬비아의 Colombia Check(Rodríguez-Pérez et al., 2021), 스페인의 Newtral(Aguado-Guadalupe & Bernaola-Serrano, 2020), 호주의 RMIT ABC Fact Check(Brookes & Waller, 2022; Waller & Brookes, 2022), 독일의 Correctiv(Primig, 2022), 우크라이나의 Stopfake.org(Haigh et al., 2018; Khaldarova & Pantti, 2016), 튀르키예의 Teyit.org(Unal & Ciceklioglu, 2019) 등이 대표적이다.

다음으로 '특정 국가 단위 복수 기관'에 대한 비교 연구들이다. 이는 한 국가 내에 존재하는 2개 이상의 팩트체크 기관들을 분석 대상으로 삼은 연구로서 미국, 스페인, 브라질, 인도네시아, 홍콩, 튀니지, 모로코에서 관련 연구가 수행되었다(Abrar, 2021; Bailla & Yachoulti, 2022; Kim & Buzzelli, 2022; Lelo, 2022a; 2022b; Lim, 2018; Morejon-Llamas et al., 2022; Tsang et al., 2022; Zamit et al., 2020).

일개 국가 차원을 넘어 '특정 지역 단위 기관'에 대한 연구도 이루어졌다. 중남미 지역 중심의 스페인어 권역과 서유럽 권역, 아프리카 지역, 동남아시아 지역 등의 팩트체크 기관들이 주 연구대상이 되었다(Cheruiyot & Ferrer-Conill, 2018; López-Marcos & Vicente-Fernández, 2021; Mare & Munoriyarwa, 2022; Moreno-Gil et al., 2021; Rodríguez-Pérez et al., 2023; Schuldt, 2021; Vizoso & Vázquez-Herrero, 2019).

마지막으로는 '글로벌 단위 복수 기관'에 대한 연구다. 연구자의 관심에 따라 특정 국가들을 선택해 비교하거나 국제 팩트체크 연대 기구인 IFCN 소속 기관 차원의 비교 연구가 이루어졌다(Dafonte-Gomez et al., 2022; Ferracioli et al., 2022; Humprecht, 2020; Nissen et al., 2022).

5. 팩트체크 저널리즘의 효과와 수용

팩트체크 저널리즘 연구주제 중 가장 많은 연구가 이루어지고 있는 것은 팩트체크 효과와 수용이다. 팩트체크가 일반대중이나 특정 신념을 지닌 사람들 사이에서 잘못된 정보를 바로잡아주는 교정 효과가 나타나는지, 정치인이나 선거 후보자에 대한 태도에 영향을 주는지 등이 주 관심사다. 팩트체크 효과와 관련해서는 긍정적 효과를 보여주는 연구와 부정적 효과를 보여주는 연구가 엇갈리고 있다. 즉 팩트체크가 수용자들의 정치적 지식을 개선하고 잘못된 정보에 대한 믿음을 줄이는 데 효과적이라는 연구 결과(Carnahan et al., 2022; Gottfried et al., 2013; Hameleers & van der Meer, 2020)가 있지만, 교정력이 없거나 제한적이며 심지어 기존의 잘못된 지식을 강화시키는 역효과(backfire effect)가 발생한다는 연구 결과(Li et al., 2022)도 존재한다. 이러한 다양한 연구 결과들은 궁극적으로 팩트체크 효과가 모든 사람들에게 동일하게 나타나지 않는다는 점을 암시한다. 특정 조건과 맥락에 따라 효과가 나타날 수도 있고, 나타나지 않을 수도 있으며, 오히려 역효과가 나타날 수도 있다는 것이다. 따라서 팩트체크의 효과가 있는지 없는지가 아니라, 어떤 조건과 맥락에 따라 효과가 달라지는지 그 요인들을 찾는 것이 중요하다.

1) 팩트체크에 대한 저항 기제: 동기화된 추론, 당파성, 신뢰도

기존 팩트체크 효과 연구들에서 팩트체크 효과가 제한적으로 나타나는 원인으로 가장 많이 제시된 것은 자신이 믿고 싶은 결론에 유리한 주장을 찾으려는 심리적 경향성인 '동기화된 추론(motivated reasoning)'의 작동이다(Flynn et al., 2017). 사람들의 인지 체계는 주로 기존 신념 체계를 보호하고 인지 부조화를 회피함으로써 정체성을 보호하려는 성향을 지니며, 따라서 정보를 객관적으로 처리하지 않고 동기화된 추론 과정을 거치는 경향을 보인다. 이러한 동기화된 추론은 팩트체크 효과 연구들에서 가장 보편적인 팩트체크 저항 기제로 상정되어왔다(Jennings & Stroud, 2021; Nyhan et al., 2013; Thorson, 2016; Weeks, 2015). 동기화된 추론이 작동하면 사람들은 자신의 신념이나 태도와 일치하지 않는 정보에 직면했을 때 잘못을 수정하기보다는 반론을 제기하고 오히려 잘못된 신념이나 태도를 강화한다. 결과적으로 팩트체크가 오정보를 바로잡는 능력은 수용자들의 기존 신념, 이념, 지식 등에 영향을 받게 되는 것이다(Walter et al., 2020).

동기화된 추론은 특히 현실 정치 영역에서 당파적 정치 신념이나 태도의 지속성을 설명하는 핵심 요인이 되고 있다. 상당수 연구들에서 이데올로기적 신념이나 정치적 편향에 따라 팩트체크 효과가 다르게 나타날 수 있다는 것이 확인되었다. 팩트체크 결과가 자신들의 당파적 신념이나 태도에 반할 경우에는 잘못된 정보에 대한 믿음을 유지하고, 그렇지 않을 경우에만 수정 효과가 발생한다는 것이다(Jennings & Stroud, 2023; Morris et al., 2020; Thorson, 2016).

한편 동기화된 추론이 작동하지 않아 잘못된 정보에 대한 수정이 이루어지더라도, 당파성 자체가 오정보 수정 효과를 제한적으로 만든다는 연구 결과들도 나오고 있다. 예를 들어 특정 정치인의 발언에 대한 팩트체크를 접하고 난 뒤 그 발언이 틀렸다는 것을 인정하더라도, 해당 정치인에 대한 태도나 감정이 변하지 않을 수도 있고(Swire-Thompson et al., 2020), 특히 후보자 평가나 투표 행위에 끼치는 영향이 미미할 수 있다는 것이다(Nyhan et al., 2020).

당파성이 팩트체크에 대한 신뢰, 태도, 활용에 어떻게 작용하는지도 주요 연구주제 중 하나다. 팩트체크 언론 보도에 대한 사람들의 신뢰, 태도, 활용 측면에서 당파적 차이가 없다는 연구(Pingree et al.,

2018)도 있지만, 상당수 연구들에서는 당파적 차이들이 발견되고 있다. 특히 미국의 경우 진보주의자와 주류 뉴스 소비자가 팩트체크 사이트를 더 잘 알고 있으면서 긍정적인 태도를 지니며 타인에게 공유할 가능성이 높은 반면, 보수주의자는 덜 긍정적인 태도를 지니고 팩트체크 사이트들이 그들에게 덜 유용하다고 생각한다는 연구 결과가 나오고 있다(Chopra et al., 2022). 한편 자신들에 불리한 사실확인 결과를 제시하는 팩트체크 기관들을 편파적이라고 비난하는 적대적인 미디어 인식도 발견되었다. 특히 미국 공화당 지지자들은 민주당 지지자보다 더 강한 적대감을 보인 것으로 나타났으며, 이는 미국의 팩트체크 사이트들이 이념적 뉴스 소비 패턴에 흡수되고 있음을 보여준다(Robertson et al., 2020)는 것이다. 일부 유럽 국가의 경우에도 정치적 이념이 사실확인 저널리즘에 대한 시민들의 태도를 예측하는 변수로 관찰되었다. 우파 성향 사람들의 경우 팩트체크에 대한 특별한 견해가 없는 반면, 좌파 성향의 사람들은 팩트체크에 대해 더 우호적인 견해를 가지고 있다는 것이다(Lyons et al., 2020).

일반적으로 수용자들이 언론이나 팩트체커에 대해 지니는 신뢰도 수준도 팩트체크 효과에 영향을 미치는 것으로 나타나고 있다. 주류 언론이나 팩트체커에 대한 신뢰도가 높을 경우 팩트체크의 오정보 수정 효과가 높게 나타나지만, 반면 적대적 인식이 있을 경우에는 팩트체크의 효과에 부정적인 영향을 미친다는 것이다(Primig, 2022). 따라서 팩트체크에 대한 당파적 인식과 신뢰도 수준의 차이는 언론과 팩트체크의 미래에 대한 불안 요소이자 도전 과제가 되고 있다. 실제로 호주에서 실시한 사례 연구(Carson et al., 2022)에서는 제3자 팩트체크가 뉴스 기사와 언론사에 대한 독자의 신뢰를 떨어뜨리는 것으로 나타났다. 이와 관련해 또 다른 연구(Pingree et al., 2018)에서는 팩트체크 뉴스가 저널리즘의 관련성이나 진실성을 옹호하는 다른 오피

니언 기사나 사설과 함께 제시될 경우에만 언론에 대한 전반적인 신뢰도와 뉴스 활용 의도를 향상시키는 것으로 나타났다.

2) 팩트체크와 정치인: 평판과 진실성 판단

팩트체크 보도의 오정보 교정 작업이 수용자들의 심리적 기제나 당파성으로 인해 단기적으로는 교정 효과가 제한적이거나 역효과를 일으킨다는 연구 결과들이 있지만, 최근 연구들은 단기적이고 직접적인 교정 효과를 넘어서 팩트체크가 지니는 다양한 정치적·사회적 효과에 주목하면서 연구 범위를 확장해왔다. 정치나 정치인에 대한 광범위한 영향력에 관심을 둔 연구들이 대표적이다.

예를 들어 팩트체크가 정치인들에 대한 수용자들의 단기적인 태도, 감정, 투표 선택 변화에 영향을 끼치지 못하더라도 정치인들에게 잠재적인 평판 비용(reputational costs)을 부과함으로써 정치 담론을 개선하고 정치 효능감을 증진하는 효과를 가져오는 것으로 나타났다. 나이핸과 라이플러(Nyhan & Reifler, 2015)는 미국 주 의회 선거 시기에 무작위로 배정된 주 의원들에게 진실이 의심스러운 발언을 할 경우 자신의 평판과 선거에 위험 요소가 될 수 있다는 편지를 발송했고, 추후 추적 조사 결과 편지를 받은 의원들이 받지 않은 의원들보다 실제 팩트체크에서 부정적인 평가를 받는 비율이 현저히 낮았다.

팩트체크가 정치인 발언의 진실성을 평가할 수 있는 방법 중 하나가 되면서, 정치인의 선거운동 메시지에 대한 유권자의 태도와 평가에 어떤 영향을 주는지도 관심사로 떠올랐다. 이와 관련해 팩트체크가 정치광고의 진실성을 평가하는 데 영향을 주며(Wintersieck et al., 2021), 특히 팩트체크가 네거티브 광고의 진실성에 이의를 제기할 경우 수용자들이 광고의 주장을 받아들일 가능성을 낮추는 것으로 나타났다(Fridkin et al., 2015).

한편 팩트체크의 장기적 누적 효과가 정치인의 진실성에 대한 종합적인 판단에 영향을 줄 수 있다는 연구 결과도 나오고 있다. 이를 통해 당파성과 무관하게 유권자들이 정치인의 진실성을 중요한 요소로 간주하고 팩트체크를 통한 부정적 평가가 긍정적 평가보다 많을 경우 장기적으로 정치인에 대한 유권자의 지지(투표 의도, 감정, 진실성 인식)에 영향을 주며(Aird et al., 2018), 후보자 토론의 성과나 승패에 대한 수용자들의 평가에 영향을 주고, 후보자 정직성 판단에 따라 유권자들의 투표 의지에 영향을 줄 수도 있다는 점이 밝혀졌다(Wintersieck, 2017). 이러한 연구 결과들은 팩트체크가 허위 주장을 반복적으로 하는 정치인들에게 정직성과 관련한 평판 비용을 부과함으로써 잘못된 진술에 대한 책임을 묻는 데 효과적일 수 있다(Agadjanian et al., 2019)는 점을 보여준다. 한편 당파성이 개입될 여지가 없는 상황에서는 정치인에 대한 팩트체크의 영향력이 증폭될 수 있는 것으로 나타났다. 바커 등(Barker et al., 2022)의 연구 결과에 따르면 팩트체크에 따른 후보자 진실성 평가가 정당 간 후보 평가를 바꿀 가능성은 작지만, 정당 내부의 예비 후보자들에 대한 평가나 의사 결정에는 영향을 끼친다는 것이다.

3) 팩트체크 효과 연구의 확장: 메시지 형식과 내용, 맥락, 팩트체커 유형

팩트체크 보도는 일반 뉴스 보도와 메시지 형식에 차이가 있다. 가장 대표적인 차이는 '진실성 평가 척도(truth scales)'를 사용해 직관적으로 발언이나 정보의 진실성을 평가한다는 것이다. 진실성 평가 척도는 잘못된 정보에 효율적인 대응 도구로 작동한다(Amazeen et al., 2018)는 평가를 받고 있다.

팩트체크 메시지 형식이나 내용적 측면에서 팩트체크 교정 효과의 효율성을 높이기 위한 연구들도 진행되고 있다. 영 등(Young et al.,

2018)은 실험연구를 통해 팩트체크 메시지의 형식(인쇄물/영상물)과 어조(유머/비유머)가 오정보 수정에 미치는 영향을 탐구했다. 연구 결과 인쇄물 형식보다 영상물 형식(유머/비유머)이 메시지에 대한 수용자들의 주의력을 높이고 혼동을 줄임으로써 오정보 수정에 더 효과적이라는 결과를 도출했다. 한편 부케스와 하멜리어스(Boukes & Hameleers, 2023)는 일반적인 팩트체크(regular fact-checks) 형식과 풍자적 팩트체크(satirical fact-checks) 형식 간의 효과를 비교 검증했다. 범죄율에 대한 오정보와 허위정보 교정 효과를 살펴본 결과, 일반적 팩트체크 형식은 팩트체크 정보에 동의하는 사람들 사이에서 효과적인 것으로 나타났으며, 풍자적인 팩트체크의 경우 모든 사람들에게 효과가 있는 것으로 나타났다.

브라가 등(Vraga et al., 2020)은 메시지 내용 측면에서 잘못된 정보를 반박하기 위해 정확한 정보를 제공하는 '사실 중심 정정'과 잘못된 정보의 근거가 되는 수사적 결함을 강조하는 '논리 중심 정정' 방식의 두 가지 메시지 구성 방식이 수용자들의 오정보 노출 이전과 이후에 어떤 효과를 나타내는지를 비교했다. 연구 결과에 따르면 사실 중심 정정은 오정보 노출 이후에 제시되었을 경우에만 오정보 수용 감소 효과를 나타냈지만, 논리 중심 정정보다 더 신뢰할 수 있는 메시지로 간주되었다. 논리 중심 정정은 오정보 노출 전후의 위치와 상관없이 일관되게 오정보 수용 감소 효과를 가져왔고, 부분적으로는 오보 게시물의 신뢰성에 대한 인식을 감소시키는 것으로 나타났다.

메시지 형식이나 내용뿐만 아니라 주변적 맥락 정보 역시 수용자의 팩트체크 정보 수용에 영향을 미친다는 연구 결과도 등장했다. 가렛 등(Garrett et al., 2013)은 사진이나 신상 프로필처럼 오정보 내용과 실질적으로 관련이 없는 맥락 정보도 수용자의 반응에 영향을 미칠 수 있다고 주장한다. 이러한 주변적 맥락 정보가 오정보와 관련된 특정 신념을 떠올리게 함으로써 처음에 정확한 신념을 가지고 있던 사람이라도 오정보 증거에 대한 저항을 증가시킬 수 있다는 것이다. 예를 들어, 팩트체크 메시지에 중동에 반미 감정이 만연해 있다는 내용이 포함되어 있으면, 그렇지 않은 경우보다 이라크에서 대량살상무기(WMD)가 발견되지 않았다는 사실 증거에 수용자들이 저항할 가능성이 더 높아진다고 한다.

한편 문원기 등(Moon et al., 2022)은 인간 전문가(human experts), 인공지능(AI), 이용자 합의(user consensus) 같은 팩트체크 유형이 팩트체크 메시지에 대한 수용자들의 신뢰성에 어떤 차이를 가져오는지를 탐구했다. 코로나19 오정보에 대한 팩트체크 효과를 검증한 결과, 인공지능과 이용자 합의 방식이 인간 전문가 방식에 비해 당파적인 동기화된 추론을 크게 감소시키는 것으로 나타났다.

6. 팩트체크 저널리즘의 유통

1) 유통 채널로서 소셜 미디어와 온라인 커뮤니티

팩트체크 유통에 관한 연구들은 허위정보와 사실확인 정보가 소셜 미디어나 온라인 커뮤니티 등에서 유통되는 방식에 대해 고찰해왔다. 정보 유통 채널로서의 소셜 미디어나 온라인 커뮤니티의 플랫폼에 대한 연구는 이들 플랫폼 기업이 사용자들이 생산하고 공유하는 정보의 품질을 관리하기보다는 사용자들을 서로 연결하는 데 더 많은 관심을 기울인다고 주장한다. 온라인 커뮤니티의 정보 공유 메커니즘이 사용자 연결에 치중한 나머지 가짜 데이터, 편향된 신념, 부정확한 진술과 같은 허위정보의 배포 활동을 선호하게 되고, 온라인 뉴스 소비에서 팩트체크 시스템의 가치를 감소시킨다는 것이다(Arfini et al., 2018). 이 때문에 소셜 미디어와 온라인 커뮤니티는 허위정보 확산의 주범으로 자주 지목되곤 한다.

소셜 미디어와 온라인 커뮤니티가 허위정보의 주된 유통 채널이라면, 허위정보의 교정을 위한 팩트체크 정보 역시 이들 유통 채널을 통한 확산 방식을 고민할 필요가 있다. 예를 들어 소셜 미디어에서 유통되는 허위정보에 대한 대책 중 하나로 알고리즘이나 인간 팩트체커를 통해 허위정보를 식별하고 특정 표시를 부착(labeling)하는 것이 대표적이다. 허위정보 식별 표시는 소셜 미디어 사용자들이 허위정보를 식별하고 콘텐츠를 평가하고 공유하는 데 일정 부분 역할을 하는 것으로 알려져 있다(Ardevol-Abreu et al., 2020; Gaozhao, 2021).

반면 이러한 허위정보 식별 표시가 큰 효과를 발휘하지 못한다는 반론도 만만찮다. 주된 이유로는 기본적으로 사회관계 연결망 성격을 지니고 있는 소셜 미디어가 인종, 성별, 연령, 종교, 정치적 지향 등의 속성에 있어 동질성을 지니는 경우가 많고, 동질적 집단의 관점에 부합하는 정보들만 유통되는 필터 버블(filter bubble)이나 반향실(echo chamber) 효과가 거론된다(Schuetz et al., 2021; Wang et al., 2022). 폐쇄적 연결망 속에서 자신들의 관점에 반하는 팩트체크 정보들이 유통될 가능성이 떨어지며, 유통되더라도 집단 내 거부감으로 교정 효과가 미미할 수 있다는 것이다. 한편, 허위정보 식별 표지가 붙지 않은 모든 정보들이 잠재적으로 정확한 정보로 간주되는 암묵적 진실 효과(implied truth effect)도 문제점으로 제기되고 있다(Pennycook et al., 2020).

허위정보와 팩트체크 정보가 소셜 미디어상에서 공존하면서 서로 다른 두 정보가 확산 과정에서 어떤 차이가 있는지를 살펴보는 연구가 등장했다. 예를 들어 풀리도 등(Pulido et al., 2020)이 트위터에서 유통된 코로나19 관련 허위정보와 팩트체크 정보의 공유 형태를 분석한 결과, 허위정보가 팩트체크 정보보다 더 많이 트윗되었지만, 재

공유(리트윗)는 팩트체크 정보에서 더 많이 발생하는 것으로 나타났다. 한편 허위정보와 팩트체크 정보 간에 유통 속도의 차이가 난다는 연구 결과도 있다. 허위정보가 진실보다 훨씬 더 멀리, 더 빨리, 더 깊게, 더 넓게 퍼져나가는 경향이 있다는 것이다(Vosoughi et al., 2018). 이처럼 거짓말이 진실보다 확산력이 높은 이유는 수용자들이 팩트체크 정보보다 허위정보를 공유할 가능성이 더 높기 때문으로, 허위정보가 두려움, 혐오, 놀라움 같은 감정적 소구를 동반하는 데서 그 원인을 찾기도 한다(Vosoughi et al., 2018).

2) 허위정보 유통에 있어 당파성과 정치 지도자의 역할

온라인상의 허위정보 유통에 있어 정치 지도자나 인플루언서의 역할에 주목하는 연구들도 등장하고 있다. 코로나19 대유행 시기 코로나19 음모론이 트위터에서 어떻게 전파되었는지를 분석한 결과 미국의 일부 저명한 보수 정치인과 트위터상의 극우 정치 활동가들이 초기 음모론을 부추겼고 이것이 전 세계적인 2차 전파로 이어졌다는 것이 발견되었다(Gruzd & Mai, 2020). 영국의 경우에도 브렉시트 캠페인 기간에 일부 정치 지도자들이 브렉시트 관련 허위정보의 전파에 핵심적인 역할을 한 것으로 밝혀지기도 했다(Holler, 2021).

허위정보와 팩트체크 정보의 공유에 정치적 이념이나 당파적 영향력이 작동하는가 역시 유통 측면의 주요 연구주제 중 하나다. 미국 대통령 선거 시기에 당파성이 팩트체크 판정에 대한 공유 및 논평 패턴을 어떻게 형성하는지 조사한 결과, 사람들이 자신의 지지 후보에 유리하고 상대 정당 후보를 폄하하는 팩트체크 정보를 선택적으로 공유하는, 당파에 따른 선택적 공유 패턴이 발견되었다(Shin et al., 2017; Shin & Thorson, 2017). 브라질의 경우에도 허위정보가 급진 극우 정치 단체, 종교 및 음모 이론 단체, 대안 미디어에서 더 많이 유포되는 경향이 있는 반면, 팩트체크 정보는 좌파 단체에서 더 많이 유통되는 비대칭 양극화 구조가 나타났다(Recuero et al., 2022). 당파성은 유통 속도 측면에도 영향을 줄 수 있는데, 예를 들어 당파적 반향실(echo chamber) 효과가 작동하는 경우는 그렇지 않은 경우보다 전파력과 속도가 강하게 나타나는 경향이 있다는 것이다(Choi et al., 2020).

7. 나가며

팩트체크 저널리즘 연구는 커뮤니케이션·미디어학 분야에서 급성장했다. 글로벌 차원에서 허위조작정보 문제가 급부상하고, 기존 언론사 및 팩트체크 전문기관의 팩트체크 활동이 활발해지면서 이에 대한 학계의 관심과 연구 또한 확장된 것으로 볼 수 있다. 기존 저널리즘을 넘어서는 새로운 저널리즘 관행으로서 팩트체크 저널리즘의 이론화, 실천적 제도화, 생산 주체의 다양성에 천착한 연구들은 민주주의 제도 차원에서 저널리즘의 역할과 책임성의 문제를 재점검하고 있다. 전통적인 미디어 효과 및 설득 분야에서도 팩트체크가 수용자들의 정치적 신념이나 당파성에도 불구하고 오정보나 허위정보를 교정할 수 있는 조건과 맥락 요인들을 탐색하는 작업을 진행하고 있다.

그러나 지난 10여 년간 팩트체크 저널리즘 연구의 양적 성장에 불구하고 몇 가지 과제를 안고 있는 것으로 평가되고 있다. 니미넨과 라펠리(Nieminen & Rapeli, 2019)는 글로벌 차원의 허위정보 대응 관점에서 팩트체크 잠재적 교정 효과를 측정하는 공통된 정의와 방법론적 정교화의 필요성을 제기한다. 이를 통해 연구 간 비교 가능성을 높이고, 특히 미국 중심 연구를 넘어 다양한 미디어 체제의 국가 간 비교 작업을 수행해야 한다고 주장한다.

학계와 실무 현장 간 연결과 협력 측면에서도 아직 많은 과제를 안고 있는 것으로 평가된다. 예를 들어 팩트체크의 교정 효과에 대한 연구들은 대다수가 실험실 환경에서 실험 처치된 허위정보와 팩트체크 정보를 통해 진행되고 있어서, 수용자들이 실제 허위정보를 접하는 현실 맥락에 일반화할 수 있는지에 대해 여전히 많은 의문을 던지고 있다(Cushion et al., 2022; Shin & Thorson, 2017).

디아스와 시핏(Dias & Sippitt, 2020)은 현행 팩트체크 연구가 현장 팩트체커들이 허위정보 문제에 대처하는 데 도움이 될 만큼 최적화되어 있지 못하다고 지적한다. 그 이유로는 첫째, 기존 연구들의 다양성이 부족하고 외적 타당성 측면에 제약이 많다는 점을 든다. 연구가 주로 미국과 영국 등 서구 국가에서 압도적으로 많이 수행되고 있어 특정 문화권에 적용되지 않을 수도 있으며, 팩트체크 효과 연구의 경우 특정 실험 조건에서의 교정 효과에 집중하고 있어서 수용자들이 실제 팩트체크를 접하고 소비하는 환경적 맥락을 반영하지 못한다는 것이다. 둘째, 연구 목표 측면에서 현장의 팩트체커들의 다양한 생각과 관점을 반영하지 못한다는 것이다. 초기 팩트체커들은 적극적으로 시민들의 의견을 바꾸기보다는 시민들에게 양질의 정보를 제공하는 것을 목표로 삼았고, 2세대 팩트체커들 역시 정치적 영향력을 지니고 있는 인물들에게 발언에 대한 책임을 묻고, 허위정보가 정정될 수 있는 생산 및 유통 체계를 구축하는 문제에 관심을 기울였는데, 이러한 현장의 요구들을 학계 연구가 적절하게 수렴하지 못했다는 것이다. 따라서 학계와 현장 간 더 많은 소통과 협업이 필요하다고 주장한다.

기존 팩트체크 저널리즘 연구 동향과 향후 과제로 제기되는 사안들은 허위정보와 저널리즘 문제에 대한 학문 공동체의 대응에서 새로운 질적 도약이 필요하다는 점을 방증한다. 그리고 이러한 학문적 대응은, 이 장이 검토하지 못한 한계이기도 하지만, 커뮤니케이션·미디어 학계를 넘어서서 다양한 학문 간 공동 대응이어야 하는 것도 자명하다. 팩트체크 저널리즘 연구의 외연을 넓히고 깊이를 심화하는 동시에 학문 간 공동 대응 거버넌스 구축을 위한 노력 역시 필요한 시점이다.

참고문헌

Abrar, A. N. (2021). The role of collaborative journalism in WestPapua: A *Jubi* and *Tirto* case study. *Pacific Journalism Review* 27(1-2), 119-131.

Agadjanian, A., Bakhru, N., Chi, V., Greenberg, D., Hollander, B., Hurt, A. et al. (2019). Counting the Pinocchios: The effect of summary fact-checking data on perceived accuracy and favorability of politicians. *Research & Politics* 6(3).

Aguado-Guadalupe, G. & Bernaola-Serrano, I. (2020). Verification in the Covid-19 infodemic. Newtral's case study. *Revista Latina De Comunicación Social* 78, 289-307.

Aird, M. J., Ecker, U. K. H., Swire, B., Berinsky, A. J., & Lewandowsky, S. (2018). Does truth matter to voters? The effects of correcting political misinformation in an Australian sample. *Royal Society Open Science* 5(12), Article 180593.

Amazeen, M. A. (2015). Revisiting the Epistemology of Fact-Checking. *Critical Review* 27(1), 1-22.

Amazeen, M. A., Thorson, E., Muddiman, A., & Graves, L. (2018). Correcting political and consumer misperceptions: The effectiveness and effects of rating scale versus contextual correction formats. *Journalism & Mass Communication Quarterly* 95(1), 28-48.

Ardevol-Abreu, A., Delponti, P., & Rodriguez-Wanguemert, C. (2020). Intentional or inadvertent fake news sharing? Fact-checking warnings and users' interaction with social media content. *Profesional De La Información* 29(5), Article e290507.

Arfini, S., Bertolotti, T., & Magnani, L. (2018). The diffusion of ignorance in on-line communities. *International Journal of Technoethics* 9(1), 37-50.

Bailla, H. & Yachoulti, M. (2022). Citizen journalism in Morocco: the case of fact-checkers. *Journal of North African Studies* 27(2), 264-295.

Barker, D. C., Martin, D. J., & Nalder, K. L. (2022). Aggregated fact-checks, partisanship, and perceptions of candidate honesty. *Journal of Elections Public Opinion and Parties* 32(1), 173-192.

Boukes, M. & Hameleers, M. (2023). Fighting lies with facts or humor: comparing the effectiveness of satirical and regular fact-checks in response to misinformation and disinformation. *Communication Monographs* 90(1), 69-91.

Brookes, S. & Waller, L. (2022). Communities of practice in the production and resourcing of fact-checking. *Journalism* 24(9), Article 14648849221078465.

Carnahan, D. & Bergan, D. E. (2022). Correcting the misinformed: The effectiveness of fact-checking messages in changing false beliefs. *Political Communication* 39(2), 166-183.

Carnahan, D., Bergan, D. E., Ulusoy, E., Ahn, S., & Barry Wade, R. (2022). Assessing the Potential of Partisan Group Cues in Promoting Accurate Beliefs. *Mass Communication and Society*, 1-23.

Carson, A., Gibbons, A., Martin, A., & Phillips, J. B. (2022). Does third-party fact-checking increase trust in news stories? An Áustralian case study using the "sports rorts" affair. *Digital Journalism* 10(5), 801-822.

Cheruiyot, D. & Ferrer-Conill, R. (2018). "FACT-CHECKING AFRICA" Epistemologies, data and the expansion of journalistic discourse. *Digital Journalism* 6(8), 964-975.

Choi, D., Chun, S., Oh, H., Han, J., & Kwon, T. (2020). Rumor Propagation is Amplified by Echo Chambers in Social Media. *Scientific Reports* 10(1), Article 310.

Chopra, F., Haaland, I., & Roth, C. (2022). Do people demand fact-checked news? Evidence from US Democrats. *Journal of Public Economics* 205, Article 104549.

Cushion, S., Morani, M., Kyriakidou, M., & Soo, N. (2022). Why media systems matter: A fact-checking study of UK television news during the coronavirus pandemic. *Digital Journalism* 10(5), 698-716.

Dafonte-Gómez, A., Miguez-González, M. I., & Ramahí-García, D. (2022). Fact-checkers on social networks: Analysis of their presence and content distribution channels. *Communication & Society-Spain* 35(3), 73-89.

Dias, N. & Sippitt, A. (2020). Researching fact checking: Present limitations and future opportunities. *Political Quarterly* 91(3), 605-613.

Esteban-Navarro, M. A., Nogales-Bocio, A. I., Garcia-Madurga, M. A., & Morte-Nadal, T. (2021). Spanish fact-checking services: An approach to their business models. *Publications* 9(3), Article 38.

Ferracioli, P., Kniess, A. B., & Marques, F. P. J. (2022). The watchdog role of fact-checkers in different media systems. *Digital Journalism* 10(5), 717-737.

Flynn, D. J., Nyhan, B., & Reifler, J. (2017). The nature and origins of misperceptions: Understanding false and unsupported beliefs about politics. *Political Psychology* 38, 127-150.

Fridkin, K., Kenney, P. J., & Wintersieck, A. (2015). Liar, liar, pants on fire: How fact-checking influences citizens' reactions to negative advertising. *Political Communication* 32(1), 127-151.

Gaozhao, D. (2021). Flagging fake news on social media: An experimental study of media consumers' identification of fake news. *Government Information Quarterly* 38(3), Article 101591.

Garrett, R. K., Nisbet, E. C., & Lynch, E. K. (2013). Undermining the corrective effects of media-based political fact checking? The role of contextual cues and naive theory. *Journal of Communication* 63(4), 617-637.

Gottfried, J. A., Hardy, B. W., Winneg, K. M., & Jamieson, K. H. (2013). Did fact checking matter in the 2012 presidential campaign? *American Behavioral Scientist* 57(11), 1558-1567.

Graves, L. (2017). Anatomy of a fact check: Objective practice and the contested epistemology of fact checking. *Communication Culture & Critique* 10(3), 518-537.

Graves, L. (2018). Boundaries not drawn: Mapping the institutional roots of the global fact-checking movement. *Journalism Studies* 19(5), 613-631.

Graves, L. & Cherubini, F. (2016). The rise of fact-checking sites in Europe. *Digital News Project Report*. Reuters Institute for the Study of Journalism.

Graves, L., Nyhan, B., & Reifler, J. (2016). Understanding innovations in journalistic practice: A field experiment examining motivations for fact-checking. *Journal of Communication* 66(1), 102-138.

Gruzd, A. & Mai, P. (2020). Going viral: How a single tweet spawned a COVID-19 conspiracy theory on Twitter. *Big Data & Society* 7(2), Article 2053951720 938405.

Haigh, M., Haigh, T., & Kozak, N. I. (2018). Stopping fake news: The work practices of peer-to-peer counter propaganda. *Journalism Studies* 19(14), 2062-2087.

Hameleers, M., Powell, T. E., van der Meer, T., & Bos, L. (2020). A picture paints a thousand lies? The effects and mechanisms of multimodal disinformation and rebuttals disseminated via social media. *Political Communication* 37(2), 281-301.

Hameleers, M. & van der Meer, T. G. (2020). Misinformation and polarization in a high-choice media environment: How effective are political fact-checkers?. *Communication Research* 47(2), 227-250.

Holler, M. (2021). The human component in social media and fake news: the performance of UK opinion leaders on Twitter during the Brexit campaign. *European Journal of English Studies* 25(1), 80-95.

Humprecht, E. (2020). How do they debunk "fake news"? A cross-national comparison of transparency in fact checks. *Digital Journalism* 8(3), 310-327.

Jennings, J. & Stroud, N. J. (2023). Asymmetric adjustment: Partisanship and correcting misinformation on Facebook. *New Media & Society* 25(7), 1501-1502, Article 14614448211021720.

Jurado, F., Delgado, O., & Ortigosa, A. (2020). Tracking news stories using blockchain to guarantee their traceability and information analysis. *International Journal of Interactive Multimedia and Artificial Intelligence* 6(3), 39-46.

Khaldarova, I. & Pantti, M. (2016). FAKE NEWS The narrative battle over the Ukrainian conflict. *Journalism Practice* 10(7), 891-901.

Kim, B. & Buzzelli, N. R. (2022). The logics of fact-checking website operations. *Digital Journalism*.

Kumar, A. (2022). Fact-checking methodology and its transparency: What Indian fact-checking websites have to say? *Journalism Practice*, 1-20.

Lelo, T. (2022a). The rise of the Brazilian fact-checking movement: Between economic sustainability and editorial independence. *Journalism Studies* 23(9), 1077-1095.

Lelo, T. (2022b). When a journalistic truth-seeking tradition thrives: Examining the rise of the Brazilian fact-checking movement. *Journalism Practice*, 1-19.

Li, J. N., Foley, J. M., Dumdum, O., & Wagner, M. W. (2022). The power of a genre: Political news presented as fact-checking increases accurate belief updating and hostile media perceptions. *Mass Communication and Society* 25(2), 282-307.

Lim, C. (2018). Checking how fact-checkers check. *Research & Politics* 5(3), Article 2053168018786848.

López-Marcos, C. & Vicente-Fernández, P. (2021). Fact checkers facing fake news and disinformation in the digital age: A comparative analysis between Spain and United Kingdom. *Publications* 9(3), Article 36.

Lowrey, W. (2017). The emergence and development of news fact-checking sites: Institutional logics and population ecology. *Journalism Studies* 18(3), 376-394.

Lyons, B., Merola, V., Reifler, J., & Stoeckel, F. (2020). How politics shape views toward fact-checking: Evidence from six European countries. *International Journal of Press-Politics* 25(3), 469-492.

Mare, A. & Munoriyarwa, A. (2022). Guardians of truth? Fact-checking the 'disinfodemic' in Southern Africa during the COVID-19 pandemic. *Journal of African Media Studies* 14(1), 63-79.

Moon, W. K., Chung, M., & Jones-Jang, S. M. (2022). How can we fight partisan biases in the COVID-19 pandemic? AI source labels on fact-checking messages reduce motivated reasoning. *Mass Communication and Society* 26(4),

646-670.

Morejon-Llamas, N., Martin-Ramallal, P., & Micaletto-Belda, J. P. (2022). Twitter content curation as an antidote to hybrid warfare during Russia's invasion of Ukraine. *Profesional De La Información* 31(3), Article e310308.

Moreno-Gil, V., Ramon-Vegas, X., & Mauri-Rios, M. (2022). Bringing journalism back to its roots: examining fact-checking practices, methods, and challenges in the Mediterranean context. *Profesional De La Información* 31(2), Article e310215.

Morris, D. S., Morris, J. S., & Francia, P. L. (2020). A fake news inoculation? Fact checkers, partisan identification, and the power of misinformation. *Politics Groups and Identities* 8(5), 986-1005.

Nieminen, S. & Sankari, V. (2021). Checking PolitiFact's Fact-Checks. *Journalism Studies* 22(3), 358-378.

Nissen, I. A., Walter, J. G., Charquero-Ballester, M., & Bechmann, A. (2022). Digital infrastructures of COVID-19 misinformation: A new conceptual and analytical perspective on fact-checking. *Digital Journalism* 10(5), 738-760.

Nyhan, B., Porter, E., Reifler, J., & Wood, T. J. (2020). Taking fact-checks literally but not seriously? The effects of journalistic fact-checking on factual beliefs and candidate favorability. *Political Behavior* 42(3), 939-960.

Nyhan, B., Reifler, J., & Ubel, P. A. (2013). The hazards of correcting myths about health care reform. *Medical Care* 51(2), 127-132.

Nyhan, B. & Reifler, J. (2015). The effect of fact-checking on elites: A field experiment on US state legislators. *American Journal of Political Science* 59(3), 628-640.

Pennycook, G., Bear, A., Collins, E. T., & Rand, D. G. (2020). The implied truth effect: Attaching warnings to a subset of fake news headlines increases perceived accuracy of headlines without warnings. *Management Science* 66(11), 4944-4957.

Pingree, R. J., Watson, B., Sui, M. X., Searles, K., Kalmoe, N. P., Darr, J. P., Sanda, M., & Bryanov, K. (2018). Checking facts and fighting back: Why journalists should defend their profession. *PloS One* 13(12), Article e0208600.

Primig, F. (2022). The Influence of Media Trust and Normative Role Expectations on the Credibility of Fact Checkers. *Journalism Practice* 18(5), 1137-1157.

Pulido, C. M., Villarejo-Carballido, B., Redondo-Sama, G., & Gómez, A. (2020). COVID-19 infodemic: More retweets for science-based information on coronavirus than for false information. *International Sociology* 35(4), 377-392,

Article 0268580920914755.

Recuero, R., Soares, F. B., Vinhas, O., Volcan, T., Huttner, L. R. G., & Silva, V. (2022). Bolsonaro and the far right: How disinformation about COVID-19 circulates on facebook in Brazil. *International Journal of Communication* 16, 148-171.

Riera, A. & Zommer, L. (2020). Using fact checking to improve information systems in Argentina. *Political Quarterly* 91(3), 600-604.

Robertson, C. T., Mourao, R. R., & Thorson, E. (2020). Who uses fact-checking sites? The impact of demographics, political antecedents, and media use on fact-checking Site awareness, attitudes, and behavior. *International Journal of Press-Politics* 25(2), 217-237, Article 1940161219898055.

Rodríguez-Pérez, C., Paniagua-Rojano, F. J., & Magallón-Rosa, R. (2021). Debunking political disinformation through journalists' perceptions: An analysis of Colombia's fact-checking news practices. *Media And Communication* 9(1), 264-275.

Rodríguez-Pérez, C., Seibt, T., Magallón-Rosa, R., Paniagua-Rojano, F. J., & Chacón-Peinado, S. (2023). Purposes, principles, and difficulties of fact-checking in Ibero-America: Journalists' perceptions. *Journalism Practice* 17(10), 2159-2177.

Schuetz, S. W., Sykes, T. A., & Venkatesh, V. (2021). Combating COVID-19 fake news on social media through fact checking: antecedents and consequences. *European Journal of Information Systems* 30(4), 376-388.

Schuldt, L. (2021). Official truths in a war on fake news: Governmental fact-checking in Malaysia, Singapore, and Thailand. *Journal of Current Southeast Asian Affairs* 40(2), 340-371.

Shin, J., Jian, L., Driscoll, K., & Bar, F. (2017). Political rumoring on Twitter during the 2012 US presidential election: Rumor diffusion and correction. *New media & Society* 19(8), 1214-1235.

Shin, J. E. & Thorson, K. (2017). Partisan selective sharing: The biased diffusion of fact-checking messages on social media. *Journal of Communication* 67(2), 233-255.

Sippitt, A. & Moy, W. (2020). Fact checking is about what we change not just who we reach. *Political Quarterly* 91(3), 592-595.

Steensen, S., Belair-Gagnon, V., Graves, L., Kalsnes, B., & Westlund, O. (2022). Journalism and source criticism. Revised approaches to assessing truth-claims. *Journalism Studies* 23(16), 2119-2137.

Swire-Thompson, B., Ecker, U. K. H., Lewandowsky, S., & Berinsky, A. J. (2020). They might be a liar but they're my liar: Source evaluation and the prevalence of misinformation. *Political Psychology* 41(1), 21-34.

Thorson, E. (2016). Belief echoes: The persistent effects of corrected misinformation. *Political Communication* 33(3), 460-480.

Tsang, N. L. T., Feng, M. Z., & Lee, F. L. F. (2022). How fact-checkers delimit their scope of practices and use sources: Comparing professional and partisan practitioners. *Journalism* 24(10), 2232-2251, Article 14648849221100862.

Unal, R. & Ciceklioglu, A. S. (2019). The function and importance of fact-checking organizations in the era of fake news: Teyit.org, an example from turkey. *Medijske Studije-Media Studies* 10(19), 140-160.

Uscinski, J. E. (2015). The epistemology of fact checking (is still naive): Rejoinder to amazeen. *Critical Review* 27(2), 1-10.

Uscinski, J. E. & Butler, R. W. (2013). The epistemology of fact checking. *Critical Review* 25(2), 162-180.

Vinhas, O. & Bastos, M. (2022). Fact-checking misinformation: Eight notes on consensus reality. *Journalism Studies* 23(4), 448-468.

Vizoso, A. & Vázquez-Herrero, J. (2019). Fact-checking platforms in Spanish. Features, organisation and method. *Communication & Society-Spain* 32(1), 127-142.

Vosoughi, S., Roy, D., & Aral, S. (2018). The spread of true and false news online. *Science* 359(6380), 1146-1151.

Vraga, E. K., Kim, S. C., Cook, J., & Bode, L. (2020). Testing the effectiveness of correction placement and type on Instagram. *International Journal of Press-Politics* 25(4), 632-652, Article 1940161220919082.

Waller, L. & Brookes, S. (2022). Ceding ground as a strategic concession in fact-checking: Shifting practice to shift power. *Media International Australia* 184(1), 35-48, Article 1329878x221088050.

Walter, N., Cohen, J., Holbert, R. L., & Morag, Y. (2020). Fact-checking: A meta-analysis of what works and for whom. *Political Communication* 37(3), 350-375.

Wang, A. H. E., Yeh, Y. Y., Wu, C. K. S., & Chen, F. Y. (2022). Media literacy and partisan convergence across social network sites. *Social Science Journal*, 1-14.

Weeks, B. E. (2015). Emotions, partisanship, and misperceptions: How anger and anxiety moderate the effect of partisan bias on susceptibility to political misinformation. *Journal of Communication* 65(4), 699-719.

Wintersieck, A. L. (2017). Debating the truth: The impact of fact-checking during electoral debates. *American Politics Research* 45(2), 304-331.

Wintersieck, A., Fridkin, K., & Kenney, P. (2021). The message matters: The influence of fact-checking on evaluations of political messages. *Journal of Political Marketing* 20(2), 93-120.

Young, D. G., Jamieson, K. H., Poulsen, S., & Goldring, A. (2018). Fact-checking effectiveness as a function of format and tone: Evaluating FactCheck.org and FlackCheck.org. *Journalism & Mass Communication Quarterly* 95(1), 49-75.

Zamit, F., Kooli, A., & Toumi, I. (2020). An examination of Tunisian fact-checking resources in the context of COVID-19. *Jcom-Journal of Science Communication* 19(7), Article A04.

5부

팩트체크 저널리즘에 대한 비판적 성찰

12

팩트체크 뉴스 낯설게 보기

김은미
(서울대학교 언론정보학과 교수)

19대 대통령 선거를 전후로 한국 정치의 역동적인 시기를 통과하면서 팩트체킹이라는 개념이 한국 저널리즘 지형에서도 낯설지 않게 되었다. '팩트를 말해라', '그거 팩트냐' 등의 말이 일반인의 대화에서도 심심찮게 들린다. 복잡한 사회적 이슈일수록 다양한 논의가 이루어질 수밖에 없고 서로 다른 의견을 포함한 다양한 논의가 제대로 이루어지기 위해서는 팩트에 대한 최소한의 합의가 있어야 한다는 점에서 팩트에 대한 관심이나 존중은 그 자체로 매우 가치 있는 현상이다. 그런데 여기서 생각해볼 지점은 '팩트'라는 표현이 '진짜? 정말?' 혹은 '사실이다'와 같은 의미로 쓰이고 있다는 점이다. 여기서 사람들이 '팩트'라는 외래어를 콕 찍어서 사용하는 데에는 워낙 가짜뉴스[1]를 포함해 시민들이 일상에서 접하는 정보의 양이 폭증했고 그 폐해에 관한 인식이 널리 퍼져 있기 때문이다. 가짜뉴스 현상이 지금처럼 심각하게 대두되기 이전에는 보통 정보, 소식 혹은 메시지 같은 개념

1 '가짜뉴스'보다는 '허위정보'라는 용어가 개념상 정확하지만 사회적으로 '가짜뉴스'가 널리 통용되고 있으므로 개념의 정확성보다는 문맥의 자연스러움과 의미의 전달력을 고려하여 이 장에서는 '가짜뉴스'라는 용어를 사용하고자 한다.

들이 그 자체로 대부분은 맞을 것이라는 전제를 가진 것으로 볼 수도 있었지만 이제는 그러한 전제가 희미해졌기 때문이기도 하다. 과연 팩트체크 뉴스라고 할 때 팩트를 진짜, 사실, 진실에 가까운 것으로 이해하고 통용되도록 하는 것이 사회적으로 바람직하다고만 할 수 있을까? 서로 '상대가 가짜다, 내가 팩트다'라고 논쟁하는 상황에서 팩트와 팩트가 아닌 것의 구분은 더욱 모호해져가고 있으며, 이러한 흐름 속에서 팩트체크 뉴스의 의미를 다시 생각해볼 필요가 있다. 팩트체크 뉴스는 과연 마땅한 흐름이고 바람직하기만 한 것인가?

다른 한편으로 팩트체크 저널리즘을 실행하고 있는 언론인들에게는 오히려 팩트체크가 저널리즘 영역의 혁신이고 진화인 양 조망되고 있는 점이 불편하다. 언론인들에게 사실을 검증하고 정확히 보도한다는 것은 너무나도 당연한 기본 중의 기본이기에 이것이 새로운 저널리즘의 하나의 유형이라고 외치는 것은 기존의 저널리즘은 사실 검증을 하지 않았다는 것을 말하는 것과 마찬가지가 되기 때문이다(정은령, 2018).

팩트체킹[2]이나 팩트체크 뉴스[3]는 학술세계에서나 현장에서나 저널리즘이 가야 할 바람직한 진화로 각광받고 있다. 이 장은 이렇게 팩트체크 저널리즘이 마땅히 더 나은 저널리즘이라는 믿음에 대해 과

---

2 '팩트체킹'은 두 가지의 의미를 가진다. 이를 개념으로서의 팩트체킹과 실행으로서의 팩트체킹이라 나눌 수 있는데, 전자는 객관주의 저널리즘의 전통 아래 뉴스를 작성할 때 그 자료가 되는 사실들을 검증하는 기자들의 포괄적인 작업 혹은 절차를 의미한다(Graves, 2017). 현재 언론사에서 팩트체크 뉴스라고 하면 정치인, 기자, 유명인, 혹은 기타 공인의 발언이 진위 여부를 검증하는 특정한 포맷을 지닌 뉴스와 이를 전담하는 조직을 말한다(Graves & Amazeen, 2019). 팩트체킹을 전담하는 조직은 비정파성, 투명성, 독자적인 조사연구를 공통된 특징으로 가진다(Walter et al., 2020).

3 팩트체크 뉴스는 현대 저널리즘의 한 실천적 유형으로 대두되고 있는 구체적인 뉴스 형태로, 객관적·과학적 근거들을 바탕으로 정치인이나 유명인의 진술의 진위를 가리는 것이 특징이다.

연 그런가 하는 의문으로 시작한다. 사회적 이슈에 대한 팩트체킹은 과연 얼마만큼 가능한 과업인가? 오로지 엄밀한 팩트를 기반으로 하는 저널리즘이 가능하다면 그것은 과연 이상적인가? 가짜뉴스에 대한 대응으로서 팩트체크 기사는 얼마나 실효성이 있는가? 양극화된 정치문화와 경향성이 강한 한국 언론의 문화(이준웅, 2010)라는 환경과 결합할 때[4] 과도한 팩트체킹에 대한 강조가 오히려 사회적 '대화'에 걸림돌이 되는 측면은 없는가? 이러한 소위 딴지를 거는 질문들을 던지는 것이 팩트체킹 개념을 보다 깊이 이해하는 데, 더 나아가 팩트체크 저널리즘이 어떻게 진화하는 것이 좋은지에 대한 생각의 단서를 얻는 데 더 기여할 수 있다고 본다. 맹목적으로 그저 가짜뉴스가 횡행하니 팩트체크를 해야 한다는 막연한 기대는 팩트체크 뉴스를 심층적으로 이해하고 발전 방안을 생각해보는 데 아무런 도움이 되지 않는다. 팩트체크 뉴스를 상수처럼 생각하기보다 변수처럼 생각해야 더 잘 이해할 수 있다.

결론부터 말해 이 장은 팩트체크 뉴스를 가짜뉴스의 반대 지점에 있는 것으로 이상화하는 것이 사회적으로 바람직하지 않다고 주장한다. 무언가 '불편한' 뉴스에 노출될 때마다 팩트체킹을 통해 이것을 퇴치할 수 있고, 그래야 무지한 많은 사람이 (나의) 팩트를 받아들이게 된다고 생각하는 것은 시민사회 안에서의 저널리즘의 효용을 오히려 축소시킬 위험이 있다는 점을 지적하고자 한다. 그래서 팩트체킹의 전통은 존중하고 키워가되 현재의 팩트체크 뉴스를 둘러싼 인식이 가진 위험성에 대해서도 충분히 고려하면서 앞으로 팩트체크 뉴스가 진화해야 할 방향에 관해 논의해보고자 한다.

---

4 팩트체크 저널리즘은 세계 각국에서 실행되고 있지만 정치문화나 언론의 양상에 따라 서로 다른 토양과 결합한다는 점을 강조하고자 한다.

그러기 위해서는 뉴스란 무엇인가 하는 근본적인 전제로부터 출발할 필요가 있다. 매스미디어 시대에는 희소한 몇 개의 채널을 통해 뉴스가 제공되었고 이를 논의하는 대인적 채널을 통해 여론이 형성되었지만 오늘날은 다양한 디지털 미디어상에서 뉴스가 확산되고 공유되면서 의견과 섞이는 과정을 거친다. 뉴스의 확산과 여론의 형성이 동시다발적으로 일어나는 것이다. 이러한 환경으로 전환한 지는 오래되었으나 사람들이 가지고 있는 '뉴스'에 대한 생각 혹은 정의(뉴스관)는 과거에 머물러 있는 경우가 많다.

뉴스는 과거에 비해 훨씬 더 살아 움직이는 생물과 같다. 사람들은 댓글 달기나 공유, 혹은 좋아요 누르기 등을 통해 반응을 더한다. 그 자체로 완결된 '뉴스'가 공유된다기보다는 공유되고 반응이 더해지는 과정이 뉴스인 것이다. 이러한 현재의 미디어 환경에서 팩트체크 뉴스가 어떻게 활용되고 있는지를 보아야 한다.

이 장은 뉴스를 본다는 것이 단순히 전문적으로 사회가 언론인에게 위탁해 생산한 팩트의 소비가 아니라 궁극적으로 공공의 사안에 대한 대화를 통해 사회에 참여하는 것이라는 시각에서 현재 실행되고 있는 방식의 팩트체크 뉴스를 평가하고 앞으로 나아갈 점을 생각해보고자 한다. 사회적 대화에 초점을 둔다면 뉴스는 더 많은 사람들을 이 대화에 참여하도록 하고, 참여자들이 뉴스의 대상이 된 사안에 대해 더 깊이 성찰하고 숙의할 수 있도록 돕는 방향으로 구성되어야 한다. 이에 이 장에서는 뉴스의 생산과 소비를 지속되는 하나의 동태적인 과정으로 보고자 한다.

팩트냐 아니냐 하는 이분법적 판정의 지나친 강조는 오히려 위와 같은 의미에서의 저널리즘과 부합하지 않는다. 우리가 시민으로서 뉴스를 접하는 것은 사회적 담론의 장에 참여하는 주요 경로다. 뉴스를 접하고 모두의 반응이 일치하거나 하나의 단일한 여론이 형성될 수는 없다. (그렇다면 이것은 전체주의 사회일 수밖에 없다.) 뉴스를 통해 다양한 반응과 의견, 감정이 서로 표출되고 갑론을박되는 과정을 거쳐 타인의 입장이나 상황과 조율을 하게 된다. 그 자체로 공동체를 경험하는 것이다. 이러한 맥락에서 팩트체크 뉴스란 무엇을 추구할 것인지를 논의해 보고자 한다.

이 장의 구성은 다음과 같다. 첫째, 이 장은 저널리즘이 사실의 재현(representation)이 아닌 의미의 제시 혹은 구성(presentation)이며 의미의 제시는 단발성이 아닌 하나의 지속적인 과정이라는 점에서 출발한다. 사회적 정보란 어떤 완결성을 가진 정체적인 것이 아니라 끊임없는 사회적 대화의 지속된 흐름 속에서 존재한다는 시각을 강조하고자 한다. 둘째, 흔히 팩트체크 뉴스의 효과로 기대되는 교정 효과가 자명하지 않으며 오히려 독자의 신념을 강화시키고 사회적 대화를 단절시킬 수 있다는 점을 시사하는 연구 결과들을 소개한다. 그 밖에 팩트체크 뉴스의 한계점들을 살펴보고 대화와 숙의적 토론을 가로막을 수 있는 팩트체크 뉴스의 잠재적 위험 요소들을 짚어본다. 셋째, 사회적 대화를 지속하기 위한 팩트체크 뉴스가 나아가야 할 방향을 제언한다. 팩트체크 저널리즘이 부상할 수 있었던 배경에 해석과 관점을 중시하는 흐름이 있었다는 점을 지적하면서 기자의 충실한 설명과 평가를 적극적으로 드러내는 방법을 통해 이용자의 뉴스 리터러시를 증강시키는 방향으로 팩트체크 뉴스가 진화해야 함을 주장한다.

1. 저널리즘은 사회적 대화

뉴스란 단순히 말하면 세상 돌아가는 이야기다(김경모, 2012). 지속적으로 이야기를 나눈다는 것은 인간을 사회적 동물이라고 하는 정의의 요체이기도 하다. 이야기는 사람들을 연결한다. 그리고 연결을 확인한다. 〈사피엔스〉를 통해 혜성같이 주목받게 된 역사학자 유발 하라리는 커뮤니케이션 학자로 볼 수도 있을 만큼 인류의 긴 여정을 기술하면서 그 중심에 소통행위를 둔다. 그는 인류가 다른 동물에 비해 훨씬 열등한 신체조건을 가지고 있음에도 세상을 지배할 수 있게 된 것은 우리가 소통하는 사람들이기에 끊임없는 대화를 통해서 더 큰 집단을 유지할 수 있기 때문이라는 점을 강조한다.

사람들은 누구나 자기의 경험세계 안에 갇혀 산다. 각자가 자기가 아는 만큼, 보는 만큼만 이해할 수 있다. 그만큼만 의견을 가질 수 있다. 그러나 개인의 행동이 영향을 미치는 집단의 범위는 훨씬 넓고 또 역으로 개인에게 영향을 끼치는 집단의 범위도 개인이 경험할 수 있는 것의 범위를 훨씬 넘어선다. 따라서 타인과의 대화든, 소설 읽기든, 뉴스 읽기든 다른 사람의 생각이나 경험을 얻는 일은 내가 못 보는 영역을 보충하기 위해서도 꼭 필요하다. 내가 직접 알지 못하고 관계 맺고 있지 않은 사람들과도 간접적으로 이야기를 나누기에 사람들은 함께 살 수 있다. 이러한 맥락에서 세상 돌아가는 이야기인 뉴스는 그 자체보다는 그것이 촉발하는 대화와 그것을 접함으로써 연상 가능한 다른 구성원들이 있다는 점이 더 중요하다.

우리는 열심히 우리 세상의 이야기를 하고 남의(남이 경험한) 세상 이야기를 들으며, 이 이야기들은 돌고 돈다. 아무리 들어도 모르는 것이 있는 것은 당연하고 아무리 이야기 나누어도 납득할 수 없는 것이 천지인 것도 당연하다. 소통이란 원활하게 되는 것이 정상이라기보다 안되는 것이 어쩌면 당연하다. 나를 이해하는 것도 어렵다고 하는데 타인의 상황이나 관점을 이해하는 것은 더욱 어렵다. 굳이 제3자 효과 같은 이론을 언급하지 않아도 타인의 머릿속이나 마음속에 들어가는 것은 본질적으로 가능하지가 않다. 저널리즘은 우리가 서로 모르는 (혹은 각자가 퍼즐조각처럼 일부분씩만 아는) 세상에 대한 최소한의 그림을 제공하는 기능을 한다. 하지만 모두가 경험하고 인식하는 것이 다르기에 과연 최소한의 그림이라는 것이 무엇인지, 얼마나 가능한 것인지부터 질문해보아야 한다.

사람은 주변에 대해 스스로 인식한 결과를 소통행위를 통해 외면으로 드러내고 또 외면으로 드러낸 인식들의 총합이 다시 개개인의 내면의 인식에 영향을 미친다. 소통을 과정이라 강조하는 이유는 닭과 달걀의 관계처럼 집단의 인식과 개인의 인식이 서로 맞물려 돌고 돌기 때문이다. 어느 집단이 공통적으로 가진 인식이나 해석, 기억 등은 개인에게도 영향을 미치고 역으로 개인의 그것들이 모여 집단의 생각을 구성한다. 인간의 소통은 단순히 존재하는 다른 무엇의 재현(representation)을 넘어서며, 개개인의 내면의 축적된 경험과 인식이 재현과 결합해 새로운 제시(presentation)에 이르게 된다. 사회를 구성하는 어떤 사건이나 실물이 이미 존재한다고 보고 단지 그것을 잘 표현하는 것이 아니라, 소통행위로 인해 어떤 사건이 비로소 존재하게 되고 이것이 영향을 미치기 때문이다. 재현과 제시는 동전의 양면과도 같으며 분리해 보기 어렵다. 인간은 소통행위를 통해 내면의 인식이나 관찰을 전달하고 제시한다. 그 연장선상에서 저널리즘은 함께 사는 세상에 대한 재현과 제시(즉 세상의 구성)가 동시에 일어나는 장이다.

소통의 기반은 우리가 서로 다른 존재들이며 함께 같은 세상에 살지만 인식(perception)의 세계 속에서는 각각 다른 세상을 보고 있다는 데에서 출발한다. 합의나 동의 같은 개념은 평화롭고 아름답지만 현실적이지 않다. 그보다는 서로가 다름을 인정하는 것이 소통의 본질이다(Peters, 2012). 그렇다면 우리가 민주적 소통의 근간이라고 보고 있는 식견 있는 시민(informed citizen)이란 재현된 무엇을 수동적으로 잘 받아들이고 이해하는 시민이라기보다는 끊임없이 자신이 보는 세상에 대한 이야기를 하고 들으며 끊임없이 차이와 이견을 확인하고 인식하는 역동적인 소통자(messenger)여야 한다. 그래서 세상에 관한 합의가 이루어지기보다는 서로를 향하는 이야기 자체가 지속되게 만드는 것이 지향점이라고 할 수 있다.

함께 이야기를 지속한다는 목적을 생각하면 개개인이 냉소적이 되거나 참여를 피하게 하는 상태야말로 가장 퇴행적인 결과라고 할 수 있는데, 이러한 차원에서 가짜뉴스에 대한 공방이 사람들의 참여 동기를 자극해 더 많은 사람들이 세상에 관한 이야기에 관심을 갖고 논의하고 참여하게 한다면 이 또한 가짜뉴스의 긍정적인 효용이라고 볼 수도 있겠다(정은령 등, 2020; Tandoc et al., 2020). (실제로 사람들마다 무엇이 가짜뉴스라고 생각하는지는 그렇게 일치하지 않는다.) 대화를 피하거나 멈추게 되는 것이 최악의 결과라고 할 수도 있다. 그런 면에서 서로 관점이나 의견을 달리하는 사람들의 관계를 상하게 만드는 소통이야말로 피해야 한다.

서로가 다른 세상을 보고 다른 의견을 가질 수밖에 없다는 데에서 시작하면 사회적 대화는 우선 서로의 관점을 교환하는 절차다. 관점 교환의 끝이 반드시 서로 세상에 대해 가지고 있는 상에 관한 대화 참여자의 합의는 아니다. 합의에 대한 이상 혹은 환상에서 벗어날 필요가 있다. 우리 사회의 운영 방식인 법, 제도, 규범 등에 관해 다양한 관점이 있을 수 있다는 것이 각자도생을 의미하는 것은 아니며, 관점을 어떻게 서로 알릴 것인가 또는 서로 다른 의견들을 어떻게 조율해 볼 수 있는가에 대한 고민에 함께 참여해야 한다는 것을 말한다.

전통적으로 저널리즘이 금과옥조처럼 추구해왔던 객관성이나 중립성 가치를 무의미하게 보는 것은 아니지만 이것이 완결된 뉴스 콘텐츠의 제공과 대인적 대화를 통한 의견의 교환과 여론의 형성이라는 두 세계로 갈라져 있는 상황에서 형성된 가치라는 점을 주목해볼 필요가 있다. 오히려 현실적으로 각자의 관점이나 각자가 가진 프레임을 적극적으로 드러냄으로써 서로의 관점에 대한 경청, 교환, 공통지대 찾기, 절충 같은 일이 벌어질 수 있다는 점을 말하고자 하는 것이다. 그렇다면 뉴스 메시지의 중요한 또 다른 가치는 이 메시지가 의견 교환을 지속하는 과정을 지지하고 이에 기여하는지에 있다.

저널리즘을 대화의 연장선상에서 보아야 하는 이유는 참여형 미디어인 소셜 미디어가 뉴스를 소비하고 공유하는 가장 중심적인 플랫폼으로 작동하고 있는 현실 때문이기도 하다. 이미 학자들(Gilmor, 2006; Marchionni, 2013)은 뉴스가 강의에서 대화로 바뀌었음을 주목했다. 이러한 지적에는 몇 가지 측면이 중첩되어 있다. 우선은 전문가로서의 저널리스트와 비전문가로서의 수용자의 위계가 없어진다는 것인데 이는 전문성이나 권위가 저널리스트에게만 비대칭적으로 있다는 전제가 깨어짐을 말한다. 이야기하는 자로서의 저널리스트와 듣는 자로서의 수용자의 차이가 없어지는 것이다. 이렇게 뉴스 생산자와 소비자 사이에 있었던 기존 전제들이 깨어지는 것은 초기의 댓글이나 뉴스 퍼 나르기 현상에서 최근 유튜브 저널리스트에 이르기까지 양상을 달리하면서 진행되고 있다.

뉴스를 둘러싼 대화가 증가하고 그것이 갖는 비중이 커지면서 뉴스가 어떠해야 하는지에도 변화가 일어났는데, 마르키오니(Marchionni, 2013)는 사회적 현존감, 우호성(friendliness), 비규정성(informality), 상호작용성 등이 점차 강조된 것이 바로 뉴스가 대화 과정의 하나가 되어버린 것의 효과로 나타난 변화라고 지적한다. 이러한 변화에 대한 해석에는 명과 암이 공존한다. 초기에는 참여형, 대안형 언론이라고 기대를 받던 현상들이 오늘날은 사이버렉카라고 불리며 비난의 대상이 되기도 한다. 둘의 본질적인 차이가 어느 선에서는 모호해질 수밖에 없기 때문이다. 한편, 이러한 변화의 물결 속에서 엄격한 객관주의 저널리즘의 전통은 사람들로 하여금 저널리즘이 몰입감이 떨어지거나 그들이 맞닥뜨리는 생활 사회와 너무 유리되어 있다고 느끼게 만들어 공적인 생활에 무관심을 부추기기도 한다는 점이 지적되었다 (Carey, 1989; Min, 2016: Rosen, 1994에서 재인용).

민(Min, 2016)은 타르드(Tarde, 1969)를 인용하면서 뉴스의 주요 역할은 공중이 대화를 시작할 수 있도록 자극을 주는 것이고 그것이 의견이나 실천 행동을 가져오는 중요한 통로라고 지적한다. 유용민(2020)도 해석학적 전통에 바탕을 두고 포스트진실 개념에 관해 논하면서 소통을 통해 지향하는 이상향은 소통을 통해 진리에 도달하는 것이 아니라 진실을 놓고 끊임없이 대화하는 공동체여야 한다고 주장한다.

대화로서의 뉴스는 하나의 과정이다. 사건이나 이슈의 발발로부터 보도가 되고 이것이 퍼 날라지면서 정보나 의견이 더해지기도 하고 반박되기도 한다. 그 과정에서 오류가 수정되기도 하고 새로운 사실이나 맥락이 더해지기도 한다(Im et al., 2011). 이러한 맥락에서 뉴스는 그 자체로 어떤 종결자라기보다는 늘 변할 수 있는 가변형의 대상이다. '그때는 맞고 지금은 틀리다'라는 영화 제목처럼 언론인은 무오류의 전지전능이 아닌 이상 보도 당시에 있는 정보를 종합해 주어진 시간 내에 제시할 수밖에 없고, 그것이 모든 것을 아우른다는 보장을 할 수는 없다. 또한 언론인 개인에게 축적된 경험의 역사나 거기에서 비롯된 관점이나 프레임으로부터 자유로울 수도 없다. 단지 윤리적으로 그리고 전문직에 따르는 규범에 따라 최선을 다할 뿐이다.

모바일 기기의 상시 접속과 다양한 포맷의 뉴스 서비스의 출현 등으로 뉴스의 소비량이 더 증가한 측면도 있지만 발화만 있고 듣기가 없거나 반대로 듣기만 있고 정작 자기표현이 없다면 이것은 대화 참여라고 보기 어렵다(Goode, 2010). 모든 소통은 상호성이 전제되어야 하고 이것은 기본적으로 타인의 생각과 나의 생각을 엮는 과정이다. 특히 화자를 중심으로 두었을 때 경청은 타인의 이야기를 듣는 것인데, 타인의 생각과 나의 생각이 다르더라도 타인의 관점을 취해 왜 나와는 다른 의견이 나올 수밖에 없는지를 이해하고자 하는 과정이라고 볼 수 있다.

보다 구체적으로 대화의 목적은 아름답기만 한 합의나 혹은 타인의 의견을 무조건 인정하는 것이 아니다. 서로의 관점이 다르기 때문에 도달하는 의견이 다를 수밖에 없다는 기본을 이해하는 것이 중요하다. 이상적으로는 나와 다른 상대의 관점을 주어진 조건으로 놓고 거기서부터 의견이 도출되는 논리를 따라 시뮬레이션을 해보는 과정이다. 이것이 바로 숙의(deliberation)의 과정인 것이다.

커뮤니케이션학 전반에 소통의 이상향을 이룰 수 있고 이루어야 한다는 암묵적 압력이 강하지만 실증적인 연구의 결과들은 오히려 합의란 이룰 수 없는 것이라는 점을 지지하고 있음을 부정할 수 없다. 차이와 대립은 없애야 하는 것이고 이것을 없애면 이해와 동의가 만들어지는가? 아니면 부족하지만 약간의 애정과 이해와 동의를 바탕으로 좁힐 수 없는 차이와 대립에 관해서 그저 포기하거나 피하지 않고 지속적으로 대화를 유지할 것인가(Leslie, 2021)? 어떤 편이 더 실현 가능하고 조금씩의 진보라도 이룰 것인지 생각해보면 후자가 자명하다.

2. 팩트체크 저널리즘 부상의 배경

앞서 언급한 것처럼 저널리즘은 인류사회가 공통으로 발전시켜온, 함께 이야기를 해나가는 하나의 방식이다. 인터넷 등장 이후 미디어 개념이 어떻게 변했는지에 관한 논의를 다시 반복할 필요는 없다. 우리가 뉴스라고 부르는 콘텐츠의 양이 폭증하고 여러 경로로 뉴스를 소비하며 뉴스 생산자와 소비자의 개념 구분이 희미해지면서 사람들이 무엇을 뉴스라고 생각하는지, 그 개념도 급격히 변화했다(임영호 등, 2008). 비록 이러한 환경의 변화가 동시에 가짜뉴스의 양도 증대시켰지만 개인 뉴스 블로거의 등장을 비롯해 의견이나 해석의 다양성은 더욱 증대되었다. 그리고 현재 많은 기관이나 조직은 중간 매개 조직인 언론사를 통하지 않고서도 직접 소셜 미디어 계정을 통해 뉴스를 생산하고 이용자들과 직접 소통한다.

임영호 등(2008)의 연구는 생산자가 뉴스를, 저널리즘을 어떻게 인식하고 있는지에 관해서만 연구가 있었음을 지적하면서 실제로 뉴스를 보는 사람들이 뉴스를 어떻게 규정하고 있는지를 살펴본 초기 연구다. 2008년 당시 인식의 스냅샷이라고 할 수 있는 이들의 연구 결과를 오늘날의 시각에서 보면 현재 일어나고 있는 저널리즘 변화의 씨앗들을 발견할 수 있다. 연구에서는 공정성이나 심층성에 관한 인식이 해설기사의 특징과 함께 연동하는 개념으로 나타났다. 사실과 의견을 분리해 사고하는 것이 전통적인 저널리즘의 주류적인 생각이었다면, 오히려 이 연구에 따르면 이용자들은 해설이 풍부하게 들어간 것이 심층적이고 공정하다고 인식하고 있음을 알 수 있다. 이는 특정 관점에서의 해설이 공정함을 벗어난 것이 아니라는 자연스러운 해석을 가능하게 한다. 또한 이 연구에는 재미 요소와 토론이 함께 연동되어 있는 것으로 나타난다.

정은령 등(2020)은 미국의 팩트체크 저널리즘이 풍부한 해설을 제공해 언론인의 역할을 더욱 적극적으로 하자는 저널리즘 내부의 혁신운동의 하나로 진행된 것과 주로 가짜뉴스에 대한 대응 측면에서 해석되는 한국에서의 팩트체크 저널리즘 부상은 큰 차이가 있다고 지적한다. 그러나 이용자의 뉴스관 변화에 대한 임영호 등(2008)의 경험적 결과는 오히려 이용자들이 해설기사의 가치를 더 먼저 알아보고 필요로 했다는 해석을 하게 해준다. 2000년대에 포털 뉴스나 댓글 달기 등이 시작되면서 당시 다음커뮤니케이션의 〈미디어 다음〉을 이끌었던 임원은 미래에는 뉴스가 아니라 '뷰스(views + news)' 시대가 올 것이라고 공공연히 주창하기도 했다(정호재, 2005).

언론인의 해석에 관한 학계의 관심은 일찍이 PD저널리즘을 둘러싸고 있었다. 2000년대 초반 PD저널리즘은 기자 저널리즘으로 분류되는 객관주의 저널리즘과 배치되는 것으로 비판의 대상이었다. 윤영철(2007)은 국내 방송 시사 보도 프로그램이 한 가지 방향으로 사안을 해석함으로써 중립성, 객관성, 공정성을 잃었다고 지적했다. 그러나 보도 과정에서의 균형에 대한 압박은 사실을 무미건조하게 전달하게 하고 이는 사람들을 이슈에 무관심하게 만들 수 있다(Stephens, 2014). PD저널리즘의 해석과 관점 자체가 저널리즘의 가치를 훼손하는 것이 아니라 다른 쪽의 관점을 노출하지 않아 해석과 관점이 충분히 설득적이지 못했다는 점이 문제로 보인다. 국내 시사 프로그램 JTBC '썰전'은 사안에 대한 다양한 관점과 해석이 두드러지는 뉴스 형태로 주목을 받았으며 방영 당시 대학생 신문 독자들이 크게 열광했다는 조사 결과(김은미·이준환, 2016)가 있다. 이상의 흐름에서 드러나는 것은 뉴스의 소비에 있어서도 특정한 관점이 살아있고 다양한 관점에서의 해석을 선호하는 사람들이 꾸준히 있었다는 점이다.

이것은 물론 더 거시적으로는 산업화 패러다임의 쇠퇴, IMF 이후 한국 사회의 민주화와 재벌 위주의 경제체제가 무너지면서 집단주의 문화를 떠받치던 구조들이 급속히 해체된 것과 무관하지 않다. 이렇듯 개인의 독자적 정체성이 중시되는 사회문화적 변화와 동반해 활발한 댓글저널리즘과 온라인 토론의 시대를 거쳐 2000년대 이후 소셜 미디어가 뉴스의 주요 경로로 부상했다.

소셜 미디어는 이미 뉴스를 접하는 주요 통로로 자리 잡았다(송보영·김은미, 2021; 장윤재·김미라, 2020; 한국언론진흥재단, 2018). 소셜 미디어 이용자들은 동의하거나 동의하지 않는 뉴스를 소셜 미디어에 공유한다. 뉴스는 온라인 커뮤니티로 유입되어 집단적인 토론이 이루어지기도 하는데 뉴스가 공유될 때 단순히 뉴스 정보만이 공유되는 것이 아니라 그 이슈에 대한 공유자의 의견 및 평가가 덧붙여지는 경향이 확인되었다(송보영·김은미, 2021).

아이러니하게도 이러한 미디어 환경 변화는 가짜뉴스 현상도 가지고 왔다. 전문적인 잣대로 정제되지 않은 메시지들이 마치 뉴스인 것처럼 유통되기 시작한 것이다. 전에는 사람들끼리 모여 '카더라' 식으로 나누고 말 것들이 멀쩡히 콘텐츠로 구성되어 디지털 미디어상에서 유통된다. 가짜뉴스는 역사적으로 늘 있었지만 이토록 문제가 되고 있는 것은 복사와 확산이 쉽고 기술적으로 더욱더 교묘해졌을 뿐 아니라 소셜 미디어 산업의 수익모델과도 부합하기 때문이다. 소셜 미디어에서 조회 수가 곧 수익으로 연결되는 점이 복합적으로 작동하면서 문제를 더욱 확장시키고 구조적으로 뿌리 뽑기 힘들게 되었다(Silverman, 2015). 수익을 창출할 수 있게 되면서 지속적으로 이슈를 만들어 확산시키고 클릭을 유도해야 하는 상업적 동기가 강하게 부여되기 때문이다. 정치적 동기보다 상업적 동기는 더 지속적이고 강하기 마련이다.

이상에서 살펴본 것처럼 팩트체크 저널리즘이 부상할 수 있었던 배경에는 가짜뉴스의 증가와 해석 저널리즘에 대한 관심의 부상이 맞물려 있다.

3. 팩트체크 뉴스의 효과는 과연 어디까지인가

저널리즘을 대화로서 이해한다면 팩트체크 뉴스의 효과는 단기적으로 사실을 확인시켜주거나 잘못된 인식을 수정하는 메시지 효과뿐 아니라 대화를 활성화하고 숙의가 수반된 토론이 이루어질 수 있도록 기여하는지의 측면에서도 평가할 필요가 있다. 그러나 팩트체크 뉴스의 효과에 관한 선행 연구들은 이용자보다는 생산자의 입장에서, 장기적인 효과보다는 단기적인 메시지 효과에 더 초점을 맞추어왔다.

이 절에서 살펴볼 것은 팩트체크 뉴스의 효과에 대한 기존의 연구들이 기대와 달리 팩트체크 뉴스가 가짜뉴스 교정 효과를 보여주지 않는다는 쪽을 지지하고 있다는 점이다. 오히려 사회적 이슈에 대해 기존의 신념을 오히려 강화하며 단순화할 위험도 나타났다.

우선, 현실 미디어 환경에서 사람들은 다양한 플랫폼에서 다양한 경로로 여러 가지 유형의 정보에 둘러싸여 있다. 일정 부분 다양한 수준의 가짜뉴스에 노출되는 것은 통제나 관리가 어려울 만큼 모두에게 주어진 조건이라고 보아야 한다. 의식하지 못할지라도 늘상 어느 만큼은 가짜뉴스에 노출될 수밖에 없다는 것이다. 둘째, 정보의 노출은 언론 같은 정보 생산자가 얼마나 활동하는지보다는 일반 시민들이 개별 정보에 대해 얼마나 호응하고 공유하고 전파시키는지에 따라 더 큰 영향을 받는다.

사람들의 일상에는 다양한 수준의 팩트와 허위가 뒤섞여 있기 때문에 팩트체크 기사의 교정 효과에 관한 실험실 연구같이 가짜뉴스를 먼저 보고 나서 팩트체크 기사를 접하게 되는 순차적인 노출은 잘 일어나지 않으며(김형지 등, 2020), 또한 가짜뉴스는 주로 문자, 메신저, 소셜 미디어를 통해서 보고 팩트체크 뉴스는 주로 방송을 통해서 보는 등(김선호·김위근, 2017) 접촉 경로도 다르다. 가짜뉴스의 영향력이나 팩트체크 기사의 효용에 관해 개별 기사의 노출 효과를 검증하는 것도 물론 필요하다. 그러나 지금까지의 경험적 연구에 따르면 팩트체크 기사는 가짜뉴스를 교정하는 측면에서는 매우 제한적인 효과만을 가지며(Margolin et al., 2018), 더욱이 메타분석의 결과는 실험연구에서 그나마 발견되는 팩트체크 기사의 효과가 현실에 가까운 연구방법이 사용될수록 사라진다는 점도 발견되었다(Walter et al., 2020).

가짜뉴스가 가지는 악영향도, 팩트체킹 기사가 갖는 교정 효과도 흔히 생각하는 것처럼 자명하지는 않다. 가짜뉴스를 경험한 집단이 그렇지 않은 집단에 비해 오히려 뉴스를 더 많이 신뢰한다(김형지 등, 2020). 뉴스의 필요성에 대해 높이 평가하고 뉴스를 실제로 많이 보는 사람들이기에 확률적으로 가짜뉴스도 그만큼 많이 접할 가능성이 높으며 가짜뉴스에 노출되어보아야 이에 대한 경각심이 생겨서 제대로 만든 뉴스의 가치를 더 인식하게 된다고 해석할 수 있다. 이는 오히려 가짜뉴스 노출이 사회적으로 긍정적인 영향이 있다는 것을 말해준다.

그동안의 미디어 효과 연구는 대부분 단기적 효과를 살피는 데 주력해왔다. 이는 물론 상당 부분 장기간의 누적적 효과를 살피는 데 따르는 방법론적 제약이나 어려움과도 관련이 되어 있다. 그래서 현재 우리에게 알려진 지식은 대부분 특정 개인의 특정 메시지 수용 여부에 국한된 '효과'가 대부분이다. 따라서 팩트체크 뉴스의 효과라고 하면 주로 개별 팩트체크 뉴스의 판정을 수용하거나 수용하지 않는 것 혹은 뉴스 노출의 결과로 태도 변화가 일어나거나 일어나지 않는 것을 지칭한다(예: 정성욱, 2021).

본인의 신념이나 기존 지식이 다른데도 불구하고 팩트체크 뉴스의 판정을 수용해서 변화가 일어난다면 그리고 이것이 누적된다고 가정한다면 팩트체크 뉴스의 효과는 상당할 것이다. 하지만 실제로 그런가? 개인의 정파성 혹은 정치적 양극화 현상과 관련해 팩트체크 뉴스의 이용을 살핀 기존 연구들은 오히려 그런 일이 실제로 잘 벌어지지 않는다고 한다. 기존에 사람들이 가지고 있는 신념이나 태도는 쉽게 변화하지 않으며 메시지의 효과는 기존 신념과의 부합도에 따라 달라진다는 것은 널리 알려진 사실이다. 기존의 태도와 일치하는 경우와 그렇지 않은 경우에 따라 수용의 정도나 해당 뉴스의 공유 정도가 달라지는 것으로 나타났다. 팩트체크 뉴스의 효과에 대한 기존 연구도 검증단계보다는 판정단계에 초점을 두고 있었으므로 판정과 정파성의 관계에 대한 연구에 주력한 것이다.

미국의 경우, 사람들은 자신의 정치성향과 유사한 정치인의 발언을 검증하는 팩트체크 뉴스를 회피할 가능성이 높으며 반대의 성향을 가진 사람에 대한 검증일수록 더 많이 접한다는 점이 연구를 통해 밝혀졌다(백영민·김선호, 2017; Taber & Lodge, 2006. Gottfried et al., 2016에서 재인용). 2012년 미국 대선 당시의 트위터 데이터를 분석한 연구에 따르면 사람들은 자신이 지지하는 쪽의 손을 들어주는 팩트체크 뉴스를 더 많이 공유하며, 지지하는 후보자를 검증해 공격하는 팩트체크 뉴스가 편향되어 있음을 비판하기 위해서도 공유한다(Shin & Thorson, 2017).

사람들은 자신의 신념과 일치하는 정보는 우호적으로 받아들이고 불일치하는 정보는 폄하하거나 부정한다(염정윤·정세훈, 2018). 팩트체크 뉴스의 허위정보 교정 효과는 기존의 정치적 신념이나 지식 앞에 무력화되고 있다는 점이 반복적으로 밝혀지고 있다(노성종 등, 2017). 월터 등(Walter et al., 2020)의 연구에서는 이념적 성향보다 후보자에 대한 호감도가 큰 영향을 미쳤고, 정치 지식도 가짜뉴스의 효과성을 제고했을뿐더러 정치적 이견을 회피하는 성향도 영향을 미치고 있음을 알려준다. 이는 가짜뉴스의 수용이 자신의 정서적 지지가 어디에 있는지에 따라 상당히 다르게 이루어지고 있음을 보여준다. 일상의 경험에서 보면 사람들마다 무엇을 가짜뉴스라고 생각하는지는 그렇게 일치하지 않는다(정은령 등, 2020; Tandoc et al., 2020). 그렇다면 과연 사회적으로 일어나는 일에 관한 서술 중에서 누가 보아도 '팩트'라고 할 수 있는 부분은 얼마만큼인가 하는 근원적인 질문도 던져볼 수 있다.

백영민과 김선호(2017)의 서베이 연구에 따르면 한국에서도 정치 지식이 높고 본래 뉴스를 많이 보고 정치 참여를 잘하는 사람일수록 팩트체크 뉴스를 접할 확률이 높았다. 더욱이 팩트체크 뉴스를 제대로 이해하기 위해서는 검증에 활용되는 통계나 증거에 대한 사전 지식이 필요하기에 기존 지식이 어느 정도 높은 사람들이 팩트체크 뉴스를 주로 소비한다. 이들은 팩트체크 뉴스가 정치적 성향을 강화해 정치적 양극화를 오히려 심화할 것이라는 증거를 제시하고 있다. 정치적 성향의 강도가 큰 사람들이 같은 성향의 사람들과의 공유와 연대를 위해 그리고 다른 성향의 사람들을 설득하기 위한 도구로서 팩트체크 뉴스를 활용한다는 것이다. 이는 팩트체크 뉴스의 소비가 태도의 변화나 현실 인식의 변화를 가져오기보다는 오히려 기존의 편향된 인식을 더욱 강화할 수도 있다는 점을 제시한다.

이 연구의 결과가 지시하는 또 다른 문제의식은 팩트체크 뉴스 소비와 관련되어 있는 정치 지식과 정치적 신념의 강도다. 정치 지식과 정치적 신념이 대개 정적인 관계를 가지고 있고(장승진, 2013), 기존의 팩트체크 뉴스가 정치적 지식에 기여하기보다는 기존에 정치적 지식을 가진 사람들이라야만 이해하고 활용하기 쉽게 구성되어 있다면 백영민과 김선호(2017)의 팩트체크 뉴스의 역효과(편향된 현실인식이 교정되는 것이 아니라 강화되는)에 대한 우려는 더욱 유효해진다. 더불어 팩트체크 뉴스가 좀 더 정치적 지식의 고저에 상관없이 접근 가능하도록 구성되는 방향으로 진화해야 한다는 시사점도 남긴다. 어떻게 진위 여부를 판정했는지에 관한 설명이 보다 구체적으로 그리고 수용도나 독이성을 높일 수 있도록 전략적으로 이루어져야 한다는 것이다.

팩트체크 뉴스의 효과에 대한 무조건적인 믿음은 정보가 신념이나 태도를 만든다는 인과관계에 대한 단순한 전제에서 출발한다. 팩트체킹으로 정확한 사실을 전달하면 공적인 사안에 대한 신념이나 태도도 사실에 맞게 구성될 것이라는 막연한 사고의 결과다. 그러나 정보가 신념이나 태도를 만드는지 신념이나 태도가 정보를 만드는지 그 방향성에 관해 지금까지의 경험적 연구 결과들은 오히려 후자를 지지한다. 정보처리는 백지상태에서 일어나는 것이 아니므로 인간은 누구나 어떤 동기나 지향점을 가지고 사고한다는 동기화된 사고(motivated reasoning) 개념을 지지하는 결과들이다(Walter et al., 2020). 정교화 가능성 모델을 이론적 틀로 팩트체크 뉴스의 효과를 검증한 정성욱(2018)의 연구에서도 결국 효과는 중심적 경로로 정보를 처리할수록 팩트체크 판정 결과에 동의하고 결과를 수용하는 것으로 나타났다. 이때 정치 지식이 높을수록 중심적 경로[5]를 이용할 가능성이 높았다. 더 많은 뉴스 수용자들이 중심적 경로로 팩트체크 뉴스를 처리하기 위해서는 우선 지식이 탄탄해야 한다는 것이다. 이러한 결과는 팩트체크 기사는 결국 정치적 지식을 증가시키는 데 기여하도록 구성되어야 효과적이라는 점을 시사한다.

물론 원론적으로 뉴스가 진실을 담는 것을 지향해야 함을 부정할 수는 없다. 하지만 그보다 더 중요한 것은 숙의를 바탕으로 한 사회적 대화의 지속을 위해 결론에 이르는 논리와 진위를 가리는 방법과 절차에 대해 설명하고, 진위 검증의 토대가 된 관점이나 인식의 틀을

---

5 중심적 경로란 메시지의 핵심 내용(주장, 이슈)에 인지적으로 충분히 주의를 기울여 판단하는 것을 의미하며, 이는 메시지의 주변적인 내용(가시적인 일화 등)에 더 주목하여 판단하는 주변적 경로와 구별된다(정성욱, 2018).

가시적으로 드러내는 작업이 필요하다는 점이다. 그야말로 정보와 팩트가 넘쳐나는 환경에서 저널리즘이 추구해야 하는 것은 표면에 더 많은 팩트를 무대에 올리기보다 무대에 올려진 팩트들이 무대 뒤에서 어떤 과정을 거쳐 무대에 올라가게 되었는지 그 이면을 공개하는 데 있다. 팩트체크 뉴스는 판정에 초점을 두기보다는 사회적 대화의 지속을 위한 자극과 이용자들이 필요한 역량을 축적해 더 나은 시민 커뮤니케이터가 될 수 있도록 하는 데 기여해야 하고 팩트체크 뉴스의 '효과'도 이 부분을 감안해 연구되고 검증될 필요가 있다.

4. 팩트체크 뉴스의 한계

이제 좀 더 구체적으로 현재 우리가 알고 있는 형식의 팩트체크 뉴스는 어떤 한계를 가지고 있는지 질문을 던져보기로 한다. 우선 첫 번째는 진실을 검증하는 것이 과연 가능한가 하는 인식론적 비판(Uscinski & Butler, 2013)을 생각해볼 수 있다. 팩트체크는 정치, 사회, 경제 등에 대한 진술이 사실과 비교해 거짓을 가려낼 수 있다는 것을 전제하고 있지만 실제로 정치, 사회의 주제는 복잡하고 모호하며, 심지어 경험적 주장이 제기될 때에도 상충되는 다양한 해석에 열려 있다(Uscinski et al., 2013).

사실 인식의 불가능 문제는 이미 팩트체킹의 근원적인 문제로 지적되어왔다(Graves, 2017). 팩트와 팩트가 아닌 것으로 세상을 이분법으로 파악할 수 없다는(Uscinski et al., 2013) 원론적인 지적까지 가지 않더라도 사실 검증은 특정한 관점과 그에 따른 해석을 통해 이루어지며 팩트체킹도 여기서 예외가 아니라는 점을 인정해야 한다. 서로 다른 관점을 가진 사람들이 논쟁을 하기 위해서는 개별 관점으로부터 해석이 이루어지는 과정을 서로 논의해야지 상대의 관점을 무시하거나 자신의 관점이 더 낫다고 우길 수는 없다. 이렇게 되면 싸움이지 토론이라고 볼 수 없다. 싸움은 서로를 해하고 상대에 대한 태도에 상처를 입히며 더 이상 상대와 대화를 할 의지나 동기를 꺾는다. 반면 토론의 결과는 제3의 어떤 새로운 의견이다. 상대의 관점을 무시하는 싸움은 맹목적인 적개심만을 일으키고 대화는 일어나지 않는다.

어떤 것이 팩트이고 어떤 것이 팩트가 아닌지를 가르는 것이 당연한 듯, 혹은 가야 할 방향인 듯 인식되는 것이 팩트체킹 개념의 강조와 확산이 가져올 수 있는 부작용이다. 자칫 사회적 이슈를 단순화된 이분법적인 시각으로 바라보게 되어 양극화를 더 공고화하는 방향으로 작용할 수 있다는 것이다. 더욱이 현재 전 지구적으로 펼쳐지고 있는 정치적인 양극화 상황과 한국 언론의 고질적인 문제점이라고 지적되어온 경향성(이준웅, 2010)이 결합하면 부작용은 더 강력해질 수 있다. 언론은 사회적 환경 안에서 작용하기 때문이다.

더욱이 저마다 개인화된 뉴스 소비 환경에서 알고리즘에 의해 본인의 선호나 태도와 부합하는 정보에 노출될 확률이 높아지면서 오히려 허위공정성(false sense of fairness. Birks, 2019)이 자라나는 것은 아닌지 경계할 필요가 있다. 소셜 미디어 환경에서 가짜뉴스가 빠르게 확산된다는 것은 동시에 팩트체크 뉴스도 역시 빠르게 확산됨을 말한다. 어떤 내용이든 뉴스의 공유는 선별적으로 일어난다(김은미 등, 2017; Choi, 2016). 뉴스를 읽는 것과 공유하는 것은 상당히 다른 의미의 행동이라서 뉴스를 골라서 읽는 것은 사적인 행동이지만 어떤 뉴스를 메신저나 소셜 미디어에 공유하는 것은 타인들에게 공개된다는 점에서 자신의 정체성을 드러내는 적극적인 표현행동이다(Berger & Schwartz, 2011). 그렇기에 뉴스 공유 행동은 매우 선별적으로 일어나며 자신이 지지하는 정치적 견해나 후보에게 유리한 팩트체크 기사를 특히 선택적으로 공유한다(Shin & Thorson, 2017). 정치적 양극화가 계속되는 조건에서 팩트체크 뉴스는 오히려 각자 개인의 기존 이념에 맞게 활용되어 양극화를 심화할 수도 있다.

팩트체크 저널리즘의 강조가 특히 개인의 정파적 성향과 결합해 세계관의 단순화를 가져오는 것이 아닌가 하는 우려에 관해서는 아직 본격적인 경험적 연구 결과가 축적된 것은 아니나 정성욱(2018)의 연구 결과를 통해 생각의 단초를 풀어볼 수 있다. 이 연구에서는 팩트체크 뉴스 판정과 자신의 의견이 일치하는 수용자에게 태도 변화에 있어서 기존 입장을 강화할 것이라는 가설과 반대로 입장을 바꾸거나 기존 입장을 누그러뜨리는 역효과가 발생하는 결과가 나타났다. 여기서 주목할 만한 점은 이러한 역효과가 '전혀 사실 아님'이라는 단정적 판정이 내려진 뉴스에서보다 '대체로 사실'이라는 판정이 내려진 뉴스에서 더 나타났다는 점이다. 대화로서 저널리즘을 볼 때 다양한 의견에 대해 열린 관점을 갖게 하는 것을 지향해야 한다는 점을 고려하면, 이는 자신의 기존 의견과 일치하는 판정이라 할지라도 다르게 생각할 수 있는 정보를 주어 오히려 자신의 의견을 다시 돌아보게 했다는 점에서 인지적 다양성을 키우고 더 많은 대화로 연결될 수 있는 잠재력의 측면을 주목할 수 있는 결과다.

둘째는 팩트체킹의 현실적 수행 가능성이다. 림(Lim, 2018)은 팩트체커들이 팩트체크 대상을 선택하고 평가하는 행동에 얼마나 일관성이 있는지를 연구했다. 연구 결과는 팩트체커들은 동일한 문장을 팩트체크하지 않으며 일관성이 없는 경향이 나타남을 보여 과연 팩트체킹을 한다는 것이 어떤 의미인지에 관해 문제를 제기했다. 동일한 사건에 대해 팩트체크를 한다고 하더라도, 그 정확도에 대한 일치율이 낮거나, 상대적으로 모호한 점수 범위(대체로 진실/대체로 거짓)를 부여함을 알 수 있었기 때문이다.

매리에타 등(Marietta et al., 2015)의 연구 결과도 유사한 문제점을 지적한다. 이들은 가장 논쟁적인 세 가지 주제(기후변화, 인종차별주의, 국채 증가의 문제) 영역에 대해 미국 3대 팩트체킹 조직이 어떻게 다루고 있는지를 비교분석했다. 그 결과 이들은 각각의 기관이 던진 구체적인 질문이 달랐고 답변도 크게 다름을 확인했다. 연구자들은 이렇게 공신력 있는 팩트체크 기관이 있어도 어떤 진실을 받아들여야 하는지 고민하는 시민에게 결과적으로 팩트체크 저널리즘의 효용은 지극히 제한적이라고 결론짓고 있다. 결국은 이용자 본인의 정치적 지식이나 역량의 문제라는 것이다.

니미넨과 산카리(Nieminen & Sankari, 2021)는 폴리티팩트(PolitiFact)의 팩트체크를 분석한 결과, 팩트체크의 대상이 되었던 기사가 여러 개의 주장의 복합체로 내용구성이 되어 있음에도 불구하고 결국은 거짓이냐 진실이냐 하는 하나의 결괏값을 도출해 제시했다는 점에 주목하고 있다. 복잡한 명제에 하나의 참/거짓 등급을 부여해 간결하게 팩트체크를 한다는 효용은 있지만 이러한 전형적인 팩트체크 기사의 형식이 한계를 가질 수밖에 없으며 이용자들이 과연 어떤 사안에 대해 이해가 높아졌는지, 더 나아가 사건을 이해하는 역량이 증가했는지 알기 어렵다.

셋째는 현재 활용되고 있는 팩트체크 뉴스 포맷의 문제다. 특히 현재 실천되고 있는 평가시스템의 간결성 혹은 가시성이 문제가 된다. 연구자들은 듀크 대학교의 빌 아데어 교수를 인용하면서 판정 결과를 시각적 그래프나 이미지로 간결하게 보여주는 것이 이해가 쉽기 때문에 바람직하다고 주장한다(정재철, 2017). 이는 위에서도 지적한 바와 같이 팩트체크 뉴스의 의미를 볼 때 판정 결과에만 초점을 맞추는 한계를 나타낸다. 다시 말해 팩트체크 뉴스를 읽는 효과를 개인적으로는 진위 판정을 알게 되는 것, 사회적으로는 어떤 발언의 진위성이 널리 확산되는 것에 한정하고 있기 때문이다.

같은 맥락에서 일부 팩트체커들의 주장(Adair, 2011)과는 달리 팩트체크 기사의 효과에 대한 메타분석에서는 단순화한 시각적인 판정 요약을 제시하는 포맷의 기사들의 효과성이 떨어지는 것으로 나타났다는 점도 연관 지어 생각해볼 만하다. 시각적인 장치들이 오히려 인지적 다양성(cognitive complexity)을 낮추어 메시지가 정파적으로 해석될 단서로 작동하기 때문에 오히려 객관적이고 합리적인 정보의 처리를 방해할 수 있다는 것이다(Walter et al., 2020).

넷째, 검증 대상의 선택 기준에 관한 논란이다. 과연 팩트체크 기사의 검증 대상은 시민이 알아야 하는 공공의 사안을 고루 다루고 있는가에 대한 문제제기다. 정은령(2017)의 연구에 따르면 후보의 발언을 검증 대상으로 하는 언론사의 팩트체크에서 가장 많은 부분을 점했던 것은 정책보다는 후보나 후보자 가족의 행적이나 후보들 상호 간의 공방이었다. 이러한 결과는 후보 간 네거티브 공방이라는 맥락을 팩트체크 기사의 지형이 반영한다는 측면도 있지만 과연 팩트체크 저널리즘이 시민들이 알아야 하는 대상에 관해 바람직한 저널리즘의 지형을 향하고 있는지 다시 한번 생각하게 한다.

다섯째, 현재의 팩트체크 뉴스처럼 정치인이나 유명인의 발언을 검증하는 것은 오히려 작은 이벤트나 인용 단위로 사안을 쪼개서 보게끔 만들어 오히려 사회 전체를 보는 시각을 파편화할 수 있다. 이는 숲을 보지 못하고 나무에 집중하는 것과 같이 이용자들의 시각을 지엽적인 것으로 돌릴 위험을 가지고 있다.

이상과 같은 한계와 효과의 불확실성을 고려해볼 때 팩트체크 뉴스의 본질이나 이것이 진화해야 하는 방향에 관해 좀 더 유연하게 사고할 필요가 있다. 팩트와 허위를 배타적으로 구분하고 특정 팩트가 절대적인 것처럼 과도하게 해석되는 것을 경계해야 한다. 사실성에 대한 판단은 논쟁적일 수밖에 없다는 본질에 대한 이해를 바탕으로 팩트체킹을 바라보지 않으면 건강한 의심보다는 무성의한 냉소주의로 치달을 가능성이 크기 때문이다(민영, 2016; 이정훈·이상기, 2016). 냉소주의는 대화를 지속하는 동력이 되는 공동체의 신뢰 자본을 갉아먹는다.

팩트체킹에 대한 과도한 강조와 믿음이 가져올 수 있는 잠재적 위험요소들을 성찰해야 팩트체크 뉴스가 나아갈 진화의 방향과 방법에 대해 보다 깊고 현실적인 이해를 할 수 있을 것이다. 팩트체킹이 저널리즘 진화의 한 물결로 꾸준히 실험의 대상이 되어야 하겠지만 이를 위해서는 현재의 팩트체킹을 칭송하고 확산시키기 전에 비판적으로 낯설게 살펴보는 일이 필요하다.

5. 판정보다 과정 중심의 팩트체크

저널리즘을 사회적 대화라는 틀 아래 본다면 저널리즘이 보여주는 세상은 언론인이 단정적으로 하향식(top-down) 규정을 하기보다는 열린 해석의 가능성을 열어두거나 오히려 권유하는 것을 지향해야 한다는 데 공감할 수 있을 것이다. 팩트체킹과 해석이 표면적으로는 서로 매우 반대 지점에 있는 것처럼 보이기 쉽지만 오히려 결합의 가능성이 열리는 것이다. 사회적 대화를 지속하는 것이 저널리즘이 지향하는 바라고 전제하고 보면, 뉴스는 그 독자들로 하여금 세상 돌아가는 이야기에 대한 해석이 늘 다양하다는 것을 알게 하고 여러 관점을 기술하고 드러내주어야 한다. 이러한 맥락에서 팩트체크 저널리즘이 표방하는 바는 문제적일 수 있다. 우싱키와 버틀러(Uscinki & Butler, 2013)가 지적한 대로 팩트체크 저널리즘은 "세상이 가진 근원적인 복합성을 단순화한 전제를 가지고 이러한 전제를 독자들에게 권한다". 게다가 위에서 살펴본 바와 같이 팩트체크 뉴스의 효과는 아직 뚜렷하지 않다(Uscinki & Butler, 2013).

팩트체크 뉴스의 효용에 대한 인정은 일단 '누구의 시각으로도 팩트인 것이 있다' 그리고 '팩트는 제시하거나 전달하는 것이 가능하다'는 전제하에 가능하다. 고로 이러한 개념의 확산은 팩트가 존재함 혹은 현실의 팩트는 재현은 가능함이라는 믿음을 지속적으로 강화한다. 저널리즘이 완벽한 재현을 추구해야 할 목표로 삼는다면 개념적으로는 어젠다 세팅 기능을 지양하고 해석의 여지를 줄인 '팩트'를 더 많이 제시하는 것을 우위에 두게 된다. 하지만 저널리즘을 대화의 과정으로 보았을 때 뉴스가 팩트체킹을 제대로 하는지(즉 현실을 있는 그대로 재현하는지)만큼 얼마나 양질의 대화를 일으키는지, 그리고 무엇보다 지속적인 대화가 일어나는 데 기여하는지를 살펴야 한다. 대화의 재료 측면에서의 뉴스의 효용이 충분히 평가되어야 하는 것이다.

공동체가 함께 대화해야 하는 공적인 주제에 관해 서로 다른 의견을 가진 구성원들끼리 논쟁을 벌여야 할 때 최소한의 사실에 대한 상호 공통의 인정은 꼭 필요하다. 그렇지 않으면 논쟁은 겉돌기만 할 것이다. 만약 다른 의견을 가진 사람들에게 각자가 본다고 생각하는 팩트가 다르다면 서로의 팩트가 다를 수도 있다는 상호인정이 그 최소한의 조건이 되어야 할 것이다. 그렇다면 팩트체크 저널리즘에 관한 연구는 관점의 교환과 상호이해 지점을 확인하고 넓히기 위해 어떤 수행 혹은 실천이 필요한지를 고민해야 한다.

찬반을 가리기 어렵고 여론이 갈려 있음직한 이슈를 우리는 논쟁적이라고 한다. 팩트체크 뉴스가 밝히려는 정치적 사실은 거의 모두 논쟁(controvertiality)의 영역에 있는 것이어서 서로 다른 근거를 대어 판정한다면 사실성을 가리기 힘들며 진위를 판별하는 것은 저널리즘의 영역을 넘어서는 절대적인 규범이 있을 때에만 가능하다(김형지 등, 2020). 그러나 사회적인 이슈에 대해 어떤 절대적인 규범이 있을 수는 없다.

사실 사회적 대화로서 저널리즘이 진정 필요한 영역은 논쟁적인 이슈의 영역이다. (소통채널이나 정보가 오히려 과잉인 시대에 논쟁적이지도 않은 이슈에 굳이 전문적인 저널리즘의 노력을 쏟아야 할 이유를 찾기 어렵다.) 논쟁적인 이슈란 필연적으로 이에 관해 생각하는 사람에 따라 사안을 보는 생각이 다를 수밖에 없는 이슈를 말한다. 논쟁적 사안에 대해 각기 다른 관점으로 뉴스 보도가 이루어진다는 경험적 증거들은 일찍이 프레임 연구를 통해 밝혀졌다(박경숙, 2002; 박태우·이상식, 2013; 임양준, 2009). 상이한 시각과 인식은 동일한 사안을 다른 프레임 안에서 다르게 해석하게 한다. 조금 더 가시적으로는 국내 언론사들의 이념적 다양성 같은 외적 다양성(유수정·이건호, 2017; 윤영철 등, 2015; 조은영·유세경, 2014; 최현주, 2010)이 논쟁적 사회 현실에 대한 여러 해석과 의견을 제시하고 있다.

전통적인 저널리즘은 사실과 의견을 엄밀히 구분하는 데에서 시작한다(Mindich, 1998; Schudson, 2001). 그러나 미디어 환경은 이미 채널 희소성 기반에서 풍부성 기반(digital plenitude)으로 이동했고(Bolter, 2019), 위에서 언급한 바와 같이 이미 다양한 관점에 따른 해석이 폭넓게 제공되어 소비되고 있다. 이 지점에서 해석 저널리즘의 연장선상에서 팩트체크 저널리즘을 조망하자는 정은령 등(2020)의 논지를 소환하고자 한다. 팩트체크 저널리즘은 사실정보 행간의 의미와 맥락을 밝히고 분석과 설명, 평가를 통해 기자의 개입이 이루어진다는 면에서 해석 저널리즘의 한 갈래로 볼 수 있다는 것이다. 팩트체크 기사의 내용적 특성을 일반 해설 기사와 비교했을 때 상충되는 입장을 반영하는 경향과 기자의 평가가 두드러지는 것으로 나타났다. 팩트체크 저널리즘은 검증의 도구, 즉 근거들의 객관성을 강조하면서도 그 근거들을 바탕으로 기자의 평가가 내려지는 해석적인 특성을 가지는 교차적 지점에 있다.

사실과 의견의 이분법적 관점에서 해석 저널리즘이라는 개념은 물과 기름이 섞인 것처럼 보일 수도 있다. 그렇지만 오늘날의 미디어 환경에서 주변에서 일어나고 있는 일들에 대한 재현적 정보가 넘쳐나면서 오히려 전문직으로서의 언론인에게는 상대적으로 그리고 다양한 관점에서의 해석을 제공하는 역할이 부여된다. 현재 미디어 환경에서 오히려 시민에게 부족한 것은 개개인이 사회적 대화에 주체적으로 참여하게끔 관점을 정립하는 데 도움을 줄 수 있도록 맥락이 보완된 정보이기 때문이다. 관점에 따라 사실을 판단해보는 일은 보여주는 것은 단지 가짜뉴스가 넘쳐나니 즉자적으로 대응해 진짜 뉴스인 '팩트'를 제공하고 '가짜'들을 무찌르자는 것과는 완전히 다르다.

살가도와 스트룀백(Salgado & Strömbäck, 2011)에 따르면 해석 저널리즘은 사실의 기술(description)을 넘어서 충실한 설명을 통해 기자의 역할을 보다 확대하는 저널리즘의 한 장르다. 즉 설명, 평가, 맥락, 추측 등 기자의 개입이 기자가 선택한 주제, 가치판단적 표현 등을 통해 명시적으로 이루어지며, 객관적 사실이 중심이 되고 취재원에 의존한 저널리즘과 뚜렷이 차별화된다. 그러나 한편으로는 미국 언론에서 현실적으로 해석 저널리즘에 해당하는 기사의 양이 증가하면서 뉴스의 부정적인 측면이 더 부각되고 이슈 관련성보다는 정치적 경쟁이나 전략 면을 더 보도하게 되는 경향을 보였다는(Patterson, 1993) 지적도 있다.

그렇다면 일견 서로 상반된 개념 같은 팩트체크 저널리즘과 해석 저널리즘을 어떻게 화해시킬 것인지의 문제가 남는다. 해석이 주관의 영역이 아니라 사실에 기반한 경험적인 과정이라는 점을 분명히 하는 지점에서 하나의 해법을 찾을 수 있다는 벤슨과 할린(Benson & Hallin, 2007)의 지적이 해법을 찾는 단초가 될 수 있다. 저널리스트가 규범적이거나 경험적인 판단을 통해 '의견'을 제시한다면, '해석'은 사안의 중요성과 결과 등에 대한 논의라고 볼 수 있다. 이때 해석은 현재의 사실, 상황과 역사적 맥락을 통해 사안의 의미와 영향 등을 추측하는 것으로, 경험적인 정보가 그 바탕이 된다(Benson & Hallin., 2007. Salgado et al., 2001에서 재인용). 이러한 점에서 해석 저널리즘은 경험적인 담론으로서 다루어져야 한다.

팩트체크 저널리즘이 사회적 대화를 지속하는 데 기여하는 방향으로 진화하기 위해서는 관점을 기반으로 팩트를 가려내고 이슈에 대한 해석을 도출하는 경로를 밝히는 데 역점을 두어야 한다. 이용자들이 이러한 일종의 리허설을 통해 자신의 관점을 정립하고 사회적 이슈에 대한 논의에 참여할 수 있도록 역량을 키우는 효과를 목적으로 삼는 것을 말한다. 그것이 더 나은 팩트체크 뉴스로 진화하는 하나의 경로라고 생각한다.

매리에타 등(Marietta et al., 2015)은 같은 기후변화, 인종차별주의의 영향, 국채 증가의 효과 영역에 대해 개별 팩트체크 기관들이 모두 다 다른 질문을 하고 거기에 대해 다 다른 현실을 보여주고 있다는 점을 제시하면서 그렇기 때문에 팩트체크 뉴스의 효과는 매우 제한적이라고 결론짓고 있다. 하지만 지금까지 이 장의 논의를 바탕으로 본다면 이 연구의 결과를 통해 완전히 반대 의미의 결론에 도달할 수 있다. 연구자들은 자신들의 연구 결과를 팩트체크 뉴스의 무용성을 지지하는 결과라고 해석했지만 반대의 해석도 가능다고 본다. 일관되지 않은 지점을 각자 조망하고 다른 현실을 보여주는 교차적인 팩트체크 뉴스가 오히려 더 장려되어야 한다고 결론지을 수 있을 것이다. 같은 사건 혹은 현상을 두고 다른 지점을 조망한다고 해서 어떤 측면은 옳고 다른 측면은 옳지 않다고 보기는 어렵다. 현실은 늘 다면적인 것들의 결합이기 때문이다. 오히려 이러한 다면적인 조망을 통해 사람들은 현실의 복잡성과 다면성을 체득하게 될 것이다. 그리고 특정한 지점이 팩트인지 아닌지에 대한 판정 결과보다 팩트에 대한 판단 기준이나 팩트를 기반으로 결론을 도출하는 논리적 근거와 절차에 대해 더 이해할 수 있게 될 것이다.

이러한 맥락에서 팩트체크 뉴스는 발언의 사실 여부에 대한 판정을 위해 다양한 공식적인 자료들과 전문가의 의견을 제시한다는 면에서(Graves, 2017: 백영민·김선호, 2017에서 재인용) 일단 전통적인 사실 보도보다 한 단계 더 수용자들에게 학습효과를 발생시킬 잠재력을 지닌다. 담대하게 팩트체크 뉴스가 지향해야 하는 지점이 정보를 객관적으로 처리하고 해석해 세상을 보는 관점을 만들게 하는 데 있다고 보면, 오히려 팩트체크 뉴스의 지향점은 해석 저널리즘이 지향하는 바와 가깝게 놓일 수 있다.

근대 저널리즘이 사회적 제도로서 형성된 시기에는 가짜뉴스에 대응해야 하는 상황도 아니었고 다양한 디지털 미디어 플랫폼을 타고 이러한 가짜뉴스들이 통제할 수 없을 정도로 선별적으로 확산되는 상황도 당연히 아니었다. 사실과 의견을 엄밀히 구별하는 객관주의 원칙이나 개념은 이렇게 지금과는 판이하게 다른 환경에서 만들어졌다고 할 수 있다. 채널의 희소성이 아니라 그 완전 반대 지점인 디지털 풍부성을 특징으로 하는 오늘날의 환경에서는 오히려 적극적 분석과 근거로서의 팩트를 통해 그동안 객관적으로 보이는 스토리 뒤에 숨어 있던 보이지 않던 프레임, 즉 해석의 틀을 적극적으로 드러내어야 한다. 보이지 않는 틀이 가장 문제스럽다. 양극화처럼 드러난 틀은 오히려 시민의 사유를 더 날카롭게 만들 긍정적인 잠재력을 가지고 있다.

기존 연구에서 이상적인 저널리즘의 작동은 숙의민주주의 개념과 연관 지어 연구되었다(Ettema, 2007; Kim et al., 1999; Romano, 2010). 공동체란 필연적으로 서로 다른 의견을 가진 사람들이 더불어 살아가야 하는 곳이다. 숙의의 대상은 서로 다른 관점으로 공동체를 보고 있는 사람들의 눈으로 그들의 의견이 어떻게 도출되는지를 상호 이해하고자 노력하는 것이다. 숙의의 대상은 서로 다름에 대한 이해와 인정이다(Bohman, 2003).

생산자가 넘쳐나는 현재의 미디어 환경에서는 이미 넘치게 다양한 관점과 해석이 제공되고 있다. 문제는 해석과 의견만 넘치지 그 이면의 논리나 관점에 대한 설명은 오히려 부족하다는 것이다. 하지만 이러한 환경에서 오히려 이용자 개인은 스스로 책임지고 거르고 소화해야 하는 수준 높은 뉴스 리터러시를 요구받고 있다.

완벽하지는 않으나 어느 정도 걸러진 정보가 주어진다고 믿을 수 있던 과거의 미디어 환경이 오늘날처럼 걸러지지 않은 정보를 오히려 이용자가 걸러야 하는 상황으로 뒤바뀐 지 이미 오래다. 결국 개별 이용자의 어깨에 부여된 시민적 책무는 스스로의 관점을 세우고 그 관점을 통해 뉴스를 보고 해석하고 이것을 공동체와 공유하고 대화에 참여하는 것이다. 담론적 참여는 시민성의 구현을 위해 그 어느 때보다도 중요해졌다.

팩트체크 뉴스가 더 품질 좋은 사회적 대화를 일으키기 위해서는 이용자의 뉴스 리터러시를 기르는 방향으로 그 내용과 형식이 진화해야 한다(Jones-Jang et al., 2021). 교육의 목적이 어떤 것을 가르쳐서 알게 하기보다 학습자가 되는 것을 가르친다고(learning to learn) 보는 것과 같은 맥락에서 저널리즘은 사람들이 팩트를 검증할 수 있도록 — 다시 말해 언론 스스로가 진실의 판별자를 자임하기보다는 — 진실판별자를 기르는 것을 목적으로 삼을 필요가 있다. 이용자 스스로의 뉴스 리터러시가 길러지도록 힘 돋우기를 더 적극적으로 해야 한다.

심재철과 민영(Shim & Min, 2019)의 연구에서 주목할 만한 점은 팩트체크 기사에서 사용한 검증의 방법론적 절차를 투명하게 공개했는지를 집중적으로 분석한 것이다. 이렇게 팩트체킹의 방법론적 투명성이 증가한다면 보다 다양한 팩트체킹의 과정에 이용자가 자연스럽게 노출되면서 팩트체킹 과정을 리허설하는 기회가 될 수 있다. 물론 이러한 노출이 실제로 학습효과를 일으키는지, 그래서 다양한 관점의 채택이나 열린 해석을 가능하게 하는지는 향후의 연구 과제로 남는다. 팩트체크 저널리즘 진화의 방향성으로 이 장이 주목하는 점과 관련해서 이 연구는 주목할 만하다.

팩트체크 뉴스는 뉴스 리터러시와 숙의의 역량을 지속적으로 길러줄 수 있어야 한다. 니미넨과 산카리의 연구(Nieminen & Sankari, 2021)에서 지적한 것처럼 여러 가지 복합적 이슈를 하나로 뭉쳐 참/거짓을 판정한다면 명제를 하나하나 검증하면서 이용자가 이를 따라가기 어렵다.

뉴스 제작이나 배포의 비용이 내려가면서 개인의 관점과 전문적 분석력을 바탕으로 한 팩트체크는 언론인만 할 수 있는 것이 아니게 되었다. 몇몇 유명 유튜버들은 경제, 부동산, 국제정세 등 각자의 전문 분야에서 관점을 가진 뉴스 해설을 진행해 반향을 일으키고 있다. 이용자들은 언론사를 구독하기보다는 관심 있는 기관이나 비영리 재단을 구독하면서 관심 영역의 뉴스를 직구독하기도 한다.

현재 SNU팩트체크센터가 수행하고 있는 협업적 팩트체크의 경우 다양한 판정의 가능성과 판정에 이르는 논리를 비교할 수 있다는 점이 특히 장점이다. 최순욱과 윤석민(2017)이 지적했듯이 타 언론사나 기자가 작성한 기사에 대해 가급적 시비를 걸지 않으려는 문화가 가장 한계로 작용하지만 이러한 장벽이 조금씩 없어지면서 교차 검증이 활성화된다면 이용자는 한자리에서 서로 다른 관점으로 팩트에 기반해 다른 해석이 도출되는 과정을 비교해볼 수 있을 것이다.

언론사 간의 교차 검증은 그 자체로 이를 읽는 사람들에게는 서로 다른 관점에서 합리적으로 사실 여부를 따져볼 수 있는 연습이 될 수 있다. 더욱이 팩트체크 저널리즘을 수행하는 기자들도 언론 상호 간의 교차 검증을 통해 상호견제 효과를 가져와(정은령, 2018), 본래 팩트체크 저널리즘이 의도했던 정치인들의 발언의 신중성을 유도하는 것뿐 아니라 언론인들에게도 보다 엄격한 제반 팩트의 검증을 유도하는 효과도 거둘 수 있다.

정성욱(2018)은 팩트체크 뉴스를 모바일 환경에서 판정과 근거 자료들을 정교하면서도 빠른 시간 안에 이해할 수 있도록 간략하게 보여줄 수 있어야 한다고 제언한다. 그러나 판정보다는 근거자료의 처리 과정이 더 중요하다는 관점에서 평가할 때는 모바일 환경에서 팩트체크 뉴스를 압축적으로 많이 보여주는 것은 득보다 실이 많을 수도 있다.

오세욱(2017), 정성욱과 이준환(2019)의 연구에서 볼 수 있는 것처럼 프로그래밍을 통해 자동화된 팩트체킹 과정을 구성해보려는 시도들 또한 꾸준히 일어나고 있다(Hassan et al., 2017; Konstantinovskiy et al., 2021; Thorne & Vlachos, 2018). 이러한 연구들은 메시지의 내용보다 뉴스에 반응하거나 소셜 미디어에서 이들 뉴스의 확산에 어떻게 참여하는지 등 행동 패턴에 초점을 두고 있다. 그런데 이 또한 팩트체킹을 해나가는 과정보다는 그 결과 판정의 효율화를 일차적 목적으로 한다는 점에서 아쉬움이 남는다. 오세욱(2017)의 지적대로 사실은 0과 1로 구분되지 않는 종합적 진실이며, 무엇보다도 자동화에 수반되는 알고리즘의 투명성 이전에 저널리즘의 복원과 언론의 신뢰도 제고가 더 근원적인 문제다. 그레이브스(Graves, 2018)는 자동화된 팩트체크 뉴스로 필터링을 시도하는 것 자체보다는 이러한 시도와 함께 정치적 표현의 다양성을 어떻게 보호하고 장려할 것인지가 함께 추진되어야 한다고 강조한다.

'사실'이 무엇이고 과연 검증 가능한 것인지는 끝도 없는 이야기다. 그렇기에 어떤 것이 검증 가능한 것인지, 어떤 것이 주관적인 영역으로 남는지도 투명하게 제공될 필요가 있다. 이것이 명시적으로 팩트체크 기사 안에서 다루어질 수도 있다. 팩트체크 기사의 검증 대상 선택이 어떻게 이루어지는지는 끊임없는 논쟁과 비판의 대상인데, 검증 대상의 선별 과정과 함께 판정이 가능한 영역과 주관적인 판단의 영역의 구분에 대해서도 주목할 필요가 있다고 본다.

6. 더 나은 팩트체크 뉴스를 향해

추락한 언론의 신뢰, 혼란스러운 뉴스 환경, 끊임없이 요구되는 뉴스 리터러시, 멈출 줄 모르는 정치사회적 양극화, 혐오의 확산 속에서 건강한 저널리즘은 더욱 중요하고, 팩트체크 뉴스에 대한 관심과 활동은 결국 더 나은 저널리즘과 더 진보한 사회적 소통을 이루기 위한 움직임이다. 바로 가시적인 효과가 없더라도 이러한 변화는 그 움직임 자체로 소중하다. 이 장에서 지적한 한계나 문제점에도 불구하고 객관주의 전통을 바로 세우고자 하는 팩트체크 저널리즘의 부상은 저널리즘의 진화를 의미한다. 저널리즘에 가해지는 여러 가지 도전적인 상황을 생각할 때 이 장에서 다룬 팩트체크 저널리즘의 한계에 대한 지적은 사치스럽게 여겨질 수도 있다. 이러한 맥락에서 이 장은 팩트체크 저널리즘을 허위정보의 범람이라는 하나의 증상에 대한 대응책으로 좁게 보는 것이 아니라 사회구조적인 변화와 미디어화(mediatization)의 큰 흐름 속에 위치시키는 시각으로 바라보기를 시도했다.

또한 팩트체크 저널리즘도 다른 저널리즘의 조류와 마찬가지로 정태적이어서는 안 되고 지속적으로 개별 사회문화적 맥락에 맞게 진화해야 한다는 점을 강조하고자 했다. 이를 위해 과연 뉴스의 본질적 기능은 무엇인지, 팩트체크 뉴스는 가짜뉴스 퇴치에 기여하는지를 새삼 질문해보았다. 그리고 판정을 중심으로 팩트체크 뉴스를 의미화하는 조류를 비판하면서 관점과 판정 과정을 더 적극적으로 드러내는 팩트체크 뉴스로 진화할 필요가 있다는 점을 지적했다. 팩트체크 저널리즘이 더 나은 저널리즘으로 진화하면서 동시에 당대의 문제인 가짜뉴스의 범람에 대한 대응책으로서의 효과성도 가지기 위해서는 구체적으로 어떠한 팩트체크 뉴스를 지향해야 하는지를 다각도로 성찰해보아야 하기 때문이다.

가짜뉴스의 반대편에는 팩트가 존재하고 팩트체킹은 가짜뉴스를 없애는 무기가 될 수 있을 것이라는 단순화된 이분법적 믿음은 저널리즘의 본질과도 부합하지 않으며 오히려 양극화적인 사고를 더 부추길 위험이 있다. 더욱이 정치 뉴스의 경우 당파적인 태도를 가진 시민일수록 더욱 적극적으로 추구한다는 점을 고려하면 이들의 적극적인 팩트체크 뉴스 소비가 오히려 세상을 팩트와 가짜로 가르는 이분화된 사고와 내 편과 네 편으로 가르는 종족주의를 강화할 위험이 있다. 뉴스의 소비는 자발적인 사적인 행위이며 누가 더 동기화되어 있는 뉴스 소비자인지를 충분히 고려해야 한다. 자칫 팩트에 대한 강조가 사회적 소통행위, 즉 타인과 함께 살아가는 행위와 그에 수반된 규범을 해치는 부작용을 가져올 수도 있다.

하지만 여전히 팩트체크 뉴스에 관한 기존 연구의 대부분은 가짜뉴스의 확산에 대한 대응책으로서 팩트체크를 그 반대 지점에 두고 순기능만 고려해 주로 팩트체크가 가짜뉴스를 얼마나 교정할 수 있는지(예: 수용자의 태도가 변했는가?)에 초점을 두고 있다. 이 장은 이러한 연구의 추세가 오히려 팩트체크 뉴스의 저널리즘적 의미를 축소할 수도 있음을 제시하고자 했다.

저널리즘은 우리가 볼 수 없는 더 큰 범위의 집단과 사회적 대화를 이어나갈 수 있게 해준다. 또 이러한 대화를 통해 한 사회의 정체성이 유지된다(Rosen, 1997). 관계유지론(Duck, 1994)에 따르면 대화는 시작하거나 끝나는 데 의미가 있다기보다는 내용에 상관없이 그것이 계속 이어진다는 것이 중요하다. 흔히 대화의 목적이 어떤 결론의 도출이나 합의 혹은 일방의 설득 등의 특정한 결과라고 보기 쉽지만 대화의 목적과 효과는 메시지 교환의 지속 그 자체에 있다. 전자는 커뮤니케이션 현상을 메시지 중심적으로 보는 것이고 후자는 지속적으로 커뮤니케이터에게 어떤 영향을 미치는지 그 과정을 중심적으로 보는 것이다.

저널리즘이 궁극적으로 이루고자 하는 목표를 더 나은 사회적 대화로 두면 우리가 추구해야 할 팩트체크 저널리즘의 구체적인 형식에 관해 생산적인 논의를 시작할 수 있다고 본다.

팩트체크 저널리즘의 진화가 바라보아야 하는 첫째 목표는 팩트체크 뉴스가 지속적인 사회적 대화를 자극하고 지지하는지의 차원이다. 이러한 측면에서 효과연구가 수행되고 평가가 이루어질 필요가 있다. 과연 현재의 팩트체크 뉴스의 내용과 형식이 나와는 다른 의견을 가진 구성원들을 혐오하지 않고 계속 뉴스 읽기와 토론에 참여하도록 유도하는지를 평가하는 것이다. 팩트체크 뉴스가 계속 자신의 주장을 강화하거나 지지하는 증거로만 활용되고 그 자체의 팩트성이 논쟁에 빠진다면 이는 효과적인 팩트체크라고 볼 수 없다.

다음으로는 팩트체크 뉴스의 이용자가 더 나은 커뮤니케이터가 되는 데 기여하는지의 차원이다. 뉴스 소비는 사적인 행동이므로 그야말로 시시각각 뉴스가 쏟아지는 환경에서는 결국 사회적인 뉴스 리터러시가 높아지게끔 하는 데 모든 노력의 초점을 맞출 수밖에 없다. 실제로 2018년 OECD의 국제학업성취도평가(PISA)에서 우리나라 청소년의 독해력은 평균 이상이었지만 사실과 의견을 구분하는 능력은 평균 이하로 나타났다. 이는 자료의 신뢰성을 평가하는 능력도 낮다는 점을 보여준다. 그러나 미디어 리터러시의 문제를 과연 개인이 개발해야 하는 능력, 즉 개인이 책임이 있는 개념으로 보아야 하는지에 관해서는 심각하게 다시 생각해볼 필요가 있다. 미디어 리터러시는 사회 구조 안에서 길러지는 것이기 때문이다. 이는 어떤 뉴스를 제공하는지의 측면이 미디어 리터러시 함양에 큰 영향을 주는 요소라는 점을 말한다.

결론적으로 팩트체크 저널리즘은 시민들의 미디어 리터러시를 키우는 방향으로 진화해야 한다. 그러기 위해서는 판정의 결과보다 판정의 과정에 뉴스 이용자들의 관여를 높여 이용자들이 궁극적으로 팩트체킹을 할 수 있는 능력을 함양할 수 있도록 만들어져야 한다. 이는 일차적으로 기술 측면에서 이용자들의 뉴스 리터러시를 높이는 데 기여할 것이고 장기적으로 시민적인 태도를 고양하는 데 기여할 것이다. 팩트를 가르는 판정보다 팩트를 진단하기 위해 어떤 시각을 취하는지, 어떤 데이터를 볼 필요가 있는지(또한 그 데이터의 한계는 무엇인지), 팩트에 대한 평가가 미래 사회에 대한 우리의 어떤 비전과 부합하는지 등이 충분히 설명될 수 있도록 팩트체크 저널리즘이 담아내야 한다는 것이다.

사회는 갈등이 가득한 곳이고 나의 의견이 반드시 옳은 것이 아닐 수 있다는, 신중하지만 참여적인 태도를 갖는 것이 담론적 시민성의 출발점이다. 흔히 관용적인 태도라고 할 때 타인의 권리나 의견을 어떻게 평가하는지를 중심으로 생각하는 한계에 빠진다. 오히려 관용적인 태도란 나를 어떻게 보는지, 즉 나의 한계를 인정하는지에 있다. 내가 아는 것이 다가 아니며 내가 모르는 것이 많다고 인정하는 태도야말로 관용의 토대이고 성숙한 사회의 토대다. 이런 면에서 복합적인 사회현상을 단순화해서 판정하는 습관이나 믿음은 어쩌면 최악의 태도다. 현재의 팩트체크 뉴스가 오히려 이러한 최악의 태도를 부추기는 것이 아닌지 다시 낯설게 관찰해볼 필요가 있다.

참고문헌

김경모 (2012). 새로운 저널리즘 환경과 온라인 뉴스 생산: 전통과 변화의 경계. 〈언론정보연구〉 49(1), 7-32.

김선호·김위근 (2017). 팩트체크를 체크한다. 〈미디어 이슈〉 3(7), 1-9.

김은미·이준환 (2016). 〈온·오프라인 신문 이용자 프로파일 조사〉. 서울: 한국언론진흥재단.

김은미·임소영·박현아 (2017). 관계적 커뮤니케이션으로서의 뉴스 공유: 자기제시 성향과 뉴스 공유 대상의 특성을 중심으로. 〈한국방송학보〉 31(3), 114-151.

김형지·정은령·김은미·양소은·이재우·강민지 (2020). 가짜뉴스와 팩트체크 뉴스 노출 집단의 미디어 이용과 뉴스 인식, 그리고 리터러시 관계. 〈한국언론정보학보〉 101, 231-267.

노성종·최지향·민영 (2017). '가짜뉴스 효과'의 조건. 〈사이버커뮤니케이션학보〉 34(4), 99-149.

민영 (2016). 신뢰의 조건: 저널리즘 전문성과 정파적 편향성이 언론 신뢰와 정치 신뢰에 미치는 영향. 〈한국언론학보〉 60(6), 127-156.

박경숙 (2002). 집단 갈등 이슈의 방송 뉴스 프레임 분석: 의약 분업 뉴스 프레임을 중심으로. 〈한국언론학보〉 46(2), 310-340.

박태우·이상식 (2013). 지역 갈등 이슈의 뉴스 프레임 구성에 대한 연구: 동남권 신공항 보도를 중심으로. 〈언론과학연구〉 13(3), 251-297.

백영민·김선호 (2017). 팩트체크 뉴스 노출, 영향력 인식, 공유 행동에 대한 탐색적 연구. 〈한국언론학보〉 61(6), 117-146.

송보영·김은미 (2021). 뉴스에서 의견으로: 온라인 커뮤니티에서 뉴스 공유의 특성. 〈한국방송학보〉 35(4), 151-188.

염정윤·정세훈 (2018). 가짜뉴스에 대한 인식과 팩트체크 효과 연구: 기존 신념과의 일치 여부를 중심으로. 〈한국언론학보〉 62(2), 41-80.

오세욱 (2017). 자동화된 사실 확인(fact checking) 기술(technology)의 현황과 한계. 〈사이버커뮤니케이션학보〉 34(3), 137-180.

유수정·이건호 (2017). 메인 뉴스 논조 차별화가 드러낸 한국 종편 저널리즘의 지형: 무상복지 이슈를 중심으로. 〈한국언론학보〉 61(1), 7-35.

유용민 (2020). 포스트 진실의 인식론 넘어서기: 진실의 공동체인가 대화하는 공동체인가. 〈한국언론정보학보〉 99, 120-147.

윤영철 (2007). 방송 저널리즘 프로그램 진행자의 의견 개입에 관한 연구: 〈KBS뉴스9〉, 〈생방송 시사투나잇〉, 〈추적60분〉의 비교분석. 〈언론정보연구〉 44(1), 37-64.

윤영철·김경모·김지현 (2015). 의견 다양성을 통해 본 언론매체의 이념적 지형도: '경제 민주화' 이슈 보도의 의견 분석을 중심으로. 〈방송통신연구〉 89, 35-64.

이정훈·이상기 (2016). 민주주의의 위기와 언론의 선정적 정파성의 관계에 대한 시론: 채널A와 TV조선의 정치시사토크쇼를 중심으로. 〈한국언론정보학보〉 77, 9-35.

이준웅 (2010). 한국 언론의 경향성과 이른바 사실과 의견의 분리 문제. 〈한국언론학보〉 54(2), 187-209.

임양준 (2009). 집단적 갈등 이슈에 대한 방송뉴스 프레임 비교연구: 용산참사에 대한 MBC, KBS, SBS 저녁 뉴스를 중심으로. 〈한국언론학보〉 53(5), 55-79.

임영호·김은미·김경모·김예란 (2008). 온라인 뉴스 이용자의 뉴스관과 뉴스 이용. 〈한국언론학보〉 52(4), 179-204.

장승진 (2013). 경제민주화와 제18대 대선: 쟁점 투표(Issue Voting)와 정치 지식(Political Knowledge). 〈한국정당학회보〉 12(1), 87-112.

장윤재·김미라 (2020). 참여적 뉴스 이용의 효과: 메신저, SNS를 통한 뉴스 이용과 뉴스 및 언론인에 대한 신뢰. 〈한국언론정보학보〉 99, 245-274.

정성욱 (2018). 팩트체크 뉴스를 접한 수용자의 '역효과'나 '태도 변화'는 어떤 상황에서 나타나는가?: 정교화 가능성 모델을 바탕으로 한 메커니즘 연구. 〈한국방송학보〉 32(4), 103-145.

정성욱 (2021). 팩트체크 뉴스의 영향력 확대를 위한 연구: 팩트체크 뉴스가 수용자에게 미치는 효과를 중심으로. 〈한국방송학보〉 35(1), 235-282.

정성욱·이준환 (2019). SNS 사용자 특성과 확증 편향을 통한 자동화된 팩트체킹의 가능성: 정치인 관련 트윗 데이터를 중심으로. 〈방송통신연구〉 108, 78-117.

정은령 (2017). 팩트체킹 뉴스 의미와 한계. 〈관훈저널〉 143, 19-25.

정은령 (2018). 한국 팩트체크 저널리즘의 특징: 팩트체크 언론인들의 사실 인식과 사실 검증과정 탐색을 중심으로. 〈언론정보연구〉 55(4), 5-53.

정은령·최지수·박유진 (2020). 코로나 19 팩트체크 기사와 해설 기사의 차이에 대한 탐색적 연구: 맥락성과 투명성을 중심으로. 〈사이버커뮤니케이션학보〉 37(3), 139-193.

정재철 (2017). 〈팩트체킹 진실을 여는 문〉. 서울: 책담.

정호재 (2005. 6. 2.). "다음은 새 바다로 앞장서 간다" "미디어 융·복합 시대, 유비쿼터스 환경에 맞는 진화 계속". 〈주간동아〉, https://weekly.donga.com/science/article/all/11/76495/1.

조은영·유세경 (2014). 종합편성 채널 도입과 방송 뉴스 보도의 다양성: 철도노조 파업 이슈에 대한 지상파 채널과 종합편성 채널 보도 내용 분석을 중심으로. 〈한국언론학보〉 58(3), 433-461.

최순욱·윤석민 (2017). 협업형 사실 검증 서비스의 의의와 과제: 〈SNU팩트체크〉의 사례. 〈사이버커뮤니케이션학보〉 34(2), 173-205.

최현주 (2010). 한국 신문 보도의 이념적 다양성에 대한 고찰: 6개 종합일간지의 3개 주요 이슈에 대한 보도 성향 분석을 중심으로. 〈한국언론학보〉 54(3), 399-426.

한국언론진흥재단 (2018). 〈2018 언론수용자 의식조사〉. 서울: 한국언론진흥재단.

Adair, B. (2011, February 21). Principles of politifact and the truth-o-meter. *Politi Fact.com,* https://www.politifact.com/article/2011/feb/21/principles-truth-o-meter.

Amazeen, M. A. (2015). Revisiting the epistemology of fact-checking. *Critical Review* 27(1), 1-22.

Amazeen, M. A., Thorson, E., Muddiman, A., & Graves, L. (2018). Correcting political and consumer misperceptions: The effectiveness and effects of rating scale versus contextual correction formats. *Journalism & Mass Communication Quarterly* 95(1), 28-48.

Benson, R. & Hallin, D. (2007). How states, markets and globalization shape the news: The French and US national press, 1965-97. *European Journal of Communication* 22, 27-48.

Berger, J. & Schwartz, E. M. (2011). What drives immediate and ongoing word of mouth? *Journal of Marketing Research* 48(5), 869-880.

Birks, J. (2019). Fact-checking, false balance, and 'fake news': the discourse and practice of verification in political communication. In S. Price (Ed.), *Journalism, Power and Investigation* (pp. 245-264). London: Routledge.

Bohman, J. (2003). Reflective public deliberation: Democracy and the limits of pluralism. *Philosophy & Social Criticism* 29(1), 85-105.

Bolter, J. D. (2019). *The Digital Plenitude: The Decline of Elite Culture and the Rise of New Media*. Cambridge: MIT Press.

Carey, J. (1989). *Communication as a Culture: Essays on Media and Society*. Boston: Unwin Hyman.

Choi, J. (2016). News internalizing and externalizing: The dimensions of news sharing on online social networking sites. *Journalism & Mass Communication Quarterly* 93(4), 816-835.

Duck, S. (1994). Steady as (s)he goes: Relational maintenance as a shared meaning system. In D. J. Canary & L. Stafford (Eds.), *Communication and Relational Maintenance* (pp. 45-60). Cambridge: Academic Press.

Ettema, J. S. (2007). Journalism as reason-giving: Deliberative democracy, institutional accountability, and the news media's mission. *Political Communication* 24(2), 143-160.

Gilmor. D. (2006). *We the Media*. Sebastopol: O'Reilly.

Goode, L. (2010). Cultural citizenship online: The Internet and digital culture. *Citizenship Studies* 14(5), 527-542.

Gottfried, J. A., Hardy, B. W., Winneg, K. M., & Jamieson, K. H. (2013). Did fact-checking matter in the 2012 presidential campaign? *American Behavioral Scientist* 57(11), 1558-1567.

Graves, D. (2018). *Understanding the Promise and Limits of Automated Fact-checking*. Reuters Institute for the Study of Journalism.

Graves, L. (2016). *Deciding What's True*. New York: Columbia University Press.

Graves, L. (2017). Anatomy of a fact check: Objective practice and the contested epistemology of fact checking. *Communication, Culture & Critique* 10(3), 518-537.

Graves, L. & Amazeen, M. A. (2019). Fact-checking as idea and practice in journalism. In J. F. Nussbaum (Ed.), *Oxford Research Encyclopedia of Communication* (pp. 1-16). Oxford: Oxford University Press.

Hassan, N., Arslan, F., Li, C., & Tremayne, M. (2017, August). *Toward Automated Fact-checking: Detecting Check-worthy Factual Claims by Claimbuster*. Paper presented at the 23rd ACM SIGKDD international conference on knowledge discovery and data mining. Halifax, NS, Canada.

Im, Y. H., Kim, E. M., Kim, K., & Kim, Y. (2011). The emerging mediascape, same old theories? A case study of online news diffusion in Korea. *New Media & Society* 13(4), 605-625.

Jones-Jang, S. M., Mortensen, T., & Liu, J. (2021). Does media literacy help identification of fake news? Information literacy helps, but other literacies don't. *American Behavioral Scientist* 65(2), 371-388.

Kim, J., Wyatt, R. O., & Katz, E. (1999). News, talk, opinion, participation: The part played by conversation in deliberative democracy. *Political Communication* 16(4), 361-385.

Konstantinovskiy, L., Price, O., Babakar, M., & Zubiaga, A. (2021). Toward automated factchecking: Developing an annotation schema and benchmark for consistent automated claim detection. *Digital Threats: Research and Practice* 2(2), 1-16.

Leslie, I (2021). *Conflicted: How Productive Disagreements Lead to Better Outcomes*. New York: HarperCollins Publishers.

Lim, C. (2018). Checking how fact-checkers check. *Research & Politics* 5(3), DOI: 2053168018786848.

Marchionni, D. (2013). Conversational journalism in practice: A case study of the Seattle times' 2010 Pulitzer prize for breaking news reporting. *Digital Journalism* 1(2), 252-269.

Margolin, D. B., Hannak, A., & Weber, I. (2018). Political fact-checking on Twitter: When do corrections have an effect? *Political Communication* 35(2), 196-219.

Marietta, M., Barker, D. C., & Bowser, T. (2015, December). Fact-checking polarized politics: Does the fact-check industry provide consistent guidance on disputed realities? *Forum* 13(4), 577-596.

Min, S. J. (2016). Conversation through journalism: Searching for organizing principles of public and citizen journalism. *Journalism* 17(5), 567-582.

Mindich, D. T. Z. (1998). *Objectivity*. New York: New York University Press.

Nieminen, S. & Sankari, V. (2021). Checking PolitiFact's fact-checks. *Journalism Studies* 22(3), 358-378.

Patterson, T. E. (1993). *Out of Order*. New York: Knopf.

Peters, J. D. (2012). *Speaking into the Air: A History of the Idea of Communication*. Chicago: University of Chicago Press.

Romano, A. (2010). Deliberation and journalism. In A. Romano (Ed.), *International Journalism and Democracy: Civic Engagement Models from Around the World* (pp. 3-15). New York: Routledge.

Rosen, J. (1994). On making things more public: The political responsibilities of the media intellectual. *Critical Studies in Mass Communication* 11(4), 363-388.

Rosen, J. (1997). Introduction: 'We will have that conversation:' Journalism and democracy in the thought of James Carey. In E. S. Munson & C. A. Warren (Eds.), *James Carey: A Critical Reader* (pp. 191-206). Minneapolis: The University of Minnesota Press.

Salgado, S. & Strömbäck, J. (2012). Interpretive journalism: A review of concepts, operationalizations and key findings. *Journalism* 13(2), 144-161.

Schudson, M. (2001). The objectivity norm in American journalism. *Journalism* 2(2), 149-170.

Shim, J. & Min, Y. (2019). A comparative study of fact-checking news coverage between South Korea and the United States. *Asian Communication Research* 16(3), 13-44.

Shin, J. & Thorson, K. (2017). Partisan selective sharing: The biased diffusion of fact-checking messages on social media. *Journal of Communication* 67(2), 233-255.

Silverman, J. (2015). *Terms of Service: Social Media and the Price of Constant Connection*. New York: HarperCollins.

Stephens, M. (2014). *Beyond News: The Future of Journalism*. New York: Columbia University Press.

Taber, C. S. & Lodge, M. (2006). Motivated skepticism in the evaluation of political beliefs. *American Journal of Political Science* 50(3), 755-769.

Tandoc Jr., E. C., Lim, D., & Ling, R. (2020). Diffusion of disinformation: How social media users respond to fake news and why. *Journalism* 21(3), 381-398.

Tarde, G. (1969[1898]). Opinion and conversation. In T. N. Clark (Ed.), *Gabriel Tarde on Communication and Social Influence* (pp. 297-318). Chicago: University of Chicago Press.

Thorne, J. & Vlachos, A. (2018). Automated fact checking: Task formulations, methods and future directions. *arXiv preprint arXiv:1806.07687*.

Uscinski, J. E. & Butler, R. W. (2013). The epistemology of fact checking. *Critical Review* 25(2), 162-180.

Walter, N., Cohen, J., Holbert, R. L., & Morag, Y. (2020). Fact-checking: A meta-analysis of what works and for whom. *Political Communication* 37(3), 350-375.

찾아보기

[ㅅ]

[ㅇ]

[ㅈ]

[ㅎ]

[a~z]

저자 소개

윤석민_1장

서울대학교 신문학과(현 언론정보학과)를 졸업하고, 동 대학원에서 신문학(언론정보학) 석사학위를 받았다. 미시간 대학교(University of Michigan)의 커뮤니케이션 박사과정을 거쳐 미시간 주립대학교(Michigan State University)에서 매스미디어 전공으로 박사학위를 받았다. 현재 서울대학교 언론정보학과 교수로 재직하며, 커뮤니케이션이론과 미디어 정책을 연구하고 있다. 사이버커뮤니케이션학회 회장, 미디어다양성위원회 위원장, SNU팩트체크 위원회 위원장 등을 역임했고, 현재 여론집중도조사위원회 위원장직을 맡고 있으며, 그 외 다수의 미디어 정책 기구와 신문·방송·인터넷 사업자들에게 자문을 제공해왔다. 한국 사회 미디어 시스템의 주요 현안들, 특히 미디어 다양성, 공정성, 사실성, 통일지향성 같은 규범적 가치들의 이론적 정립 및 실천 문제에 관심을 기울이고 있다.

최은철_1장, 7장

서울대학교 언론정보학과에서 학사와 석사학위를 받았고, 현재 서던캘리포니아 대학교(University of Southern California) 아넨버그스쿨 커뮤니케이션 박사과정에 재학 중이다. 연구 분야는 Social network analysis, Computational social science, Misinformation, Fact-checking 등이다.

이준웅_2장

서울대학교 언론정보학과에서 학사와 석사학위를 받았고, 펜실베이니아 대학(University of Pennsylvania) 아넨버그스쿨에서 소통학으로 박사학위를 받았다. 한국방송공사와 광운대학교를 거쳐 현재 서울대학교 언론정보학과 교수로 재직하며, 언론과 소통에 대해 연구하고 있다. 주요 저서로 〈말과 권력〉(한길사, 2011)이 있고, 주요 논문으로 '비판적 담론 공중의 등장과 언론에 대한 공정성 요구', '소통은 진리를 위한 것인가?', '한국 언론의 도그마: 사실 충분성의 원칙' 등이 있다.

정은령_3장, 4장

서울대학교 인류학과를 졸업하고, 연세대학교 언론홍보영상대학원에서 석사학위를 받았다. 메릴랜드 대학교(University of Maryland)에서 저널리즘 전공으로 박사학위를 받았다. 2017년 서울대학교 언론정보연구소에 SNU팩트체크센터가 창설되었을 때부터 센터장을 맡아 팩트체크 저널리즘 연구와 한국 언론계에 팩트체크 저널리즘을 활성화하기 위한 실천을 병행하고 있다.

1989년부터 2007년까지 동아일보 기자로 일하며 사회부, 문화부 차장을 지냈고, 재직 중 '관훈언론상'을 수상했다. 언론중재위원으로 활동했으며 한국인으로는 최초로 국제팩트체킹연맹(International Fact Checking Network) 이사를 2020년부터 맡고 있다. 변화하는 미디어 환경에서 한국의 언론보도가 어떻게 사실보도에 충실해 진영 논리를 극복하고 허위정보 만연에 대응할 수 있을지, 언론 교육과 언론 윤리는 어떻게 갱신되어야 할지에 관심을 기울이고 있다.

정성욱_5장

연세대학교 사회복지학과를 졸업하고 컬럼비아 대학교(Columbia University) 국제문제대학원에서 석사학위를 받았다. 2020년 서울대학교 언론정보학과에서 언론정보학 박사학위를 받았다. 1996년 MBN(매일방송)에 입사해 2017년까지 경제부, 사회부 차장 등을 역임했다. 현재 서울대학교 언론정보연구소 선임연구원으로 미래 저널리즘을 연구하고 있다. 특히 데이터 저널리즘, 인공지능을 통한 자동화된 팩트체크 문제에 관심을 기울이고 있다.

이은주_6장

서울대학교 신문학과(현 언론정보학과)를 졸업하고, 동 대학원에서 신문학(언론정보학) 석사학위를 받은 뒤, 스탠퍼드 대학교(Stanford University)에서 커뮤니케이션 박사학위를 받았다. 현재 서울대학교 언론정보학과 교수로 재직하며, 미디어 심리학 관점에서 디지털 커뮤니케이션을 연구하고 있다. *Media Psychology* 공동편집위원장, *Human Communication Research* 편집위원장(Editor-in-Chief)을 역임했고, 국제 커뮤니케이션 학회(International Communication Association) 석학회원을 거쳐 회장(2023-2024)으로 선출되었다. 기술에 의해 매개되는 커뮤니케이션 환경에서 발생하는 다양한 소통의 문제를 실증적으로 검증하고 이론화하는 데 관심을 가지고 있다.

배인환_6장

서울대학교 언론정보학과를 졸업하고, 동 대학원에서 언론정보학 석사학위를 받았다. 현재 코넬 대학교(Cornell University) 커뮤니케이션학과 박사과정에 재학 중이다. 미디어 심리학 관점에서 소셜 미디어 이용자 행동과 집단 간 커뮤니케이션에 관심을 가지고 있고, 소수자 집단의 미디어 리터러시와 소셜 미디어 환경에서 시민적 참여와 친사회적 행동에 대한 연구를 진행 중이다.

이철주_7장

서울대학교 언론정보학과에서 학사와 석사학위를 받았고 펜실베이니아 대학교(University of Pennsylvania) 아넨버그스쿨에서 박사학위를 받았다. 2009년 8월부터 2012년 6월까지 오하이오 주립대학교 커뮤니케이션 학과(School of Communication at the Ohio State University-Columbus)에서, 2012년 7월부터 2014년 8월까지 일리노이 주립대학교 커뮤니케이션 학과(Department of Communication at the University of Illinois at Urbana-Champaign)에서 조교수로 봉직했다. 현재 서울대학교 언론정보학과 교수로 재직하며, 헬스 커뮤니케이션, 소셜 마케팅, 과학 커뮤니케이션 등을 연구하고 있다.

이호근_8장

서울대학교 언론정보학과에서 학사와 석사 학위를 받고, 현재 서울대학교 언론정보연구소 연구원으로 재직 중이다. 주요 연구 분야는 설득커뮤니케이션과 메시지 효과다. 설득 과정에 영향을 미치는 사회심리학적 메커니즘에 관심을 기울이고 있으며, 특히 팩트체킹의 맥락에서 교정 메시지의 설득력을 높이는 메시지 특성들이 어떠한 심리적 상태의 매개를 통해 효과를 내는지 연구하고 있다.

김현석_8장

서울대학교 언론정보학과에서 학사와 석사학위를 받았고, 펜실베이니아 대학교(University of Pennsylvania)의 아넨버그 커뮤니케이션 스쿨에서 박사학위를 받았다. 오하이오 주립대학교(The Ohio State University)의 커뮤니케이션 스쿨 조교수를 거쳐 현재 서울대학교 언론정보학과 부교수로 재직 중이다. 주요 연구 분야는 메시지 효과로, 메시지의 내용적·형식적 특성이 설득과 확산에 미치는 영향과 그 심리적 기제를 주로 헬스 커뮤니케이션 및 정치 커뮤니케이션 맥락에서 탐구하고 있다. 또한 이 과정에서 메시지 효과의 이론 및 방법론(실험, 통계 분석 방법, 컴퓨터 연산 사회과학 방법)의 시너지(theory-method synergy)를 높이는 데 관심을 기울이고 있다.

양소은_9장

서울대학교 사회교육과를 졸업하고, 중학교 교사로 사회 교과를 가르쳤다. 청소년의 삶에 미디어가 큰 영향력을 미치는 것을 관찰하게 되면서 서울대학교 언론정보학과 대학원에 진학해 석사와 박사학위를 받았다. 미디어 리터러시 및 디지털 시민성에 관심을 가지고 있으며, 이를 교육하기 위한 다양한 실천적 시도들을 하고 있다. 박사과정 중에는 SNU팩트체크센터의 연구원으로 팩트체크센터의 운영과 관련 연구에 참여했으며, 현재는 서울대학교 언론정보연구소 선임연구원으로 융합적 시도를 하며 연구를 확장해나가고 있다.

정영주_10장

한양대학교 국어국문학과를 졸업하고, 동 대학원에서 신문방송학(현 미디어커뮤니케이션학)으로 석사와 박사학위를 받았다. 한국디지털위성방송((주)KTSkyLife)에서 10년간 미디어 정책 업무를 담당했고 서울대학교 ICT사회정책연구센터 선임연구원, 한국언론학회 〈한국언론학보〉 편집이사, 한국여성커뮤니케이션학회 〈미디어, 젠더 & 문화〉 편집이사를 역임했다. 현재 서울대학교 언론정보연구소 선임연구원으로, 미디어 생태계 변화에 따른 미디어 정책 및 규제 체계, 언론법제 연구를 수행하고 있다.

홍종윤_11장

서울대학교 언론정보학과를 졸업하고 동 대학원에서 석사와 박사학위를 받았다. 현재 서울대학교 언론정보학과 BK교수, SNU팩트체크센터 부센터장으로 재직 중이다. 미디어 정책, 대중문화, 팩트체크 저널리즘에 관심을 갖고 연구하고 있다. 주요 저서로는 〈팬덤문화〉, 〈지금 여기 힙합〉(공저) 등이 있다.

김은미_12장

서울대학교 신문학과(현 언론정보학과)를 졸업하고, 노스웨스턴 대학교(Northwestern University)에서 커뮤니케이션학 석사와 박사학위를 받았다. 국민대학교와 연세대학교를 거쳐, 현재 서울대학교 언론정보학과 교수로 재직 중이다. 미디어 기술의 진화가 상호의존적인 사회 구성과 그 안에서의 개인의 일상을 어떻게 바꾸고 있는지에 관심을 두고 연구와 교육을 해왔다. 영국의 런던정경대, 중국의 푸단대학교, 독일의 베를린자유대학에서 방문학자로 활동했고 서울대학교 교무처장, 한국언론학회 부회장을 역임했으며 성곡언론문화재단, 재단법인 아름지기, 국가인권위원회, 국민통합위원회 등에서 사회참여적 활동을 지속하고 있다.